午夜的佩拉皇宮

查爾斯・金（Charles King）——著　葉品岑——譯

Midnight at the Pera Palace

The Birth of Modern Istanbul

獻給

亦師亦友Cătălin Partenie

目次

佩拉區／貝伊奧盧區　約一九三五年

教會
清真寺
猶太教堂
杜乃爾登山鐵道
（地下）
軌道電車道
0
200
400
碼
哈比耶區
塔克辛
軍營
德國領事館
塔克辛
廣場
Park Hotel
共和國紀念碑
美心夜總會
魔術戲院
法國領事館
佩
拉
大
道
葛洛莉亞戲院
天使戲院
托卡良飯店
加拉塔薩雷高中
英國領事館
攝政（餐廳或夜總會）
阿蘭布拉宮戲院
小香榭公園
朗德斯飯店
藍玉夜總會
簡鼓隊長街
義大利領事館
墓
園
街
佩
拉
大
道
荷蘭領事館
花園酒吧
Café
Lebon
蘇聯領事館
佩拉皇宮飯店
美國領事館
瑞典領事館
德國學校
常春藤清真寺街
杜乃爾
廣場
梅夫拉維教團特克耶
條頓尼亞俱樂部
加拉達塔
博斯普魯斯海峽
往耶普區
加拉達橋
安卡巴尼橋
金角灣
新清真寺

今日伊斯坦堡

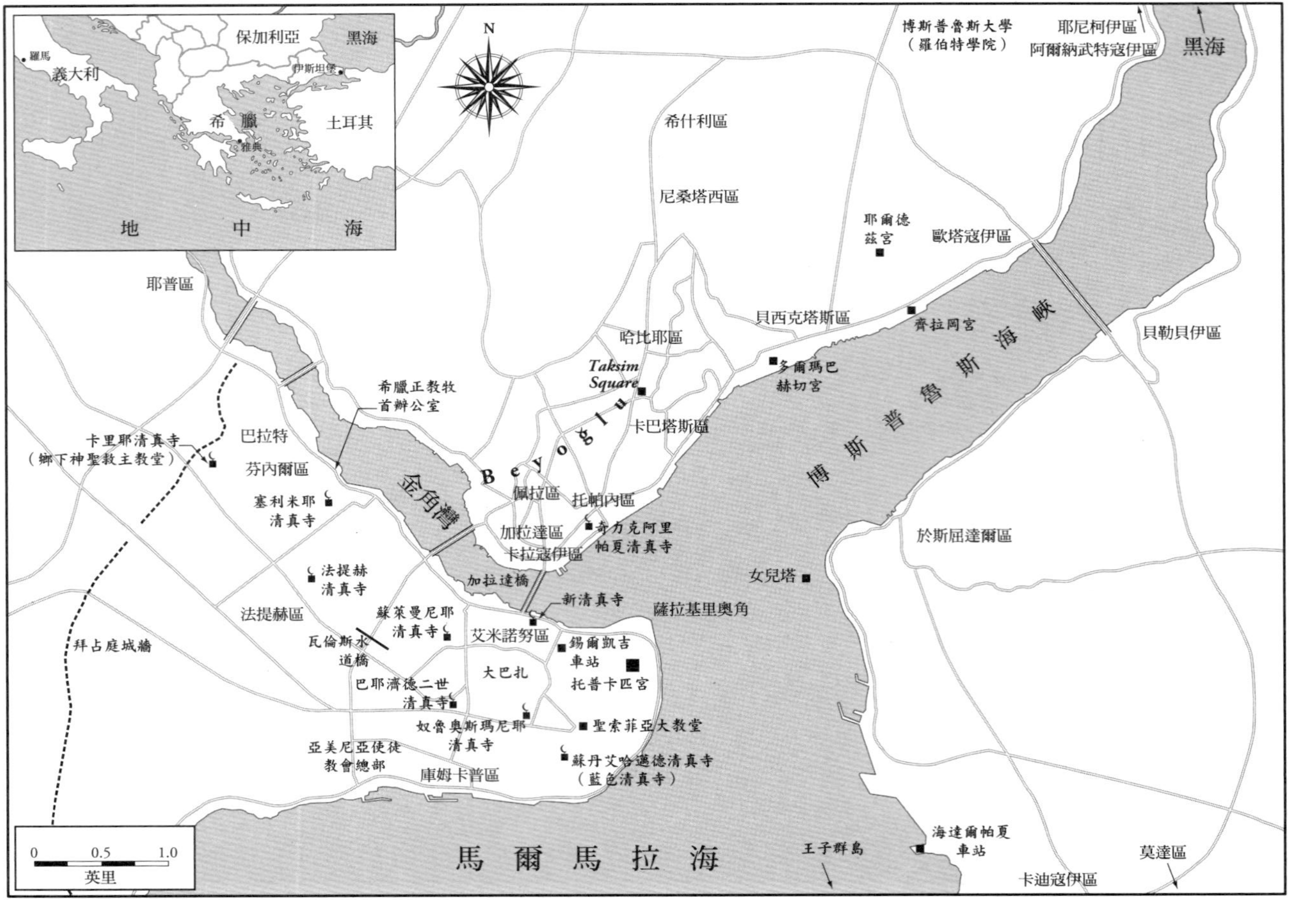

保加利亞
黑海
羅馬
義大利
伊斯坦堡
希臘
雅典
土耳其
地中海
N
博斯普魯斯大學
（羅伯特學院）
耶尼柯伊區
阿爾納武特寇伊區
黑海
希什利區
尼桑塔西區
耶爾德茲宮
歐塔寇伊區
耶普區
貝西克塔斯區
齊拉岡宮
貝勒貝伊區
哈比耶區
Taksim Square
多爾瑪巴赫切宮
博斯普魯斯海峽
希臘正教牧首辦公室
Beyoglu
卡巴塔斯區
卡里耶清真寺
（鄉下神聖救主教堂）
巴拉特
芬內爾區
金角灣
佩拉區
托帕內區
塞利米耶清真寺
加拉達區
奇力克阿里帕夏清真寺
卡拉寇伊區
於斯屈達爾區
法提赫清真寺
加拉達橋
女兒塔
新清真寺
法提赫區
蘇萊曼尼耶清真寺
艾米諾努區
薩拉基里奧角
拜占庭城牆
瓦倫斯水道橋
錫爾凱吉車站
大巴扎
托普卡匹宮
巴耶濟德二世清真寺
奴魯奧斯瑪尼耶清真寺
聖索菲亞大教堂
亞美尼亞使徒教會總部
蘇丹艾哈邁德清真寺
（藍色清真寺）
庫姆卡普區
0 0.5 1.0
英里
馬爾馬拉海
王子群島
海達爾帕夏車站
莫達區
卡迪寇伊區

作者說明

撰述一段複雜的歷史，勢必遭遇語言前後不一致的問題。在本書中，我通篇使用「伊斯坦堡」（Istanbul），儘管一九三〇年左右之前，許多當地人和多數外國人認識的它名叫「君士坦丁堡」（Constantinople）。我用「穆斯林」一詞形容鄂圖曼時代（Ottoman era）就會使用這個標籤的人，不論其宗教虔信程度。這些人當中許多後來自稱土耳其人（Turks）。住在伊斯坦堡內屬希臘正教傳統的群體，長久以來將自己和住在希臘的希臘語人口區分開來，我在英文中做了類似的區分。我稱前者為「希臘人」（Greeks），後者為「希臘民族」（Hellenes）。我稱İstiklâl Avenue（獨立大道）為「佩拉」大道（Grande Rue），這個說法在戰間期仍被許多人沿用，直到官方正式給這條街道它目前的名字，人們仍然如此稱呼它。

我通常以土耳其文的方式拼寫土耳其詞語。遇到史料使用獨特拼寫時，我會沿用之，破例不做更動，有英文對應的詞語和名字也比照辦理（因此，帕夏拼作pasha，而不是*paşa*）。我在稱呼部分歷史人物時——尤其是土耳其穆斯林——用的是他們的名字，直到他們在一九三四年前後採納了可沿襲繼承的家族姓氏。在那之前，人與人通常以名字外加尊稱稱呼彼此，譬如「帕夏」是指將軍或高級政府官員，「貝伊」（Bey）或「阿凡提」（Efendi）是有社會地位的人，同樣身分的女性則稱為「哈仁姆」（Hanım）。所以伊斯麥特帕夏（İsmet Pasha）就等同於「伊斯麥特將軍」（General İsmet），哈里斯貝伊（Halis Bey）則是類似「哈里斯先生」。

我主要以東西南北形容伊斯坦堡的城市輪廓，不過稍微瀏覽地圖就會知道這不夠精確；鮮少地理景色是嚴格的東西或南北走向。過去稱為佩拉區（Pera）的山頂社區如今可以再細分為許多不同的子區域，而且絕大多數包含在貝伊奧盧區（Beyoğlu）。

當然，如果任何讀者試圖追蹤書中人物和地點，不用受制於這些拼寫方式的精細區分。伊斯坦堡，畢竟是一個非常寬容的地方。

但伊斯坦堡是如此巨大的城市，就算其中一千人死了，這片浩瀚人海不會感受到他們的離開。

——愛維亞・瑟勒比（Evliya Çelebi），《旅行之書》（*Seyahatname*），十七世紀

宮殿人去樓空，噴泉無聲，
古老的樹木凋零枯萎……
伊斯坦堡，伊斯坦堡！最後大遷徙的
最後一個寂靜營地。

——伊凡・蒲寧（Ivan Bunin），〈斯坦堡〉（Stambul），一九〇五年

過去五百年來，君士坦丁堡及其周邊細長海峽動亂頻仍，加諸在人類身上的腥風血雨和苦難折磨，是地球上其他任一地點都無法與之相提並論的……當歐洲在最後的壕溝中打著大戰的最後戰役，我們或許會發現，讓我們大打出手的其實還是君士坦丁堡。

——雷納德・伍爾夫（Leonard Woolf），《君士坦丁堡的未來》（*The Future of Constantinople*），一九一七年

午夜的佩拉皇宮

序言

酒保在一間伊斯坦堡店內斟拉克酒（RAKI）。

約莫二十年前，我第一次見到佩拉皇宮飯店，當時人們到伊斯坦堡的那個區域往往都有某個特定原因，譬如幫電燈換新電線或者找變性妓女。這間老飯店低矮對稱，貼著髒兮兮、塗抹綠色石膏的大理石。褪了色的世紀末華麗風采，坐落在一九七〇和八〇年代一窩蜂倉促蓋起的破舊中層高度建築群，顯得格格不入。走進飯店，東方酒吧（Orient Bar）的紅絲絨座椅總是乏人問津。每次我向酒保點雞尾酒，搭配開封多時、硬到咬不動的鹹味烤鷹嘴豆（*leblebi*）時，他總是一臉訝異。

這光景恍若隔世。佩拉皇宮飯店於一八九二年開幕，接待搭乘東方快車（Orient Express）抵達鄂圖曼帝國首都的客人。接下來數十年，它一直是外地人的住宿首選。木頭和鐵製成的電梯像一只鳥籠般在大理石梯間升降，也是歐洲僅次於艾菲爾鐵塔之後裝設的第二臺電梯。巴洛克式用餐大廳緊鄰以仿大理石紋鑲嵌、細工裝飾屏風隔間的賓客休息室，天花板是挑高的玻璃雨棚。踏出建築物優雅高貴的門面，就來到伊斯坦堡最時髦的佩拉區（Pera）。沿著主要街道走一小段路，能看到絕大多數世界強國的大使館。這條街道在十九世紀乃至其後被許多伊斯坦堡居民稱為「（佩拉）大道」（Grande Rue，按：時人僅以「大道」稱之，但為避免混淆為一般不特定大道，以下皆採全名「佩拉大道」〔Grand Rue de Pera〕）。飯店隔壁是美國使館，和YMCA與合法妓院共享同一片街景，不遠處有鍍金裝潢的許多餐廳和夜總會俱樂部，英國人、俄國人和德國人常招待政府官員到這些地方。

佩拉皇宮注定成為前往東方之路上最後的西方耳語，它是世界上最偉大伊斯蘭帝國裡最豪華的西式飯店。當歐洲人來到心目中由素檀、成群後宮妻妾與伊斯蘭教苦修僧（dervish）交織而成的東方幻想國度旅遊時，這間飯店和伊斯坦堡都是他們的第一個停靠站。但佩拉皇宮飯店還來不及歡慶開業二十週年，一切就開始變調。

一場革命把長期統治的鄂圖曼素檀趕下臺，引發隨後十幾年的政治動盪和各團體之間的殺戮。第一次世界大戰帶來軍事失敗和外國占領。土耳其人在一九二三年毅然決然地和他們的鄂圖曼歷史切割，拒絕一個包容多元宗教的伊斯蘭帝國，宣布以一個世俗且種族同質性更高的共和國取代之，堪稱近代政治史最重要的自我創造案例之一。土耳其的新領袖們將首都往東遷移兩百英里（約三百二十一公里）到強風吹拂的安卡拉（Ankara）山丘，遠離過去政治中心的腐敗記憶。

一位名叫厄尼斯特・海明威（Ernest Hemingway）的年輕記者目睹了這一切的開端。「根據我看過的所有電影，斯坦堡（Stamboul）應該是潔白、閃爍、邪惡的，」他在一九二二年晚秋某日的《多倫多每日星報》（*Toronto Daily Star*）上寫道。[1]「他從巴爾幹半島搭火車前來，行進間畫面閃逝，拜占庭紅磚城牆，孩童跳水，穿越雜亂並陳的許多小清真寺和木造建築。灰塵覆蓋小

1 *Toronto Daily Star*, Oct. 18, 1922; *Toronto Daily Star*, Oct. 19, 1922; *Toronto Daily Star*, Oct. 20, 1922，全都重印於 Hemingway, *Dateline: Toronto*, 227–32.

清真寺的圓頂，建築物外的護牆板被海風和鹽分侵蝕褪色。他看見衣著多彩的農民們擠滿整條道路，拖著蹣跚步伐跟在滿身泥巴、鬃毛結著易碎土塊的水牛身後。穿潮濕大衣的移民隊伍如蛇般圍繞著各個外國使館。遣散軍官穿著磨舊的制服趾高氣昂地行走。從靠近佩拉皇宮的廣場，他透過小型望遠鏡看見一艘噴發灰煙的汽船，上頭有許多難民家庭緊貼著護欄。一切白色都是弄髒的白，他說。人們的心情是絕望和無奈，就像在醫院等候心愛的人從手術房出來。

面紗和後宮、土耳其毯帽（fez）和男子長禮服正漸漸走入歷史。素檀和哈里發即將遭廢除——這兩個制度體現穆斯林對上帝在人間的旨意的理解。時間分秒和歲月年日即將採用與巴黎、紐約一樣的計算方式，不再保留麥加和麥地那的那一套。政府首長和將軍們遷徙至安卡拉，外國使館和大使團也會接著搬走。伊斯坦堡正踏進一種自溺的「呼愁」（*hüzün*）感。土耳其知識分子說，破敗的城牆、搖搖欲墜的大宅和受風雨侵蝕的海邊別墅，全浸泡在被挖空的憂鬱之中。

不過在兩次世界大戰之間，族群遷移和身分認同的迷失感，開啟了許多過去沒有人能預見的機會。失落也是一種有用的可能性。呼愁的解藥是土耳其人所謂的「奇異福」（*keyif*）：一種快樂的放縱感，用歌唱抵擋眼淚，刻意召喚歡笑聲以回應可怕經歷。一座截然不同的伊斯坦堡已經登場。水牛車和軌道電車與汽車爭道。在激進民族主義圈子聚會的行政區裡，另有社會主義探員們正祕密策畫世界革命。安靜的社區流瀉出人們不曾聽過的音樂：樂聲柔順又大膽的交響爵士；盲眼亞美尼亞魯特琴（lute）樂手短促的撥弦創作；黎凡特人（Levantine）[2]的地下社會悲傷情歌。

想喝酒可以到美籍俄羅斯黑人開的美心（Maxim）俱樂部，想跳舞可以去每晚播放棕櫚灘七人組（Palm Beach Seven）的花園酒吧（Garden Bar）放鬆。

清真寺宣禮塔依舊佇立，伊斯蘭苦修僧也還在，但伊斯坦堡正在轉變成一個嶄新的伊斯蘭城市：它是被遺棄之人和白手起家者的聚集地，是實現民族國家美夢的伊斯蘭帝國的國際化前首都，也是不斷尋找兼顧穆斯林與現代身分平衡的一個地方，直至今日依然。在這段運動浪潮與社會變革風起雲湧的歲月裡，如果你稍微瞇著眼直視佩拉大道上方緩緩西沉的冬陽，從乞丐和街頭騙徒身邊走過，不難想像另一種國家和生活光景——一個必須透過意志力、憑藉情勢重建的國家和生活。

＊＊＊

五百多年來，和伊斯坦堡的邂逅，形塑著西方對伊斯蘭世界的認識：伊斯坦堡黃金年代的輝煌，發生在一瞬之間的衰頹，在集權統治和宗教極端主義兩害相權之間無庸置疑的選擇。但在戰間期那幾年，伊斯坦堡居民以超乎想像的狂熱擁抱西方理想。這座地處歐亞之交的城市按照西方

2　譯注：黎凡特是一粗略的歷史地理名詞，相當於今日東地中海一帶。一四九七年英文首次使用「黎凡特」一詞時泛指東方或「義大利以東的地中海土地」，衍生自中古法語的「升起」（levant），即東方太陽升起之處。

模型刻意進行自我再造，其實驗規模堪稱世界之最。

再造過程中，這座前鄂圖曼帝國首都同時反映出西方理想最好與最壞的面向：它的樂觀主義和它執迷不悔的各種意識形態，對人權的推崇和傲慢專橫的國家，逃離過往糾纏的渴望和一筆勾銷它的衝動。當來訪遊客抱怨老伊斯坦堡正逐漸消失，意思是伊斯坦堡變得愈來愈像西方世界。「〔我們〕來自西方的文明之子，」史學家湯恩比（Arnold J. Tonybee）在一九二〇年代某次造訪土耳其時寫下：「以同情或輕視的眼神，瞥視籠罩在某些強權陰影之下的非西方當代人，他們因為被剝奪了陽光而全面癱瘓……然而，倘若我們停下腳步檢視朦朧的巨大影子……會驚訝地發現它呈現著我們的輪廓。」[3]

來到伊斯坦堡的歐洲人如果了解自己文明的黑暗面，是因為他們當中許多人亦蒙受其害。第一次世界大戰後，歐洲和近東帝國的崩解創造出眾多平行宇宙，在那些宇宙中，西方人有時會淪為貧窮的移民，投向不情願的東方東道主懷抱。歐洲人前仆後繼抵達伊斯坦堡，他們從沒料到自己會以這種姿態登陸，不是征服者或啟蒙思想的信息使者，而是流離失所、貧困且絕望的難民。他們在伊斯坦堡的街道四處遊蕩，從佩拉皇宮的門階被趕走：醉醺醺的水手和破產商人；前貴族人士拋售家族銀器和遭蟲蛀的皮毛；被部分歐洲政府拋棄的不受歡迎少數族裔；內戰的戰敗方、皇宮內密謀未果者，或改變世界不成的革命輸家。

沒有人比薩拉哈提・紀茲（Selahattin Giz）更熟知這段歷史。我初次認識這個名字是透過一九九〇年代早期出版的限量版土耳其攝影集系列，後來紀茲成為我的意外旅伴，陪我深入隱藏的伊斯蘭爵士年代密林。他是一位獨立記者，經常以搖晃、充滿動態的畫面細節，記錄親眼所見的日常生活。他的檔案館如今由某土耳其銀行所有，我去參觀的時候，發現數量最多的其中一批影像屬於「意外」（*Kaza*）這個分類標籤。該分類中有很多恐怖、聳動的照片，就像任何注重銷售數字的報紙常用來刺激買氣的頭版畫面：車禍、行人死亡慘案，以及噩夢般的杜乃爾（Tünel）登山鐵道纜線斷裂事件的災情——木製車廂在纜線斷裂後，搖搖晃晃地朝下坡處的車站俯衝。此外也有比較私人的慵懶午後攝影實驗：巷貓、饒富趣味的影子，一些試探性的色情藝術。

翻閱紀茲的攝影集，我意識到自己誤打誤撞地遇見了一位用影像記述我想認識的消逝世界的人。我還發現他自己的一生就是他所記錄城市的寫照，是一段關於流亡和再生的故事。

紀茲於一九一四年出生在薩隆尼卡（Salonica，今天希臘的塞薩洛尼基〔Thessaloniki〕）的一個穆斯林家庭。他的家鄉地理位置在希臘，主要人口為塞法迪猶太人（Sephardic Jewish）[4]，由鄂圖曼帝國統治直到他出生的前兩年。巴爾幹戰爭就像一戰災難的區域性彩排，薩隆尼卡

3 Toynbee, *Western Questions*, 1.

4 譯注：指在十五世紀前祖籍伊比利半島、遵守西班牙裔猶太人生活習慣的猶太人。塞法迪一詞意思為「西班牙的」，是猶太人對伊比利半島的稱呼。十五世紀末，隨西班牙人趕走穆斯林政權，塞法迪猶太人亦被逐出西班牙（一四九二年）及葡萄牙（一四九七年），後多居於南歐、中東、拉丁美洲等地。

薩拉哈提・紀茲在伊斯坦堡的冬日。

的控制權在彩排中轉移到希臘民族（Hellenic）政權手上，新的統治者上任後拆除宣禮塔，把清真寺變成教堂，並將穆斯林住家和店鋪的所有權都讓渡給基督教徒[5]，極力抹除根植於當地城市生活數世紀的多元文化。

紀茲一家成了幾十萬被趕出東南歐的穆斯林人口之一。他們在伊斯坦堡位於博斯普魯斯海峽（Bosphorus）亞洲側的貝勒貝伊（Beylerbeyi）落腳，這一區的居民成分混雜了希臘正教徒、猶太人和亞美尼亞人，就像紀茲一家熟悉的薩隆尼卡環境的翻版。但年輕的紀茲多數時候都在海峽另一端生活、工作，在佩拉的電影院、街頭藝人和小酒館之間穿梭。一位叔叔在他完成穆斯林割禮（*sünnet*，通常是在男孩進入青春期前幾年進行）後送給他一台相機當禮物。一九二〇年代晚期就讀名校加拉塔薩雷高中（Galatasaray Lycée）期間，他迷上玩攝影，帶著Zeiss Ikon相機在城市游蕩，並成功說服伊斯坦堡發行量最大的《共和報》（*Cumhuriyet*）採用其作品，涉足報社的專業暗房。一九三三年，他正式成為報社職員，接下來四十年一直是社內的首席攝影記者之一。一九九四年過世，享壽八十歲。

看他拍的相片——以及他作品集中夾帶的、出自許多姓名不詳攝影師之手的相片——就像參觀對土耳其人或觀光客都顯得難以置信的伊斯坦堡。淡金髮色的俄羅斯合唱團女孩們揮舞著手臂。素檀後宮退休宦官組織的聚會。穆斯林男人三五成群獻祭兩隻公羊，祈求神明保佑一輛軌道電車。消防員戴著來自地獄般的防毒面具進行空襲演練，以及學齡女童們被土耳其立國總統穆斯塔法·凱末爾·阿塔圖爾克（Mustafa Kemal Atatürk）逝世引發的舉國哀慟所感染。成年女子童心未泯地玩著跳繩子，或在街上左晃右拐地騎著腳踏車，一頭黑髮和夏季洋裝吹拂在微風中。相片中還有被友人拍攝入鏡的紀茲，他帶著笑容走在冬日的伊斯坦堡，軟呢紳士帽上堆積厚厚的鬆雪。有人說新聞是歷史的初稿，有時它也像一次有益身心的電擊：強迫我們想起曾經存在的一種生存模式，那時信仰與飲食習慣殊異的鄰居們雜居一地——穆斯林、基督徒和猶太人；有宗教信

5 譯注：全書使用基督教之處，絕大多數是指包含天主教、東正教和新教的整體基督宗教，並非相對於天主教的新教。

仰的和世俗的；來自外地的難民和土生土長者——但人人皆能在其中找到各自安身立命的方式。

今天的伊斯坦堡是座全球化城市，一個不斷向外蔓延、居民超過一千三百萬的都市空間，人口比希臘、奧地利或瑞典等國還多——事實上，伊斯坦堡的人口比世界上三分之二的國家都要多。老漁村成為時髦的市郊，舊市郊轉身為今日的市中心，玻璃纖維的摩天大樓聳立在新蓋的清真寺和購物廣場之間。穆斯林宗教節日期間，咖啡酒吧單薄的牆壁滲出震天價響的土耳其語流行樂，和阿拉伯語的宣禮召喚競相爭鳴。你可以在一個下午內參觀希臘正教普世教會、亞美尼亞使徒教會總部、土耳其大拉比辦公室，以及穆罕默德最親近夥伴的陵寢。這裡有些居民覺得他們最重要的身分認同是土耳其人，但也有人選擇登記為庫德人、阿列維派（Alevi）、亞美尼亞人或高加索人，相較過去，這些人現在更有自信大膽宣示自己的身分認同。

伊斯坦堡的崛起是一段遠離觀光客熟知的君士坦丁堡的旅程。這座嶄新城市是外來移民的產物，也是移居國外者的產物——出於選擇或迫於無奈，男人和女人來到伊斯坦堡，也離開伊斯坦堡。他們是共和國時代伊斯坦堡的第一代居民，也是帝國時代君士坦丁堡的末代居民。在送行、躁動不安的年代，一段我們後來稱之為戰間期的歲月，佩拉皇宮飯店不是這些暫住者和新成員重生再造的唯一場所。不過對一波波的難民、移民與流亡者而言，這間充滿故事的飯店是從舊時代過渡到新時代的象徵——體現東方和西方、帝國和共和國、懷舊和實驗之間的連結，世界上唯一一個既是基督教又是全球伊斯蘭教中心的地方。

大飯店

鴿子飛逃：金角灣（GOLDEN HORN）和素檀蘇萊曼大帝（SÜLEYMAN THE MAGNIFICENT）下令建於十六世紀的蘇萊曼尼耶清真寺（SÜLEYMANIYE）。

「至於城市位置本身，它就像是天然打造的世界首都，」十六世紀法蘭德斯（Flemish）外交官兼旅人歐吉爾・吉賽林・德・布斯貝克（Ogier Ghiselin de Busbecq）說。[1] 大約在西元前七世紀的伊斯坦堡，佇立著一個城市叫拜占庭（Byzantium）。西元三三〇年，當羅馬皇帝君士坦丁大帝（Constantine the Great）決定建都於此，它又成了新羅馬（New Rome）。一四五三年，鄂圖曼穆斯林從君士坦丁大帝的政治後裔拜占庭人手中搶下君士坦丁堡。這座城市的土耳其文正式名稱為「*Kostantiniyye*」，衍生自普遍使用的希臘文「*Konstantinoupolis*」，字面意思就是「君士坦丁的城市」。當地猶太人向希臘人借用了前兩個音節，稱之為「*Kushta*」。當地亞美尼亞人借用最後兩個音節，稱呼它作「*Bolis*」。斯拉夫人給它取名「*Tsarigrad*」，亦即「羅馬皇帝之城」。

從海上觀看伊斯坦堡至今仍是世界上最令人讚嘆的體驗之一——誘人又浪漫，舊城高聳的天際線在白浪和樹頂上閃爍光芒。沒有一個地方的位置比這裡更完美。但這座妝點了林蔭大道、巴黎式購物拱廊和軌道電車的現代城市有個不為人知的真相：從陸路抵達給人的感覺往往有點掃興。歪七扭八的街道，壅塞的高速公路，和被建築物大舉占據的連綿山丘，在你的眼前像一塊展開的紅、棕雙色拼貼安納托利亞地毯，遠遠比不上從船上看見伊斯坦堡的第一印象。一九一〇年有位訪客鄭重建議，保存一見鍾情魔幻魅力的方法就是「永遠不要上岸」。[2]

有別於其他偉大城市，伊斯坦堡甚至將它的中央火車站藏起來。錫爾凱吉車站（Sirkeci station）侷促地擠在薩拉基里奧角（Saraybumu）下方的山坡地，靠近拜占庭皇帝和鄂圖曼素檀選擇興建皇居的地點。「我願意讓鐵軌穿過身體，哪怕這意味著我的領地將築起一條鐵路，」力圖變革的素檀阿卜杜勒阿齊茲一世（Abdülaziz）在一八六〇年代說道。[3]車站在二十多年後完工，鐵軌真的穿越了後來繼任者之一阿布杜哈米德二世（Abdülhamid II）的地盤。為容納多排鐵軌，部分拜占庭海堤和素檀的托普卡匹宮（Topkapı Palace）的多層庭院遭拆除。觀光客看到白色雲朵般的蒸氣包覆素檀皇宮可能會興奮不已，視之為絕妙的東方幻想，直到有人戳破那團煙霧其實來自在峽角兜轉的蒸汽引擎。

錫爾凱吉車站在一八九〇年揭幕啟用，但即便在全盛期，關於抵達這個車站的評論記述都不多。搭火車抵達倫敦聖潘克拉斯車站（St. Pancras）或布達佩斯東站（Keleti）就像樂章演奏到最高潮，搭配一記響亮的銅鈸聲。車廂嘎吱作響駛入挑高的車站大廳直到靜止，出了車站，街道建築的門面更是宏偉氣派。但錫爾凱吉車站像是樂譜的反覆記號（Coda）。火車一進到鄂圖曼邊界就減速慢行——阿嘉莎·克莉絲蒂（Agatha Christie）在某次搭乘橫跨大陸的東方快車之旅評論說，就像從熱情的快板變成連綿的圓滑奏——因為鐵軌品質較差，而且路線維修做得不好。[4]

---

1 Busbecq, *Turkish Letters*, 34.

2 Price, *Extra-Special Correspondent*, 38.

3 引用於 Dalal, "At the Crossroads of Modernity," 135. 另參見 Gül, *Emergence of Modern Istanbul*, 54.

4 Christie, *Come, Tell Me How You Live*, 12.

車廂在迎風山丘和岩岸之間顛簸前進，馬爾馬拉海（Sea of Marmara）緩緩映入眼簾，接著火車繞行金角灣口的海角，到站後，蒸氣引擎發出最後一聲嘆息。美國小說家約翰．多斯．帕索斯（John Dos Passos）於一九二一年的夏天來訪，起初他以為火車是暫停禮讓另一輛火車通行。「該不會？不，是真的，這就是……君士坦丁堡。」他終於搞清楚了。[5]

伊斯坦堡人不是很想接受鐵道旅行時刻表和氣候預測。原因是地理因素。根據上古歷史學家希羅多德（Herodotus）的記載，愛琴海的希臘殖民者最初到此開墾時，他們選擇了馬爾馬拉海東側的迦克墩（Chalcedon）。有位希臘指揮官後來到此地，指責迦克墩人根本不懂得規劃。他說，只有瞎子才會放棄對岸易守難攻的峽角，把殖民地建在這個地方。[6]後來的殖民者比較精明。希臘移民跨越博斯普魯斯海峽到對岸建立了拜占庭，雖然是次要的貿易集散地，但恰巧落在連結地中海和北方黑海其他希臘前哨站的海上路線。

將近一千年後，羅馬皇帝君士坦丁大帝挑選拜占庭為首都的原因不明，只說他是聽從帝國唯一神祇基督教上帝的指示。不過，拜占庭確實擁有兩項優勢，首先它和西方野蠻人相距甚遠，再者它不受舊都異教傳統的玷汙。最初被稱為新羅馬的拜占庭向西擴張，將岬角和連綿山丘納入城市版圖，數世紀後再延伸至北方高地。漸漸地——自從西羅馬帝國滅亡到君士坦丁大帝的政治繼承者拜占庭帝國崛起——當地人在海上的時間幾乎和在陸地一樣多，忙碌穿梭於兩個大陸和三個水路系統之間：城市西部的兩條小溪流向微鹹的金角灣，和黑海相通鹽分較高的博斯普魯斯海峽，以及連接達達尼爾（Dardanelles）海峽通往地中海的馬爾馬拉海。

拜占庭法典將沿岸居民的海景權納入保障，加上固定在陸地和水路之間展開的每日事務，形塑了拜占庭帝國時代的都市生活樣貌。由於橫躺在南北向海上航行路線，拜占庭得以向往來地中海與黑海的船隻徵稅，促進當地經濟發展。西元六世紀，拜占庭皇帝查士丁尼一世（Justinian I）沿博斯普魯斯海峽興建多個報關單位，任命執法官派駐各據點。但根據同時代編年史家普羅科匹厄斯（Procopius）的記載，海關官員也可以向船長漫天開價。[7]商船經過帝國首都被榨乾的抱怨，時有所聞。查士丁尼一世治下，城市的成長驚人，山丘冒出許多新教堂和私人住宅，從拜占庭舊城一路向外蔓延，部分原因就是來自今天所謂的「敲詐勒索」。

繼承者採用了和拜占庭帝國差不多的水陸政策。鄂圖曼帝國曾經和拜占庭帝國密切往來將近兩個世紀。他們的遠祖來自中亞突厥部落，但直到近現代時期，他們文化雜糅、基因混合的程度都已不亞於拜占庭人：游牧者、戰士、改信者與本地人因為效忠鄂圖曼帝國最高統治者素檀變成一家親。當素檀梅赫馬德二世（Mehmed II）在一四五三年一舉攻陷拜占庭，他頒布一道特別政令，禁止傷害造船者和水手，鄂圖曼帝國自此發展出一套井然有序、極其繁複的準則和規章，管

---

5 Dos Passos, *Orient Express*, in *Travel Books and Other Writings*, 133.

6 Herodotus, *Me Histories*, 4.144.

7 Procopius, *Secret History*, in *Procopius*, 25.2–6.

理城市水道的使用。[8]

鄂圖曼帝國的大人物沿著漁夫小屋林立的博斯普魯斯海峽興建水岸夏日別墅（*yalı*），全靠划槳的卡伊克船（caique）在岸與岸之間搖槳擺渡乘客。卡伊克船槳手的配置等級森嚴：海軍指揮官配有十八位；大維奇爾（grand vizier，首相）、謝赫伊斯蘭（*şeyhülislam*，伊斯蘭教神職官員）和外交大使配有十位；地方總督和主要城市市長配有八位；中級軍官和優秀市民配有六位。沿海的守望者不僅留心傾覆船隻，也注意配槳船隻是否違法亂紀。[9]

素檀船隊的卡伊克船是最豪華的，總共配有二十四名槳手，還有由鍍金杆子撐起的黃金流蘇華蓋，船首站著一隻金隼，船尾則是素檀的講臺。夏季，素檀和侍從經水路到清真寺參加每週的星期五聚禮（*selâmlık*）時，場面壯觀。對這座城市觀察入微的十九世紀作家查爾斯．懷特（Charles White）記載：

> 澄澈的水面上擠滿各式或大或小來自不同國家的船隻——正午豔陽的光束為無數穹頂、宣禮塔和宮殿撒上金粉，點亮豐饒多姿的風景——為這壯觀場面添加幾分奇幻輝煌，世間絕無僅有，超越一切想像，唯有阿拉丁神燈的創造差可比擬……這是歐洲唯一一個觀光與周遭環境保持完美和諧的皇家場面。[10]

懷特說，不難想見博斯普魯斯船夫普遍被當作鄂圖曼男子氣概的完美典型，並且是當地人口中伊斯坦堡技巧最嫻熟的情人。在他那個時候，下博斯普魯斯登記有案的船夫約一萬九千名，主要是希臘人和亞美尼亞人，共負責一萬六千艘船隻，另外還有幾千名船夫分散在向黑海延伸的各個村子。[11]後來，隨著十九世紀的蒸汽引擎客輪取代划艇，船夫人數不再增加。但外國水手仍可以從他們的船上，看鄂圖曼皇室搭乘卡伊克船隊，在歐亞兩岸的宮殿之間往返。[12]穿黃金制服的槳手划著皇家駁船，後方是雕刻不那麼繁複的妻妾隨行船隊，當他們和現代船隻擦身而過，紛紛在陰影處留下一道道小尾流，彷彿新舊世界在平靜海面上的無聲交錯。

單憑對街道和廣場的知識在這個城市裡走動是不夠的，還要對碼頭、港區和渡船站的位置有所掌握才行。譬如城裡兩個鐵道終點站之間的交通，就是靠渡船銜接。錫爾凱吉車站的西行列車通往色雷斯（Thrace）[13]和巴爾幹半島，一九〇八年建於亞洲岸邊的海達爾帕夏車站

---

8 George Makris, "Ships," in Laiou, ed., *Economic History of Byzantium*, 99.
9 White, *Three Years in Constantinople*, 1:38–41.
10 White, *Three Years in Constantinople*, 1:51.
11 White, *Three Years in Constantinople*, 1:51–52.
12 Private Papers of G. Calverley Papers, p. 36, IWM.
13 譯注：今天的色雷斯包括保加利亞南部（北色雷斯）、希臘北部（西色雷斯）和土耳其的歐洲部分（東色雷斯）。色雷斯臨三個海，分別是黑海、愛琴海和馬爾馬拉海。

（Haydarpaşa）則是往東駛向安納托利亞（Anatolia）[14]和敘利亞。大家都知道伊斯坦堡是世界上唯一一座跨歐亞的城市（一九七三和八八年分別興建了兩座供汽車通行的歐亞跨海大橋，最新的一座橋仍在施工中），可是唯有搭短程渡輪從鐵軌盡頭前往另一個火車轉運站，才能實際體會橫跨歐亞的意思。這個轉運方式直到二〇一三年博斯普魯斯海峽下方捷運線開通才出現變化。這是史上頭一次有旅客在不看到海的情況下往來歐亞。

「不要以為每個人都了解海洋，」十六世紀鄂圖曼帝國海軍上將皮里．雷斯（Piri Reis）在航海手冊《航行之書》（*Kitab-ı bahriye*）中告誡道。[15]風暴一來，海水會變黑，白浪拍打海堤，停靠的渡船猛烈搖晃撞擊泊位。巨浪和凶猛海潮在岬角渦旋的速度之快，使博斯普魯斯海峽看起來有如一條湍急河流，而不像海洋的延伸。早期的水手和搖槳船夫為此吃了不少苦頭。

陸地的生活同樣險峻。伊斯坦堡坐落在世界上最活躍的地震帶之一，幾乎每十年會發生一次死傷慘重的大地震。拜占庭編年史家記載的第一場大地震發生在西元四〇二年；之後，程度或輕微或災難性的地震層出不窮。五五七年，多間教堂毀壞、聖索菲亞大教堂（Hagia Sophia）的圓頂出現大面積損傷。九八九年、一三四六年聖索菲亞的圓頂兩度崩塌。鄂圖曼帝國專門為地震災後重建設立一個特別的政府單位，部門內的官員總是非常忙碌。一四八九、一五〇九、一五五七、一六四八和一六五九年的強烈地震夷平數千戶民宅，將石造的宣禮塔像火柴棒一樣折成兩半。[16]法提赫清真寺（Fatih Mosque）和卡里耶清真寺（Kariye Mosque）在一七六六年夏天接二連三的地震和餘震中倒塌。托普卡匹宮遭地震破壞，導致素檀穆斯塔法三世（Mustafa III）逃離城市，前往更安全的住處。一八九四年，包括大巴札在內的多數重要公共建築嚴重毀損。

在鄂圖曼帝國時期，官方為減少地震死傷，下令民宅必須以木頭建造，禁止使用石頭。不過，有一得必有一失。通向水岸錯綜複雜的狹窄巷弄區常遭祝融之災，造成嚴重人力傷亡與財物損失。油燈或取暖盆的火焰，可能將整個社區付之一炬。叛變的耶尼切里軍團（janissaries）——素檀的菁英兵團和護衛——據信曾為宣洩情緒蓄意縱火，導致數千屋舍化作灰燼，徒留變形的鐵製固定物和石頭地基暴露在外，至少三分之一的城市面積淪為廢墟。鄂圖曼帝國統治近五百年來，每個伊斯坦堡居民，一生至少經歷約兩次使城市面目全非的大火。自十七世紀開始，伊斯坦堡民間文學中常見許多「火的史詩」——講述火的可怕和命運奇蹟的長詩。[17]

「天色一暗下來，歐洲或亞洲城區遲早會有一處起火，」某觀察者記載道。[18] 災情嚴重的大火分別發生在一五六九、一六三三、一六六〇、一六九三、一七一八、一七八二、一八二六、一八

---

14 譯注：又名小亞細亞（Asia Minor），是亞洲西南部的一個半島，位於博斯普魯斯海峽以東，黑海和地中海之間。

15 Pirî Reis, *Kitab-ı bahriye*, 1:59.

16 DBIA, 3:33–35.

17 DBIA, 7:425–26.

18 Bibesco, *Eight Paradises*, 229.

三三、一八五六、一八六五、一八七〇、一九〇八、一九一一、一九一二、一九一五和一九一八年，當中不包括範圍局限在單一社區的火災。[19]新建築的破壞有時意外使歷史寶藏重見天日。「我曾經多次和許多考古界友人在焦黑的火災現場四處走動，」一名伊斯坦堡人在一九〇八年寫道，「因為我們很快發現許多擁有文字記載但始終沒被找到的地方，憑著石頭的堅固，撐過了這次以及過去無數次的大火，得以倖存。那外觀……即便到現在，在很多方面都令我不斷想起龐貝城。」[20]

消防隊，也就是鄂圖曼帝國的水泵員（tulumbacı），被迫在高低起伏的羊腸小徑，像轎夫般扛著水罐徒步奔走。他們喊叫「失火了！」的聲音成為城市音景（soundscape）的固定班底，和穆斯林宣禮召喚或夜裡的貓叫聲一樣具有可預測性。冒險家奧布雷・赫伯特（Aubrey Herbert）初次遊歷伊斯坦堡的時候，被一群大吼大叫、衣衫不整的半裸瘋人們在佩拉大道上追著跑，他覺得這些人一副要將異教徒釘死的樣子。[21]直到他上氣不接下氣地跑到飯店門口才有人向他解釋，那群人其實是一組正準備打火去的消防隊員。即便如此，對個別屋主而言，解藥的殺傷力有時不亞於疾病。水泵隊隊員配有手搖泵，適用於撲滅小房子的火災，但針對超過手搖泵規模的火勢，他們的標準搶救技巧是在火勢蔓延之前，使用鉤子和鏈子將毗鄰起火房舍的結構體徹底拆除。伊斯坦堡火災頻仍造成的損害，很大一部分其實是來自消防隊員拆房的貢獻。

儘管祝融肆虐，從鄉下湧入的移民加速都市成長，因此舊拜占庭帝國城牆內的開放空間在十九世紀前葉就已所剩無多。民宅門口一打開就是街道，二樓以上的住戶藉由外推的凸窗增加額外的起居空間，街道連帶變成一條條黑漆漆的隧道。就算是金角灣南邊最寬廣的大道迪旺街（Divanyolu）至多也只有二十英尺（約六．九公尺）寬。[22]迪旺街也是從西門前往素檀的托普卡匹宮的主要出巡路線。舊城的七個山丘大多盤踞著歷史悠久的清真寺建築群，像是第二山丘有巴洛克式的奴魯奧斯瑪尼耶清真寺（Nuruosmaniye），第三山丘有雄偉的蘇萊曼尼耶清真寺，第五山丘有塞利米耶清真寺（Selimiye），進一步限縮安置城市迅速成長人口的可利用空間。隨便一場小火就能輕易在過度擁擠的區域蛇竄蔓延，吞噬一條又一條街道，肆虐成災。鄂圖曼帝國時代最後一場大火發生在一九一二年，從當時的照片可以看見大批無家可歸的伊斯坦堡居民受災戶聚在一起，而在靠近素檀艾哈邁德清真寺（Sultanahmet，或稱藍色清真寺）的古老方尖碑旁邊，圍繞了一整圈的鋪蓋和成堆木家具。[23]

然而，這些災禍也提供特殊的發展機會。它們頻繁地剷除大片城市，都市計畫者、房地產投

19　DBIA, 7:426–38.
20　ears, *Forty Years in Constantinople*, 314.
21　Herbert, *Ben Kendim*, 26–27.
22　Çelik, *Remaking of Istanbul*, 4.
23　DBIA, 7:426–38.

機客和政府行政單位，得以依據自己的宏觀藍圖重塑城市地景。鄂圖曼政府在一八六〇年代成立一個委員會，負責管理街道、規劃新公共空間以及裝設排水系統。在經火災蹂躪的路段，原本琳琅滿目的商販小巷和典型凸窗外推的木造房舍，被小公園和廣場取而代之。今天，遊客很容易在大巴札四周的通道迷宮失去方向，但那裡的街道其實是一個多世紀前鄂圖曼帝國嘗試重新規劃的成果；和過去的道路相比，該地段現在已是工整的棋盤狀。某些舊城著名地標四周空氣流通、開闊的景色，譬如素檀艾哈邁德清真寺和聖索菲亞大教堂，同樣也是先民生活頻頻受難才有的結果。[24]

和其他帝國一樣，鄂圖曼政府長期實施「強制重遷」政策（*sürgün*）。梅赫馬德二世在一四五三年征服伊斯坦堡後，利用強制重遷為伊斯坦堡引進居民，他的繼承者則應用該政策懲罰謀反的村莊，乃至將工匠和牧者技術移民至有需要的帝國疆域。不過，相較於國家政策、戰爭或經濟移民，自然災害可能要為多數伊斯坦堡人的定期遷移負起更多責任。一八七〇年六月，一場超級大火延燒金角灣北邊高地，將佩拉區部分地段燒得只剩瓦礫。不過，金錢階級和外國投資客那時已看出伊斯坦堡城市景觀週期性重整的有利可圖之處。他們的計畫取決於另一項改造性時代創新——以及錫爾凱吉車站最初興建的原因：鐵道時代的來臨。

＊　＊　＊

一八八三年十月星期日晚上，一列短短的火車從巴黎東站（Gare de l'Est）駛離。新發明的電燈垂掛整個車站，大批群眾聚集在車站見證列車啟動。動力蒸汽火車頭拖著一節行李車廂、兩節過夜車廂與一節燈火通明的餐車，最後一節是專收掀蓋式行李箱和超大型裝備的備用行李車廂。列車上的乘客正準備展開一千八百英里（約二千八百九十六公里）的橫越歐洲旅行。這是東方快車的首航。

這趟旅行是比利時工程師喬治・納吉爾馬克（Georges Nagelmackers）安排的宣傳噱頭。他的勁敵——同時某種程度上也是這趟旅程誕生的原因——是一個名叫喬治・普曼（George Pullman）的人。對鐵道迷而言，納吉爾馬克是跨歐洲旅遊史上名聲響亮的一號人物，但普曼卻是不折不扣的世界名人。普曼的創舉是研發出可過夜臥鋪車廂——遠近馳名的普曼臥鋪車。他在一八六〇年代於美國首度發表這款設計，每節車廂有二十個臥鋪，分成上下兩層。旅客如今可以在長途火車旅行中享受如在家睡覺般的舒適，儘管火車車廂充其量就是個長了輪子的工棚。

要不是這款實驗性車廂在一八六五年偶然發揮了效用，普曼的點子可能不會那麼快席捲市場——畢竟當時的人覺得在陌生人面前寬衣就寢是很彆扭的事。當亞伯拉罕・林肯（Abraham Lincoln）遭約翰・威爾克斯・布思（John Wilkes Booth）刺殺身亡，人們覺得一趟隆重的旅程是

24 Gül, *Emergence of Modern Istanbul*, 49–51.

適切悼念總統之死的唯一方式。一星期後，一列掛著黑布簾的火車載著林肯總統的遺體從華盛頓出發，緩慢駛向伊利諾州春田市（Springfield），提供全國哀悼者送他最後一程的機會。普曼臥鋪車掛在列車後方，讓家族成員和許多服務員能夠跟著總統的遺體一起上路。在舉國哀傷之中，普曼仍成功展示搭火車可以不是充斥塵土、煤灰的磨難。誠如一位鐵道史家所說，搭火車也可以是「值得回憶（自然也就非常有收穫）的一種旅遊方式，是行動豪華生活的範例」。[25]

不出數年，普曼臥鋪車不僅攻占美國市場，在歐洲也大有斬獲。納吉爾馬克一八七〇年參觀美國，回到歐洲後，立志要取代普曼設計的臥鋪型號，成為歐洲市場臥鋪車製造商的霸主。[26]他鍥而不捨地求見各大鐵路公司和各國政府代表，宣傳自己製造的臥鋪車（法文作Wagon-lit）有哪些優點。他採用新的德國設計懸吊系統，稱之為轉向架（bogie），以獨立的、可拆式車軸組件支撐車體，發揮一定的吸震作用，搭乘起來更舒適也比較容易入眠。

一八七六年十二月，納吉爾馬克設於布魯塞爾（Brussel）的公司正式成立。幾年後，他發表了公司標誌，未來這個標誌將成為歐陸奢華長途旅行的同義詞：重疊的WL草寫字體，由左右兩隻獅子撐住，外圍繞了一圈法文公司全名——臥鋪車廂暨歐洲特快車國際公司（*Compagnie Internationale des Wagons-Lits et des Grands-Express Européens*）。過去從沒人想過單靠一間鐵路公司就能營運橫跨整個歐陸的火車路線。鐵路不只是國家威望的象徵，它們也是歐洲王國和帝國國家安全基礎建設的重要成分，准許一列外國火車——而且還滿載著外國乘客——橫越歐洲大陸，僅受到最基本的護照和海關檢查手續干擾，堪稱一項創舉。臥鋪車廂公司得到比利時國王利奧波德二世（Leopold II）的幫助，在一八八〇年代初期成功串連巴黎和維也納的路線，並計畫繼續拓展至保加利亞。納吉爾馬克另一項創新的巧思——餐車——使長途旅程不再需要仰賴遙遠地方的站長提供食物，或者向陌生人購買來路不明的餐食。餐車本身就像藝術品，到處都飾有亮澄澄的黃銅與木頭鑲嵌，擺放許多休閒椅和皮製長條椅，而且還引進海軍建築師為狹窄空間設計的可折疊式餐桌和隱藏式隔間。

一八八三年東方快車的首航，是為了展示臥鋪車廂公司短短幾年內努力的成果，並且展望下一個偉大目標，將行駛路線延伸到歐洲陸地的盡頭，也就是伊斯坦堡。納吉爾馬克邀請歐洲一線二線政要名流參加首航之旅：旅遊作家和散文家，法國和比利時內閣官員，德意志帝國新聞人員，鄂圖曼帝國大使館第一祕書，奧地利人和羅馬尼亞人，一位倫敦《泰晤士報》記者。另外還有十一名樂手在奧匈帝國和羅馬尼亞邊界加入，他們到餐車內準備樂器，在火車疾駛向黑海的同時演奏華爾滋和其他樂曲。[27]

25 Barsley, *Orient Express*, 20.
26 Behrend, *History of the Wagons-Lits*, 3.
27 Behrend, *History of the Wagons-Lits*, 7.

然而，首航還沒有直通路線。旅客得在保加利亞的瓦爾納港（Varna）下車，搭船完成最後一段前往伊斯坦堡的旅程。整趟旅程共花費八十一個小時又四十分鐘，其中十五個小時在黑海上。[28]鄂圖曼帝國的基礎建設實力尚不足以支撐納吉爾馬克的野心。

鄂圖曼帝國直到一八五〇年還未鋪設任何軌道，相較之下，奧匈帝國已有八百英里（約一千二百八十七公里）長的鐵路，大英帝國則有六千英里（約九千六百五十六公里）。[29]鄂圖曼帝國鐵道快速興建發生在十九世紀晚期，但那時建設鐵路的重點是為連結鄂圖曼帝國廣袤疆土的諸多偏遠地帶，而不是連結帝國首都和其他歐洲中心。儘管首航稱不上開張大吉，納吉爾馬克的計畫仍然達到預期效果。不到五年，鄂圖曼帝國鐵路計畫已經將路線延伸至伊斯坦堡，並連結主要路線與歐洲鐵路網。當納吉爾馬克在一九〇五年過世時，旅客已經能夠從巴黎上車，一路賴著臥鋪床位直達素檀的首都。一年後，辛普朗隧道（Simplon Tunnel）打通阿爾卑斯山，從基督教世界之心經鐵路到伊斯蘭世界之心從不曾這麼容易。乘客下車處距離歐洲地理界線僅有幾步之遙，徒步就能抵達城市重要的歷史與觀光景點。當時一位觀察者說，這是「將君士坦丁堡併入西方世界」。[30]即便是老練的歐陸旅人，走向停靠法國車站的火車廂，其興奮感亦不曾令人感到厭倦。「我要搭這個！我上車了！我真的坐進藍色乘客車廂了，車外標誌寫著：加萊—伊斯坦堡（CALAIS-ISTANBUL），」經常搭火車旅行的阿嘉莎．克莉絲蒂在某次旅程中寫道。[31]

首批東方快車旅人分別住在佩拉區的幾間飯店，歐洲觀光客來到伊斯坦堡普遍選擇住在佩拉區，這些飯店的整體品質和房間數不足，既讓臥鋪車廂公司頭痛，也從中看到一個大好機會。臥鋪車廂公司購入一八七〇年佩拉大火燒毀、位於該區邊界的一塊焦地。從這塊地可以看見都市計畫者在大火後規劃興建的市立花園「小香榭」（Les Prtits-Champs）。這座公園有個駭人的過去，它的原址曾經是座墓園，其實伊斯坦堡許多公共公園過去都是墓園用地。不過幾年光景，這條街已經成為城裡最新的飯店區，成排的巴黎式建築俯瞰綠地。鮮少有遊客意識到嚮導、翻譯口中充滿異國風情的街名「卡布里斯坦」（Kabristan），字面意思其實是墓園。

一八九二年，臥鋪車廂公司決定在這裡蓋一棟自己的飯店，就在墓園街和掠奪者街（Çapulcular）的十字路口。這塊土地本來屬於素檀捐款成立的某穆斯林宗教基金會。[32]一八八一年由美國商人和銀行家家族買下。伊賽安斯家族（the Esaians）的祖先來自鄂圖曼和俄羅斯帝國。伊賽安斯家族可能很後悔把土地賣給了臥鋪車廂公司，因為幾年後佩拉皇宮飯店開幕時，旅客川流不息。

28 Cookridge, *Orient Express*, 86.

29 İnalcık with Quataert, eds., *Economic and Social History of the Ottoman Empire*, 2:804.

30 A. Van Milligen, *Constantinople* (1906), 205, 引用於 Çelik, *Remaking of Istanbul*, 102.

31 Christie, *Come, Tell Me How You Live*, 12.

32 Çelik, *Tepebaşı*, 172–74.

相較於其他一流同業如朗德斯飯店（Hôtel de Londres）、布里斯托飯店（the Bristol）、大陸飯店（the Continental）、英國飯店（the Angleterre）和位於佩拉大道上的對手托卡良飯店（the Tokatlian），佩拉皇宮飯店有一項極大的優勢。它是唯一隸屬泛歐洲飯店網、由單一公司所有並經營的飯店。它位於尼斯、蒙地卡羅和其他城市的姊妹飯店，提供新一代跨歐陸旅人史無前例的奢侈享受，入住臥鋪車廂公司旗下飯店衍生出一種蒐集的樂趣，起碼對住得起的富人來說是如此。[33]就像後來的年代有四季飯店和麗池卡登飯店，佩拉皇宮飯店的獨家賣點不在於獨一無二，而是身為連鎖飯店的事實——一個物業社群，保障房客在各大城市都能獲得奢華享受、安全無虞，並且具有某種程度的可預測性，譬如里斯本的艾薇達宮殿酒店（Avenida Palace）或巴黎的奧德賽宮殿酒店（Odyssée Palace），建築風格相似，工藝水準相當。[34]《藍色旅遊指南》（*Guide Bleu*）說，佩拉皇宮飯店裝有「一切現代設備：電梯、廁所、淋浴、暖氣和電燈，還有絕佳的金角灣景」。[35]

從那個年代的保險地圖——了解伊斯坦堡變動地景的最佳史料之一——可以看到伊斯坦堡歐洲區有成片大火後始終未經重建的荒蕪廢墟。[36]而佩拉皇宮飯店卻位在佩拉大火後新規劃城市商業金融區的中心地帶。四到五層樓高的房子連成一排，社區樣貌煥然一新，這些樓房許多都是由當地希臘人和亞美尼亞人商業領袖與金融家所興建。它們比例勻稱的建築立面和大扇窗戶可以完全融入當時的巴黎街景。它們正對小香榭公園，面向城市西郊，是看夕陽的最佳地點之一。日暮時分的光線打亮大理石立面，彷彿仙境。建築師也不忘透過一系列內部通道，讓這群樓房連通佩拉區的傳統步行大道，也就是佩拉大道。

罕有人預料到這一區在佩拉大火後二十年會多出兩條重要街道——佩拉大道和更新的墓園街——街上不僅有馬車穿梭，而且兩條街還由城裡最有看頭的內部通道和拱廊彼此連通。建築師柯比意（Le Corbusier）一九一〇年代來到伊斯坦堡，發現金角灣上方高地看似新規劃的街景令人大開眼界。他宣稱伊斯坦堡如今擁有屬於自己的「紐約樣子」（*allure new-yorkaise*）。[37]

33 Behrend, *History of the Wagons-Lits*, 12.
34 Sperco, *Istanbul indiscret*, 80.
35 *De Paris à Constantinople*, 178.
36 參見 *Jacques Pervititch Sigorta Haritalarında İstanbul* 與 Dağdalen, ed., *Charles Edouard Goad'ın İstanbul Sigorta Haritaları*.
37 引用於 Mansel, *Constantinople*, 354.

灰色艦隊

水景：男子和女子搭乘伊斯坦堡具代表性的渡船橫越博斯普魯斯海峽，背景是舊城和加拉達橋。

在佩拉皇宮飯店創立的年代，鄂圖曼帝國首都處處顯露進步和樂觀主義的跡象。蒸汽船載著乘客在城市水道間穿梭。佩拉大道兩旁的鍍金展示櫥窗陳列著來自歐洲的奢侈品。新成立的比錫達斯（Beşiktaş）、加拉塔薩雷（Galatasaray）、費內巴切（Fenerbahçe）足球俱樂部——這些球隊往後將在伊斯坦堡市民群體中塑造某種程度的根本對立——贊助特別賽事和冠軍錦標聯賽。希臘出口商、猶太布商、阿拉伯採珠人、庫德族馬車商隊大亨和亞美尼亞金融家都是鄂圖曼素檀治下的子民。

但鄂圖曼帝國扛著最沉重的歷史包袱。她的陷落是外交史上最令人引頸期盼的事件。鄂圖曼帝國的終結該如何讓其他國家和帝國受益是十九世紀強權外交的焦點之一。俄羅斯沙皇尼可拉斯一世（Nicholas I）曾經給鄂圖曼帝國貼上「歐洲病夫」（the sick man of Europe）的標籤。從戰略角度來看，自素檀大軍一六八三年叩關維也納久攻不破之後，鄂圖曼帝國的疆域實際上正一寸寸地萎縮。不過，上自大維齊爾下至巴爾幹半島、安納托利亞和阿拉伯半島等躁動邊疆的地方首長，幾乎每個鄂圖曼官員都感覺帝國正加速頹傾。

自一八五〇年代起，總和領土爭議、民族主義運動與國際衝突的所謂「近東問題」（Eastern Question）鬧得帝國內部天翻地覆，並點燃「肌肉外交」（muscular diplomacy）以及英國、法國、奧匈帝國、德意志帝國和俄羅斯帝國的軍事介入。一八六〇年代初期，俄羅斯帝國攻擊高加索高地的穆斯林，數十萬穆斯林難民跨越邊境尋求素檀的保護。一八七七至七八年，鄂圖曼、俄羅斯和巴爾幹半島國家打了一場毀滅性戰爭，戰後和平協定導致鄂圖曼帝國失去對大部分東南歐國家的控制；數世紀以來，鄂圖曼帝國從伊斯坦堡統治著東南歐地區。為數超過五十萬的穆斯林移民又逃至素檀日益萎縮的統治疆域。[1]連續幾波穆斯林難民潮（*muhacirs*）創造了一整世代的鄂圖曼新子民，他們大多聚在伊斯坦堡。幾個基督教政府趕走轄下穆斯林子民和公民，但他們為還居住在鄂圖曼帝國境內的基督徒感到憂心。於是他們對鄂圖曼帝國施壓，要求希臘人、亞美尼亞人和其他非穆斯林不應淪為地方犯罪擾亂的對象，而且無需受該國民法束縛。

二十世紀初期，就連擔心帝國海外領土躁動的幾個歐洲君主，都沒像老邁的素檀阿布杜哈米德二世每天面對幾乎不間斷的起義、暴動和游擊隊作戰。他在一八七〇年代繼位，承繼了十九世紀中葉的鄂圖曼改革運動「坦志麥特」（Tanzimat），試圖藉由裁撤行政體系冗員、建立現代學校、鋪設道路與鐵路，以及海陸軍現代化等措施趕上歐洲強權。但他後來漸漸把自己封閉起來，變得守舊且多疑。他的國家預算來自外國債權人。他的戰力來自英、德軍事顧問團。他的個人安全感來自國內的特務網絡，洪水般的書面報告每日湧進森林裡可遠眺博斯普魯斯海峽的耶爾德茲宮（Yıldız Palace）。城裡密告者人數龐大，據說佩拉皇宮飯店裡有個告示牌，要求國家特務將休

---

1 Zürcher, *Young Turk Legacy*, 287.

息室的座位讓給有實際消費的客人。[2]

一九〇八年，聯合與進步委員會（Committee of Union and Progress）密謀策反，這群被稱為聯合黨人（Unionist）或青年土耳其黨人（Young Turks）的軍官，逼迫阿布杜哈米德接受君主立憲，並恢復他不久前廢除的帝國議會。聯合黨人由新一代的鄂圖曼軍官組成，他們深知自己的帝國與世界列強之間存在一道鴻溝，並為此感到痛心。他們當中有許多人來自一八七〇年代巴爾幹半島疆土變遷所創造的流亡家庭。他們的改革運動萌芽於西邊的薩隆尼卡省城，該省城為進步思潮的前哨站，過去一直是帝國向其他歐陸地區學習的窗口。聯合黨人親歷見證接二連三的軍事挫敗，眼睜睜看著他們效忠的帝國被搖搖欲墜的高築外債壓垮。他們屬於二十世紀歷史發展進程中顛覆許多國家的第一道革命浪潮，是一群有理想抱負的上尉與上校試圖策反，推翻由垂垂老矣的將軍和死氣沉沉的政客組成的權貴集團。他們相信恢復憲法能夠使帝國重回坦志麥特改革年代消逝的美好。

連續好幾個月，樂觀積極的想法和一種安心感在伊斯坦堡各處瀰漫。「不同膚色的群眾、最低賤的社會遺棄者，心情澎湃地走在路上，髒兮兮的臉龐落下淚水，店鋪老闆放下手邊生意加入遊行隊伍，」女性主義者、穆斯林作家哈莉黛．埃迪布（Halide Edip）回憶道。「小偷罪犯似乎都不存在……就像千禧年的和平天堂。」[3]但各種新興的自由很快變成為所欲為的藉口。報紙工人引用憲法要求提高薪資。走私者公然在街上販售菸草，搬出憲法為自己打破國家壟斷的行為辯駁。青少年對路過車輛丟石頭，大喊：「現在有自由了！」[4]社會主義者和各路民族主義者——亞美尼亞人、庫德人、阿拉伯人、阿爾巴尼亞人、土耳其人——鼓吹將帝國轉型為多民族君主政體，或是分裂成多個主權國家，或是進化成土耳其民族國家。

一九〇九年，曾有一次試圖抹除憲法變革的復辟行動，但聯合黨人立刻予以反擊，他們派軍隊前往伊斯坦堡守護改革成果。阿布杜哈米德消瘦、彎腰駝背又疲倦，就像他以守舊固執加速催毀的頹傾帝國一般，最後他被送上火車放逐至薩隆尼卡，方便革命黨人的支持者就近監督。他的兄弟梅赫馬德五世（Mehmed V）隨後即位，幾個重要首長的職位、政府部門和地方行政單位終於都落入聯合黨人的控制。從死忠君主立憲派到支持權力下放式帝國的政治菁英，不同派系紛紛競奪在首都伊斯坦堡的影響力，不過幾經折騰後，由聯合黨人領袖——軍官恩維爾（Enver）和澤馬爾（Cemal），以及塔樂（Talât）——組成的三巨頭擊敗各方勢力，成為王座背後的實質操縱者。

隨著國內動亂絆住伊斯坦堡，反對運動和外國勢力從外圍割據帝國疆土。保加利亞跟著一位自封為王的國王宣布獨立。奧匈帝國將波士尼亞與赫塞哥維納（Bosnia-Herzegovina）納為附

---

2 Price, *Extra-Special Correspondent*, 40.

3 Edib, *Memoirs*, 259.

4 Pears, *Forty Years in Constantinople*, 249.

庸，過去三十載，奧匈帝國依據國際託管制度治理著這塊鄂圖曼領土。一九一一年秋天，義大利宣布占領的黎波里塔尼亞（Tripolitania，位於今日利比亞境內），拓展領土至地中海另一頭。一九一二和一三年，巴爾幹半島的兩場戰爭導致阿爾巴尼亞獨立，割讓馬其頓和克里特島，鄂圖曼勢力近乎全面撤離歐陸。戰爭前線距離伊斯坦堡不過二十多英里，城市陸地碉堡發射火砲的力道震得窗子搖晃作響。穆斯林難民從鄉下湧進城裡，他們出走是因為地方上有大批士兵紮營，而且他們淪為其他居民報復的對象。

一九一四年夏天，鄂圖曼帝國子民經歷的戰爭、民間動亂出走與經濟危機，就時間長度而言，已超越任何強權國家的居民。素檀在沸沸揚揚的歐洲衝突中起初採中立態度，但是和英國的經濟紛爭以及德國方面的誘導，促使忠於聯合黨人的各首長與軍隊指揮官倒向德國陣營。德國顧問奧托．利曼．馮．桑德斯（Otto Liman von Sanders）負責鄂圖曼軍隊的重組整建，握有軍隊指揮權。兩艘德國巡洋艦戈本號（*Goeben*）和布雷斯勞號（*Breslau*）以現代化新型海軍主力的姿態駛進馬爾馬拉海，從船長到船員全都是德國人。十月，艦隊跨越黑海對俄羅斯黑海艦隊基地塞凡堡（Sevastopol）採取先發制人的轟炸行動。幾天後，俄國、法國和英國政府組成的協約國對鄂圖曼帝國宣戰，這時鄂圖曼帝國已加入德國和奧匈帝國為首的同盟國陣營。同樣的，梅赫馬德五世以哈里發的身分——全球伊斯蘭國家名義上的領袖，在他之前，鄂圖曼素檀已繼承這項頭銜超過四個世紀——宣布對協約國發動「聖戰」（*jihad*）。這將是伊斯蘭教統治者歷史上最後一次代表所有穆斯林宣布發動聖戰。

接下來幾年，鄂圖曼子民對於蹚進這場被稱之為第一次世界大戰的渾水後悔不已，於是責怪起聯合黨人的陰謀詭計與柏林當局的慫恿。但戰爭狂熱和一波愛國主義浪潮橫掃帝國首都。所有戰線的鄂圖曼軍人都接獲動員令，因為協約國計畫對帝國採取雙面夾擊：一面從巴爾幹半島進逼威脅伊斯坦堡，一面從俄國高加索地區西進與東安納托利亞的鄂圖曼駐軍交戰。兩個戰線的初步交戰並未立刻分出勝負。隨著戰事陷入膠著，交戰國開始尋找新盟友，試圖說服希臘、保加利亞與羅馬尼亞等中立國加入自己的陣營。

協約國和同盟國都承諾給予領土和戰後自由，作為爭取與確保支持的籌碼。協約國宣稱阿拉伯人將得以脫離素檀控制。俄國將獲得伊斯坦堡，以及由博斯普魯斯與達達尼爾海峽通往地中海的戰略通道。英國、法國與俄國可分割東安納托利亞、敘利亞和美索不達米亞。希臘的獎勵是一部分愛琴海海岸。對一般鄂圖曼士兵而言，這個潛在的領土協議——雖然是祕密交易，但當時每個人心知肚明——立即將戰爭轉變成生死存亡的鬥爭。代價顯而易見：鄂圖曼帝國的終結，國家遭瓜分，且甚至有失去帝國首都的可能性。

「艾亞紗，美麗天使」，一名鄂圖曼步兵指揮官在戰爭開打數月後寫信給妻子。

我們在這裡遭到英軍轟炸。我們一刻不得休息，食不果腹，而且每天都有數百名士兵死於疾病。弟兄們之間開始出現不滿情緒，我向上帝祈禱終結這一切苦難。我看見鍾愛的君士坦丁堡成為斷垣殘壁，我們的孩子成為刀下亡魂，除非上帝願意插手幫忙，沒人能夠阻止這一切……喔，我們為什麼要參加這場邪惡的戰爭？[5]

鄂圖曼帝國與大英帝國在伊斯坦堡西邊半島的加里波利（Gallipoli）軍事行動中交鋒後，這封信被人發現和該指揮官的遺體靜靜躺在一塊。加里波利之戰是協約國前進鄂圖曼首都戰略計畫的第一階段，目標在掌握達達尼爾海峽的控制權，逐步切斷伊斯坦堡來自地中海的物資補給。然而，綜觀一九一五年，協約國士兵因計畫不良加上鄂圖曼戰地指揮官策動頑強反抗，多數時候坐困在沿岸的溝壑和灌木叢裡，有時甚至僅從最初登陸點推進幾步的距離。當協約國終於下令停止該行動，鄂圖曼帝國算是贏得一場重要勝利，不過他們也付出了慘重代價。雙方約投入七十五萬兵力到加里波利之戰，令人筋疲力竭的對戰，顯現出首都面對陸海攻擊的弱點。許多水雷漂浮在達達尼爾海峽上，導致平日活絡的海上貿易被迫停止。協約國軍艦的殘骸在海面載浮載沉，堵塞航行水道。

戰爭期間，聯合黨人在鄂圖曼行政機關內部運作，試圖挑起海外穆斯林的群眾叛變，利用素檀的哈里發身分激勵俄屬高加索地區、法屬北非和英屬印度的穆斯林們起身反抗當地政府。英國人也試圖對素檀的阿拉伯子民做相同的事情，最著名的手段莫過於利用冒險家阿拉伯的勞倫斯的故事。這些計畫都沒奏效，但聯合黨人的領袖們依然很關心國內政治和外國密謀策畫的連結。官員一心想揪出據傳支持協約國領土侵略目標的國內間諜團體。在東安納托利亞，軍事單位和非正規民兵團體鎖定亞美尼亞人和其他東方基督教徒的村落，組織圍捕和驅逐行動，這些人被認為有可能心向俄國。亞美尼亞革命團體確實在帝國境內亞美尼亞人口聚集的地區組織起義；部分團體甚至明目張膽地在伊斯坦堡從事反抗行動，並曾於一八九六年成功策畫佩拉大道下坡處的皇家鄂圖曼銀行搶劫案。但軍隊方面和以恩維爾、澤馬爾和塔樂馬首是瞻的政治當局，尤其是聯合與進步委員會底下所謂的特殊組織（Special Organization），以大規模屠殺消滅反叛行動。

特殊組織的首要任務是組織由軍隊指揮的準軍事單位，以消滅潛在國家敵人。當鄂圖曼軍隊開始在東部戰線遭受重大挫敗，特別是在一九一四年十二月到一五年一月和俄國軍隊的決定性戰役後，特殊組織及其同路人也跟著動手消滅被認為暗中破壞鄂圖曼帝國戰爭成果的亞美尼亞人。到了三月，聯合黨人領袖已決定殲滅或驅逐敏感邊界地區數以千計的亞美尼亞人，並且逮捕或暗殺亞美尼亞社群裡重要的公民和政治領袖。[6]來自巴爾幹半島難民家庭的聯合黨人，一八七〇年代被排擠離開前鄂圖曼帝國的土地，如今他們為鄂圖曼的基督徒剪裁類似命運。[7]在一九一五年

5 Letter from a Turkish Officer, IWM.
6 Akçam, *From Empire to Republic*, 166.
7 參見Zürcher, *Young Turk Legacy*, 285–95.

四月二十四跨二十五日的那個凌晨，為數超過兩百人的亞美尼亞知識分子和社群領袖，從伊斯坦堡被遣送到安納托利亞的鄉下。[8]這些人當中有些本來已經是難民，因為不堪東部地區反亞美尼亞暴力攻擊的折磨才逃到首都，尋求中央政府的庇護與補償。吉里戈里斯．巴拉基恩（Grigoris Balakian）是一位亞美尼亞神父，他記得自己和伊斯坦堡亞美尼亞社群的許多重要人物——議員、編輯、老師、醫生、牙醫和銀行家——以及遭暴力活動困住的普通男人與男孩一起坐在中央監獄。他很快被送往安納托利亞中部，展開被迫行軍、囚禁和虐待的漫長艱苦旅程。他在三年後成功回到伊斯坦堡，不過是偽裝成德國軍人。

巴拉基恩留下許多自己受難的紀錄，以及朋友、受害者和通敵者後來的下場。他說自己屬於幸運的一群，他們「拜大筆賄賂和有力人士介入所賜，得以回到君士坦丁堡，保住小命」。[9]其他人很多都死在路上。然而，即便逃過死劫的人，傷疤依然存在。亞美尼亞首屈一指的聖樂作曲家和合唱團大師戈米達．瓦塔別德（Gomidas Vardabed）獲准返回首都，但他旋即逃往巴黎，然後漸漸失去理智，陷入瘋狂。他在法國一間精神病院過世。

值此同時，伊斯坦堡出現更多圍捕行動。靠近博斯普魯斯海峽的奇力克阿里帕夏清真寺（Kılıç Ali Pasha）外頭搭起絞刑架，在男女老幼與少數德國士兵組成的群眾面前，亞美尼亞人和其他人等，被以煽動叛亂罪處以極刑。[10]最後，可能是德國官員施壓的關係——他們擔心目無法紀的動用私刑和驅逐可能不利於戰事發展——伊斯坦堡其餘的亞美尼亞人口才得以留在城裡。然而，隨著戰爭持續進行，反亞美尼亞暴力行為和驅逐政策，導致安納托利亞的亞美尼亞人口近乎全面消失，並造成約六十萬至一百多萬之間的鄂圖曼基督徒死亡人口。[11]

種族滅絕式的攻擊，意在促使鄂圖曼帝國贏得更多場戰事，但接下來三年在軍事上的節節敗退持續削弱鄂圖曼的立場。在巴爾幹半島對希臘人，以及在高加索地區對俄國人的新一波攻擊暫時停止。往南，在美索不達米亞和巴勒斯坦，鄂圖曼軍隊潰不成軍，即將失去大馬士革，而且火力不敵英國皇家軍隊。德軍被困在西部戰線，遭到新的協約國攻勢包圍。

在伊斯坦堡，英國和法國僑民的住宅突襲事件益發頻繁。港口依然空蕩蕩，達達尼爾海峽的實質封鎖和俄國在黑海的巡邏阻擋了船運活動。煤炭稀缺，煤氣廠關閉，夜裡城市經常陷入一片漆黑。沒有警察的許可，每天只能購買一條麵包，人們經常在烘焙坊大打出手。即便如此，有時候烘焙坊出爐的麵包是由麵粉混合稻草做成。城裡有數千人染上有毒的蝨蟲，人們對擁擠的軌道電車和其他密閉空間避之唯恐不及。

8 Akçam, *Young Turks' Crimes*, 183–93.

9 Balakian, *Armenian Golgotha*, 77.

10 參見 C. J. Brunell Photograph Collection, IWM.

11 Reynolds, *Shattering Empires*, 155. 關於伊斯坦堡驅逐證據的詳細討論，請參見 Akçam, *Young Turks' Crimes*, 399–406; 以及 Kévorkian, *Armenian Genocide*, 251–54, 533–43. 這個敘述來自 Charles and Louisa Vinicombe to Hélène Philippe, Oct. 25, 1920, C. Vinicombe Papers, IWM.

在戰爭初期，鄂圖曼帝國西邊的鄰居保加利亞也選擇加入同盟國的陣營。但一九一八年九月，伊斯坦堡報紙登出令人震驚的新聞。由於戰事接連失利，四面楚歌，保加利亞同意和協約國簽訂單獨的停戰協定。鄂圖曼帝國西邊的護盾被拔除，如今從希臘民族邊界進攻伊斯坦堡只有咫尺之遙，而且協約國軍隊早已聚集在此。鄂圖曼政府很快主動接觸英國，渴望透過協商終結雙方的敵對狀態。

在十月，英國陸軍部（British War Office）和鄂圖曼帝國對口單位，在停泊於愛琴海摩德羅斯（Mudros）的軍艦阿伽曼儂號（*Agamemnon*）密集會商了三天。十月三十日，雙方簽署停戰協定，終結了素檀帝國和主要協約國之間的戰鬥。之後不到兩個禮拜，德國在一九一八年第十一個月的第十一天的第十一個小時也簽署了停戰協定，為第一次世界大戰畫下最後句點。全面停戰的新聞很快在伊斯坦堡街頭傳開，但當地人幾乎沒有時間思索身為戰敗國的未來，因為協約國已經上門準備宣布他們的命運了。

* * *

一九一八年十一月十三日的早晨是個多雲天，一整隊鋼甲戰艦從南方駛進博斯普魯斯海峽。為了這個場合特別掛上的大面海軍艦旗在主桅上飄舞著。領頭的是英國軍艦壯麗號（*Superb*），然後是勇莽號（*Temeraire*）、尼爾遜勳爵號（*Lord Nelson*）和阿伽曼儂號，隨行還有五艘英國巡洋艦和多艘驅逐艦。緊接著是法國無畏級戰艦，義大利巡洋艦和希臘民族的驅逐艦押隊殿後。

肉眼可見範圍內的海面擠滿了灰色船艦。「英法義希聯合海軍中隊的盛大排場，緩慢隆重地駛進博斯普魯斯海峽，自此打斷（我相信是永遠的打斷）土耳其暴政——男人和女人相視握手，說不出話——基督徒洋溢著喜悅的興奮情緒，」一位目睹當時情況的英國人寫道。[12]這是史上抵達伊斯坦堡規模最大且最具威脅性的外國武裝隊伍。

大約在早上八點整，海軍上將和船長們紛紛發號施令下錨。甲板上，水手探頭向外，看見古老海堤後有成排的海岸火砲和其他防禦工事。儘管艦隊已進入素檀四座宮殿的大砲射程範圍，他們卻沒遭遇任何抵抗。

戰勝國正在對手下敗將展示他們的武力，直搗這座鄂圖曼城市的心臟。其他戰敗國首都如柏林、維也納、索菲亞，都不曾見識協約國如此強大的火力。這些外來者不僅自視為贏家，而且還覺得自己是解放者，有義務幫助伊斯坦堡人脫離愚昧無知的政府，並解除穆斯林法規對城裡基督徒的桎梏。「有幸見證這樣的事任誰都會感到高興，」負責阿伽曼儂號火砲的一等水兵F．W．

12 Charles and Louisa Vinicombe to Hélène Philippe, Oct. 25, 1920, pp. 20–21, C. Vinicombe Papers, IWM.

特爾平（F. W. Turpin）說。[13]

並非每個人都有同樣感受。麥加地區埃米爾（emir，按：總督）之女穆絲巴赫・海達爾（Musbah Haidar），和成千上萬擠在博斯普魯斯上方高地的群眾一樣，見證了協約國軍隊抵達的場面。她是皇室家族的親戚，她的父親則是伊斯蘭教最神聖城市的官方守護者。她從家族別墅眼睜睜看著希臘旗艦艾弗洛夫號（*Averoff*）航向素檀的多爾瑪巴赫切宮（Dolmabahçe Palace）碼頭。當地希臘正教居民「興奮到最高點」，穆絲巴赫回憶道，相較之下，和她同為穆斯林的其他居民「在一旁茫然地看著……他們的帝國破碎」。[14]

逃離巴爾幹半島戰亂的穆斯林難民們，已在瓦倫斯水道橋（Aqueduct of Valens）橋墩四周建起棚屋陋戶的聚落。難民家庭將被丟棄的油罐壓扁，權充擋風遮雨的牆壁和屋頂，整個社區活脫脫就像標準石油（Standard Oil）的巨型廣告看板。[15]當亞美尼亞種族屠殺期間遭驅逐的巴拉基恩神父穿著德軍制服搭乘划艇橫渡博斯普路斯海峽時，外國艦隊正巧行至海峽口。「先生，我們活在糟糕的時代！」他的穆斯林船夫說。「誰會相信有一支外國艦隊那麼隆重地進到君士坦丁堡，而我們這些穆斯林卻只是旁觀者？」[16]

接下來幾天到數週，戴藍繩平頂軍帽的法國軍官，和穿卡其行動制服、頭頂鋼盔的英國戰友，並肩走在舊城大街上。塞內加爾步兵和義大利狙擊部隊在佩拉大道巡邏，後者帽子上長長的黑羽毛飄逸在風中。[17]英國分遣隊的資深軍官喬治・米恩（George Milne）將軍最初暫住在佩拉皇宮飯店，後來搬到向德國鋼鐵集團克虜伯公司（Krupp）徵用的塔拉比亞（Tarabya）郊區水岸大宅。當法國指揮官路易・弗朗謝・德斯佩雷（Louis Franchet d'Espèrey）將軍騎乘白馬堂而皇之地進到城裡，才後知後覺地發現英國的愛德蒙・艾倫比（Edmund Allenby）將軍，早在前一天做過一模一樣的事了。[18]他搬進一名流亡帕夏位於迷人的歐塔寇伊（Ortaköy）村莊的宅邸，算是給自己未能拔得頭籌的安慰。「那……就像舞臺上有兩位歌劇女主角，」英國聯絡官湯姆・布里奇（Tom Bridges）說，「要是我們能把其中一個留在穿衣間，整齣劇會好看得多。」[19]

城市被劃成多個控制區，分屬幾個主要協約國勢力。英國負責監管佩拉區和加拉達區（Galata），法國分到金角灣以南的舊城，義大利人則拿到於斯屈達爾區（Üsküdar）的亞洲郊區。城市警察由聯合部隊管理。協約國高級公署後來將獲任審理罪犯、監督港口業務、檢查維護監獄、提供公共衛生所需、管理給協約國軍隊的醫院和康復中心，以及監督鄂圖曼士兵的復員與

13 Entry for Nov. 12, 1918, F. W. Turpin Papers, IWM. 特爾平在隔天十一月十三日的日記中，再次重複這個說法。
14 Musbah Haidar, *Arabesque*, 165.
15 Mufty-zada, *Speaking of the Turks*, 150, 153, 229.
16 Balakian, *Armenian Golgotha*, 414.
17 Sperco, *L'Orient qui s'éteint*, 46.
18 Bridges, *Alarms and Excursions*, 257.
19 Bridges, *Alarms and Excursions*, 258.

裁軍。

協約國艦隊駛進博斯普魯斯的時候，聯合黨人三巨頭恩維爾、澤馬爾和塔樂早已搭乘德國潛水艇逃離首都。他們當中沒有人親眼目睹聯軍占領伊斯坦堡。三年後，塔樂在柏林的街頭被亞美尼亞刺客槍擊身亡，報復他參與種族屠殺。澤馬爾隔年在提比里斯（Tbilisi）被殺，凶手也是亞美尼亞人。至於恩維爾則是在中亞煽動穆斯林反抗布爾什維克的行動中喪命。

壯麗號下錨時，鄂圖曼帝國已經屹立六百一十九個年頭。當協約國艦隊入港，在位君主梅赫馬德六世（Mehmed VI）——在一九一八年七月哥哥去世後繼位——是奧斯曼大帝（Osman，西方人從他的名字衍生出發音不正確的「鄂圖曼」）建立王朝後在位的第三十六任素檀。他和十五世紀君士坦丁堡的征服者梅赫馬德二世與先知穆罕默德同名。他的遠祖是突厥部落領袖和索卡西亞（Circassian）的奴隸，但世界上有數億穆斯林視他為先知的繼承者，以及唯一真理的世俗領袖。

伊斯坦堡向來是「歐亞的主要風暴中心」，一份美國海軍人員的簡報冊子宣稱。美國海軍不久後也抵達伊斯坦堡，成為協約國分遣隊的成員之一。[20]穆斯林在「精彩、動盪的發展中帶領這個城市誤入歧途……使它在國際事務領域留下一個相對負面的名聲」。如今善良的西方強權將監督這個城市，直到最終和平解決方案出爐、無力回天的鄂圖曼帝國命拍板定案。

協約國官員著手設立管理機制的同時，伊斯坦堡有史以來最寒冷的冬天也跟著降臨。西班牙型流行性感冒（Spanish Flu）讓當地人和外國人都未能倖免於難。[21]搶劫者洗劫沒人看守的豪宅別墅。一位說土耳其語的穆斯林齊亞貝伊（Ziya Bey）見證了占領行動第一個月的發展。他定居伊斯坦堡不算很久，但絕不會把自己和當時湧入城裡的難民及協約國士兵劃歸為同類。他出生在位於佩拉區北邊、時髦的尼桑塔西區（Nişantaşı），該區擁有安靜的寬敞大道和造型華美的世紀末公寓樓房。他們家夏天在馬爾馬拉海的王子群島（Prince Islands）度過。王子群島從伊斯坦堡市中心的港區搭渡輪很快就能到達，也是希臘人、亞美尼亞人與少數負擔得起當地房產的穆斯林的傳統避暑勝地。

一戰爆發前不久，齊亞還是個小男孩，他的父親帶著家人潛逃到紐約照顧他的出口生意。齊亞在美國遇見一名紐奧良出身的年輕女子，墜入愛河。兩人不久後結婚。後來戰爭結束，貿易又再度運作，這家人在新商機的召喚下回到伊斯坦堡。政治前景仍舊難以捉摸，但齊亞一定認為，無論哪種國家將取代舊帝國，在政治結構轉變最初期回到伊斯坦堡是個合理的賭注，尤其是對一個企圖擺脫父親庇蔭、既有野心又有國際觀的年輕人。

然而，伊斯坦堡已經不是他離開前所認識的那個城市。「貪婪的、引誘的眼神」四處跟隨著

20 *Constantinople*, 9.
21 Musbah Haidar, *Arabesque*, 169, 187.

他。[22]瘦骨嶙峋、經常衣衫襤褸的一般難民之中，混雜著肢體傷殘的鄂圖曼士兵，有些還穿著制服、佩戴戰鬥勳章。一貧如洗的人們向路人兜售破舊的木製玩具、假花、糖果和報紙。街角有名年輕媽媽背靠著牆，手拿一束色彩繽紛的氣球，神情哀傷且明顯有身孕。孩童睡在路緣和門口直到協約國巡邏隊來趕人。

齊亞起初帶著家人住到佩拉區，但他們很快就搬到金角灣的另一頭，住進一間鄰近托普卡匹宮的房子。佩拉區能夠提供比較寬敞的居住空間，但該區的外國使館就像磁鐵般吸引難民到那邊尋求工作、簽證或糧食。「城市這一帶公然展示賣淫、非法勾當、悲慘身世和醉酒鬧事，」他說，「古希臘拜占庭的敗壞風俗和索多瑪的一切被湊在一塊，在此重生。」[23]鄂圖曼警官被限制只能處理該城區的交通事務，而協約國士兵組成的多國警察隊伍，據信總是偏袒爭執中的外國人。[24]

根據齊亞的估計，流落街頭的人大約有十五分之一是穆斯林。[25]協約國軍隊只不過是一個永久性國際勢力的先遣部隊，旨在帶領如今已成過去式的鄂圖曼首都走向良善治理的新時代。鄂圖曼帝國理論上仍然存在。事實上，鄂圖曼帝國皇室將存續直到許多過去的敵人和盟友都消失在歷史上。羅曼諾夫王朝（the Romanovs）已經被俄國革命推翻，霍亨索倫王朝和哈布斯堡王朝（Hohenzollerns and Habsburgs）也即將被德國和奧地利兩地成立的共和國趕下臺。梅赫馬德六世仍然是國家名義上的元首，坐在破舊的耶爾德茲宮裡，被迫保持沉默，身邊環繞著侍從和包頭巾的穆斯林騎兵。「君士坦丁堡會變成什麼樣子，如果這些外國人全都……留下來對群眾做洗腦宣傳，讓他們感到不滿、躁動且目無法紀？」[26]一名穆斯林居民問齊亞。沒有人知道接下來會發生什麼事，占領者與被占領者同樣沒有頭緒。

---

22 Mufty-zada, *Speaking of the Turks*, 153.
23 Mufty-zada, *Speaking of the Turks*, 153.
24 Mufty-zada, *Speaking of the Turks*, 151.
25 Mufty-zada, *Speaking of the Turks*, 150.
26 Mufty-zada, *Speaking of the Turks*, 136–37.

占領

一群男子在伊斯坦堡的小咖啡廳，有些抽著傳統的水煙斗。

「佩拉有三個詛咒，」伊斯坦堡諺語說，「瘟疫、火災和口譯員。」[1]在中世紀，義大利商人和金融家在拜占庭帝國曾經擁有廣泛的商業權利。熱那亞人（Genoese）從佩拉區高地和加拉達區的斜坡，治理著黑海周邊成串的海外貿易中心。他們建造有垛口的厚實城牆保護部分社區，這些防禦工事在鄂圖曼帝國治下坍塌傾頹，但即便數世紀之後，當希臘人、亞美尼亞人、猶太人和穆斯林業主取代了義大利人，生意還是在雄偉的加拉達石塔（殘存的熱那亞古老防禦工事）下方進行。法文——外交和國際商業語言——填滿這個區的街道標誌、窗戶海報與飯店廣告。一九一八年冬天，隨著協約國列強將佩拉區變成他們日益龐大行政機關的中心，伊斯坦堡宛如一個本地城市中的外國城市。而且後者——似乎張開雙手歡迎入侵者，而不和他們作對——正在壓過前者。

新規劃的林蔭大道和人行步道區住著非穆斯林少數族群和外國行政人員，和位於金角灣以南托普卡匹宮、大巴札和高聳的皇家清真寺附近的舊區有著天壤之別。來自巴爾幹半島和安納托利亞的穆斯林難民往往聚集在南邊，藏身傳統巴札、商店或者鄉村貨物交易處「漢恩」（*han*）之間。不過，素檀本人早就撤到水灣北部的新皇居。擁有許多小型歐式涼亭的耶爾德茲宮，和同樣有雄偉大理石雕刻的齊拉岡與多爾瑪巴赫切宮（Çırağan and Dolmabahçe），反映出統治者曾經試圖注入城市景觀中的樂觀精神和現代性。沿海道路的清真寺和鐘塔，是複製歐洲巴洛克式建築繁複裝飾的鄂圖曼巴洛克式建築，只不過少了長翅膀的小天使。

「完整記錄散步半小時看見的不同人種要用掉好幾頁紙張，」英國陸軍中尉M・M・卡盧斯・威爾森（M. M. Carus Wilson）寫信給人在英格蘭的父親。「走路就像持續轉動的民族萬花筒……，」他補充說，然後開始形容看到的景象：

舉例來說，在協約國軍隊代表中，若不算常見的英、法、義士兵，我們的目光會被戴白帽的美國水手吸引，也會特別注意穿白色格子裙、偶爾才看到的希臘戰士……。當然，苦不算戰爭湧入的人口，街道本來就是五花八門的多元景象，充斥不同的人種，突厥人、亞美尼亞人、希臘人、猶太人和許多其他種族組成固定居民，其同質性整體而言就好比油和水的混合物。這些人當中很多穿著打扮和倫敦人沒有兩樣，不過從歐式西服配上土耳其毯帽就能看出端倪。在草帽和飛來波（flappers）[2]女裝之間還能看到奇裝異服的人物：大鬍子行李員包頭巾、繫兩英尺寬的腰帶，扛著堆積如山的沉重行李搖搖晃晃地來回走動；神祕的綠袍穆拉（mullah，按：指伊斯蘭教神學導師或高僧）點著手中念珠，紆尊降貴地接受信徒的奉獻；咖啡館的人手持擦得閃亮的黃銅咖啡壺……；黑衣的土耳其婦女籠罩在多功能的面紗之下，

1 İnalcık with Quataert, eds., *Economic and Social History of the Ottoman Empire*, 2:651.

2 譯注：指一九二〇年代穿短裙、剪鮑伯頭的西方新女性，蔑視舊的社會習俗。

> 有些面紗盡忠職守，完全不透光，也有的像是最微弱的低語辯護，或者薄到沒有存在感；最後可能也是最有趣的當屬滿臉落腮鬍、穿及地長袍的和藹希臘正教僧侶和神父，他們有時……戴著格格不入的漢堡帽（Homburg）或巴拿馬草帽（Panama）。[3]

每周五的聚禮，也就是素檀出巡清真寺參加禮拜時，馬車衛隊總是喀拉喀拉地護送鍍金車廂經過虔誠的圍觀群眾。[4]皇家清真寺的禮拜可以引來上萬朝拜者，戴眼鏡的梅赫馬德六世騎白馬，在火炬手的簇擁下進場。在城裡的非穆斯林居民當中，要塞劇團（Hissar Players）的戲劇由亞美尼亞人、希臘人和其他基督教年輕女士的多元文化演員演出。[5]年度的聖誕季節表演會在羅伯特學院（Robert College）舉辦，這間著名的學術機構由新教傳教士創辦於一八六三年，位於可鳥瞰博斯普魯斯海峽的美麗山丘頂。表演會上有巴哈的鋼琴演奏和聖誕頌歌。[6]它的姊妹校美國女子學院（American College for Girls）舉辦畢業典禮時，請到美國高級專員海軍少將馬克・布里斯托（Mark Bristol）發表演說，題目是「女人的天職」，在一旁奏樂的則是英國軍艦鐵公爵號（*Iron Duke*）的樂隊。[7]

米恩將軍領導這座城市，就像羅馬共和時代的資深執政官接獲派遣，整頓治理叛亂省分。他服務效忠的英王喬治五世（George V）差點意外成為世上前兩大穆斯林帝國的實質統治者：一個是他以王室血統繼承來的大英帝國——在印度次大陸上有為數龐大的穆斯林子民——另一個是透過武力征服的鄂圖曼帝國，理論上該帝國當時仍保有從色雷斯到阿拉伯半島的領土。米恩和他的法、義同僚如今在這塊土地化身為一個外國人自一四五三年起不曾扮演的角色：古老君士坦丁堡的共同地方長官。協約國士兵三人一組並肩巡邏，強調在伊斯坦堡的共同治理角色，占領國各自派出均等的人力。

米恩是盡忠職守的軍人，典型的英國軍官，一身馬褲裝扮和一絲不苟的整齊灰鬍子，但綜觀其職業生涯，大都扮演次要角色。他曾在法國戰場指揮軍隊，並到巴爾幹半島試圖彌補英國三年前在加里波利行動的損失。他最近一次指揮的是一支名為薩隆尼卡軍（Salonica Army）的雜牌部隊，他們的英勇事蹟幫助盟軍贏得東線的勝利，不過很快就被世人遺忘了。

這些經歷不足以幫助他治理一個戰後城市。經濟崩潰、通膨猖獗、到處都有人炒作和囤積稀缺物資，無論是煤礦或糧食。不滿的鄂圖曼士兵持續從軍火庫領取武器，或者拖延時間，不配合執行裁軍令。兩個帝國的躁動邊緣族群於是有了奇妙的接觸。一支英國的旁遮普分遣隊被派去守

3 Carus Wilson to father, July 19, 1920, Carus Wilson Papers, IWM.
4 Harington, *Tim Harington Looks Back*, 106.
5 Hissar Players program for "Nathan the Wise," Jan. 28, 1920, GUL, Engert Papers, Box 2, Folder 13.
6 Yuletide Recital Program, Dec. 21, 1919, GUL, Engert Papers, Box 2, Folder 13.
7 Program from commencement exercises at Constantinople College, June 1920, GUL, Engert Papers, Box 2, Folder 13.

護武器儲藏庫，提防鄂圖曼義勇軍的劫掠。穿法軍制服的摩洛哥騎兵努力地拔除步槍槍栓，以免作奸犯科者染指這些退役武器。伊斯坦堡是一個存在地圖上、但其實早就像安納托里亞塵暴般消失在風中的帝國首都。

* * *

在協約國正式占領的同一天，一位鄂圖曼戰地指揮官凱末爾入住佩拉皇宮飯店。[8]停戰協定簽署時，他人在南安納托利亞，負責安排軍隊陣形，抵禦從巴勒斯坦往北推進的英軍。當戰爭宣告結束，其所屬單位準備復員，他決定搭乘長途火車前往首都。他希望能夠說服鄂圖曼帝國的戰爭大臣發動抵抗協約國的地下行動，或者推舉他擔任戰爭大臣。他決定無論如何，最起碼要主動請纓負責東安納托利亞的軍隊組織行動，協約國的勢力還沒實際進入該區域。

他和他的副官一起抵達海達爾帕夏車站，搭渡船到歐洲岸。在船上，他看見波濤起伏的博斯普魯斯海峽擠滿協約國的戰艦，以及正在卸除人力、馬匹和裝備的汽艇。他年輕時曾在伊斯坦堡住過一段時間，對這個城市很熟悉。三年前，他是加里波利戰役某前線部隊的指揮官，為保護伊斯坦堡奮戰不懈。如今戰敗，帝國已放棄他和無數「小梅赫馬德」——鄂圖曼版本的軍人暱稱，英國士兵是「湯米」（Tommy），美國士兵是「油炸麵團」（Doughboy）——誓言守護不讓外國勢力囊獲的獎品。

生於一八八〇至八一年的冬天——和許多同年代的鄂圖曼子民一樣，他的確切出生日期不明——凱末爾是開放自由、多元文化城市薩隆尼卡的市民，這裡是一九〇八年革命的發源地。他屬於年輕一代的鄂圖曼軍官，受專業的軍事學院教育，罷黜阿布杜哈米德二世的聯合黨人運動對他們有很深的影響。聯合黨人當中老一輩的軍官曾經歷帝國擁抱現代化和改革的時代，但凱末爾這一代體會最多的就是暴力和敗戰。當一戰正式揭開序幕的時候，他已經擁有在利比亞和義大利人交手的經驗，也曾在色雷斯與保加利亞人駁火。在每場戰事中，他親眼看見宗教和族裔的少數社群持續從內部削弱帝國，而他們往往是受到外國列強的唆使。如今，政府在摩德羅斯簽訂停戰協定後，他和其他軍官袍澤等於見證了帝國的大規模毀滅。

凱末爾就算不是最傑出的改革派愛國軍人，至少也算得上無可挑剔。如果他不相信自從上一次來訪，伊斯坦堡已經有很大轉變，佩拉皇宮飯店可以提供充足的證據。總是擠滿外國賓客的飯店大廳和餐廳，如今有成批出沒的英國和協約國制服軍官。東方酒吧聚集了外國代表團成員、旅人和當地婦女，包括摘下面紗的穆斯林婦女。[9]就連亞美尼亞神父、種族屠殺倖存者巴拉基恩

8 Mango, *Atatürk*, 195–96.
9 Musbah Haidar, *Arabesque*, 166.

都看出飯店附近的街區，是伊斯坦堡開始享受自由放蕩的驚人證明。「富人在戰爭期間大發利市，他們縱情地吃喝享樂，購買地產物業，恣意揮霍，」他說。「我特別注意到婦女荒唐的衣著打扮，她們濃妝豔抹、半露酥胸，舉止不得體……土耳其人的首都已經變成（《聖經》中的）巴比倫。」[10]

米恩將軍在等待搬進長期住所之前暫住佩拉皇宮飯店，戰敗的德國軍官如馮．桑德斯——他悄悄搬到附近的朗德斯飯店，避免在佩拉皇宮飯店休息室可能發生的任何不愉快遭遇——也被人看見出沒在墓園街頭。[11]儘管雙方還未簽下永久性的和平條約，協約國和同盟國已經不處於交戰狀態，按照習慣，交戰國必須以標準的軍事禮貌相待。

後人流傳一個關於凱末爾遭遇在飯店小酌的英國軍官的故事。當英國軍官邀請他同桌喝酒時，凱末爾斷然拒絕。他說主人不應主動走向客人的桌子，英國軍官如果想要一起喝杯酒，可以自己到他那桌。[12]這可能是杜撰的故事，旨在展現一個年輕軍官對英國統治有意識的反抗。但凱末爾基本上是個實務主義者，有證據顯示他到佩拉皇宮飯店，就是看上它身為協約國占領中心的地位。

英國《每日郵報》（*Daily Mail*）通訊記者G．沃德．普萊斯（G. Ward Price）搭乘阿伽曼儂號來到伊斯坦堡。他在下榻飯店幾天後接觸了凱末爾——或者該說是凱末爾主動找上門。普萊斯從飯店經理手上接過一張紙條，說一位鄂圖曼軍官有話對他說。普萊斯從未聽過凱末爾這號人物，但同意和他聊聊。碰面時，普萊斯看到眼前的鄂圖曼軍官已經褪下軍服，以長外衣搭配土耳其毯帽的造型赴會，這是富裕鄂圖曼男人的標準平民服裝——「俊俏有氣勢的外形，舉止含蓄拘謹，說話聲音低沉、不疾不徐，」普萊斯回憶道。[13]

凱末爾哀嘆鄂圖曼土耳其人在戰爭中選錯邊，誤把老朋友英國當成敵人，主要都是受到恩維爾和聯合黨人中其他傾德領袖的不良影響。他猜測協約國會選擇共同瓜分安納托利亞，而他希望英國能夠扮演主導的角色。英國人對穆斯林的態度會比法國人更友善，法國畢竟領教過在北非治理穆斯林的崎嶇歷史經驗。如此一來，英國將需要像他這樣有經驗的本地人從旁協助處理。「我想知道，」凱末爾對普萊斯說，「以這樣的身分，我為哪個單位效力最合適。」[14]普萊斯將對話轉告給同住佩拉皇宮飯店的英國軍官，但得到他們嗤之以鼻的回應。知道凱末爾的人不多，而且無論如何，鄂圖曼軍官經過一陣沉寂已開始協助協約國。「不久後，會有一堆像這樣的土耳其將軍想找份差事，」一位資深情報軍官回應道。[15]

---

10 Balakian, *Armenian Golgotha*, 415–16.
11 Price, *Extra-Special Correspondent*, 103.
12 Mansel, *Constantinople*, 388.
13 Price, *Extra-Special Correspondent*, 104.
14 Price, *Extra-Special Correspondent*, 104.
15 Price, *Extra-Special Correspondent*, 104.

後世史學家略過這段插曲不談，或者宣稱那是凱末爾試圖從內部動搖英國的嘗試。事實是，接下來六個月，凱末爾不斷尋求未來的出路。他搬出佩拉皇宮飯店，在更北邊的奧斯曼貝（Osmanbey）租了一間房子。任何願意接見他的人，他一個也不放過：軍官、內閣大臣、忿忿不平的議員，並且四度拜訪素檀梅赫馬德六世本人。他感受到對協約國盟軍極大的不滿情緒，但鄂圖曼人就像一盤散沙，毫不團結。占領使城裡不同派系的分歧變得更為尖銳——皇宮、議會、商人與軍隊人員——每個團體都戒慎恐懼地避免下錯棋，未能大膽出擊，決定自己國家的命運。

儘管三巨頭帕夏已經離開伊斯坦堡，他們還留下一個地下組織「前哨社」（*Karakol*），扮演組織性反抗行動的溫床。但凱末爾發現前哨社只是當時城裡的眾多顛覆團體之一，這些團體之間的協調整合有限。一九一九年春天，英國開始逮捕並驅逐可疑的聯合黨人激進分子，靠密謀策畫解放伊斯坦堡及舊帝國的盤算變得更加不確定。同年春天，鄂圖曼政府在占領當局的施壓下，動手逮捕並審判涉入亞美尼亞大屠殺的聯合與進步委員會成員。任何曾經為聯合黨人理念貢獻己力的軍官，譬如凱末爾，如今都有誘因和那個政治傳統保持距離，並且在祕密集會與地下謀反以外尋求出路，證明他們的清白。

奧斯曼貝的房子變成軍官的非正式聚會所，這些軍官在尋找一個方法，既能避開似乎準備監禁任何被視為內部威脅的軍人的鄂圖曼政府，又能扭轉協約國的占領。效忠素檀的人很清楚，協約國才是城裡真正的掌權者。皇宮方面不願見到軍人挑起可能導致素檀被打發到馬爾他的鎮壓行動。英國已經將許多重要鄂圖曼官員和潛在叛亂分子送到馬爾他。但在地理組成上分作三塊的伊斯坦堡，不同的協約國軍隊控制不同區，因此協約國本身的內部紛爭也很尖銳。從職業軍官到義務軍人，協約國士兵對彼此的猜疑不輸給他們對當地穆斯林的鄙視。義大利人把情報傳給鄂圖曼土耳其人。法國撤銷英國的命令。英國刻意藏私，不和法國、義大利分享重要訊息。[16]

受不了爭執不休的地下反抗團體和無能的協約國，凱末爾最終替自己找到一個公家職位，在東安納托利亞擔任鄂圖曼軍隊的督導。有鑑於鄂圖曼軍隊處於混亂狀態，這份工作基本上是榮譽性質。他的任務是輔助摩德羅斯停戰協定能夠井然有序地執行，也就是監督殘存的皇家軍隊一步步解散。該職務至少給了他多數鄂圖曼軍官在這個階段覬覦不已的一樣東西：一份真正的工作，隸屬於唯一一個身分地位尚未受到質疑的政府官員，也就是素檀本人。活力充沛的求職行動，使他比剛到伊斯坦堡時更廣為人知。一九一九年初，凱末爾終於得到協約國當局的注意，被視為危害休戰和平的顛覆分子，進而登上他們計畫逮捕並遣送至馬爾他的名單。[17]

然而，他在逮捕遣送命令執行前便成功逃出伊斯坦堡。一九一九年五月十六日，他拿著素檀的任命狀登上汽船班迪瑪號（*Bandırma*），前往黑海的薩姆松（Samsun）港口，這個地點便於他

16 Criss, *Istanbul Under Allied Occupation*, 71. 協約國列強直到一九二〇年十一月之後，才對聯軍主導權有所共識，決定首先從英國開始，採輪流的方式。

17 Mango, *Atatürk*, 204.

之後展開陸路行程，投向東部鄂圖曼軍隊殘餘勢力的懷抱。當時鮮少有人注意到他在五月十九日抵達薩姆松省城，不過今天土耳其每個學齡孩童都知道這是什麼日子。這天標誌著後來被稱為獨立戰爭的序幕，而且是凱末爾成為土耳其共和國國父歷程的第一步。

* * *

沒有人知道協約國掌控伊斯坦堡的時候，城裡究竟住了多少居民。最近一次的戰前人口普查發生在一九〇六年，但受到青年土耳其黨人革命引發的騷動影響，最終未能完成。一戰爆發不久前，統計學者估計城市人口約有九十七萬七千人，其中約五十六萬為穆斯林，二十萬六千信奉希臘正教，八萬四千人為亞美尼亞使徒教會基督徒，另有少數猶太人、羅馬天主教徒，以及其他宗教少數民族。[18]將近十三萬人被分類為外國臣民，大多是非穆斯林，主要從事貿易、生產製造和金融事業。和非穆斯林相比，穆斯林人口稍稍超過半數，而外國臉孔早在艾倫比和德斯佩雷騎馬遊行入城之前便舉目可見。

在漫長的鄂圖曼年代，穆斯林和非穆斯林人口雜住在同一行政區，共同權利確立，各個懺悔社團和國家之間的關係獲得規範。個別宗教社群，稱作「米利特」（*Millet*），在教會法、公共秩序、契約強制執行，和其他法律、社會與經濟領域等事務上獲得自治權。所有鄂圖曼帝國的子民都必須效忠素檀，基督徒和猶太教徒被規定繳交穆斯林可以避掉的特別國家稅，但大體而言，人們從出生、結婚到死亡，一切行為舉止都是按照所屬宗教類別的規範。幾個世紀以來，宗教類別的確切數量和本質不斷變化。理論上，在素檀國度出生的子民，絕對不可能置身於米利特系統之外。這個制度假設一個人在不同人生階段，為解決從出生登記到執行遺囑等事務，最常尋求協助的是所屬宗教當局，而不是國家。

整個國家管理階層建立在這種信仰自治的井水不犯河水體系之上，即便踰越這個體系的方式也不勝枚舉。身為哈里發，素檀處在穆斯林宗教階層的最頂端，但他只能間接地治理帝國內的非穆斯林子民，透過諸如希臘正教牧首、亞美尼亞使徒教會宗主教和猶太教徒大拉比等備受敬重的宗教領袖行使其統治權力。這樣的安排倒頭來強化民間宗教統治者對其信眾的權力。

米利特系統是處理宗教多元帝國的管理策略，它以各式各樣的形式存續了超過五百年，長度遠勝自由民主和民族國家的紀錄。三大非穆斯林米利特——希臘人、亞美尼亞人和猶太人——的先祖是現在這座城市最早的幾個先驅民族。希臘人自西元前七世紀首次出現在伊斯坦堡便不曾消失，儘管證明這麼長的家族譜系對任一家族都是艱困挑戰。從位於金角灣南邊芬內爾區（Fener）不斷擴建的教區總教堂，希臘人牧首扮演著當地希臘正教社群的行政首長，同時也是整個地中海

18 Toprak, "La population," 64–65.

及地中海外希臘正教世界的心靈支柱。當海外希臘人想到他們文化與宗教生活的中心，自然就會想到伊斯坦堡——或者「君士坦丁的城市」——這裡有遠近馳名的希臘學校，最華麗的希臘正教教堂，最蓬勃的希臘人生意。

亞美尼亞人之於這座城市的歷史根源同樣古老，而且同樣在商業和銀行業世界形成一道類似屏障。舉例來說，伊貝林家族出產好幾位帝國內備受推崇的建築師，從豪華的渡船站到位於貝勒貝伊區和多爾瑪巴赫切兩地的素檀皇宮等公共建築都是他們的傑作。亞美尼亞家族的阿布杜拉兄弟（Abdullah Frères）攝影工作室負責呈現帝國的「樣貌」，阿布杜拉兄弟擔任阿布杜哈米德二世的宮廷攝影師，並且以數千張玻璃感光板相片紀念帝國的招牌教育機構和政府建築。到了一八九〇年代，亞美尼亞民族主義崛起，亞美尼亞人試圖在東安納托利亞建立獨立的國家，不僅分化了社群，也惹火帝國政府。伊斯坦堡的亞美尼亞人口遭集體迫害，不分年齡或地位，就像後來的亞美尼亞種族滅絕，整個村莊集體被消滅，造成部分安納托利亞地區超過一百萬人逃亡。儘管多位重要社群領袖在一九一五年四月遭驅逐出境，數千名亞美尼亞人依然認為伊斯坦堡能提供某種程度的庇護，保障他們免受吞噬帝國其他地區的毀滅性暴力。

在歷史上，猶太人也把這座城市當作民族避風港，不過他們躲避的不是地方的大屠殺，而是基督教歐洲先天的反猶太主義。猶太人自拜占庭帝國時代起定居伊斯坦堡，在一四五三年鄂圖曼征服之後，新的穆斯林統治者通常認為猶太社群對鄂圖曼利益是友善的。[19]猶太會堂和其他公共設施並未遭到騷擾，甚至獲准擴建。引發猶太社群生活大轉變的是新的猶太人入侵，而非穆斯林的入侵。多數拜占庭帝國時代的猶太人，當時稱之為羅馬尼奧人（Romaniotes，亦作希臘猶太人），說的是希臘語，與東方基督教共存數世紀的經驗形塑出他們保有的傳統。但一四九二年，在地中海的另一端，西班牙要求當地猶太教徒改宗基督教，否則就得離開西班牙王國。許多人選擇潛逃至鄂圖曼帝國的領土，在這裡猶太人可以成為受素檀國度保護的子民。接下來幾個世紀之中，隨著伊比利半島數千名猶太人遷徙而來，猶太社群人數翻倍，大幅度轉向塞法迪猶太人的文化與宗教傳統。[20]猶太西班牙語（Ladino）取代了希臘語；西班牙姓氏很快出現在墓碑上；西部地中海的猶太人飲食也傳向東方，像是西班牙蛋糕（*bizcochos*）、北非肉丸、醃製檸檬。

直到二十世紀初期，多數伊斯坦堡人仍未把他們的城市視為一個整體——蔓延金角灣南方七個山丘的都市，穿越北邊數不盡的山谷和山脊，延伸至博斯普魯斯海峽東側亞洲市郊的陡峭山坡——而是當作由數百個獨一無二社區（或稱馬哈雷〔*mahalles*〕[21]）所組成的群島。每個馬哈雷或多或少都有自成天地的地方經濟與生活方式，他們共存在一個更大的同心圓裡，將個別馬哈雷

19 Rozen, *History of the Jewish Community of Istanbul*, 10–11.
20 Rozen, *History of the Jewish Community in Istanbul*, 51, 87.
21 譯注：被吸收到土耳其文之中的阿拉伯詞彙，經常翻譯為區或社區，是許多中東國家的官方行政單位。在鄂圖曼帝國時代，馬哈雷是最小的行政單位，在形塑身分認同上具有重要作用。

與周遭社區和區域連結在一塊。馬哈雷傳統強化集體生活（communal life）的獨特性，但也確保穆斯林和非穆斯林在一個相互依賴、具有共同福祉的網絡中形影不離。

以金角灣南岸的重要猶太社區「巴拉特」（Balat）為例，街坊鄰里可能用猶太西班牙語、希臘語和鄂圖曼土耳其語閒聊八卦，或者在對話中同時出現兩種以上的上述語言。走過一條蜿蜒街道，沿途可能看到波斯人店家販賣香料，保加利亞人供應牛奶和凱馬（*kaymak*，甜的凝結奶油），阿爾巴尼亞人大啖蘭花飲（*salep*），蘭花飲是蘭花根製成的濃稠熱飲，很適合驅寒。[22]地方烘焙坊門口擠滿被母親派來的男孩，他們各自端著裝滿自家手作糕點的銅盤，等著放進烘焙坊的火爐。公共澡堂在猶太安息日開始前的星期五早晨會排起長長隊伍，接著國家戲院（the National）會出現更長的人龍。國家戲院是一間電影院，每個星期天早上播放最新上映的電影。然後希臘人和亞美尼亞人穿越排隊人潮，到聚集在附近芬內爾區的教堂參加禮拜儀式。許多家庭會到耶普區（Eyüp）高地的皮耶・洛蒂咖啡廳（Pierre Loti Café）喝下午茶，躲避人潮，享受高處才有的環景視野，或者在卡坦內區（Kağıthane）的河岸邊野餐，這兩個地方穆斯林也經常造訪。男女老幼三五成群地坐在綠地閒聊，是伊斯坦堡拼布式人口組成的縮影。

進入現代以後，少數族裔的馬哈雷從來不是自成天地的社區。[23]它們的功能自十七世紀末起逐漸衰退，那時穆斯林晉升至有產階級，隨著財富增加，紛紛搬到過去主要住著基督徒和猶太教徒的區域。但直到帝國喪鐘響起之前，不跨越所屬社會階層始終是伊斯坦堡的不成文都市規則之一。「不要靠近火，也不要靠近打鬥。」猶太教徒以猶太西班牙語說道。[24] 伊斯坦堡內的馬哈雷結構，不只是宗教社群自然而然聚集在清真寺、教堂和猶太會堂周邊的結果。它也是一個生存策略：一種不多管閒事、低調不張揚的生活方式，把重要的政治經濟問題留給有權力的人去處理。巴拉特區門梁上獨特的門柱聖卷（Mezuzah），庫姆卡普區（Kumkapı）亞美尼亞教堂華麗的十字架，或銘刻在貝伊奧盧區公寓的希臘人姓氏，標誌著城市日常生活的地理界線，但它們也勾勒出不同群體之間的權力輪廓，直到協約國占領前，這些群體全都是同一位皇帝的子民。

非穆斯林人口是伊斯坦堡經濟和大眾文化的經緯。他們是酒吧老闆，是銀行家，有些開妓院，有些是餐廳業者，從事出口貿易，也有的經營旅館。遲至一九二二年，在這座城市一千四百一十三間餐廳中，有一千一百六十九間的老闆是希臘人。相較之下，穆斯林突厥人開的餐廳有九十七間，亞美尼亞人開的有五十七間，俄國人則有四十四間。[25] 這樣的社會處境也使非穆斯林成

22 See Shaul, *From Balat to Bat Yam*, 37-50.

23 Eldem, "Istanbul: From Imperial to Peripheralized Capital," in Eldem, Goffman, and Masters, *The Ottoman City between East and West*, 151–52. 一九三四年，市立行政中心的官方城市導覽書列出博斯普魯斯海峽以西有一百九十二個馬哈雷，東邊也有許多馬哈雷坐落四處。*İstanbul Şehri Rehberi*, 206–8.

24 Shaul, *From Balat to Bat Yam*, 46.

25 Johnson, ed., *Constantinople To-Day*, 263.

為彼此的競爭者。[26]希臘人和亞美尼亞人「的相處就像貓和狗」，猶太回憶錄作者伊萊・沙烏爾（Eli Shaul）說，「他們避開彼此，一逮到機會就開對方玩笑，有時候會打打架。」有一則廣為流傳的笑話描繪了伊斯坦堡少數族群獨特的迂迴和略勝一籌特質。[27]猶太男孩索羅門到亞美尼亞人的教堂。「我犯了可怕的罪，」他向神父解釋，神父則是很意外看到他。「我和一個女孩發生關係，想要請求寬恕。」

「哪個女孩？」神父謹慎地問。

「神父，我太慚愧了，說不出來，」索羅門說。

「我知道。一定是哈哥普的女兒！」

「不，不是她。」

「那是穆格迪奇的姊姊（妹妹）？」

「不，不是她。」

「等等，那肯定是斯拉比安的年輕太太！」

「不，不是她。」

越猜越氣餒，神父於是讓他離開。索羅門的朋友米雄看到他走出來，問他怎麼會跑去亞美尼亞教堂。

「去聽三個推薦人選，」索羅門回答。

在這個複雜的世界，一個亞美尼亞人家庭可能是天主教徒、新教徒或使徒教會基督教徒。他們可能對素檀耿耿忠心，或者代表民族解放運動從事祕密工作，解放運動又可能分為開明自由或社會主義兩種路線。他們可能是素檀的子民，也可能是另一個國家的公民，即便他們家族世代定居這個城市。猶太人當中也分成塞法迪猶太人和東歐的阿什肯納茲猶太人（Ashkenazim），前者是自西班牙移民而來的猶太後代，後者則是在西元十九世紀大量遷徙到伊斯坦堡。[28]他們當中有人自稱猶太復國主義者（Zionist）、社會主義者或自由主義者，可能是鄂圖曼帝國的子民，也可能是外國人。

在鄂圖曼帝國時代，非穆斯林子民只要說服某外國政府給予保護，便得以享受為數龐大的經濟特權。這個所謂的優惠待遇（Capitulation system）自鄂圖曼政權上臺以來，一直是帝國行政結

26 Shaul, *From Balat to Bat Yam*, 59.

27 Shaul, *From Balat to Bat Yam*, 59.

28 舉例來說，勢力最大的僑外猶太銀行家族——康盟多家族（the Camondos）——掌管了橫跨全歐洲的金融帝國，權力中心就位在加拉達區的狹窄通道。伊斯坦堡人行經優雅高貴的康盟多公館，踩著新藝術風格的康盟多階梯，拾級而上陡峭街道，上的學校和醫院也是由康盟多家族的慈善機構贊助。走過十九世紀，康盟多家族離開讓他們在鄂圖曼帝國治下興盛的大都會世界，逃往巴黎。來到法國後，他們的猶太人身分才變得非常重要，而且是以最悲劇性的方式。二戰期間，康盟多家族最後的血脈——老邁的女家長碧翠絲．康盟多（Béatrice de Camondo）和兩個孩子芬尼（Fanny）與伯傳德（Bertrand）——被納粹送上火車，從法國驅逐出境。他們死在奧許維茲—比克瑙（Auschwitz-Birkenau）集中營。倘若當初留在伊斯坦堡，康盟多的香火肯定能夠延續到戰爭之後。

構的一部分，是熱內亞、英國、法國等外國勢力強硬協商的成果。它使國際公司的當地員工不受鄂圖曼法律制裁，並提供外國生意進軍鄂圖曼經濟直接的、受保護的管道。漸漸地，投降系統主宰起國內經濟與國外貿易。兩者都掌握在一群被稱為外國「僑民」的人手上，他們從佩拉區、加拉達區和其他金角灣以北行政區的豪華院落和商業辦公室積聚龐大財富。

有一個著名的希臘家族處境尤其特殊，它擔任外國勢力的代表，在鄂圖曼帝國的領土上生活、致富。個人可利用生活在鄂圖曼帝國——但不是鄂圖曼子民——的複雜制度增進自己的利益，最終可能造成國家的損失。巴索．薩哈洛夫（Basil Zaharoff）在塔塔夫拉（Tatavla，後改名為庫圖魯斯〔Kurtulus〕）長大，該區位於佩拉皇宮飯店北邊，儘管名字帶有俄國味，但他來自希臘人的小康家庭。他在成年之前當過旅遊嚮導，不厭其煩地在受歡迎的樂邦咖啡館（Café Lebon）走動拉客，帶領觀光客跟他一起穿梭在佩拉的大街小巷。[29]他可能還靠著當被水泵員收買的縱火者賺外快。他蓄意放火讓消防隊撲滅，然後富裕的受害者便會心懷感激地對消防隊奉上服務費。他及時將對外國人的深入了解和對兩面手法的獨到眼光化成美妙果實。他利用和瑞典軍火商的初步接觸，成功申請到法國公民身分，然後成為歐洲最重要的武器貿易商之一，商品大多是透過英國的威克斯（Vickers）軍需品公司引進。他討好歐洲接二連三軍事衝突中的敵對雙方，提供新發明的機關槍等最新科技，而且開出任何國家都難以拒絕的價錢，藉此積聚了大筆財富。一戰期間，他判斷歷史站在民族主義這邊，而不是鄂圖曼的帝國主義，暗中監視帝國命運變動可能帶來的獲利機會。在將希臘王國拉進衝突、加入協約國陣營這方面，他發揮了重要作用，而且幾乎是隻手撐起希臘軍隊對抗鄂圖曼帝國的全部軍事裝備。作為一名環遊世界的浪子、一個在短時間內叱吒歐洲各國國防部的響亮名號——說他是那個時代世上最有趣的人也不為過——他是伊斯坦堡世界主義卑鄙陰暗面的典型。

一九一八年後，許多穆斯林覺得優惠待遇，以及隨心所欲由少數人把持的商業傳統已發展到最糟糕的狀態，非穆斯林如今準備在外國人的協助下，將帝國瓜分據為己有。協約國官員在徵人時，無論是挑選打字員或輔助警力，顯然偏好選擇希臘人與亞美尼亞人。輔助警察巡邏時通常穿著英國制服，只是多配戴一個特別臂章。[30]畢竟協約國視解放基督徒不受穆斯林桎梏，為此次任務的使命之一，而且他們期待尚未簽訂的和平條約能提出對當地基督徒的明確保護，並強迫素檀在治理國家時接受一定程度的國際監管。伊斯坦堡的「希臘民族和基督教特質」，一份由希臘人和亞美尼亞人領袖簽署的請願書，「經過好幾世紀的奴役，如今獲得確立，被伊斯坦堡內數量無可匹敵的希臘和亞美尼亞人口（相較於穆斯林人口）確立……也被曾經埋葬我們先王君主和牧首的土地確立。」[31]這些基督教領袖的統計數字可能有問題，但對穆斯林而言，權力動態明顯出

29 Sperco, *Turcs d'hier et d'aujourd'hui*, 146.
30 Toynbee, *Western Question*, 32.
31 Telegram, Jan. 16/29, 1920, NARA, RG59, M353, Reel 21.

現變化。一九二〇年春天在伊斯坦堡見證歷史轉變的美國人查爾斯．富隆（Charles Furlong），將他的穆斯林線民在面對協約國和伊斯坦堡非穆斯林族群時，所感受到的委屈不平全都記錄下來：

> 最好的土耳其住所被徵用，讓協約國官員落腳，很多時候連屋內家具擺設都一應俱全；有證據顯示徵用住所最終目的是為了洗劫房子裡的財物；君士坦丁堡街上沒有土耳其妓女，但我有可靠消息表示自從協約國進城以後，希臘人和亞美尼亞人的婦女裝扮成土耳其女人，只為在協約國的面前詆毀她們；喚禮員（Muezzin）爬上宣禮塔召喚穆斯林宣禮時，希臘人嘲笑他們，並且在穆斯林面前對流浪狗大聲呼喊——「來這裡，穆罕默德」；君士坦丁堡每隔幾星期就會發生大火，一場火災有時可毀掉數千戶土耳其人家，而希臘人房地產經銷商偶爾會在灰燼還有溫度的時候，被人發現出沒在事發現場；這些都是停戰時發生的事，土耳其人要被驅逐出君士坦丁堡了。[32]

對一般穆斯林而言，這座城市似乎徹底變調。家家戶戶口耳相傳一個又一個可怕故事。據說法國軍團裡的塞內加爾士兵會攻擊街上的女人，或者將穆斯林小嬰兒烤來當晚餐。穆斯林女人被粗暴地推下軌道電車。英國士兵對路上的孩童咆哮，打掉男人頭上的土耳其毯帽，或者扯開婦女的頭紗。[33]這些很多都是關於反抗的民間傳說，常見於對外國統治心懷怨懟的社會。如果穆斯林需要足以顯示占領和城市非穆斯林少數族群之間有關聯的活生生證據，他們只需要和監督佩拉皇宮櫃檯、娛樂入住賓客的新人事團隊交談，就會有所收穫。佩拉皇宮飯店的所有權在戰爭尾聲經歷了一次劇烈變動。

32 Furlong to Woodrow Wilson, Mar. 23, 1920, p. 1, NARA, RG59, M353, Reel 21.

33 Edib, *Turkish Ordeal*, 5.

反抗

金角灣內的舊式木造帆船，背景是蘇萊曼尼耶清真寺。

苗條、體面，留著一小撮鬍子，頂上無毛的普卓摩斯・波多薩奇斯—雅典納席亞迪斯（Prodromos Bodosakis-Athanasiades）——或者就叫波多薩奇斯，因為大家都這麼稱呼他——是儒雅自信的伊斯坦堡希臘人的頭號面孔。他在一九一九年向臥鋪車廂公司買下佩拉皇宮飯店，原因並未載明於鄂圖曼帝國物業買賣紀錄。[1]事後證明，當初的收購時機簡直無懈可擊。波多薩奇斯在不喜歡鄂圖曼士兵的英國軍官和法國、德國商人的眼中，是個願意迎合任何類型賓客的業主。根據回憶錄作者齊亞貝伊表示，佩拉皇宮飯店迅速樹立起一個名聲，成為「毫無道德原則的東地中海冒險家宴請外國軍官和商人的場所，也是和淪落的俄國公主或道德觀念和禮服同樣輕薄的希臘、亞美尼亞女孩喝酒跳舞的場所」。[2]

出生於信奉希臘正教的普通家庭，幾乎只有小學教育程度的波多薩奇斯，第一份工作是在阿達納（Adana）和梅爾辛（Mersin）做小規模貿易，這兩個地區性商業中心位於地中海沿岸地帶。一戰結束後，他來到伊斯坦堡，以響亮的戰時企業家名聲，一頭栽進毫無秩序可言的海運和工業世界。身為鄂圖曼帝國子民，他可以自由地在帝國內行走；身為希臘語使用者，他直接獲得城裡商業和金融菁英圈的入場券。他還有家族的人脈網絡可運用。他娶了一位奧地利工程師的女兒，這位工程師是鄂圖曼土耳其首席德國軍事顧問馮・桑德斯的親戚。[3]馮・桑德斯曾代表鄂圖曼軍隊打仗，而波多薩奇斯當初成功致富，起碼有一部分是拜擔任軍隊軍需官的供應商所賜。就算在德國和鄂圖曼帝國戰敗後，認識重要人物依然是推動成功生意更上一層樓的首要步驟，特別是在這個擠滿外國士兵和政治流亡者的城市。

波多薩奇斯藉由穿梭多個經濟和政治世界成功扶搖直上，可是對許多當地希臘人而言，協約國出現所導致的問題，遠勝過它所解決的問題。希臘正教基督徒的精神領袖是牧首，但現在有一個以雅典為基地的競爭政治當局——希臘大陸（Greek mainland）的政府，或者稱希臘民族王國——在愛琴海以東發揮其影響力。協約國聯軍的希臘民族比例並不高：整個艦隊數十艘戰艦中只占四艘，少數步兵加入巡邏隊，還有一支克里特分遣隊在芬內爾的牧首區守衛巡邏。[4]但來自希臘王國的軍隊讓一個根本問題浮上檯面，伊斯坦堡歷史悠久的希臘人社群和相對年輕的希臘民族政權將來會是什麼關係。

不到一世紀之前，希臘領土本身便是鄂圖曼帝國的一部分。一八二〇年代，希臘大陸發生一次叛亂，試圖推翻鄂圖曼統治，創建獨立國家。希臘民族的革命分子和同時代其他反帝國運動並無太大不同——由開明政治家、無可救藥的浪漫主義者與大撈戰爭財的人組成，目標是擺脫遠在天邊的王權君主——但歐洲的同情者把他們看作美好雅典文明的活化石：高貴、熱愛自由的西方

---

1 Çelik, *Tepebaşı*, 174.

2 Mufty-zada, *Speaking of the Turks*, 152.

3 Pelt, *Tobacco, Arms, and Politics*, 178. 感謝 Mogens Pelt 提供額外的生平細節。

4 Mango, *Atatürk*, 198.

文明根源。親希臘主義（Philhellenism）——支持古希臘文化和由之衍生而來的政治訴求——橫掃整個歐洲，進而在一八三二年協助革命分子創造屬於他們的國家。新國家最終將住著希語人口、斯拉夫人、阿爾巴尼亞人和土語穆斯林人口的周邊地區一併納入版圖。

一戰爆發時在位的康士坦丁國王（King Constantine）深知英、法兩國有意將他的國家拉進協約國陣營。希臘在地中海的戰略位置，對協約國在巴爾幹半島與近東的戰情至關重要。但身為威廉二世（Kaiser Wilhelm II）的妹婿，他選擇讓希臘保持中立的中間路線。[5] 隨著戰情演變，德國勝利的希望愈來愈渺茫，希臘國會親協約國派系的勢力群起反抗國王，迫使他在一九一七年下臺，踏上流亡之路。康士坦丁的兒子亞歷山大（Alexander）繼位，接著希臘以協約國的身分參戰。這場戰爭似乎是實現泛希臘民族主義者夢寐以求的「宏大理想」（*Megali Idea*）的大好機會：在希臘民族君王的帶領下奪回伊斯坦堡，進而重建拜占庭帝國。

亞歷山大王權背後的實際操縱者是首相埃萊夫塞里奧斯・韋尼澤洛斯（Eleftherios Venizelos），他是一名老謀深算的政治家，精心策畫王位遞嬗只為將希臘帶向戰爭。韋尼澤洛斯既有遠見又務實，他看清協約國的勝利長期而言對希臘是有利的。為達成奪取鄂圖曼領土的目標，希臘王國政府先在愛琴海沿岸展開占領行動。一九一九年五月十五日，韋尼澤洛斯的軍隊進入鄂圖曼帝國的主要港口士麥拿（Smyrna，今天的伊茲米爾〔Izmir〕）。英、法兩國暗中提供幫助，主要是為確保義大利人的勢力不會進到該城。義大利是協約國陣營裡另一個覬覦鄂圖曼領土的勢力。然而，不同於協約國在伊斯坦堡的盛大登場，登陸士麥拿成為一場大災難。在當地穆斯林嘗試擊退占領者的片刻，全城陷入混亂。商店被洗劫一空，城裡的許多宗教社群——希臘人、亞美尼亞人和穆斯林——在希臘王國的士兵實施戒嚴之前，曾短暫地暴力相向。

對當地希臘人和希臘本土的希臘民族而言，奪取士麥拿是一大勝利，是邁向宏大理想的第一步。（事實上，當時的士麥拿希臘族裔人口比雅典本身還多。）當士麥拿被占領的消息傳到伊斯坦堡，整個佩拉區街道垂掛起希臘王國的藍白旗幟，塔克辛廣場（Taksim Square）也出現韋尼澤洛斯的巨幅肖像。[6]不過，對鄂圖曼穆斯林而言，這是一場令人痛心疾首的悲劇。如今不僅帝國首都由協約國代為治理，而且希臘軍隊奪占帝國最重要愛琴海港口的行為，明顯違背摩德羅斯停戰協定。不同於在伊斯坦堡內的米恩軍隊，希臘軍隊似乎有意併吞戰利品，不僅僅是治理士麥拿而已。

* * *

5 Finefrock, "Ataturk, Lloyd George and the Megali Idea," D1049.

6 Alexandris, *Greek Minority of Istanbul*, 59.

在波多薩奇斯權衡希臘王國軍事進展對他事業的影響時，鄂圖曼戰地指揮官凱末爾正在前往安納托利亞的途中。他在一個不祥的日子抵達伊斯坦堡——一九一八年十一月十三日，協約國艦隊駛進城裡的那一天——然後於隔年的五月十六日動身前往薩姆松，前一天希臘民族才剛贏得士麥拿。這兩個事件激勵他在東部組織反抗運動。

凱末爾無視於軍隊督察的職務前提，開始召集對伊斯坦堡政府不作為感到不滿的軍官與作戰部隊。來到薩姆松幾個月後，他已重燃其他鄂圖曼軍官同僚的戰鬥意志。他也協助東部城市埃爾祖魯姆（Erzurum）與錫瓦斯（Sivas）舉辦兩場極具規模的代表大會，軍事單位的代表團與其他志同道合者因反占領訴求齊聚一堂。代表大會譴責希臘民族的入侵，並宣布對協約國發起民族反抗運動。一九一九年結束之前，凱末爾已在安卡拉建立總部。安卡拉是安納托利亞中部的城市，和協約國勢力所在位置相距甚遠，有良好的防禦性，而且因為城裡有火車站，能夠輕易地聯絡自停戰後仍持續重新整編的鄂圖曼軍隊殘餘勢力。對協約國成員而言，凱末爾軍隊勢力日益壯大是出乎意料的發展，使本來就錯綜複雜的戰略與政治環境變得更加難以捉摸。

如今安卡拉變成伊斯坦堡的制衡勢力，協約國陣營觀察家形容正在醞釀的反抗運動為「凱末爾主義者」（**Kemalists**）或者「土耳其民族主義者」（**Turkish nationalists**）。把突厥人視為一支無庸置疑的民族，而不是多元民族帝國的統治菁英成員之一，是聯合黨人在二十世紀初提出的構想，不過在凱末爾的想法中，民族主義的主張和反占領政治軍事具體計畫及幫助虛弱的素檀東山再起是密不可分的。凱末爾主義者首先把注意力集中在東方，他們對亞美尼亞人發動攻擊，也對在戰爭期間被聯合黨人驅逐出境如今回到故土的武裝團體發動攻擊。接下來一年半的時間，暴力事件開始蔓延至安納托利亞的中部與西部。希臘民族軍隊離開他們在士麥拿周邊的飛地（enclave，按：指在本國境內但隸屬於另一國的領土），沿愛琴海拓展其控制區。素檀政府以無能為力的冷漠態度旁觀一切最新發展。儘管梅赫馬德六世仍舊是伊斯坦堡和帝國的法定統治者，他看著麾下官兵在沒有皇室奧援或批准的情況下，自發性地組織祖國保衛戰。穆斯林政治家和知識分子迅速湧向安卡拉。伊斯坦堡軍火庫盜竊案，以及走私槍枝給凱末爾主義者的案件激增。

一九二〇年春季，窩囊的鄂圖曼議會仍持續開會，議員們在暗中支持凱末爾主義者和默認協約國權威之間搖擺不定。協約國仍承認素檀和議會是唯一的合法政府。但穆斯林伊斯坦堡居民的偏好再清楚不過。一九二〇年二月，素檀艾哈邁德區的群眾集會約有十五萬人，要求土耳其核心腹地繼續團結在一個統一國家之下，而且這個國家必須擁有對伊斯坦堡和黑海海峽（the Straits）[7]的控制權。[8]當月稍晚，議會做出至今為止最大膽的決定，提出一份名為《國民公約》（National Pact）的宣言，公開陳述鄂圖曼政府對協約國的核心要求——包括主張素檀國土的自由

7 譯注：亦作土耳其海峽，由博斯普魯斯海峽、馬爾馬拉海、達達尼爾海峽三部分組成，是黑海與地中海之間唯一的通道，也是亞洲和歐洲的分界線。參考 https://zh.wikipedia.org/wiki/%E9%BB%91%E6%B5%B7%E6%B5%B7%E5%B3%A1

8 Mango, *Atatürk*, 266; Criss, *Istanbul Under Allied Occupation*, 9.

和獨立，以及堅持爭議邊界區的未來地位問題交由公投決定。至關重要的是，那是鄂圖曼政府第一次在官方文件上使用土耳其（*Türkiye*）字眼，指涉過去被稱為鄂圖曼帝國的國家。[9]

秩序愈來愈混亂——再加上擔心素檀統領的政府、凱末爾主義者和伊斯坦堡人可能聯手反抗占領——導致協約國做出致命的決定。一九二〇年三月十六日，米恩將軍對伊斯坦堡展開全面軍事占領，技術性改變協約國聯軍自一九一八年起所享有的地位。這不是摩德羅斯停戰協定批准的舉動，新的安排將所有民間和軍事機構納入協約國的監督範圍。他們有心理準備會遭遇抵抗，但大部分時候，實際執行情況是協約國警衛分遣隊輕而易舉地走進政府行政部會，然後在辦公室門外開始執勤。[10]當地警察和軍事單位被解除武裝。城市周邊許多村莊遭到檢查，確保沒有暗藏武器庫。[11]不合作的鄂圖曼行政官僚再次成批被送往英屬馬爾他。

全面占領在眾人的意料之中。占領的謠言在佩拉皇宮的酒吧甚囂塵上已久，而且法國人提前把這個計畫告知特定鄂圖曼官員，讓他們能夠及時離開伊斯坦堡，不至於被英國逮捕或流放。[12]但這是貿然做出的決定，而且最終被證明是非常魯莽的。如今，凱末爾在安納托利亞的夥伴可以辯稱他們是唯一真正具代表性的國民政府，畢竟在協約國軍隊對首都發動正式占領時，素檀只是袖手旁觀。次月，在安卡拉，民族主義者成立自己的議會「大國民議會」（**Grand National Assembly**），其中包括一些伊斯坦堡已解散的鄂圖曼議會的代表。凱末爾獲選為第一任議長，實質成為一個尚未獲得承認的國家的政府首腦。議會發表一項聲明，宣稱議會無意廢黜素檀。不過誠如一九〇八年聯合黨人企圖從鄂圖曼帝國手中拯救鄂圖曼政府，當前政權和該政權的救世主之間確實也存在許多摩擦。安卡拉議會將所有挑戰其合法性的人判處死刑，另一方面，素檀也對凱末爾及其親密戰友祭出相同懲處。[13]

協約國因為感受到土耳其穆斯林聯合陣線的威脅，全面接管伊斯坦堡，但不出一個月，一場涉及多股勢力、難以對付、受國際關注的內戰似乎益發迫在眉睫。鄂圖曼帝國的支持者譴責土耳其民族主義者。土耳其士兵視宗教少數族群為眼中釘，他們相信希臘人和亞美尼亞人是列強占領的潛在支持者。希臘民族的軍隊和土耳其武裝民眾發生衝突。強盜土匪和地方軍閥紛紛動用影響力，支持任何占上風的一方。

相隔一個大陸，外交官在巴黎郊外的色佛爾（Sèvres）開會，他們擬出一份文件，希望能將屢遭違反的摩德羅斯停戰協定化為持久的和平。一九二〇年五月，協約國談判代表將最終和平條約的草稿遞交給鄂圖曼官員。其中的條款令人震驚。敘利亞、美索不達米亞和巴勒斯坦將不再受

---

9 Mango, *Atatürk*, 269.
10 Letter of Mar. 24, 1920, Wethered Papers, IWM. 另參見 Garner Papers, IWM.
11 Edmonds, *Occupation of Constantinople*, 12.
12 Dunn, *World Alive*, 285–86.
13 Mango, *Atatürk*, 279.

鄂圖曼帝國控制，下一步就是將這些地區交由法國、英國託管。東安納托利亞大部分領土將由獨立的亞美尼亞和未來的庫爾德斯坦瓜分。埃及和賽普勒斯也將脫離鄂圖曼帝國。士麥拿附近的部分愛琴海海岸線必須讓渡給希臘。伊斯坦堡和黑海海峽則交由英、法、義、日、俄、希、美及其他國家組成的國際委員會治理。

這些條款恰恰是伊斯坦堡協約國代表叮囑談判員不要提出的安排。人在伊斯坦堡的美國高級專員布里斯托海軍少將，發送大量電報和備忘錄，表示反對占領，認為此舉形同提供民族主義者另一個集結力量的理由。此外，這份條約還會讓英國穩坐這個區域的龍頭寶座，不僅排除了其他協約國勢力，而且對突厥人本身是有害的。「美國加入戰爭，不惜犧牲人力金錢，是為了戰勝德國的帝國主義，」他從佩拉皇宮飯店隔壁的辦公室寫信到華府。「我要求正視大不列顛王國的帝國主義傾向。」[14]然而，協約國談判代表覺得自己在玩一場反覆不止的追趕遊戲，為一份一旦提出立刻被眾人重新討論的正式條約草擬條款，只因安納托利亞大陸的軍事情況瞬息萬變。希臘民族正在瓜分古老帝國，翻轉這個發展趨勢的希望似乎微乎其微。談判代表解釋說，最好的結果是幫助鄂圖曼帝國有秩序地崩解，讓每個分離的部分都能獲得國際間某種程度的祝福。

一九二〇年八月，素檀百般無奈地接受這個協議。占領行動實質瓦解了這個國家，但《色佛爾條約》則是合法地把她分割了。就像將近五百年前她所取代的拜占庭帝國，鄂圖曼帝國如今萎縮成歐洲邊陲一個微不足道且大致非軍事化的勢力。《色佛爾條約》消息引發的效應正如布里斯托海軍少將和其他人的猜測。讓鄂圖曼官員放棄帝國外圍領土是一回事——譬如放棄阿拉伯土地——但同意實質分裂安納托利亞，並消除對伊斯坦堡與黑海海峽的當地控制權是巨大的讓步。協約國不再是將停戰協定平穩過渡到和平的短期占領者。他們已經成為分贓戰爭贓物的貪婪勝利者，一切都要感謝素檀的點頭首肯。

對鄂圖曼帝國原領地新近發展一無所知的外交官們，就地圖上的分界線、國際託管、人口移動秩序與政府改革的宏大計畫辯論不休，反覆修改條文內容。在《色佛爾條約》簽訂後，凱末爾的支持者變得更加大膽，而且比過去更加相信其理念具備的正當性。希臘民族軍隊持續蠢動，從陸路的色雷斯和愛琴海的士麥拿朝伊斯坦堡夾擊進逼。包括英、法、義、西、土在內的各方，紛紛試圖在條約全面執行之前創造既成事實。然而，三百多英里外，一個發生在雅典城外花園的怪誕事件，即將決定多方競逐的後果。伊斯坦堡和鄂圖曼帝國的命運竟然取決於一次猴子咬人事件。

* * *

14 Bristol to Secretary of State, May 7, 1920, pp. 1–2, NARA, RG59, M353, Reel 21.

許多人將此事件看作某種奇異的宇宙正義，包裹在同時代最複雜的皇室繼承案例之中。一九二〇年十月初，希臘的亞歷山大國王——就是把自己的父親趕下臺，率領王國在一戰獲得勝利的那位君主，如今他監控著軍隊朝伊斯坦堡和安卡拉推進——和他的德國牧羊犬在雅典郊區的皇家莊園散步。散步途中，牧羊犬衝向一隻巴巴利獼猴，這隻猴子是某個皇宮園丁的寵物。另一隻猴子見狀前來救援，結果國王被猴子狠狠咬了一口。他當下覺得並無大礙，但幾天後傷口惡化引發敗血症。國王臥病在床，在十月結束之前就駕崩了。

「這次猴子咬人事件造成將近二十五萬人死亡絕非誇大言論，」溫斯頓．邱吉爾（Winston Churchill）後來說道。[15]後續政治效應波濤洶湧。亞歷山大過世之後，策動一九一七年宮廷政變未果的勢力邀請流亡的康士坦丁回國復辟。國內重新選舉，在接下來的政治協商中，韋尼澤洛斯被迫卸除首相職務。整個愛琴海岸明顯感受到雅典的騷動，但最終結果完全不在時人的意料之中。

有鑑於康士坦丁突然復辟的動盪政局，驅動希臘民族在安納托利亞勢如破竹的動能有可能會消散。奪取海岸線和東色雷斯的布局，包括要求其他協約國將伊斯坦堡交給希臘民族政府的施壓計畫，可能全都一枕黃粱。但在這關鍵時刻，主要占領強權英國仍然堅定不移。恐伊斯蘭和親希臘的程度不相上下，英國支持希臘民族的野心，暗中勸導康士坦丁完成亞歷山大和韋尼澤洛斯的未竟之業。如今正式條約《色佛爾條約》已簽訂，倫敦當局派遣新的指揮官查爾斯．哈靈頓將軍（General Charles Harington）接任米恩將軍，負責執行素檀政府批准同意的條約內容。相較之下，法國人和義大利人對親德的康士坦丁重新掌權感到憂心忡忡，對希臘民族擴張事業的支持日益消退。協約國內部齟齬造成的裂痕給予剛復辟的希臘民族君主勇氣，他渴望證明自己有能力藉由贏得新的一場戰爭成就和平。雅典的報紙頭版圖片刊登康士坦丁手刃土耳其之龍，光榮進入重新奪回的君士坦丁堡，隨侍在側的是和他同名的拜占庭最後皇帝——作古已久的君士坦丁十一世·帕里奧洛格斯（Constantine XI Palaeologus）。[16]

土耳其民族主義者不曾擁有如此明確的使命：防止希臘民族士兵威脅安納托利亞中部的核心地區，阻擋他們進到安卡拉，然後一步步將他們逼回海岸線。一九二一年一月，凱末爾主義者部隊在傑出戰略家伊斯麥特貝伊（İsmet Bey，按：全名為穆斯塔法·伊斯麥特·伊諾努〔Mustafa İsmet İnönü〕，土耳其共和國第二任總統）的率領下，在馬爾馬拉海南邊爆發的第一次伊諾努（İnönü）戰役中大敗希臘民族勢力。四月，土耳其部隊又在同一地點贏得另一場勝利。打敗仗後，希臘民族軍隊在夏季尾聲發動一場大型攻勢，但又再度遭擊退，這次敗陣的地點在鄰近安卡拉的薩卡里亞河（Sakarya River）。

---

15 Winston S. Churchill, *The Aftermath*, 引用於 Fromkin, *A Peace to End All Peace*, 432.

16 Finefrock, "Ataturk, Lloyd George and the Megali Idea," D1049, D1053. 希臘民族主義者早在加冕典禮舉行前，已敦促康士坦丁採用康士坦丁十二世，藉此將他的王朝與拜占庭的君士坦丁大帝做連結，儘管兩人之間毫無親族血緣關係。

土耳其戰士慢慢開始將衝突視為屬於他們的解放戰爭——諷刺的是，保加利亞人、阿爾巴尼亞人、阿拉伯人和其他非土耳其民族也循著希臘民族的腳步，踏上從鄂圖曼帝國被解放的追尋自由之路——而薩卡里亞戰役成為爭取自由過程中的關鍵時刻。這場勝利將扮演土耳其軍事總指揮官的凱末爾，推上民族主義運動最高領袖的位置。勝仗幫助他從其他潛在競爭對手中脫穎而出，譬如卡齊姆·喀拉別克爾將軍（Kâzım Karabekir），他是伊斯坦堡統治菁英圈的成員，也是馳騁沙場的資深戰地指揮官，沒有人的資歷像他一樣亮眼。凱末爾被晉升為大元帥，並且獲頒榮譽頭銜「加齊」（*gazi*），這個頭銜過去是用來表彰伊斯蘭的聖戰士。「從維也納開始的撤退，」一名土耳其觀察家在一九二一年說，指的是鄂圖曼帝國一六八三年入侵歐洲的巔峰，「在二百三十八年後停止了。」[17]

英國外交官心急如焚地嘗試挽救《色佛爾條約》還未被破壞的條款，但此時的協約國成員多已成為發展中衝突的旁觀者。一九二一年夏天，義大利人和土耳其民族主義者單獨進行協商，並且撤軍安納托利亞。法國在十月跟進。隔年夏天結束之前，土耳其民族主義者對希臘民族殘存的軍事陣地發動攻擊，並安排先鋒部隊鎖定關鍵的士麥拿防禦堡壘。三年前，希臘民族就是從士麥拿展開全面控制的豪賭。兩軍規模旗鼓相當——二十二萬五千希臘民族部隊，對決二十萬八千土耳其部隊——但希臘民族的砲火被安納托利亞廣袤的土地分散，而且背對海洋，毫無後盾可言。[18]

希臘民族作戰單位朝海岸線落荒而逃。他們留下滿目瘡痍的村莊，焦黑的耕地和倒塌的宣禮塔。「自從登陸士麥拿以來，這些希臘人犯下的暴行超越史上一切類似罪行的加總，」一份土耳其報告宣稱。「希臘王國的希臘人以及與他們並肩作戰的當地希臘人所犯下的惡毒攻擊，絕對是出於刻意策畫，而且是由各希臘軍事單位的指揮官下令執行。」[19]

土耳其部隊只花幾天時間就抵達士麥拿。一九二二年九月九日，土耳其民族主義者進城，將外國軍隊最後的殘餘勢力趕走。當地希臘正教基督徒害怕民族主義者和穆斯林鄰居挾怨報復，倉皇加入希臘民族官兵的撤退隊伍。港區擠滿難民。街頭暴民當道。[20]城內土耳其指揮官激發穆斯林群眾的憤恨情緒，以私刑處死希臘人總主教。士麥拿的亞美尼亞區發生火災，火勢迅速蔓延至其他社區，海洋被火光照亮成拋光的黃銅色，逃往水岸邊的民眾聚集得愈來愈多。[21]在希臘王國與協約國船隻抵達港口將倖存者送往希臘本土之前，又有數千人在恐慌和混亂當中死去。約二十一萬三千人，主要是希臘正教徒和亞美尼亞人永遠地離開了士麥拿，儘管他們的家族世代定居於

17 引用於 Hasan Kayalı, "The Struggle for Independence," in Kasaba, ed., *Cambridge History of Turkey*, 138.
18 Mango, *Atatürk*, 338.
19 Second Section of the General Staff, *Greek Atrocities in Asia Minor, First Part*, 1.
20 *Mobs ruled the streets*: Mango, *Atatürk*, 345.
21 Price, *Extra-Special Correspondent*, 128.

此。[22]士麥拿近四分之三土地淪為廢墟。[23]

士麥拿浩劫的消息傳抵伊斯坦堡時，當地人和協約國擔心士麥拿事件其實是古都後續發展的預演彩排：首先土耳其民族主義者會發動攻擊，接著城裡少數族裔奔逃一空，協約國人員奪門而出。「外國人很緊張……士麥拿的命運縈繞心頭，」作家海明威記錄伊斯坦堡現場的氣氛，「很多人已經訂購接下來幾個星期的出城車票。」[24]土耳其穆斯林群眾隊伍在大街小巷遊行，高聲疾呼，「英國人去死吧。」[25]城裡凡以穆斯林居民為主的區都張貼起凱末爾肖像。曾經妝點希臘人經營店鋪的希臘民族藍白條紋旗消失不見。「這些可憐人如今對未來感到萬分恐懼，」一名英國中尉在家書中寫道。「我們離開後，他們怎麼辦？」[26]

士麥拿陷落前一年，協約國將軍在伊斯坦堡頒布一道命令，提醒土耳其士兵見到協約國軍團的制服軍官時不要忘了敬禮。為研究協約國軍官是否應該回敬禮，有關單位甚至成立了一個特別委員會。[27]如今風水輪轉，土耳其人得勢。英國指揮官哈靈頓將軍被迫對伊斯坦堡的普通市民發布措辭更加嚴厲、但愈來愈無效的聲明。非法持有軍火、攻擊協約國軍隊、破壞電話或電報線路、收取失竊協約國物資，以及「任何不利於協約國部隊之利益與安全的行為」，都可能被判死刑。[28]多數人認為死刑不過是說說而已。

身為欲振乏力的協約國的領袖，英國遭遇每個占領國經常遇到的難題。他們最友善的當地夥伴，也就是素檀本人，是該國最不具合法性的人口，而最具合法性的凱末爾主義者正準備朝伊斯坦堡開征，把占領者嚇得落荒而逃。梅赫馬德六世軟弱且不受愛戴，圍繞在他身旁的大臣和顧問們亦如是。他們對希臘民族占領土麥拿還有《色佛爾條約》的逆來順受，嚴重傷害舊政權的威望，使鄂圖曼當局更不具資格出任後占領時代的伊斯坦堡管理者。協約國列強不小心把自己逼到死角了。

在土麥拿遭攻擊之前，伊斯坦堡是土耳其國內效忠鄂圖曼政府之軍隊數量仍勝過民族主義勢力的唯一一處：一千兩百個單位的鄂圖曼部隊對一千個單位的凱末爾主義部隊。[29]然而，兩軍勢力在接下來幾個月劇烈變動，最後換成凱末爾居上風。一九二二年九月底，剛打完土麥拿一役，土耳其民族主義武裝部隊進駐協約國沿著黑海海峽建立的一塊中立區。英國和民族主義部隊在各自的壕溝裡叫囂互嗆，盲目開槍，揚言要破壞停戰協定。距離最初停戰，至今已有將近四年的時

22 Mango, *Atatürk*, 346.
23 Mango, *Atatürk*, 345.
24 Hemingway, "British Can Save Constantinople," *Toronto Daily Star*, Sept. 30, 1922, 再印於 Hemingway, *Dateline: Toronto*, 211.
25 Fox-Pitt to mother, Oct. 7, 1922, Fox-Pitt Papers, IWM, Box 2, File 10.
26 Carus Wilson to father, Oct. 17, 1922, Carus Wilson Papers, IWM.
27 Criss, *Istanbul Under Allied Occupation*, 76.
28 "To the Civilian Population of Constantinople," Greco-Turkish War Intelligence Reports, 1922–1923, IWM.
29 "Comparative Table of Dispositions of Ottoman Forces During the Main Phases of the Nationalist Movement," Greco-Turkish War Intelligence Reports, 1922–1923, IWM.

間。「我相信一定會有人拿起步槍亂射，然後就會引發另一場歐洲戰爭!!!」威爾斯衛隊的比利．福斯－彼特（Billy Fox-Pitt）在戰壕中寫道。[30]

英國政府傾向挺身與民族主義者對決，下令要哈靈頓將軍準備作戰，但哈靈頓精明地忽略上級指示。他逕自計畫與土耳其談判代表在馬爾馬拉海小鎮穆當亞（Mudanya）會面，起草一份將如今截然不同的軍事情況納入考量的新協議。「這是誠意十足的布局，雙方將談判協約國勢力與土耳其民族主義者之間的和與戰，」報導會談的《每日郵報》通訊記者普萊斯寫道。[31]陣容龐大的英國使團搭乘鐵公爵號抵達目的地。土耳其方面派出對抗希臘民族有功的伊諾努戰役英雄伊斯麥特率隊出席。伊斯麥特已成為凱末爾麾下的重要軍事領袖之一，當時軍銜晉升至帕夏，屬於高階將領。一九二二年十月十一日，哈靈頓和伊斯麥特在風雨交加的天候中，迂迴婉轉地達成一份協議，使伊斯坦堡免於毀壞的命運。

穆當亞文件主張希臘民族部隊由東色雷斯撤離，留下的空缺由效忠大國民議會的士兵填補，等於給土耳其部隊一個井然有序、從四面八方平和包圍伊斯坦堡的方法。一九二二年的穆當亞協定，在很多方面都像是一九一八年摩德羅斯協定的轉捩點，是政治軍事優勢從協約國轉向土耳其的時刻，後者如今擁有優勢地位，足以影響最後和平的條件。這個城市已有好一段時間沒出現真正的英雄，幸虧頭腦冷靜的哈靈頓與伊斯麥特，伊斯坦堡得以避開士麥拿不堪回首的遭遇。《色佛爾條約》自簽署後不曾貫徹執行，如今形同廢紙，一連串新的擔憂開始縈繞伊斯坦堡的哈靈頓和遠處的協約國外交官：如何結束占領並將城市控制權轉移給實際統治的凱末爾主義者。過去三年，凱末爾主義者持續從安納托利亞穩定西征。離開穆當亞，回到伊斯坦堡，哈靈頓面對一個極大挑戰，英國一直以來試圖扶持的鄂圖曼素檀現在處境艱難。

* * *

哈靈頓將軍——大家都叫他提姆（Tim）——是一名有冷靜判斷力的職業軍人，經驗豐富不亞於在他之前的米恩將軍。米恩過去負責代表英國與協約國聯軍主管鄂圖曼帝國首都，而今哈靈頓的角色是找到放棄控制首都的方法。

哈靈頓穿武裝帶（Sam Browne belt）配緞帶軍服出席受職典禮，唇上的鬍子細得像鉛筆畫的，他拄著輕便手杖，給人一種盡忠職守、意志堅定的形象。受訓於桑德赫斯特皇家軍事學院（Royal Military Academy at Sandhurst），他曾在波爾戰爭（Boer War）效力於國王軍團。一戰後，英國戰時首相邱吉爾特別指派他處理伊斯坦堡的棘手情勢。在城裡外國人和非穆斯林心目中，他

30 Fox-Pitt to mother, Oct. 7, 1922, Fox-Pitt Papers, IWM, Box 2, File 10.

31 Price, *Extra-Special Correspondent*, 132–33.

是一個面對劇烈變動和危機處理情況時總是不動聲色的人。

「大夥繼續快樂的過活，尤其是夜晚，」哈靈頓在回憶錄中說。[32]步兵在閱兵儀式踢正步，博斯普魯斯海峽的船艦發射禮砲。英國人在國王喬治五世生日的時候舉杯祝陛下身體健康，然後在每個週末舉辦七人制橄欖球比賽。「什麼活動都不缺：打獵、馬球、射擊、釣魚、帆船、高爾夫、板球、曲棍球、網球、壁球等等，有一間不錯的俱樂部和許多好的咖啡館。」[33]獵犬在歐洲區郊外的馬斯拉克（Maslak）奔跑，追趕任何值得狩獵的動物。[34]英國士兵從高加索山區救出一隻名叫米修（Mishu）的小熊，後來米修便和雜技團一起娛樂部隊。[35]軍官們在聖誕節時餵米修喝了一杯波特酒，牠試圖走在博斯普魯斯海峽邊的欄杆上，不慎失足落海。後來漁民從強勁海流中驚訝地救起這不尋常的「漁獲」。

但列強占領者和素檀就像活在預支的時間裡。「協約國各國政府滿腦子想的都是，」普萊斯報導道，「如何以最不丟臉的姿態從土耳其撤軍。」[36]對伊斯坦堡及鄂圖曼帝國最後地位的遲疑不決，加上色佛爾最終給素檀政府施加的災難性條款，共同促成了安納托利亞的動亂。康士坦丁國王在英國的支持下斗膽出兵，導致士麥拿後來悲慘的命運。

土耳其民族主義政府擁有空前的優勢地位，並以領土控制和軍事力量展現持續擴大優勢。土耳其士兵駐紮在伊斯坦堡的東西兩邊，協約國海軍是他們武力奪城的唯一障礙。在安卡拉，大國民議會的態度愈來愈篤定，表現得像個真實國家自信滿滿的當權國會，儘管沒有任何大國接受其合法性。大國民議會追溯性地宣稱，自協約國取得控制那一刻起，伊斯坦堡就不再是國家首都。一九二二年十一月四日，大國民議會的一名議員雷飛帕夏（Refet Pasha）來到伊斯坦堡，據稱他將接管城市憲兵和警力、海關局、公共衛生，以及其他市政職能。[37]協約國官員對權力的迅速丟失感到沮喪，但在數千土耳其部隊圍城的情況下，他們也莫可奈何。穆達雅協定保障土耳其部隊得以出現在伊斯坦堡四周。「民族主義者現在開始採取攻勢，目標是在各方面逐步縮減我們的控制範圍，然後將我們的占領削弱成一齣滑稽鬧劇，」一位英國軍官傳電報回倫敦寫道。[38]

代表凱末爾的雷飛帕夏心中正是如此盤算的。「當我們意識到自己正在經歷一場革命時，真的感到出乎意料，」哈靈頓說。[39]當月稍晚，安卡拉政府著手進行國家的基本重組。素檀勾結外國勢力實施占領，簽訂一紙割讓土地給希臘王國和協約國成員的條約，然後束手無策地在一旁

---

32 Harington, *Tim Harington Looks Back*, 106.
33 Harington, *Tim Harington Looks Back*, 106.
34 Bridges, *Alarms and Excursions*, 274.
35 Bridges, *Alarms and Excursions*, 274.
36 Price, *Extra-Special Correspondent*, 136.
37 Memo from British Delegation, Istanbul, Nov. 22, 1922, NAUK, FO 839/2.
38 Henderson to Foreign Office, Nov. 24, 1922, p. 1, NAUK, FO 839/2.
39 Harington to Secretary of State for War, Oct. 1923, p. 4, NAUK, CAB 44/38.

看民族主義者衝鋒陷陣，將希臘民族侵略者擊退。君主制現在正式廢除。新興的國家將是一個共和國。

這消息對梅赫馬德六世是個大問題，他仍然被安置在耶爾德茲宮。一九二二年十一月十六日，協約國部隊上岸即將屆滿四年之前，出身素檀家族的樂隊總指揮到哈靈頓將軍府上拜訪。哈靈頓知道這位大師不只是一個宮廷樂手而已。他是素檀最信任的密友，而且他帶來了令人訝異的消息。由於大國民議會最近宣布終結君主制，素檀自認性命垂危，而且相信已經有人密謀於下次星期五聚禮期間將他暗殺。凱末爾主義者廢掉了素檀統治，他害怕現在他們準備把素檀也一併處理掉。

哈靈頓意識到倘若這個故事成真，不僅將標誌著列強占領的轉捩點，也會徹底改變鄂圖曼帝國的歷史。他堅持要素檀將請求化作白紙黑字。不久後，指揮帶著一張紙條回來。「由於我在君士坦丁堡有生命危險，」梅赫馬德寫到，「我接受英國政府的庇護，並請求儘速將我從君士坦丁堡移交到別的地方。」[40]哈靈頓及部分資深軍官，即將做出一件五百多年來沒有任何外國人相信會發生的事情：他們將應素檀本人的要求，綁架這位鄂圖曼帝國的元首、世界穆斯林的哈里發。哈靈頓和一小群指揮官攜手合作，共同設計出一個大膽的計畫，欲將梅赫馬德偷渡帶離伊斯坦堡。

十一月十七日星期五早晨，將軍四點整起床，吞下培根和雞蛋當早餐。暮秋的雨水落在伊斯坦堡，因此當幾名軍官和擲彈兵衛隊（Grenadier Guards）得知哈靈頓要在靠近耶爾德茲宮的軍營進行破曉前軍事演練時，每個人都滿腹怨言。約莫六點整，素檀、素檀的兒子和一小群僕役大清早就在皇宮花園裡散步。當他們走到花園和軍營連通處時，僕從將後門打開，讓正在進行軍事演練的衛隊能夠進出花園。

負責執行任務的幾名知情英國士兵，火速綑綁素檀和他的隨從，拖進兩輛在旁邊待命的救護車。任務達成後，救護車加速駛離練兵場。兩輛救護車朝多爾瑪巴赫切宮急馳下山坡，最後停在碼頭前。一支執行清晨演練的英國海軍分遣隊已在船上。

素檀被送上船，運往博斯普魯斯海峽另一個距離皇宮更遠的船廠，而哈靈頓就坐在私人汽艇上等候。接下來，梅赫馬德在英國指揮官的陪同下，最後一次橫渡了博斯普魯斯海峽。首先搭短程汽艇登上英國戰艦馬來亞號（*Malaya*），然後展開自主流亡的漫長海上旅程。哈靈頓本來希望素檀會送他一個小禮物以茲紀念，譬如一個香菸盒，但沒想到梅赫馬德反而託付他照顧還留在宮殿的五位妻子。此後哈靈頓持續幫素檀和他的家人傳遞訊息好一陣子。他們最終在義屬里維耶拉（Italian Riviera）的聖里摩（San Remo）團聚，那裡就像廢黜君王和昔日貴族的天堂。[41]

40 引用於 Harington, *Tim Harington Looks Back*, 125, 129. 我對素檀離開皇宮的描述是根據 Harington, *Tim Harington Looks Back*, 130–31; and Fox-Pitt to mother, Nov. 10, 1922, Fox-Pitt Papers, IWM, Box 2, File 10.

41 Harington, *Tim Harington Looks Back*, 131.

當天稍晚，數千居民照常參加星期五聚禮，耐心地等候素檀座駕現身。幾個小時過後，群眾終於散去，離開時，眾人納悶素檀怎麼沒來參加每個星期五固定舉辦的儀式。故事真相很快穿透大街小巷。素檀拋棄了伊斯坦堡和鄂圖曼帝國。幾天後，大國民議會提名王儲、梅赫馬德的表親阿布杜勒邁吉德二世（Abdülmecid II）為哈里發，不過沒有額外的素檀頭銜。全球伊斯蘭領袖暨帝國統治者的角色，在沿用數個世紀以後，首次被一分為二。治理同一帝國超過六百多年並控有伊斯坦堡四百六十九年的奧斯曼王朝不再。素檀成了難民。

博斯普魯斯海峽上的莫斯科

表演：兩名年輕女孩，很可能是俄羅斯人，在伊斯坦堡俱樂部當舞者。

哈靈頓將軍正好在鄂圖曼帝國衰亡史的決定性時刻來到伊斯坦堡。他的任期在凱末爾主義者向西推進時開始，他就近見證了士麥拿的陷落和最後的鄂圖曼素檀被偷偷帶走。不過，在當下沒有人知道，這些事件將成為帝國瓦解與民族革命宏大架構的一部分。哈靈頓有更迫在眉睫的煩惱。

那時令伊斯坦堡居民印象最深刻的，可能是城裡遍布著難民、逃兵與丟飯碗的公職人員。其中有些人從一戰開打的頭幾個星期撐到現在。其他人則是在希臘民族部隊和土耳其民族主義者爆發衝突後才來的。儘管聯合黨人早幾年曾將亞美尼亞社群領袖和知識分子驅逐出境，安納托利亞戰火造成的亞美尼亞難民潮，意味著伊斯坦堡很快將再度擁有土耳其境內最多的亞美尼亞人口。[1]如今他們和流離失所的穆斯林（伊斯坦堡和西安納托利亞加總超過四十萬）共處。這些穆斯林難民自一九一二年起陸續從希臘和巴爾幹半島逃亡至此。[2]

照顧這些人的責任自然落到協約國頭上，他們是城裡唯一有能力張羅足夠糧食、衣物和醫療照護的官方單位。協約國達成共識，決定將管理難民問題的責任交付給法國軍隊，但由於問題相當棘手，其他國家很快也加入照顧難民的行列。美國海軍在錫爾凱吉車站的庭院搭起一間有露天烤箱和鍋爐的食堂，製作麵包和熱可可。[3]英國皇家漢普郡軍團捐出他們的個人配給，包括給數千名難民孩童雪中送炭的本地徵收牛奶。[4]私人慈善機構也卯足全力。哈靈頓在抵達伊斯坦堡的幾個星期內，自行組織起安置與餵養難民群眾的計畫，甚至設計出票證系統，將需要協助的龐大群眾加以分類。[5]每戶人家會收到顏色相應的便條和盒子，用來領取熱湯及其他餐食。[6]一九二〇年年底，協約國救濟廚房每天供應十六萬五千人的糧食，數字將近伊斯坦堡戰前人口的五分之一。[7]

同樣需要援助的還包括本地基督徒和穆斯林，這些人被趕離位在色雷斯和安納托利亞的家，在各省分的暴力情勢逐漸升高的情況下，他們只好到目前看似相對平靜安全的地方尋求援助。可是，讓哈靈頓花最多時間處理的從來就不是本地人口——這些人在一九二〇年代初期定義了伊斯坦堡的難民處境。就像他們周遭的突厥人，這批人也失去了一個帝國，而且那個帝國的失敗出於他們之手。然而，正因他們仍沉浸在贏回帝國的想像，因此無法開創一個全新的國家。他們緊抓著對俄羅斯帝國和君主沙皇的記憶，他們是鄂圖曼帝國首都最不受歡迎的流亡者。俄國人大量湧入將對收容國的文化產生深遠影響。

---

1 Ekmekçioğlu, "Improvising Turkishness," 10.
2 Yıldırım, *Diplomacy and Displacement*, 90.
3 "Russian Refugees in Constantinople," p. 2, Bristol Papers, LC, Box 74, File "Russian Refugees."
4 Harington, *Tim Harington Looks Back*, 101.
5 Harington to High Commissariat for Refugees, League of Nations, July 14, 1923, p. 1, NAUK, FO 286/800.
6 Harington, *Tim Harington Looks Back*, 100.
7 Harington, *Tim Harington Looks Back*, 101.

* * *

突厥人和俄羅斯人經歷同一種革命，他們也都找到把落敗方視為不道德且在歷史進程中無關宏旨的方式紀念革命。勝利者撰寫的蘇維埃歷史將布爾什維克描繪成，全世界工人階級和剝削者鬥爭下命中注定的贏家。一九一七年二月的群眾叛亂推翻沙皇，建立一個臨時政府，接著工人又在十月革命中顛覆了臨時政府。迅速奪權粉碎臨時政府的布爾什維克政變，最初是為推動國會選舉，但後來卻演變成涵蓋俄羅斯帝國全境的漫長血腥內戰。就像一個「充滿敵對團體和派系的沙拉盆，」伊斯坦堡的英國聯絡官布里奇在當時記錄道。[8]不分軍民，不分意識形態，民宅遭人縱火，群眾散逃，牲畜沒了主人全在鄉間路上遊蕩。

一九一七年秋，反布爾什維克勢力沿頓河河岸聚集，這裡的哥薩克人（Cossack）社群拒絕服從彼得格勒（Petrograd）的新社會主義政府。哥薩克起義變成一塊磁鐵，吸引不滿的帝國軍官、舊貴族、俄羅斯民族主義者，以及志在趕走紅軍、熱愛冒險犯難的男學生。他們組成所謂的「志願軍」（Volunteer Army），有作戰能力的士兵起初不超過四千人。[9]後來，志願軍在反抗列寧、托洛斯基及其他布爾什維克領袖的眾多勢力中，成為規模最大也最具破壞力的一股力量。布爾什維克目標一致，執行任務毫不拖泥帶水，而他們被統稱為白軍（the Whites）的對手卻僅有一個模糊的計畫：恢復舊秩序，保護他們的傳統特權，阻止一場似乎有歷史局勢撐腰的革命。一九二〇年二月，白軍已全面潰散，撤退到黑海岸的避難之地。大批俄國子民從敖得薩（Odessa）和塞凡堡港口出逃，然後布爾什維克大軍迅速掃過這兩個城市。志願軍的指揮官安東・鄧尼金（Anton Denikin）被迫離開新羅西斯克（Novorossiisk）港口的防守陣地，加入混亂的撤離隊伍。

搭乘飛馬號（Pegasus）的英國海軍飛行員查爾斯・史特拉福（Charles Strafford），是協約國軍團派去掩護鄧尼金撤退的成員之一。沙皇的俄羅斯帝國在一戰時屬協約國成員之一，而英、法、美三強曾敷衍地協助俄國處境艱難的反革命分子對抗社會主義者。碼頭全都是俄國士兵和他們的家人，無論軍人或平民，每個人的服裝都沾滿泥土。夜空被延燒港區腹地的大火、英法船隻的探照燈，還有海軍火砲和岸防砲照亮。哥薩克騎兵為馬卸下轡頭，將牠們野放。當一小隊載著逃難軍隊的協約國撤離船隻離港，據說哥薩克馬兒一匹匹奔馳到海裡，游向已離岸的前主人。船上的人憑欄俯瞰尾流的泡沫漸漸消失，馬兒也先後溺死在深海。[10]

待新羅西斯克的難民安然抵達仍由白軍控制的克里米亞（Crimea），鄧尼金顏面盡失地卸下

---

8 Bridges, *Alarms and Excursions*, 279.

9 Robinson, *White Russian Army in Exile*, 3.

10 Strafford to mother, Mar. 31, 1920, Strafford Papers, IWM, Box 2, Folder "Transcriptions of Original Letters." 有兩匹一九〇九年和一九一三年德比大賽的賽馬名駒——米諾魯（Minoru）和阿勃以爾（Aboyeur）破例登船。牠們被賣給俄羅斯買主，是英國士兵在撤離期間意外發現的。牠們最終安抵塞爾維亞。Bridges, *Alarms and Excursions*, 292.

指揮官職務。「俄國現在的情況非常非常糟。每個人都想盡辦法逃走，但我們留在這裡，」一名住在克里米亞的十七歲俄國人卡提雅．譚納（Katya Tenner）寫信給史特拉福說。[11]人人都在權衡離開的利弊。富裕的家庭能夠讓命運和他們站在一起，但大家都面對一個不確定的未來。二十歲的弗拉基米爾．納博科夫（Vladmir Nabokov）、未來的小說家，被父親送到克里米亞。他的父親是彼得格勒聲譽卓著的律師，也是鄧尼金政府的法務部長。[12]他們家的私廚把背包裝滿魚子醬三明治，充當旅途上的糧食，最後這家人落腳在和雅爾達（Yalta）相距不遠的沙皇夏宮「里瓦幾亞宮」（Livadia palace）。納博科夫的父親運用人脈，順利讓家人登上滿載乾果的貨船，先後短暫停靠伊斯坦堡與比雷埃夫斯（Piraeus，按：位於今日希臘雅典南方），然後經過漫長的火車與渡輪之旅，到倫敦展開全新的政治流亡生活。

其他數萬人的運氣就沒那麼好了。志願軍的殘兵敗將被留在克里米亞半島，長期蹲守在山與海之間。這支軍隊現在交由彼得．「拍譜」．弗蘭格爾（Pyotr "Piper" Wrangel）領導。他的暱稱是來自他對法國拍譜香檳（Piper-Heidsieck Champagne）的熱愛，不過他在戰場上腰桿總是挺得筆直。[13]四十幾歲、身材高䠷，他經常穿著具異國情調的哥薩克制服，像是切爾可薩式軍衣（*cherkeska* tunic）和毛茸茸的阿斯特拉罕帽（astrakhan hat）[14]。他身上流露出身為帝國元帥之後的軍事名門風範。

根據弗蘭格爾的估算，他麾下的部屬不到對方陣營的三分之一，布爾什維克有將近六十萬處於作戰狀態的士兵。[15]一九二〇年十一月初，布爾什維克已經挺進克里米亞，威脅沿海城市，而弗蘭格爾統領的民政府和他的軍隊都聚集在沿海地帶。一九二〇年十一月十一日，面對難捱的寒冬，弗蘭格爾從俄國南方海軍舊基地的塞凡堡總部發布一道聲明。他說，這場不公平的競賽，勝負已分曉，法治尚未頹傾的俄國最後領土必須盡速完成人員撤離。他每星期不斷在克里米亞各個港口集結船隻，就是為這一天的到來做準備。

海面平靜無波，弗蘭格爾登上擔任旗艦的巡洋艦科爾尼洛夫將軍號（*Gerneral Kornilov*），不久後，法國巡洋艦瓦爾德克—盧梭號（*Waldeck-Rousseau*）跟上，還發射了二十一響禮砲；巨大的交通船頓河號（*Don*）甲板上站著一大群戴毛帽的群眾和賽馬；其他沿岸蒸汽船、破冰船、貨船和不同噸數的軍艦加起來，一共有一百二十六艘。[16]海鷗在頭頂盤旋，粉紅霧氣罩著岸邊，弗蘭格爾在俄國水域發布最後一道命令：目標伊斯坦堡。[17]

---

11 Tenner to Strafford, Nov. 14, 1920, Strafford Papers, IWM, Box 2, Folder "Transcriptions of Original Letters."

12 Nabokov, *Speak Memory*, 176–77.

13 Robinson, *White Russian Army in Exile*, 13.

14 譯注：來自發源於中亞的一種卡拉庫爾綿羊（karakhul），該品種於西元前一四〇〇年代起逐漸馴化。

15 Wrangel, *Memoirs*, 307.

16 Kenez, *Civil War in South Russia*, 307.

17 Wrangel, *Memoirs*, 320–26.

三天後，船隊困難地駛進港口，在亞洲側看得見托普卡匹宮的莫達區（Moda）附近下錨。有鑑於突厥人和俄國人上個世紀分別在四場戰爭中彼此為敵，對沙皇世代的戰略家而言，這絕對不是他們心目中俄國海軍抵達鄂圖曼帝國首都的夢幻登場。鄂圖曼世代的子民當然也沒料到，有一天他們會這樣接待俄國人。此一時，彼一時。俄國人現在是難民，突厥人則生活在外國占領之下。

「這些可憐人的艱難處境非筆墨所能形容，」哈靈頓將軍說。[18]幾艘比較大的船隻[19]載著數千名乘客，甲板和船艙內水泄不通，沒有雨棚或任何遮蔽物可以擋風避雨——「彷彿載運牛隻的船，」[20]美國海軍少將布里斯托形容道。這些人又餓又渴。當幾艘卡伊克船和巡邏艇從陸地朝他們駛來，船上的婦人將毛皮外套和珍珠丟向船外，想要交換麵包。[21]

哈靈頓登上其中一艘船艦，看見「成群面黃肌瘦的臉孔」。[22]人人身上幾乎都有蝨蚤和寄生蟲。弗蘭格爾的船隊載來人數最多的一批撤離群眾。在俄國內戰期間，共有約十八萬五千人抵達伊斯坦堡，增加近兩成的城市人口。[23]寒冬、資源不足，加上大量難民湧入，對公共秩序的潛在危害——超過十萬的難民是白軍士兵，他們渴望重新整編，對布爾什維克發動一場新的戰爭——部分外交官建議將俄國人送往更南邊的地方，或許把他們安置在北非。[24]但當船艦在莫達區停靠，一切迷霧徹底消散，俄國人即將開拓的唯一地方就是伊斯坦堡，至少暫時是如此。

佩拉皇宮和其他飯店的代表都在現場看著船隊抵達，希望招攬幾個富裕的顧客。[25]飯店老闆們似乎很想趕走現有房客（包括一票妓女，拜城裡有許多外國士兵和水手所賜，她們的生意興隆），用更高的房價讓這群絕望的俄國人入住。[26]比較不幸運的移民得仰賴占領當局搭建的臨時食堂和工棚。一位英國外交官的報告指出，儘管世界上沒有一個城市的營房比伊斯坦堡更多，但數不盡的難民持續湧入，還是有人被迫露宿街頭，或蜷曲在廢棄的一戰戰壕裡。[27]有時候要過好幾天才會有人來處理屍體。大量難民接踵而至，官方幾乎沒時間消毒舊營房或帳篷營地。[28]

---

18 Harington, *Tim Harington Looks Back*, 101.
19 "Refugees from the Crimea," Dec. 18, 1920, p. 1, NAUK, WO 32/5726.
20 Bristol to Secretary of State, Nov. 19, 1920, Bristol Papers, LC, Box 73, File "Russia—Denikin and Wrangel Campaigns, January–December, 1920."
21 Harington, *Tim Harington Looks Back*, 101.
22 "Refugees from the Crimea," p. 1.
23 "Russian Refugees in Constantinople," p. 1. Peter Kenez 指出跟弗蘭格爾一起撤退的人數有十四萬五千六百九十三人。Kenez, *Civil War in South Russia*, 307.
24 Bristol to Secretary of State, Nov. 15, 1920, Bristol Papers, LC, Box 73, File "Russia—Denikin and Wrangel Campaigns, January–December, 1920."
25 *Konstantinopol'-Gallipoli*, 34.
26 Stone and Glenny, *Other Russia*, 152.
27 Hobson to Rumbold, Mar. 26, 1923, p. 1, NAUK, FO 286/880.
28 Hobson to Rumbold, Mar. 26, 1923, p. 2.

佩拉大道的俄國大使館成為俄國人自己籌組救濟的中心。舊帝國內的權力不斷轉移——從沙皇到臨時政府，到布爾什維克，到鄧尼金與弗蘭格爾在俄國南部的政權，然後又回到布爾什維克——大使和使館員工只好自力更生，一邊捏造指示，一邊迅速決定對誰效忠。現在，大使館起碼有一個他們可以宣稱代表的俄國政府，即便是個流亡政府。指揮官的妻子弗蘭格爾男爵夫人[29]在使館內設置一間醫院，治療重症和重傷病患，她養的獵狐㹴傑克[30]則在醫院跑來跑去，娛樂大家。城外的圖茲拉（Tuzla）和加里波利也搭起許多帳篷收容難民，其中很多是弗蘭格爾麾下仍堅守在各自軍事單位的士兵。[31]俄國史上公民社會的鼎盛期——活躍有組織的行善義工團體、職業工會和慈善基金會——發生在貴族俄國不復存在之後，實在相當諷刺。

* * *

「我認為移民時期沒有哪個地方，包括張開雙手歡迎我們的斯拉夫民族國家，讓俄國人覺得像在君士坦丁堡一樣舒適，這麼說絕不誇張，」俄國律師、前議員尼可拉·切比雪夫（Nikolai Chebyshev）回憶道。[32]蘇聯政治宣傳家後來把這些移民全描繪成壓迫農民、帶領俄國加入災難戰爭，還一邊吃著魚子醬的落跑貴族。事實上，從黑海來到伊斯坦堡的難民們分別代表不同的政治信仰、社會階級與種族。

「某些人生活比其他人寬裕，」一名英國士兵寫信給父親說，「他們穿上異國情調的全套哥薩克服裝，搭配胸前斜揹彈藥帶、長筒靴、黑色長外套和精雕細琢的銀匕首，在佩拉大道遊行打發時間。其他人顯然出身貧苦，在人行道邊賣東西勉強度日。」[33]有些難民在鄧尼金落敗後逃到伊斯坦堡，其他則是追隨弗蘭格爾而來。還有一些人憑藉一己之力，歷盡千辛從克里米亞或高加索地區遠渡重洋至此。貴族家庭在船上和律師、馬戲團表演者、哥薩克騎兵，以及家庭僕從生活在同一個空間。白軍領袖堅持避談政治和意識形態，害怕運動內部的多股潛流——民族主義者、自由派、農業族群，乃至反猶分子——會自力更生，單獨和列寧的政權進行和談。流亡的事實使他們團結，因為他們亟欲在這個仍未擺脫戰後資源匱乏的陌生城市生存下去。

狄米特里·夏利卡席維利（Dmitri Shalikashvili）是布爾什維克革命（按：即十月革命）後，另一波撲向伊斯坦堡的民族浪潮。他是俄羅斯帝國子民，但不是俄國人，他出生在喬治亞王公家族，求學於聖彼得堡，後來在一戰期間成為俄羅斯皇家衛隊軍官。當俄羅斯帝國垮臺，位於崇

---

29 “Refugees from the Crimea,” p. 2.

30 Bumgardner, *Undaunted Exiles*, 79.

31 Harington to High Commissariat, July 14, 1923, p. 1, NAUK, FO 286/800.

32 Chebyshev, *Blizkaia dal'* in *Konstantinopol'-Gallipoli*, 127.

33 Carus Wilson to father, July 19, 1922, Carus Wilson Papers, IWM.

山峻嶺高加索地區的喬治亞宣布獨立，實施非布爾什維克路線的社會主義。它成為舊帝國當中由布爾什維克左派頭號死敵孟什維克（Menshevik）統治的唯一版圖。雖然夏利卡席維利對孟什維克的勞工權利和土地改革思想沒有太多同感，他們建造喬治亞民族國家的決心，吸引了不少和他來自同樣社會階級的人。他將自己的經驗和軍事技術都奉獻給祖國。然而，當布爾什維克在一九二一年突擊喬治亞，趕走孟什維克，導致喬治亞政府落荒而逃，夏利卡席維利輾轉流落到伊斯坦堡。

「於是，我們在一個美麗春日展開可悲的難民生活，」夏利卡席維利說。[34]他拿騎兵制服交換平民服裝，很快從伊斯坦堡郊外專為喬治亞難民搭建的小型營地搬離。街道上各個民族的人穿著各式各樣的服裝，絕大多數為軍服和平民裝束的混搭。來自俄國、喬治亞、亞塞拜然、烏克蘭和其他地方的難民，帶著往日生活和消失國家的斷垣殘片飄零至伊斯坦堡。壓印俄羅斯雙頭鷹的大張文書紙隨處可見，有的貼在牆上，有的被當作餐廳桌墊，用來包包裹，或者放在文具店內販售。[35]這些紙張本來是白俄（White Russian，**按：泛指支持白軍而不是紅軍的俄國人**）部隊控制區用來印行鈔票的，如今鈔票不過就是區區一張紙。

那些設法將黃金和首飾放進行李廂的人，倘若籌得一小筆資金，稍有企圖心，便能掙得一份不錯的收入。在夏利卡席維利到伊斯坦堡幾個月後的一九二一年某個時間點，季古夏・厄里斯塔維王子（Prince Gigusha Eristavi）、佩其亞・薩內考伯爵（Count Petya Zarnekow）和拉迪贊斯基上校（Colonel Ladyzensky），租用馬爾馬拉海芙羅瑞亞（Florya）附近、距離伊斯坦堡市中心並不遠的一片海灘。這個地點樹林比較茂密，多岩石，但稍加整理後仍是還不錯的海水浴場。他們利用向英國人借來的舊帳篷，在這個破舊但熱情的海灘度假勝地做起生意。

夏利卡席維利應徵擔任經理。這份工作提供餐食和住宿，還有一份微薄薪水。他的工作是清理海灘，監督在大帆布帳篷內建造的更衣小屋工程。穆斯林在城市他處有專屬的海水浴場，海中央設有長方形帷幕遮擋，婦女能夠盡情戲水而不會冒犯他人感官。芙羅瑞亞海灘不限性別，沒有海中帷幕隔離男性和女性，但有度假村創辦人妻子厄里斯塔維王妃和薩內考伯爵夫人作貞潔擔保，她們的頭銜便足以讓人信服。

歐洲客層為芙羅瑞亞帶來大批人潮，像是前俄國子民和列強占領軍民家庭。度假村因為和一名哥薩克將軍的寡婦發生地權糾紛，生意一度險些中斷，幸好事情最終和平落幕。哥薩克人負責供應食物，更衣間的生意則交給喬治亞人。本來在喬治亞首都提弗利司（Tiflis，按：亦作提比里斯，今日仍是喬治亞的首都）討生活的史納斯基兄弟在此駐唱，歌聲如絲般柔和。[36]

整個夏季遊客如織，他們享受海洋，彷彿置身雅爾達或舊帝國的某個熱門假日勝地。但隨著

34 "Constantinople," p. 2, HIA, Shalikaskhvili Papers, HIA.
35 "Constantinople," p. 4.
36 "Constantinople," pp. 7–13.

氣候轉涼，雲層漸厚，來訪遊客慢慢消失。帳篷被拆下來還給英國人。夏利卡席維利的收入相應縮減，不過他從朋友口中打聽到另一個由兩名喬治亞王子在佩拉區起爐灶的生意。

寇奇．戴迪安尼（Koki Dadiani）和尼寇．尼查拉德澤（Niko Nizharadze）是薩梅格列羅（Samegrelo）和伊梅列季（Imereti）兩地的王族後裔，一個身材纖細，穿著剪裁合身的切爾可薩式服裝，另一個體格矮壯，渾身散發錦衣玉食的氣息。[37]他們在佩拉區的小街開了一間葡萄酒窖餐廳。大家都稱這間店為「寇奇和尼寇」（Koki and Niko's），店內供應濃湯、葡萄酒和些許喬治亞式的款待，由俄國將軍的中年寡婦和知名俄國海上冒險家的妹妹負責餐桌服務。[38]夏利卡席維利在芙羅瑞亞的工作經驗，幫助他得到酒保的工作，要和顧客話家常，還要管帳。

「寇奇和尼寇」很快變成一票帝國落難者的非正式福利救濟辦公室。聖彼得堡歌舞巡迴表演的傳奇人物吉普賽吉他樂手沙夏．馬卡洛夫（Sasha Makarov），每天晚上都在酒窖演出。[39]帝國海軍軍官葛里佐（Grizzo）的工作是燒烤肉串。有個名叫拿利多夫（Nelidov）的人遊手好閒，沒有任何一技之長，可是因為兩位王子不忍拒絕，也得到了法律顧問的榮譽職位。王子們慷慨助人的個性不久後開始拖累生意。寇奇好賭、尼寇貪杯更是壓垮駱駝的最後稻草，餐館最終倒閉破產。

夏利卡席維利感到手足無措——他將生活瑣事都記錄在未出版的回憶錄中。他搬離佩拉區，到城裡某個穆斯林居民為主的區域找了間便宜住宿。伊斯坦堡的食物依然便宜，而且不虞匱乏：

街邊現捕現烤的鯖魚、罐裝沙丁魚、橄欖，遇上好日子有黏牙的哈爾瓦甜點（Halva）可吃，沒有錢的時候至少還有土耳其扁麵包。[40]但一份穩定的工作不好找。他有些朋友在協約國主管機關謀得差事，當倉庫守衛或消防員。夏利卡席維利多數時候都和其他喬治亞同胞在茶館裡談天說地。他們以前的日常活動是打獵、騎兵演練和社交舞會，現在則是苟且度日，空等著事情發生。偶爾會有人宣布要回到喬治亞，加入對抗布爾什維克的游擊活動。過一陣子，就會傳來他被殺的消息。還有一些年輕男子離開茶館後會去小酌，整晚暢飲伏特加和葡萄酒之後，迷失在伊斯坦堡曲折蜿蜒的街道。[41]

夏利卡席維利擁有一項可賴以維生的專長——過去從軍的訓練——後來他把握機會在波蘭軍隊裡占到一個缺。波蘭曾在一九一九和一九二〇年和布爾什維克交戰；事實上，要不是這場衝突停火，紅軍不會轉身對弗蘭格爾的白軍全面進攻。現在，波蘭人渴望誘使喬治亞人、烏克蘭人、亞塞拜然人和其他被趕離家鄉的民族，加入反布爾什維克異國軍團，他們是反列寧新興聯盟的先

37 “Constantinople,” p. 17.
38 “Constantinople,” p. 20.
39 “Constantinople,” p. 22–24.
40 “Constantinople,” p. 29.
41 “Constantinople,” p. 35.

頭部隊。

列強中沒有一國承認新成立的布爾什維克政權，而且多數國家擔憂社會主義會從俄國傳布到他們自己階級秩序僵固的社會。革命分子已經在德國和匈牙利兩地試圖推翻執政當局，波蘭如今站在最前線，協調組織對世界革命思想的強力抵抗。波蘭人在伊斯坦堡情蒐布爾什維克。他們向白軍難民探聽消息，然後持續把所有情資都傳給協約國當局。[42]他們還找到許多渴望作戰的男人，這些人和布爾什維克之間有很私人的仇恨。夏利卡席維利的兄弟大衛遭布爾什維克拘留在喬治亞，直到最近才獲釋來到伊斯坦堡，但他們兄弟倆在一九二二年秋一同離開，搭船前往羅馬尼亞港口康斯坦察（Constanța）。登

逛櫥窗：一名婦女走在佩拉大道，汽車和傳統「哈馬爾」（HAMAL）搬運工同時出現在背景中。

陸後，兩兄弟繼續搭火車到波蘭。他們的母親和姊妹都還在高加索山區，這兩兄弟此生不曾再見到她們，也再沒回到喬治亞或伊斯坦堡。[43]

＊　＊　＊

絕望和足智多謀是伊斯坦堡白俄社群最突出的兩個特質。佩拉區的二手商店堆放許多寄售的昔日生活殘渣碎片：銀器、瓷器和亞麻布；陌生人在聖彼得堡和莫斯科照相館拍攝的家庭照；刻有羅曼諾夫家徽的鼻煙盒；復活節瓷彩蛋；絲綢緞帶上的軍隊裝飾；哥薩克小刀和銀絲精工項鍊；古董長袍上剪下的刺繡；各式主題的書本和羊皮紙手稿；凱薩琳大帝心腹侍臣的迷你雕像。[44]

就好像靈魂從一個世界大舉遷徙到另一個世界，前世才華以截然不同的方式重獲新生。十二人組成的巴拉萊卡琴（balalaika）樂團在一艘英國戰艦上層後甲板區演出，報酬是到船艙內的軍

42 Bristol to Secretary of State, Aug. 22, 1921, NARA, RG59, M340, Reel 7.

43 "Constantinople," pp. 42–43.

44 Bumgardner, *Undaunted Exiles*, 56.

官餐廳吃晚餐。[45]數學教授可以是理想的餐廳收銀員。[46]健談的上流社會婦女可能成為善聊八卦的夜總會女主人。在早年，社交季節來臨時，面容姣好的適婚少女會在聖彼得堡舞會上正式亮相，而今她們卻頂著金髮鮑伯頭、穿露腰上衣在夜總會表演。從墓園街穿過加拉達區到大巴札錯綜複雜的巷弄，俄羅斯藝人將整個社區變成露天藝廊，向路人展示他們家鄉的風景和人物照。[47]其他人靠更簡易的技術過活：在城裡的太平間清理大體，兜售薄荷口味的牙籤，手作畫著素檀梅赫馬德六世臉孔的拼布玩偶，在船廠抓老鼠，把鼠皮賣給毛皮商。[48]

穆斯林回憶錄作家齊亞貝伊提到，曾經有位婦人在登門造訪他的出口貿易商行時，自稱是一名俄羅斯公主。[49]他對她的身分存疑，在對方細數他或許會感興趣的生意計畫之後，更加相信她是滿口胡言。她告訴齊亞，她的家族在克里米亞有龐大地產，以及高加索地區幾個油井的採油權。她很願意低價讓渡這些權利。齊亞向她解釋這筆買賣一文不值。布爾什維克政府已經把所有工業開發國營化，不承認過去的物業主或任何外國雇主。她仍不死心：也許他會對她倉促離開克里米亞前藏起來的首飾珠寶有興趣？齊亞回覆說，那些珠寶也毫無意義，畢竟沒人確定還找不找得到；高加索地區戰事連年不斷。就算還找得到，也不可能帶出國，因為布爾什維克禁止貴重財產出口。婦人終於談起她真有能力販售的商品。或許齊亞認識想學法文的人？他說，這倒是可以安排，於是將這名俄國女子轉介給他的美國妻子，她偶爾會報名參加會話練習。

「君士坦丁堡根本就是一個俄羅斯城市，」弗蘭格爾陣中一名士兵格列哥里．費奧多羅夫

（Gregory Fyodorov）說。他記得佩拉區街上全是用俄語高聲叫賣的人：

「新鮮美味的甜甜圈！」

「黎巴嫩來的堅果！」

「要不要買朵人造花？」

「《晚報》——最新的俄羅斯消息！——這裡有賣！」

「襯衫便宜賣，像新的一樣！只穿過兩次！」

「收購貨幣——鄧尼金鈔票，沙皇時代的也收！」[50]

另一名老兵回憶加拉達塔附近的露天市集，難民在那邊可以交易各式各樣白軍印製的紙鈔。買家和賣家手裡抓著一大把紙張，高喊各種俄國貨幣的名稱，是流通在難民之間的地下貨幣。

「我這邊要買也要賣。沙皇紙幣！羅曼諾夫王朝的！克倫斯基政府！杜馬！阿爾漢格爾斯克！阿斯特拉罕！塔什干！高爾察克的！還有其他的！」

---

45 Memoir of George Calverley, p. 36, Calverley Papers, IWM.

46 Stone and Glenny, *Russia Abroad*, 231.

47 Bumgardner, *Undaunted Exiles*, 142.

48 Bumgardner, *Undaunted Exiles*, 148–58.

49 Mufty-zada, *Speaking of the Turks*, 124.

50 Giorgii Fedorov, "Puteshestvie bez sentimentov," in *Konstantinopol'-Gallipoli*, 273.

「我只賣尼古拉耶夫的！」

「我要收購弗蘭格爾和頓河紙鈔！高價收購！」[51]

到城裡俄國移民經營最著名的餐廳「莫斯科大圓環」（Grand Cercle Moscovite）享用晚餐、跳跳舞，可以見識到許多落魄人生。[52]門童從前是一名哥薩克騎兵，隸屬於沙皇母親曾短暫指揮的傳奇阿塔曼斯基軍團（Atamansky Regiment）。餐廳經理以前是基輔的工廠主。主掌廚房的是沙皇在克里米亞里瓦幾亞宮的御廚。二廚曾經為高加索的俄羅斯總督下廚。領班以前是在莫斯科最知名的餐廳「亞爾」（Yar）工作。他的助手是皇家衛隊輕裝步兵軍官。侍者清一色是沙皇軍隊軍官或志願軍軍官，現在他們負責送羅宋湯或凱薩琳二世肉餅（*côtelettes à l'Impératrice Catherine IIème*）。管弦樂隊表演格林卡（Glinka）、鮑羅定（Borodin）、柴可夫斯基（Tachikovsky）的曲子；演奏跳狐步、一步舞、探戈和華爾茲的舞曲；抑或把舞臺讓給「寇奇和尼寇」關門後急需工作的吉他樂手馬卡洛夫。離開餐廳時，幫顧客拿外套或斗篷的是沙皇尼古拉二世的貼身護衛。「這裡的餐點是我吃過最棒的，」威爾斯衛隊兵福斯—彼特在寫給母親的信中說道，「但絕不能經常光顧，否則一定會吃到生病又破產！」[53]

＊ ＊ ＊

最了解這個世界的人，是當時住在佩拉皇宮飯店的一名美國人。打開他房裡的法式對開門，就能將金角灣的美景盡收眼底，不過他可沒時間欣賞風景。小桌子堆滿散亂紙張。[54]牆邊疊著許多箱子和旅行包，床底下也塞得滿滿的。梳妝臺擺著一臺打字機。他是個大忙人，有時出門開會腳上穿的襪子根本不是一對。太陽升起後的上午時段，俄國人會從他四樓的房間門口一路排隊到東方酒吧。

出生於一八七一年麻州劍橋港（Cambridgeport）的托馬斯・惠特摩（Thomas Whittemore）繼承了祖父的名字。他的祖父是受人敬重的一神普救派（Universalist）牧師，也是新英格蘭出版商。這位牧師主張的神學思想，不僅宣稱救贖是每個人終將獲得的禮物，並且激進主張地獄的概念和神愛世人是相互扞格的。和他同名的孫子也相信人類之間存在普遍共通性。一戰期間，小惠特摩遊遍保加利亞和俄羅斯帝國——替紅十字會工作，指揮往來克里米亞的補給船，提供外套和其他衣物給逃離布爾什維克暴政的難民家庭。當俄羅斯危機波及伊斯坦堡，他發現自己成為救濟行動的核心角色。除了協約國主管當局的官員之外，他可能是城裡名聲最響亮的外國人，起碼在

51 A. Slobodskoi, "Sredi emigratsii," in *Konstantinopol'-Gallipoli*, 80.
52 Bumgardner, *Undaunted Exiles*, 117–29.
53 Fox-Pitt to mother, Oct. 19, 1922, Fox-Pitt Papers, IWM, Box 2, File 10.
54 Bumgardner, *Undaunted Exiles*, 42–44, 53.

需要救濟的難民圈是如此。朋友們都叫他「無所不在的祕密客」（The Flying Mystery）。[55]「惠特摩從不停留在一個地方，」他最親近的密友、藝術史家馬修．普里查德（Matthew Prichard）說，「他本來在；他之後會到；他離開甲地正要去乙地；總之，他從不在『這裡』。」[56]

惠特摩是俄羅斯流亡青年教育委員會的主任，他在一九一四年成立該委員會，處理戰爭難民的就學問題。委員會沒有辦公室，惠特摩是唯一員工，有時候他會施展魅力，吸引或勸誘願意貢獻一己之力的人。他住在哪間飯店，總部就在哪。惠特摩在十月革命爆發前的俄國經驗，使他對俄羅斯帝國內有哪些社會組織瞭若指掌。許多組織在流亡地重新成立，惠特摩認為這些組織對難民融入新社會將發揮關鍵作用。但他也知道俄國人仍未認清一件事：他們極有可能再也回不去了。

多數日子，佩拉皇宮飯店大廳擠滿等著見惠特摩的人，有藝術家帶新畫作想賣給他，也有伯爵和大亨希望他能把救濟物資捐給他們所屬的慈善機構。這些流亡者從階級分明的國家逃出來，對形塑他們革命前生活的地位、特權、職業各種等級緊抓不放。飯店休息室宛如舊俄國社會的迷你縮影，各行各業的人全聚在小桌子和扶手椅旁談天。皇家衛隊的騎兵；皇家馬炮兵和皇家海軍的軍官；俄日戰爭的參戰士兵；聖喬治勳章受勳人；司法、內政和外交部的行政官僚；老國會議員；工程師、醫生、律師、小說家和雕刻家；俄羅斯正教會主教；庫班地區（Kuban）、頓河地區、捷列克地區（Terek）和阿斯特拉罕地區的哥薩克；高加索山區居民；黑海海岸的穆斯林；

西伯利亞地區的佛教徒；還有地方自治局（*zemstvos*）的議會代表——這些團體都在弗蘭格爾撤退後的接下來幾個月重新整頓，如今他們相互競爭協約國和其他捐贈者所提供的有限資源。[57]

倘若沒有人居間協調，這些社群的領袖會浪費時間爭吵，就像他們在內戰期間也爭辯不休一樣。惠特摩的任務之一是弭平競爭勢力之間的嫌隙，他經常動用一批活力充沛、每天固定到佩拉皇宮找事做的伯爵夫人們出面協調。弗蘭格爾大舉撤離克里米亞不過幾個星期，一個記錄難民身分、專長和協尋親人的管理登記局就成立了。女士們獲派任務，逐營登記難民姓名資料，然後用便宜卡片建檔，裝進舊雪茄盒。[58]

受訓是展開新生活的關鍵，惠特摩著手成立一個專門的教育系統。他在離佩拉鬧區不遠處找到一塊地，足以容納好幾頂大型帳篷。年輕俄國男子可以分到帳篷裡的床位，這樣一來，白天工作完後就有地方棲身歇息。他們有的當哈馬爾，有的當銷售員或送貨員。[59]傍晚時，哈馬爾會帶

---

55 Bumgardner, *Undaunted Exiles*, 29.

56 Prichard to Gardner, July 5, 1924, Thomas Whittemore Papers, DO-ICFA, Box 11, Folder 161: "Materials from Isabella Stewart-Gardner Related to T.W." (copy of letter from the Isabella Stewart Gardner Museum, Boston, via Archives of American Art, Smithsonian Institution).

57 Bumgardner, *Undaunted Exiles*, 172–73.

58 Bumgardner, *Undaunted Exiles*, 189–202.

59 Bumgardner, *Undaunted Exiles*, 54–55.

著他們負重的特殊背包回到營地。街邊小賣販會搬著賣不掉的巧克力和紙花回到營地。派報男孩帶著賣不掉的報紙進帳篷，隔天這些過期報紙將繼續以半價出售。水販撿回乾淨的標準石油罐，漁夫補破網，清道夫修掃帚。

接下來才是重點。惠特摩組織的帳篷營地不僅是一個難民家園，它還是一個安置中心。他寫了無數封信給多間外國大學，設法替才智足以通過基本入學考試的俄國學生安排學校。每天晚上，吃完麵包與湯後，帳篷全都變成讀書室，有俄國教授提供數學、工程學、物理學、生物學和化學的教學課程。本來已經在念大學的學生，會幫助只有高中畢業或只受過軍事訓練的學生。

經過一段時間後，前俄羅斯皇家學院的成員舉辦一場認證考核，證明這些學生的學術程度符合法國、比利時、瑞士、義大利、希臘、德國、捷克斯洛伐克等國外大學的入學資格。接下來幾星期，學生們癡癡等待大學回覆最後決定，當學生收到來自巴黎或布拉格的信件時，帳篷總是瞬間變得無比安靜。[60]在前鄂圖曼軍營舉辦的年度頒獎儀式上，每位學生穿上臨時版的俄羅斯民族服裝——紅十字會提供的白睡衣，然後在腰間繫皮帶——上臺從西裝襤褸的教授手中接過學位證書。現在他們從一間非正式、行政辦公室設在佩拉皇宮飯店裡的進修學校畢業了，這份證書賦予他們進入知名學府念書的資格，譬如布拉格的查理大學和巴黎的索邦神學院。時至一九二一年秋天，前往歐洲展開新生活的學生已有數百位，其中有些人一路都坐在貨車車廂裡。[61]之後還有更多學生會去歐洲念書。紐約的檔案管理員將惠特摩的紀錄保管得很好，他的資料包含超過一千名學生的姓名資料，每個人的名字聽起來都像俄羅斯皇家舞會的賓客——渥肯斯基、奧斯楚果斯基、庫茲涅索夫、托爾斯泰、伊格納季耶夫——是一整個世界自重新振作到揮別過去的書面痕跡。

「在流亡期間學得一技之長，這些年輕人回到俄國後將成為受教育工人的核心，肩負起重建祖國的任務，」弗蘭格爾寫信給惠特摩，表達他對委員會所作所為的由衷感謝。[62]然而，即便在一九二〇年代中期，這樣的說法仍是過度樂觀。下令撤離克里米亞不久後，弗蘭格爾對下屬軍官說這只是重整旗鼓的暫時撤退，之後他們要「嘗試從敵人手中奪回勝利」。[63]現在稍微省吃儉用，等到布爾什維克耗盡資源，他們馬上就能回家——夏利卡席維利預測，最晚不會超過一九二一年秋天。很快的，白俄開始跨越逃亡和流亡之間的精神界線。[64]如今永久丟失整片江山的心痛事實，取代了區區一場戰事失利的特殊情勢。

60 Bumgardner, *Undaunted Exiles*, 55–56.
61 Bumgardner, *Undaunted Exiles*, 20–25.
62 Wrangel to Whittemore, Nov. 24, 1923, CERYE, Box 1, File 32.
63 Wrangel, *Memoirs*, 311.
64 Constantinople," pp. 4–5.

惠特摩的學生們是最後的帝國世代，而他們漸漸意識到自己或許也可以是立下其他典範的第一代。他們成為現代版的「昔日貴族」（*les ci-devants*），這是一七八九年法國革命分子給氣數已盡的貴族的稱呼。布爾什維克也為他們起了類似的名字：「昔人」（*byvshie*）。伯爵夫人薇拉・托爾斯泰（Vera Tolstoy）是作家托爾斯泰的表親，也是惠特摩的贊助人之一，她在給《大西洋月刊》（*Atlantic Monthly*）的文章中扼要地闡明了情勢。「如果……法國大革命的烈士們向殺害他們的凶手展示貴族的下場，」她在伊斯坦堡郊外的小屋裡寫這篇文章，「我們這些布爾什維克罪行的受害者，既然沒被奪走性命，就要向他們展示如何生活。」[65]

---

65 Tolstoy, "Compensations of Poverty," 308.

君士坦丁的城市

一名男子追趕伊斯坦堡的軌道電車

俄國內戰結束後，約有八十六萬前帝俄子民因戰爭與革命成為海外難民，其中包括俄羅斯族裔的人，以及舊帝國曾經統治的所有文化族群。這些難民大多集中在伊斯坦堡。[1]城市人口和一戰前相比減少約一百萬人，和一九一八年停戰後相比減少約七十萬人。[2]戰事仍在進行時，居民害怕希臘民族入侵伊斯坦堡，進入協約國占領期後，居民害怕土耳其民族主義者施加報復的可能性，譬如上演類似奪回士麥拿的行動，種種因素促使穆斯林與非穆斯林平民逃離。也就是說，城市總人口的明顯成長皆來自俄國逃難潮。一場難民危機造成人口結構的巨變。

社會稱那些他們喜歡的移民（immigrants）為*Émigrés*（政治流亡者）[3]，白俄社群微不足道的勝利就是成功在巴黎、紐約以及任何他們移居的土地獲得這個標籤。可是在伊斯坦堡，土耳其俚語稱他們為「好東西」（*haraşolar*），衍生自俄語詞彙中的「好」或「佳」。「好」或「佳」經常出現在俄語的每日對話，但土語的變異體卻是一個殘酷的玩笑。俄國人過得一點也不好。綜觀一九二〇年代，如果你在伊斯坦堡特定區域看到乞丐，他或她十之八九會說俄語。

個案信件如雪片般紛飛至城裡的救濟組織，最遠甚至寄送到紐約和華盛頓。盲人阿雷塞·史德拉金（Aleksei Sterladkin）在佩拉大道彈奏小風琴維生，因為被警察控告非法乞討寫信尋求幫助。車尼夫斯基先生（Mr. Tcherniavsky）本來是俄羅斯皇家歌劇院的歌手，他請救濟工幫忙宣傳他即將在伊斯坦堡舉辦的演唱會。米榭·瓦西里耶夫（Michel Vassilieff）神父試圖爭取一筆經費，為貧苦的俄語基督徒辦復活節餐會。一位莎柯夫斯卡雅公主（Princess Shakhovskaya）寫信為自己以及在托卡良飯店擔任樂手的丈夫請求核發美國簽證。[4]

伊斯坦堡遲滯的戰後經濟對突厥人和俄羅斯人都造成影響，但這不是難民生活困頓的唯一原因，事實上，難民前途以一種特殊的方式與國際政治相互交錯。一九二三年七月二十四日，協約國和土耳其談判員終於簽訂和平條約，結束自一九一四年起的敵對狀態。由國際聯盟（League of Naitons）擔任和談掮客簽署的《洛桑條約》（Treaty fo Lausanne）幫助協約國從占領中解套，替列強的離場保住些許顏面，同時認定凱末爾政府為遭黜素檀的合法繼承者。距離一九一八年停戰協定又過了好幾年，土耳其的政治和軍事情勢已大不同於當初。這個國家不再由步履蹣跚的帝王統治。如今主政的是經選舉而來的議會，和成功抵禦外侮並率眾包圍前首都、自信滿滿的總指揮。有別於強加到德國、奧匈帝國和保加利亞的和約，《洛桑條約》是協約國與戰敗國代表談判簽訂的唯一和約。

條約確認了與土耳其的和平狀態，界定其疆界，並處理鄂圖曼帝國垮臺後留下的許多神祕但

---

1 Gatrell, *Whole Empire Walking*, 193. 俄羅斯難民的總數沒有精確數字，粗估介於五十萬至三百萬之間。參見Smith, *Former People*, 208.

2 Toprak, "La population," 70.

3 譯注：這個詞原意為移民者，但實際上專指因社會及政治因素而離開故土的人。

4 See Bristol Papers, LC, Box 74, File "Russian Refugees."

重要的議題，像是保險政策要訂在幾歲，以及哪些債權人可以索取鄂圖曼公債的分額。條約簽訂正式宣布時，伊斯坦堡人當街對空鳴槍、擊鼓奏樂。凱末爾肖像如雨後春筍般出現在家家戶戶的窗外、牆上。[5]協約國士兵的氣勢不曾如此低落。「這裡的每個人都覺得丟臉極了，」福斯—彼特寫信給在英格蘭的雙親說。[6]「突厥人現在對我們連最基本的尊重都沒有，法國人比我們更慘一點，義大利人根本就被當空氣。」

《洛桑條約》的公布正式啟動協約國列強離開的倒數計時，撤離伊斯坦堡的協調工作花了好幾個月的時間。城裡還有將近一萬五千名英國士兵，包括約克郡步兵團、皇家海軍和穿格子裙的蘇格蘭高地軍團，以及其他協約國的許多分遣隊。[7]經過數個月的準備，一九二三年十月二日，擲彈兵衛隊、冷溪衛隊和愛爾蘭衛隊護送哈靈頓將軍和他的妻子前往港口。大批群眾聚集在碼頭觀看協約國指揮官檢閱英、法、義、土的軍儀隊。哈靈頓對國旗一一敬禮，最後輪到土耳其星月旗時，在場觀眾爆出一陣歡呼叫好聲。

轉眼間，將軍及其護送部隊已搭上旗艦阿拉伯號（*Arabic*），向南駛離博斯普魯斯海峽，中途停靠馬爾他、直布羅陀，最後回到英格蘭。「這是一場美好的『送別會』，在所謂的敵國土地上，」他說。[8]總部的米字旗是說明列強曾占領伊斯坦堡的唯一官方物件，哈靈頓將旗子送給加拉達區的英國國教教堂，這面旗子直到今天仍懸掛在此。四天後，十月六日，土耳其部隊進城，取得全面控制。當月月底十月二十三日，安卡拉的大國民議會宣布創建土耳其共和國，同時任命凱末爾為第一任總統。

對白俄社群而言，一切變動皆令他們感到不安，尤其當新共和國最親近的國際夥伴，正巧是當初迫使他們逃離家鄉的同一個政權。列寧始終是凱末爾反占領抵抗的重要支持者。獨立戰爭期間，布爾什維克曾提供軍火，莫斯科也是第一個和土耳其民族主義者建交的首都，並在伊斯坦堡仍受英國部隊監督管理的情況下，派遣代表團進駐安卡拉。

但俄羅斯反革命分子內部出現分裂。根據某項估計，約有十分之一的流亡者積極支持布爾什維克，其中包括受雇的間諜和布爾什維克支持者，他們相信和莫斯科實際政權和解的可能性，甚至渴望和莫斯科方面和解。[9] 移居海外的知名白俄成員決定和布爾什維克和睦相處並回到俄羅斯。有些人很快就遭到槍決，其他人則開始大力鼓吹列寧正在實踐的國家變革。

一九二二年十二月，布爾什維克政府宣布，住在海外的前俄國子民不在新興蘇維埃政府的保護範圍之內。未能在移居地取得公民身分的白俄人，如今正式淪為無國籍者。地主國得以將他們

---

5 Fox-Pitt to mother, June 25, 1923, Fox-Pitt Papers, IWM, Box 2, File 10.
6 Fox-Pitt to father, June 7, 1923, Fox-Pitt Papers, IWM, Box 2, File 10.
7 Printed Shipping Programme for the Withdrawal of British Troops from Turkey, Aug. 1923, IWM.
8 Harington, *Tim Harington Looks Back*, 139.
9 Bumgardner, *Undaunted Exiles*, 197.

當作非法移民驅逐出境，沒有任何政府有義務收留他們。國際聯盟於是插手干預，發行所謂的「南森護照」（Nansen passports）——護照名稱來自身為挪威探險家、人道主義者的國際聯盟難民救濟局高級專員弗里喬夫・南森（Fridtjof Nansen）——給世界各地成千上萬名的俄羅斯人。這份文件賦予他們一個臨時身分，不至於被地主國自動驅逐出境。但對伊斯坦堡的俄羅斯人而言，一切似乎為時已晚。一九二三年時，佩拉大道的前俄羅斯大使館已經移交給蘇聯，同時安卡拉政府對國內白俄訪客持續施壓，逼迫他們離開土耳其境內，或入籍土耳其。蘇聯貿易代表團及外交官抵達土耳其，昔日宿敵愈來愈靠近。曾經在俄羅斯內戰中生死交鋒的兩人，完全有可能在莫斯科大圓環餐廳的舞池相遇。

伊斯坦堡的俄羅斯社群在一九二〇年代持續萎縮。二〇年代初期，弗蘭格爾的志願軍多數時間在加里波利從事軍事演練，他們拿木製武器，穿醫院白袍做的白上衣，軍團徽章則是以回收的仕女洋裝天鵝絨滾邊縫製而成。[10]可是，這支前任軍隊後來被命令打包前往保加利亞和塞爾維亞，昔日官兵捲起袖子修路，並支援其他建築工程。受惠特摩幫助的學生們前往布拉格和其他大學城報到，他們不僅拿到入學許可，而且校方還提供就學津貼。還有許多人搬遷至匈牙利、法國和英國，或者任何願意提供簽證的國家。曾在芙羅瑞亞海灘度假村工作的回憶錄作者、軍人夏利卡席維利先是前往波蘭，然後短暫服役於德國軍隊。他後來搬到美國，度完餘生。死後，他的遺體由時任美國參謀長聯席會議主席的兒子約翰・夏利卡席維利（John Shalikashvili）帶回到出生的喬治亞村莊。

舊時菁英也撒手西歸。托爾斯泰家族的香火在巴黎絕續。弗蘭格爾在布魯塞爾去世。鄧尼金——為逃亡海外曾路過伊斯坦堡——在密西根州安納堡度假時心臟病發身故。將近五十年來，他一直長眠在安納堡，直到俄國總統普丁（Vladimir Putin）將他的遺骨挖起，重新下葬在莫斯科，這是為鞏固普丁政權，利用流亡民族主義者的算計舉動。

* * *

大批俄國人離境，伊斯坦堡得以卸下照顧他們的重擔，可是危機的終結並未使城市進化成井然有序的模範樣板。都市生活的日常混亂仍然鋪天蓋地。「沒有比海達爾帕夏車站更像瘋人院的地方，」阿嘉莎・克莉絲蒂在一九二〇年代第一次來訪時說。[11]為了探望人在伊拉克進行挖掘的考古學家丈夫馬克思・馬洛溫（Max Mallowan），阿嘉莎・克莉絲蒂中途停靠伊斯坦堡，她跳過佩拉皇宮飯店，聽從在東方快車結識的英俊荷蘭工程師的建議，下榻佩拉大道的托卡良飯店。

10 Bumgardner, *Undaunted Exiles*, 96–97.
11 Christie, *Autobiography*, 354.

事實上，在一九三四年出版的《東方快車謀殺案》裡，她最終讓筆下比利時偵探白羅（Hercule Poirot）入住的飯店正是托卡良，而不是佩拉皇宮。佩拉皇宮飯店的大門正對著狹窄的街道，再多走幾步就進到貧民窟。托卡良的窗戶面向十九世紀的對稱建築立面，和一條寬敞無比的歐式大道。

在那時候，伊斯坦堡隸屬於一個新興的民族國家，不是某帝國，但將伊斯坦堡居民擠進單一民族認同的想法，任何報攤老闆聽了都會斥之為荒謬可笑。在土耳其創建共和國之前，伊斯坦堡以鄂圖曼土耳其文發行的報紙有十一份，希臘文報紙七份，法文報紙六份，亞美尼亞文報紙五份，猶太西班牙文及其他當地猶太人使用語言發行的報紙四份，英文報紙一份——後來成為英國當局喉舌的《東方新聞》（*Orient News*）。[12]在佩拉大道散步一小段路，你會經過一座希臘正教大教堂，一座清真寺，還有兩間羅馬天主教教堂。倘若你偏離主要大道轉進幾條小街，還會看見其他分屬亞美尼亞天主教徒、亞美尼亞葛利果教徒（Armenian Gregorians）、迦勒底教會（Chaldeans）、英國國教派和德國抗議教派的許多教堂。通往加拉達區的下坡路段還聚集了四間猶太會堂和好幾座清真寺。

驅使凱末爾主義者在安納托利亞對抗希臘民族部隊的是一種同仇敵愾的情緒，當民族主義者終於從協約國手中接下伊斯坦堡，城內穆斯林族群油然而生一種程度相當的解脫感。相較之下，當地基督徒愈來愈擔心新土耳其政府會對他們認為不忠於國家的人秋後算賬。早在列強—凱末爾主義者雙元市政管理期間——自一九二二年秋到一年後占領結束為止——土耳其當局已開始逮捕曾替協約國工作或積極支持希臘民族疆域拓展的希臘人。希臘人絕不是唯一箭靶。反民族主義的穆斯林也遭到逮捕，甚至有部分遭處決的個案。由於掌握城裡商業命脈，希臘人社群必然承受大量民族主義怒氣。希臘人走在街上會被搭訕騷擾，穆斯林幫眾把他們的財產據為己有。很多人擔心一旦土耳其人全面接管城市，他們的財產將全數充公。於是在一九二二年年底，約五萬名非穆斯林居民，包括城裡最富裕的一些家庭在內，舉家遷離伊斯坦堡。[13]一九二三年列強全面撤離，又爆發另一波出走潮，許多希臘人認為協約國勢力是他們和新土耳其政府之間的最後一道保護層。

戰爭和占領也進一步深化伊斯坦堡希臘人社群固有的分歧。誰才是最能照顧希臘人這支民族及其海外同胞利益的代表：是以雅典為中心的希臘民族國家？還是伊斯坦堡的希臘正教牧首，也就是說希臘與拜占庭的直接繼承者？親希臘民族與親牧首兩派人馬經常爆發衝突。一九二三年夏天，一群親希臘民族的民族主義者闖進牧首座堂，打斷牧首和其他希臘正教領袖的會議，將牧首梅勒蒂烏斯四世（Meletios IV）拖下樓梯，導致他瘀青、見血，直到協約國警方出面制止鬧事行

12 Criss, *Istanbul Under Allied Occupation*, 46–48.
13 Alexandris, *Greek Minority of Istanbul*, 82, 96.

為。承受不住內部紛爭，加上對攻擊事件感到震懾痛心，梅勒蒂烏斯很快登上一艘英國船離開伊斯坦堡，避居在阿索斯山（Mount Athos）的一間寧靜修道院。[14]伊斯坦堡希臘人社群於是選出一名新的牧首，但來自親希臘民族民族主義者和其他敵人的挑戰持續不輟。舉例來說，分裂主義者在一九二四年建立了自己的土耳其正教教會（Turkish Orthodox Church），他們是一群講土語的東正教基督徒，不承認芬內爾區牧首堂座有權力管理他們。[15]

對希臘正教牧首等非穆斯林宗教領袖及其信眾群體而言，更嚴重的問題在於古老米利特系統的瓦解。素檀的穆斯林和非穆斯林子民從不曾處於平等地位，但這個不平等和等級階層涉及許多方面。一個人在帝國複雜社會體系中的位置不僅由宗教決定，也取決於性別、職業和許多其他分類。鄂圖曼當局在管理國內人口的時候，他們看到的是由不同權威、地位和特權交織而成的一塊大拼布。

土耳其共和國不來這一套，儘管她的治理有部分重要元素擷取自鄂圖曼帝國時期。共和國以現代公民取代過去帝國子民的概念，以致力鞏固世俗國家的理想取代對素檀統治的世代效忠，以民族國家的簡潔概念取代舊帝國多重交錯的身分認同。土耳其共和國於一九二四年正式立憲，憲法保障所有公民擁有一致的相同權利，不因宗教信仰而有差別，不過因為他們引進了一個新的法律概念，亦即少數族裔（ethnic minority）——這是鄂圖曼帝國想像所不曾出現的概念——實際情況和國家宣稱的完全相反。

這個新觀念牢牢扎根在結束一戰的和平協議裡。《洛桑條約》為協約國的離場與土耳其部隊進入伊斯坦堡鋪路，但談判期間雙方最爭執不下的，就是希臘人和其他非穆斯林居民的地位問題。土耳其談判代表最初提議將全部希臘人口都逐出伊斯坦堡。希臘人如果留下來，會成為「將腐敗和不忠輸入我國的管道」，土耳其代表團領袖伊斯麥特帕夏堅稱道。[16]希臘民族政府聞此提議，辯稱他們已經接收大量來自鄂圖曼帝國的希臘人難民，更多難民的湧入將會淪為一場人道災難。更重要的是，倘若正式驅趕希臘人和其他非穆斯林族群，伊斯坦堡將成為一個空殼——一個缺乏商業菁英和基督教遺產的偉大文明中心。

談判代表最終達成協議。一九二三年七月《洛桑條約》簽訂時，第一百四十二條確認雅典和安卡拉政府達成一項單獨協議。兩國將執行少數族裔強制驅逐，同意「互換」彼此的宗教同胞。不過，住在伊斯坦堡和兩個愛琴海小島的部分希臘正教徒，還有住在西色雷斯希臘民族領土上的穆斯林，得免於強制驅逐——這樣的安排是承認希臘人在伊斯坦堡經濟中的重要角色，也是尊重穆斯林定居希臘土地的悠久歷史。在兩國互換範圍內的民眾，將被迫離開故土，到一個新國家落地生根。除非取得前政府的明確許可，兩國法律皆禁止這些人回家。國家成立特別的跨政府委員

14 Alexandris, *Greek Minority of Istanbul*, 146–49.
15 Alexandris, *Greek Minority of Istanbul*, 151–57.
16 Quoted in Alexandris, *Greek Minority of Istanbul*, 85.

會，決定哪些家庭屬於「可互換」範圍，應該強制遷徙——也就是正式決定哪些人是他們眼中的希臘正教徒，哪些人是穆斯林，即便有些家庭並未信奉特定宗教，或者來自混合的宗教傳統。委員會也核定他們留下財產的價值，希臘民族和土耳其的政府將負責拍賣這批遺留財產。然而，收到相應補償的人少之又少。「如今數千名家境曾經富裕的人穿梭在伊斯坦堡和雅典街頭，他們的口袋空空如也，」一位同時代人提到，「只握有一張記載其財產項目的紙條，新國家將據此予以補償。」[17]

這場「互換」行動旨在校準宗教、族裔和公民身分的界線，史學家有時候以簡單的「希臘」和「土耳其」標籤稱呼洛桑協議創造的這群難民。但這些名詞對難民本身其實顯得很古怪。互換委員會最終採用和鄂圖曼帝國一樣的標準決定個別公民的身分——宗教懺悔——但他們為這個古老分類貼上一個全新的、徹底的族裔標籤。在混合帝國式與民族式的世界觀裡，強制交換行動中有不少人的身分認同，和希臘民族王國與新興土耳其共和國的核心族裔式民族主義沒有太多共通之處。在歸類過程中，每個個體分配到的身分就是他唯一的身分。希臘正教家庭可能以土語交談，數代祖先都來自同一個安納托利亞村莊。住在希臘說希語或斯拉夫語的穆斯林，也可能和土耳其共和國的文化近乎毫無交集。但在互換時，前者被宣布為希臘人，後者為土耳其人，他們各自被送到據稱同屬單一族裔的陌生新國家。

終止一戰的條約也試圖防止未來再次爆發世界大戰。它的辦法是將人民從他們的家鄉拔除，如此就沒有政府能夠在未來以解放人民為發動戰爭的藉口——一種預防性的對等流亡。「增加人口同質性，並移除近東地區無盡衝突（往往連帶造成大屠殺）的主因，大家都相信這個辦法能夠孕育更好的未來，」計畫發想者之一南森說道——他也是不眠不休改善流亡俄羅斯人困境的同一個國際聯盟高級專員。[18]

倘若把幾年前開始逃往希臘或土耳其的人口納入計算，《洛桑條約》的協議授權近一百萬希臘正教徒和五十萬穆斯林的強制流亡。短期來看，洛桑的協議確實移除土、希兩個鄰國最主要的衝突來源，他們之間的殘忍殺戮自一戰結束後仍延續不止。長遠來看，兩國人口結構重組——古老社群被連根拔起，一整座由流離失所的難民組成的村莊憑空而生，同時為兩國創造了空前的族裔同質性。

然而，往日的痕跡並沒有被徹底抹去。伊斯坦堡私人建物的銘文可能刻著希臘人建築師或前所有者的名字，另一方面，君士坦丁堡一字仍存在希臘PAOK足球俱樂部（PAOK，按：Panthessalonikeios Athlitikos Omilos Konstantinoupoliton）的隊名裡，因為它最初就是在鄂圖曼時代的伊斯坦堡成立的。這場雙向的族裔淨化，隨著時間流逝轉化為某種形式的祖國觀光旅遊，希

17 “Exchange of Population Between Greece and Turkey,” *Advocate of Peace Through Justice* 88, no. 5 (May 1926): 276.

18 Nansen, *Armenia and the Near East*, 25.

臘人重訪以前在佩拉區的舊公寓，土耳其人試圖在塞薩洛尼基（以前的薩隆尼卡）舊城中心尋找自家附近清真寺的斷垣殘壁。今天，來自土耳其的長者會搭觀光巴士穿越北希臘的城鎮與村莊，看看他們父母或祖父母曾經生活的地方。土耳其航空公司每日營運多趟往返伊斯坦堡和塞薩洛尼基的班機，數萬名希臘人在塞薩洛尼基以希臘公民的身分展開新生活，而數千名穆斯林也離開塞薩洛尼基，走向他們變成土耳其人的旅程。對土耳其人而言，強迫遷移一事後來被他們稱為「大交換」（*Büyük Mübadele*）。另一方面，希臘人至今仍稱之為「大災難」（*Katastrophé*）。

＊＊＊

《洛桑條約》就像一份患有精神分裂的協議。條約有一部分是使一百五十萬人失根的藍圖規劃。其他部分又像是保護弱勢族群權利的多元文化主義模範。由於條約允許某些個人和團體留在古老家園，有一整段內容是關於土耳其和希臘對這些合法居留者相互的責任義務——以伊斯坦堡希臘正教徒和西色雷斯穆斯林為主——像是法律之前人人平等，宗教信仰的自由，以及用母語完成小學教育的權利。一個現代國家對國內少數族裔的職責，取代了古老鄂圖曼帝國的米利特宗教概念。

倘若歷史發展稍有不同，在列強占領頭一年買下佩拉皇宮飯店的波多薩奇斯有可能成為受保護的少數人之一。但誠如成千上萬害怕遭受新土耳其政府報復的民眾，波多薩奇斯在一九二〇年代初期就決定逃到雅典。佩拉皇宮照常開門接客。即便老闆不見人影，城裡許多少數族裔擁有的商店還是繼續營業。不過自列強一離開，這些業主自然而然成為土耳其消除非穆斯林經濟勢力的頭號目標。當時約有四萬名「不可交換的」希臘人住在海外，這些人自願離開土耳其，但並不在強制遷離的法定範圍內。[19]當初離境的舉動如今被認為是不忠誠的表現。土耳其政府宣稱這些人的出走說明了一切，他們顯然想要到其他地方生活。一九二三年春天，安卡拉國會通過新法，准許國家沒收非居住公民「拋棄」的財產，即便財產所有者已經準備將他們的資產轉移給當地親戚或生意夥伴。

列強占領的那一夜，伊斯坦堡工商局（Chamber of Commerce and Industry）的聯合主席有兩個人，分別是一名穆斯林和一名亞美尼亞人，十四位核心成員有十一位來自伊斯坦堡基督教和猶太少數族群。[20]到一九二二年初的時候，聯合主席已經變成兩名穆斯林，十九位成員中十三位是穆斯林。一九二三年，政府成立國立土耳其商業聯盟（National Turkish Commerical Union）負責代表穆斯林商人的利益，並協調收購過去由非穆斯林持有的製造工業、進出口公司與金融機構。

---

19 Alexandris, *Greek Minority of Istanbul*, 117. 關於沒收少數族群擁有資產的法制建構，參見Akçam and Kurt, *Kanunların Ruhu*.

20 參見*Journal de la Chambre de commerce et d'industrie de Constantinople*, June 1918 and Feb. 1921.

外資銀行和企業因為受到施壓，被迫解雇旗下少數族裔員工，改聘穆斯林員工取代之。

伊斯坦堡法庭上瞬間蒸發三分之二的希臘人出庭律師。希臘人組織的各種工會全數停止運作。[21]希臘人出資經營的事業，若非因觸犯輕法受到法律制裁威脅，就是被鼓勵或強迫多找一個穆斯林生意夥伴。穆斯林新合夥人接著可向政府訴請根據洛桑協議，將希臘人共同所有人指定為「可交換的」，然後該名共同所有人的公司股份便會自然轉移給留下來的穆斯林夥伴。一九二五和二六年，當地希臘人、亞美尼亞人和猶太人正式放棄《洛桑條約》提供給這些社群的任何集體權（collective rights，按：因隸屬於某個集體而享有的權利）。經歷土耳其政府施加巨大壓力之後，他們發布放棄聲明，此舉意味將來沒有任何人可以依據其宗教懺悔或族裔，要求獲得特別待遇。[22]當安卡拉在一九二六年宣布實施酒類專賣，由國家授權的商行壟斷酒精商品之生產與銷售，伊斯坦堡非穆斯林商業活動的主戰場之一於是全面國有化。

政府在一九二三年宣布佩拉皇宮飯店正式收歸國有——佩拉皇宮是伊斯坦堡由缺席財產主擁有的最重要的房產之一。[23]此舉名義上說是為討回波多薩奇斯積欠國庫的稅款。然而，四年後的一九二七年五月，政府頒布一道新法，宣稱所有自獨立戰爭後未回到土耳其的前鄂圖曼帝國子民——包括佩拉皇宮飯店昔日的希臘業主——將不被視為土耳其公民。[24]對波多薩奇斯而言，這個改變意味著在某方面，他的處境比起搬離伊斯坦堡的「可交換的」希臘人還要糟糕。後者起碼在理論上能夠取得滯留財產的補償——部分個案甚至在希臘本土分配到新的農地或房舍——而自願離開伊斯坦堡的「不可交換的」民眾什麼都拿不到。《洛桑條約》以船隻或鐵路從土耳其載送將近一百萬希臘人離開該國。一九二七年的法律則是動動筆就進一步移除了好幾萬希臘人。

這些改革來自一整套為刻意縮減少數族裔能見度和經濟力量而實施的立法、公共宣導和城市訓令。新共和國拒絕根據懺悔團體、多元族裔劃分的鄂圖曼帝國結構，選擇採納民族國家的框架。在最好的情況下，藉由拋棄鄂圖曼帝國使用的宗教自治系統，民族國家的願景應能創造法律之前人人平等的公民權。在最壞的情況下，這樣的願景必將穆斯林土耳其人當作新國家的核心族群，並且將其他人一概貶為二等公民。非穆斯林宗教機構或私人基金會經營的學校，被要求聘任特定比例的穆斯林教師，並且不得在課程中增添宗教色彩。少數族裔組成的童子軍被宣布為不合法的。公共場所到處都是「公民們，請說土語！」的標語海報。綜觀一九二〇年代，住在伊斯坦堡的非穆斯林多數時期都不得移動到城外，這是當局將族裔差別局限在舊都城的企圖。[25]亞美尼亞人尤其被明確禁止不得定居東安納托利亞，該區域是亞美尼亞文化的古老源頭，也是種族大屠

21 關於希臘族裔在經濟中的變動存在，參見 Alexandris, *Greek Minority of Istanbul*, 107–12.
22 對放棄聲明的詳細論述，參見 Bristol to Secretary of State, Nov. 3, 1926, and Nov. 24, 1926, NARA, RG59, M353, Reel 21.
23 Çelik, *Tepebaşı*, 174–75.
24 Alexandris, *Greek Minority of Istanbul*, 120.
25 See NARA, RG59, M353, Reel 76.

殺期間的黑暗之心。一九三四年，新法律要求所有土耳其公民採用姓氏——在此之前，土耳其穆斯林幾乎沒人有姓氏——並且明令禁止民眾登記任何一看就知道是非土語字根的姓氏，譬如希臘人的「普洛斯」（-poulos），亞美尼亞人的「安」（-ian）和斯拉夫人與猶太人的「夫」（-off）或「維奇」（-vich）。[26]

前希臘人牧首梅勒蒂烏斯將安卡拉的政策，比喻為「莫斯科風格的布爾什維克共產主義」，從某些方面來看，他這麼說並不離譜。[27]安卡拉當局從布爾什維克經驗汲取了一個教訓。誠如新興蘇聯政府宣布白俄不在新國家的保護範圍，土耳其人建立的共和國也和如今住在海外的宿敵們——希臘人和其他少數族裔——斷絕關係。兩國政府沒收財產的立場系出同源：他們相信勝利方正率領一股改變世界的政治運動，戰利品屬於勝利方，以及被征服者不過是社會的寄生蟲，是終於得到應得懲罰的破舊社會秩序的遺民。

＊＊＊

對土耳其政府與許多穆斯林平民而言，強迫徵收是天道正義彰顯的時刻。從他們的角度來看，這些如豺狼虎豹榨乾鄂圖曼帝國的少數族裔不僅和占領列強通敵合作，而且完全沒為獨立戰爭貢獻心力，如今真正的愛國者終於能取代他們在社會的位置。對這些少數族裔而言，眼前不啻是世界末日。「我站在塵土飛揚、滿地垃圾的佩拉山坡地……眺望下方海港，桅杆林立，煙囪廢氣如烏雲密布……一切看起來不真實也不合理，」海明威在《多倫多每日星報》的文章中寫道。「但回望這個他們被迫拋下家園與事業、工作夥伴與生計的城市，這一切對被迫離開的人而言是如此真實……。」[28]

造化弄人，希臘人和其他商業領袖江山盡失。他們當中有些不剩分文，遊蕩在雅典和塞薩洛尼基的陌生街道。有些失魂落魄，沮喪中輕生。土耳其報紙經常刊載絕望與復仇的聳動故事。距離佩拉皇宮飯店一條街外、海明威經常出沒的朗德斯飯店，其希臘人老闆寇法科斯（Kofakos）在一九二八年宣告破產。過了一段時間，他出現在飯店門口，但這時已經淪為一個乞丐。遭人打發後，他帶著手槍回來，殺死了一名飯店人員。[29]

相較於這些悲劇下場，波多薩奇斯東山再起。佩拉皇宮飯店只是他龐大家業的其中一部分，他在離開土耳其前已設法將絕大多數財產搬到境外。他在雅典另起爐灶，日後將成為希臘最令人

---

26 Ekmekçioğlu, "Improvising Turkishness," 166–69.

27 引用於 Alexandris, *Greek Minority of Istanbul*, 118，法語為"Bolchevico-Communisme de Moscou."

28 Hemingway, "Constantinople, Dirty White, Not Glistening and Sinister," *Toronto Daily Star*, Oct. 18, 1922, in Hemingway, *Dateline: Toronto*, 229.

29 "Londra Oteli Cinayeti," *Cumhuriyet*, Sept. 9, 1929.

欽佩的工業鉅子，其商業利益幾乎籠罩該國經濟的各行各業。他在佩拉皇宮飯店大廳建立起的人脈——尤其是每次造訪伊斯坦堡必定下榻此處的英國軍人、德國生意人，以及法國商人——或許對他從移民迅速竄起成為商業大亨的際遇有所幫助。身為希臘彈藥公司（Greek Powder and Cartridge Company）的老闆，波多薩奇斯是希臘最大的軍火製造商，生產各種口徑的步槍彈頭、火藥、反飛行器手榴彈、防毒面具，以及海軍船艦的鍋爐。[30]

一九三〇年代末期，他的生意版圖擴展到絲綢和羊毛生產、造船，以及葡萄酒與烈酒買賣。西班牙內戰期間，他同時提供武器給左右兩派人馬。在二戰爆發前的衝突升溫期間，他憑著餵養英國和德國戰爭機器，堅持不懈地平衡他個人的商業利益。「他是頭腦出奇敏銳的生意人，熟諳如何將一桶炸藥、一批外匯或一小塊地產轉換成對自身最大的政經優勢，」一九四〇年《柯利雜誌》（*Collier's*）一篇爆料文寫道。「他對這場戰爭的意義，就像留山羊鬍的薩哈洛夫之於上一次的世界大戰。」[31]當波多薩奇斯在一九七九年去世時，他的商業帝國橫跨彈藥工業到葡萄酒、化學以及造船。根據相關史學家的研究，他無疑是「希臘企業界最有權力的人」，而且他的家族成立的基金會是希臘最知名的公益組織之一，該基金會致力於獎勵科學與醫學研究，以及傳播希臘民族文化。[32]

值此同時，佩拉皇宮飯店卻被困在法律的陰曹地府。一九二七年夏天，當缺席財產主的土耳其公民身分被剝奪，飯店所有權從國庫轉移到國營房地產銀行（Emlak Bank）。[33]幾個月後的一九二七年十二月，它似乎被一名穆斯林商人密斯巴．穆哈耶西（Misbah Muhayyeş）買走，一九二八年正式在市立財產紀錄登記他的所有權。穆哈耶西是土耳其民族主義運動的早期支持者，一戰前就認識凱末爾，他的家族來自貝魯特（Beirut），和波多薩奇斯都算伊斯坦堡的新居民。獨立戰爭期間，穆哈耶西用家族紡織生意支持凱末爾主義者的理想，為資源短缺的民族主義軍隊提供制服。協助獨立戰爭所締結的人脈，幫助穆哈耶西獲得土耳其公民的身分，同時他因為充分掌握政治風向，成功取得名義上被業主「拋棄」的飯店。

他接手經營這個被希臘人家族丟下的飯店，重新整頓酒吧，擦亮電梯銅飾，稍微恢復飯店當初身為歐洲及其他遠道而來旅客下榻首選的名聲。過去人們口中的墓園街和掠奪者街轉角也改頭換面。市政府將飯店正門外的街道名稱，改為更加莊重的憲法大道（Meşrutiyet Avenue）。飯店現在落到穆斯林手中，在個人身分認同和共和國政治的魔力影響下，身為阿拉伯人的穆哈耶西也變成了土耳其人，他過去展現對土耳其民族的忠誠，現在理所當然得到獎賞。戴眼鏡、頭頂漸

30 Pelt, *Tobacco, Arms, and Politics*, 78–79.

31 Frank Gervasi, "Devil Man," *Collier's*, June 8, 1940: 17.

32 Pelt, *Tobacco, Arms, and Politics*, 81.

33 關於財產紀錄，參見 Çelik, *Tepebaşı*, 174–75. 由衷感激 Meral Muhayyeş 在二〇一三年七月十八日的訪談中，和我分享家族故事，以及關於密斯巴．穆哈耶西的回憶。

禿，裝飾引人側目的領結和胸袋巾，他就是接收希臘人努力成果的新一代伊斯坦堡居民代表。他的家族夏日度假屋在耶尼柯伊（Yeniköy）郊區，那裡至今仍是博斯普魯斯海峽最豪華的住宅區。

一九〇〇年伊斯坦堡的非穆斯林少數族裔估計約占總人口百分之五十六，至一九二〇年代降低至百分之三十五。其他城市少數族裔規模的縮減更為劇烈，伊茲米爾（前士麥拿）的非穆斯林比例從百分之六十二銳減至百分之十四。[34]位在遙遠東安納托利亞的埃爾祖魯姆因為大屠殺，亞美尼亞人口幾乎遭清除殆盡，非穆斯林人口從百分之三十二驟降至百分之零點一。人口革命實際上徹底改變了伊斯坦堡歷史悠久的少數族裔社區。倉促離開的希臘人、亞美尼亞人和猶太人把家中物品拋售到二手市場，希望能在登船或搭火車之前，至少換得一些現金。家具、餐具、留聲機和鋼琴大量釋出，家居用品進口商發現大眾需求完全停滯，市場被隨手可得的便宜二手商品淹沒。[35]

整體而言，土耳其變得更穆斯林，更土耳其，種族同質性更高，以及更加鄉村化——因為城市非穆斯林少數族裔的出走——其程度堪稱前所未見。[36]某些未來將成為伊斯坦堡經濟支柱的家庭，以相同於穆哈耶西發跡的方式崛起：時時留意命運轉輪的變化，一旦希臘人及其他少數族裔擁有的生意待價而沽，立即動用政治關係取得經濟優勢。他們的交易未必見不得光，至少在個人層次的交易方面是如此，但他們憑藉的是共和國拋棄帝國首都往日世界主義、選擇創造民族純潔性所造成的大規模財富轉移。一個世代以前，伊斯坦堡的權力菁英可能推崇這個城市的宏偉、輝煌，新一代土耳其官員錦衣紈褲，以擁有古老鄂圖曼欠缺的特質為傲：平靜的自信和毫不費力的優越感。這些男人如今領著家人們穿手工訂製西裝和時髦的西式連衣裙拍沙龍肖像照。眼神望向鏡頭，他們就像任何國家的中產階級，急於記錄他們最具魅力、最踏實的時刻。

少數族裔財產充公是一項有目的的政策，但世代伊斯坦堡居民和相關史學家都把它解釋成單純的意外之財。倘若財產所有人在列強占領時期離開，他們在歷史上就被視為放棄家園和生意，靜靜地將門鎖上，拋下家族數代努力積攢的財富。事實是，他們被法律禁止回到伊斯坦堡認領自己持有的財產。今天觀光客可以從佩拉皇宮飯店的大廳本身，看見這整個時代轉變的歷史。在東方酒吧外，對掛著波多薩奇斯和穆哈耶西的肖像，代表從帝國時代邁向共和國時代的兩位飯店所有者——一個是國家政策的攻擊對象，另一個則是政策拐彎抹角的受惠者，無論捕捉他們身影的是油畫布還是底片，在留下肖像的那一刻，兩人分別自信地認為這個城市屬於像他一樣的人。

34 Finkel, *Osman's Dream*, 547.
35 Ravndal to State, Nov. 26, 1923, pp. 4, 6, NARA, RG59, M353, Reel 49.
36 Finkel, *Osman's Dream*, 547.

「戰後世界爵士悠揚」

老護衛：鄂圖曼後宮昔日「黑色宦官」在一九二〇年代末期或三〇年代初期的聚會。

佩拉皇宮飯店最棒的房間在靠近建物西南角處。從那裡望向窗外可以遠眺金角灣景，以及標誌著這個鄂圖曼城市最遙遠彼端的稀疏聚落。在遠處，有一帶深色公園地是鄂圖曼帝國貝伊和家人最中意的野餐位置。罩著頭巾的女士們曾經端莊地坐在草地上，看著孩童在金合歡樹林間嬉戲，或者撲通一聲跳進流向金角灣的兩條小溪。

帝國消亡後，渡船仍在週末到上游載運欲前往郊外度假的遊客。有些人要去耶普區的村子和先知穆罕默德信徒阿布．阿尤布．安撒里（**Abu Ayyub al-Ansari**）的陵墓（*türbe*），這裡長久以來都是虔誠穆斯林的朝聖遺址。其他人可能去卡坦內區的樹林，這裡適合野餐，也是僻靜的情人幽會地點。多年來，城市逐漸蔓延深入這些林木稀疏的地區。佩拉皇宮飯店的夕陽使這些新開闢的聚落閃閃發光。粉紅色和橘黃色的日暮光線映射在紅磚屋頂和石膏牆面宛若燈籠，而當傍晚的宣禮召喚聲響起，城市民宅點點燈火也應聲亮起。

不過，佩拉皇宮飯店西南角搶手的原因可不只是風景。它距離墓園街上的酒吧和俱樂部最遙遠，唯有住在這一側的客人能夠期待一夜好眠。協約國占領期間，海明威曾擔憂一旦穆斯林從英、法、義三國手中接下伊斯坦堡，城市的夜生活將不復以往。謠傳土耳其民族主義者向伊斯蘭習俗低頭，早已在掌控區內禁止玩牌，並將十五子棋桌翻倒。「一旦凱末爾進城，君士坦丁堡將不再滿足蘇伊士以東[1]不受十誡束縛的渴望。」海明威預言道。[2]

實際上，每星期城裡都有新開幕的酒吧、餐廳、綜藝劇場和音樂表演餐廳（*café chantant*）[3]。

「人們吹捧美貌與機智、歡笑聲與歌唱聲，心醉神迷，」一位美國觀光客說道。[4]無論店面多小都能做啤酒店的生意。[5]本地創業者可以用肉眼看出商機，而伊斯坦堡人口的轉變也能夠從專為特定城市新居民開設的新興喝酒場所看出端倪。某薩隆尼卡移民經營的湯姆的蘭開夏酒吧（Tom's Lancashire Bar）為英格蘭以北的英國客人安排戲劇表演，聖詹姆士啤酒餐廳（St. James Brasserie）的目標客層則是更優雅的英國客人。[6]素檀制度在一九二二年廢除後，就連阿布杜哈米德二世暗中監視躁動首都的耶爾德茲宮本身也另做他途。義大利企業家馬力歐・瑟拉（Mario Serra）將皇城內坐落在松樹、木蘭和椴樹林間的木石小屋改造成一間賭場。場地賭桌可容納三百名玩家，而且設有餐廳、喫茶間，騎馬場、網球場和射擊場。[7]

---

1 譯注：英國詩人吉卜林（Rudyard Kipling）在一八九〇年發表的詩作〈曼德勒〉（Mandalay）中寫到「……送我到蘇伊士以東，走過最好最壞的路，到沒有十誡的地方，沒有乾渴……。」普及了蘇伊士以東的說法。

2 Hemingway, "Hamid Bey," *Toronto Daily Star*, Oct. 9, 1922, in Hemingway, *Dateline: Toronto*, 220.

3 譯注：發源於法國美好年代（belle époque）的某種音樂表演場所，最初形式是一小群表演者為觀眾演唱流行歌曲的戶外咖啡館。

4 Bumgardner, *Undaunted Exiles*, 132.

5 Carus Wilson to father, July 19, 1922, Carus Wilson Papers, IWM.

6 見 *Orient News*, July 12, 1919 的廣告頁。

7 Greer, *Glories of Greece*, 319–20.

佩拉皇宮飯店每天晚餐時段都有音樂表演，每星期五和星期日下午五點還有演唱會。[8]即便如此，飯店北面正對著伊斯坦堡首屈一指、占用了小香榭公園部分綠地的夜總會「花園酒吧」。一位保加利亞的猶太移民開設這間酒吧，主要是為提供附近冬季花園劇場（Winter Garden Theater）表演者小酌聚會的場地。[9]一如城裡的許多建物，這棟房子也經歷多番更迭，反覆被大火夷平然後再由新屋主重建，到了一九二〇年代，這裡開始吸引穆斯林、外國人以及不少佩拉皇宮飯店的房客光顧。每天午後和下午五時至晚上八時都有午場音樂劇的表演，晚上九時至十一時還有最完整的綜藝娛樂主秀。[10]來自維也納、巴黎和其他歐洲城市的音樂劇巡演團隊以時事諷刺劇的形式演出。高空鋼索人或高空鞦韆表演者可能從觀眾頭頂飛越，引來在座一陣驚呼聲。拳擊賽經常是本地和國際選手的對戰組合，還安排勁歌熱舞的變裝皇后娛樂觀眾。[11]

花園酒吧的老闆專攻藝人市場，是因為城裡充斥著沒有工作的樂手和其他表演者，其中多數是一九二〇年落魄遷徙至此的白俄難民。包提尼可夫交響樂團（Boutnikoff's Symphony Orchestra）由一名俄羅斯政治流亡者創立，每日進行兩場表演，是第一個持續為伊斯坦堡引進歐洲古典樂的團體。[12]流行音樂巨星如亞歷山大·韋丁斯基（Alexander Vertinsky）和尚未成名的年輕爵士作曲家弗拉基米爾·杜寇斯基（Vladimir Dukelsky）——也就是維農·杜克（Vernon Duke）——在城裡的各個場地演出。追隨弗蘭格爾軍隊南下的還有俄羅斯馬戲團藝人，如今雜耍和特技表演在伊斯坦堡隨處可見。每當工作稀缺，當地紅十字會辦公室必定被來自四面八方的救濟請求淹沒。一個俄羅斯侏儒八人劇團為開發新的時事諷刺劇申請協助。一名男子擁有經雜技訓練的鼠群、狗群和一隻豬，請紅十字會幫忙媒合適合他的動物表演的夜總會或表演場所。「俄羅斯現在容不下藝人了，」這位老鼠訓練師悲傷地說。「社會氣氛排斥藝術。」[13]

然而，大部分冒險到金角灣以北闖蕩的人可不是想靠藝術維生。在花園酒吧，回憶錄作者齊亞貝伊說，「任何懂得自重的人都不敢再到那裡冒險，因為現在尋歡作樂的男女拉客拉得極為放蕩不知檢點。」[14]在俄羅斯畫家亞歷克斯·格里申科（Alexis Gritchenko）的記憶中，這整個社區就像那不勒斯的貧民窟。[15]錯字百出的多語招牌，引誘客人踏入暗巷後門。地窖和酒館飄出一陣陣葡萄酒發酸和水果腐敗的味道。合法妓院窗戶透出金黃光線。咆哮和歡笑聲徹夜不止，偶爾還會聽見二百五十公升的葡萄酒豬頭桶（hogshead）滾過砌石路的聲響。

---

8 見 *Le Courier de Turquie*, Apr. 1, 1919 的廣告頁。
9 Adil, *Gardenbar Geceleri*, 7–8.
10 見 *Le Courier de Turquie*, Apr. 1, 1919 的廣告頁。
11 Adil, *Gardenbar Geceleri*, 25–27.
12 Bumgardner, *Undaunted Exiles*, 141.
13 Quoted in Bumgardner, *Undaunted Exiles*, 143.
14 Mufty-zada, *Speaking of the Turks*, 152.
15 Gritchenko, *Deux ans à Constantinople*, 278–79.

歌舞線上：伊斯坦堡夜總會裡表演時事諷刺劇的女性舞者。

數世紀以來，目無法紀的享樂和隨其所好的縱情暢欲一直是伊斯坦堡社會秩序的一部分。現在和過去的差別是，對酒吧、公共花園和劇場的陌生人而言，一切變得更容易取得——甚至毫不遮掩。遲至一九一六年維也納歌劇團初次到城演出，當時的主辦單位還必須特別安排給純女性觀眾的場次，讓帕夏和貝伊們的妻女免於和其他男人互動。王宮家族的公主們曾在護衛宦官的圍繞下，咯咯地傻笑進到托卡良飯店——那是她們第一次獲准踏進飯店大廳——然後被指引走向通往小香榭劇院（Petits-Champs Theater）的後門。[16]一九二〇年代後，人們已經很難想像過去竟然存在一個禁欲、天真的世界。「在小香榭可以觀賞哥薩克舞者表演，還可以看白淨的美國水手從卡車魚貫而出，被一群討香檳喝的妓女淹沒。」美國海軍軍官羅伯特・鄧恩（Robert Dunn）回憶道。[17]

夜總會的生意起落無常，客人口味總是瞬息萬變，一名乏味的表演者就足以破壞一群人狂歡的興致。花園酒吧的主要競爭對手是一間名叫美心的舞廳俱樂部，它是最早在伊斯坦堡夜總會界掀起轟動的風雲店家之一。

美心業主的背景和他的身分充滿違和感。弗雷德里克・布魯斯・托馬斯（Frederick Bruce Thomas）是前密西西比黑奴的孩子。他是無數抱著發財夢到芝加哥和紐約打拼的美國南方黑人之一，他們到大城市端盤子或當泊車小弟。冒險的心和逃離鍍金時代美國日常種族歧視的慾望，領著他遠渡重洋到倫敦、巴黎，然後在一八九九年踏上一片當時非裔美國人幾乎不曾動念造訪的土地：俄羅斯帝國。幾年後他順利成為俄羅斯公民，娶了一個俄羅斯太太，並且以費奧多爾・費奧多羅維奇・托馬斯（Fyodor Fyodorovich Tomas）的名字成為莫斯科餐飲界的高級領班。他服務的亞爾餐廳是歐陸公認全莫斯科最優雅高貴的用餐場所。後來他自立門戶，在莫斯科開了一間夜總會，一開幕就受到熱烈討論，創造空前業績。

16 Musbah Haidar, *Arabesque*, 98–100.

17 Dunn, *World Alive*, 287.

托馬斯跨越了膚色的界線，他如今的地位是留在美國所不可能達成的，但政治和革命的浪潮終究難以控制。一九一七年秋天過後，俄國人開始對一觸即發的內戰選邊站，托馬斯逃向南方由志願軍控制、相對安全的地區。和許多俄國子民一樣，他暫時避居於敖得薩。敖得薩是個港口城市，是兩軍相爭、反覆易主之地。一九一九年，布爾什維克勢力版圖向南推進，他再度遷徙，成為數千名逃命的前沙皇支持者之一。他輾轉落腳伊斯坦堡，在跟著鄧尼金和弗蘭格爾軍隊殘餘勢力上岸的白俄團體中，非常可能是唯一的黑人。

托馬斯很快重建名聲。他遇見柏莎．普羅克特（Bertha Proctor），她以前在蘭開夏的酒吧當招待，也曾是佩拉皇宮飯店旁、城裡公認最成功酒吧之一的女主人。他們兩人合夥在軌道電車底站的希什利社區（Şişli）開了一間新店。店名前後更改了幾次——英美別墅花園（Anglo-American Villa and Garden）、柏莎，最後是史黛拉（Stella）——是協約國聯軍當年最流連忘返的地方。[18]幾年後，由於生意極好，托馬斯得以轉賣股分，並在一九二一年秋天，為西拉席維樂大道（Siraselviler Avenue）靠近佩拉鬧區的新店揭幕。他將這間可跳舞的晚餐俱樂部取名為美心，和他過去在莫斯科的店同名，也和附近的塔克辛廣場形成巧妙押韻。

一九二〇年代中期，美心的大舞廳是「最多伊斯坦堡當地人造訪的公共場所，也是外國人最想要一探究竟的地方」，回憶錄作者威立．史柏考（Willy Sperco）說，他當時就住在伊斯坦堡。[19]甚至尖銳批評時事的齊亞貝伊都忍不住帶著妻子，和戰爭期間靠囤積稀缺物資致富的希臘友人卡拉耶尼（Carayanni），一同光顧這間熱門夜總會。「佩拉區和加拉達區不曾聲名狼藉至此，」他寫道。[20]他走進美心，放眼望去全是前俄國貴族和裝模作樣的波希米亞浪人，眾人吞雲吐霧、觥籌交錯，一組黑人爵士樂團在臺上表演。人們此時已經習慣親吻女士手背的法國禮儀，但這僅是少數能在伊斯坦堡扎根的高雅巴黎生活習慣。「這群來自世界各地之人唯一向巴黎拉丁區仿效的就是自由戀愛。」[21]

托馬斯是個才華洋溢的頑強生存者，完全不介意依情勢所需轉換身分。他可以換頂帽子瞬間就從西洋俱樂部紳士，搖身變成土耳其的後宮勳爵。當一群美國觀光客進到店裡，托馬斯會戴上土耳其毯帽，並要求歌舞隊的女孩們換上土耳其燈籠褲。[22]遊客感覺自己像在豪華的鄂圖曼後宮度過美好夜晚，左擁右抱慵懶躺臥的奴隸女孩，大啖逢迎拍馬服務侍者端來的差強人意的牛排配辣根醬。晚餐娛樂結束時，充滿異國風情的店主深深一鞠躬，誠懇地握住客人的手，護送他們到門口，並對他們說「慢走，阿凡提」。

---

18 參見 Sperco, *Turcs d'hier et d'aujourd'hui*, 143; Mufty-zada, *Speaking of the Turks*, 159; *Orient News*, July 13, July 18, and July 29, 1919. 關於托馬斯的生平描述，我受惠於 Vladimir Alexandrov 細心研究的傳記作品 *The Black Russian*.

19 Sperco, *Turcs d'hier et d'aujourd'hui*, 143.

20 Mufty-zada, *Speaking of the Turks*, 154.

21 Mufty-zada, *Speaking of the Turks*, 154.

22 Farson, *Way of a Transgressor*, 470.

可惜好景不常。托馬斯在拓展生意時太過躁進。俄國人離境後，店裡人手不足，客人也跟著消失，競爭對手蠢蠢欲動，抄襲美心結合飲酒、用餐和跳舞的全新經營模式，並且清一色選用年輕女性做侍應生。新俱樂部如雨後春筍般接連在佩拉大道開張——黑玫瑰（the Rose Noire）、綠松石（the Turquoise）、卡比其（Karpich's）和畫像（the Kit-Kat）。[23]美心開業五年，托馬斯已經負債累累。債權人逼他還錢，或是宣布生意破產，當時所有非穆斯林的生意，幾乎都是這樣被逼著拱手讓人的。美心在一九二七年吹熄燈號，隔年夏天，托馬斯去世。一群土耳其商人後來開了一間新版的美心，經營賭場，但派對的生命力已經耗盡。「戰後世界爵士悠揚，」《紐約時報》登出的托馬斯訃告寫道，「〔他〕確保見多識廣的君士坦丁堡不落人後。」[24]報紙稱他是「爵士素檀」，幾十位老友出席了他的喪禮，但老顧客多已移情別戀，改去更新鮮刺激的娛樂場所。史柏考說，其他場所就像悲劇收場的婚外情，使人抑鬱，一如酒後亂性的後果。[25]

* * *

多數伊斯坦堡史學家認為，向伊斯坦堡人引介西方舞蹈、乃至公共場所夜生活概念的人就是托馬斯。美心可能是城裡第一間駐有黑人伴舞樂隊的俱樂部，是托馬斯去法國和美國遊玩時延攬而來的。時人口中的神祕樂隊「棕櫚灘七人組」，可能是伊斯坦堡城市史上頭一個吹奏小喇叭、擊打小鼓鼓框的樂隊。[26]美心的舞蹈教練主要是俄羅斯女性，她們一手調教出一整世代跳狐步舞、肚皮舞（Shimmy）和其他時髦舞步的伊斯坦堡人。[27]一九二六年，市政當局發布公文，明令禁止查爾斯頓舞（Charleston）[28]——不是因為它冒犯穆斯林的感官，而是因為跳這舞步而扭傷、挫傷被送到醫院的人數創下歷史新高。[29]當然，禁令對削減人們的狂熱於事無補，土耳其新聞業毫不留情地嘲笑政府的愚蠢，不過它足以反映城市自白俄難民湧入後所經歷的快速變動。「他們引領社交生活，」當時還是年輕女孩的土耳其回憶錄作家米娜・烏根（Mîna Urgan）簡明扼要地描述對俄羅斯人的回憶。[30]

23 Sperco, *Turcs d'hier et d'aujourd'hui*, 140.
24 W. G. Tinckom-Fernandez, "Life is Less Hectic in Constantinople," *New York Times*, July 8. 1928.
25 Sperco, *Turcs d'hier et d'aujourd'hui*, 144.
26 Adil, *Gardenbar Geceleri*, 20–23.
27 Sperco, *Turcs d'hier et d'aujourd'hui*, 143–44.
28 譯注：美國一九二〇年代流行的一種搖擺舞，以南卡羅來納州查爾斯頓城命名。
29 "Review of the Turkish Press," Nov. 7–20, 1926, p. 9, NARA, RG59, M353, Reel 75. 關於伊斯坦堡的「查爾斯頓爭論」，參見 Woodall, "Sensing the City," chapter 4.
30 Urgan, *Bir Dinozorun Anıları*, 155.

然而，新住民如托馬斯等人其實是撿到了現成便宜：伊斯坦堡人本身早已將用餐、飲酒和狂歡作樂的習慣發展成高雅藝術。歐洲政治流亡者向來自認為是伊斯坦堡公共娛樂的開創者，他們可能是餐廳概念的構思者——晚上到鋪著桌巾、菜單選擇有限但會定期更換的地方用餐，然後由受過訓練的服務生負責將餐點端上桌。類似的經驗在此之前並不存在伊斯坦堡。但即便在鄂圖曼帝國統治時代，這座城市從來不缺大眾食堂和其他娛樂。

城裡四處林立的小酒館（*meyhanes*）可以喝到酸澀的便宜葡萄酒和拉克酒，這類傳統酒館通常是希臘人或亞美尼亞人經營。根據十七世紀旅人瑟勒比的記載，當時這座城市擁有上千家小酒館——數字當然僅供參考，但仍足以說明在伊斯蘭世界的首都，輕而易舉就能喝到酒精飲料。[31]事實上，酒吧餐館數量超出控制始終是伊斯坦堡社會史恆常不變的一環。任何「有辦法用平底鍋一次煎三條臭魚的人，都能拿到開小酒館的許可」，一九三〇年代有份報紙抱怨道。[32]市政官員每次思索如何約束伊斯坦堡人提供餐點和飲料給左鄰右舍的無窮慾望，同樣的情緒就會反覆上演。

小酒館散布在城市各處，從耶普區到於斯屈達爾區都看得到，它們就像家裡附近的酒吧，各自擁有一批常客。碟裝的「梅喆」（*Meze*）如各式沙丁魚、蠶豆、瓜、白黴乳酪等小菜，用來搭配保加利亞和希臘產的葡萄酒，瑟勒比說這酒喝了會使人無法自拔。十七世紀中葉，瑟勒比登門光顧各家小酒館時，經常遇到醉漢抱怨他們的困境。「我的雙腳除了上酒館，哪兒也不想去。」

他們朝他呼喊道。「我的耳朵只聽得見咕咚咕咚的倒酒聲和酒後的吶喊！」[33]瑟勒比感謝上帝，說幸好他最多只喝雅典蜂蜜酒，不過他還是記得八間最受歡迎的小酒館名字，記載在他著名的《旅行之書》中。

儘管穆斯林理論上不能喝酒，鄂圖曼帝國仍發展出規模龐大的釀酒業，無論是茴香風味的拉克酒、葡萄酒、啤酒各類產品一應俱足，而且不意外地又是非穆斯林業主的商業地盤。節制欲望已經淪為徒具形式的美德，佩拉區為帝國和共和國時代伊斯坦堡大開方便之門——從最古老幽遠的素檀皇宮跨越金角灣到對岸，在這個社區裡，只要你願意花錢，沒有買不到的縱樂享受。就好像和拉斯維加齊永遠只有一橋之隔。

吃飯喝酒本來就是在眾目睽睽下進行的活動。反觀在家煮飯用餐直到二十世紀仍是相當罕見的事。這種用餐形式幾乎只發生在富裕人家家裡，因為他們有能力負擔在別墅或豪宅裝設永久廚房，雇用專門上市場買菜的僕人，以及負責烹飪的私人廚師。一般伊斯坦堡人吃飯都是三五成群在街邊攤販、社區麵包店、清真寺附設的救濟廚房吃飯，此外也有為特定職業階級服務的食堂（譬如軍人或在皇宮服務的勞役），或每個社區隨處可見的「埃斯納夫」（*esnaf*）食堂。傳統上人

31 DBIA, 5:434.
32 "Meyhaneler Çoğalıyor," *Cumhuriyet*, Jan. 12, 1939.
33 Evliya Çelebi, *An Ottoman Traveller*, 20–21.

們吃飯的地方就是他們工作的地方，工作的地方就是生活的地方，每個人身邊全都是和自己一樣的人，譬如信仰同一個宗教或從事特定相同職業，因為銅匠、吹玻璃工、木工等專業工作坊，一般都集中分布在城市某一隅。舉例來說，一八八〇年代，伊斯坦堡有四分之一以上的人口——未婚男性為主——不住在私人住宅，而是以清真寺院落、工匠店鋪和其他集體住宿選擇為家。約百分之八的城市居民沒有固定居所。[34]

應付大團體的需求，食物必須容易準備且方便出餐，因此簡樸是上上策。[35]微不足道的品質差異不是取決於如何變出新花樣，而在於把熟悉的菜色做得特別出色。正因如此，許多記錄伊斯坦堡日常生活的回憶錄作者，談起知名麵包店、好吃的酸奶賣販或蔭涼茶館總是津津樂道。今日的旅人早上可以買類似蝴蝶捲餅、滿覆芝麻的「西米特」（*simit*），中午吃個烤魚或燉菜，下午喝杯有濃濃咖啡泥沉澱的咖啡，然後繼續探索伊斯坦堡平民的傳統食物，或稱熱量來源。經典鄂圖曼菜式最終闖進城市餐館的新天地，但這些菜式如今頂著稀奇古怪的名字——像是由羊肉和茄子搭配而成的「素檀就愛這一味」（*hünkârbeğendi*），或茄子鑲番茄和蒜頭的「伊瑪目昏了過去」（*imambayıldı*）——聽起來對城裡多數居民也像是素昧平生的料理。

＊　＊　＊

除了在公共場所可以看到五花八門的食物和飲品，西方遊客長久以來特別迷戀伊斯坦堡的墮落。「大麻和鴉片等麻醉興奮劑皆有販售，」遲至一九一四年《邁爾斯旅行指南》（*Meyers Guide*）仍然如此對德國遊客介紹。

> 享受大麻和哈希什（hashish）[36]使人能夠繼續工作，忘掉疼痛，治癒各種疾病，並且創造愉快的陶然感受，讓想像力馳騁，增進食慾和性慾……抽鴉片者（大致都是波斯人和阿拉伯人，只有少數突厥人）通常只聚在少數幾間〔金角灣南邊〕七塔區（Yedikule）的隱密咖啡館，偷偷地耽溺於這項惡習。對歐洲遊客而言，想要加入這些人的行列並不容易，因為當地政府近年來積極干預，大力反對抽鴉片。[37]

---

34 Shaw, "Population of Istanbul," 269.

35 回憶錄討論在地飲食的兩則例子，分別是比錫達斯和巴拉特社區，請見Mintzuri, *İstanbul Anıları*, and Shaul, *From Balat to Bat Yam*.

36 譯注：由印度大麻所榨出的樹脂。哈希什常以棒狀或球狀物的形式存在。

37 *Balkanstaaten und Konstantinopel*, 222.

一戰後，違禁毒品始終在城市娛樂版圖占有一席之地，而歐洲風格和品味的影響也逐漸加深。土耳其不是運毒公約的簽署國，因此毒品生產者和毒品販子紛紛聚集到伊斯坦堡，將此地變成地中海區的毒品交易中心。[38]報紙和雜誌特別嚴厲撻伐最新進口的古柯鹼所能造成的禍害。由於吸食時毋需使用任何複雜器具，不像抽大麻或鴉片，古柯鹼全面席捲伊斯坦堡的夜總會和酒吧。一份伊斯坦堡發行的雜誌報導，呈白色粉末狀的古柯鹼藏匿容易，女生的高跟鞋鞋跟就能裝下一小瓶，這意味著跳查爾斯頓舞或肚皮舞的女人之中，可能有不少其實是非法毒品世界打扮體面的藥頭。[39]

過去，對伊斯坦堡陰暗面比較感興趣的人，經常把關注焦點放在他們覺得最諱莫如深的一個地方：後宮。在素檀的宮廷裡，後宮是歷代君主之妻妾所組成的私密、受嚴密監控的世界。它由宦官負責看守，而且只有少數特殊層級的男人得以進出，最常出現的就是素檀和他未成年的男性子嗣們。在外國人的想像中，後宮世界裡有慵懶的宮女、鴉片煙斗和薄如蟬翼的長袍，但鄂圖曼帝國後宮其實與其他歐洲王室家族一樣存在複雜政治角力，而且多數時候也一樣乏味。主宰後宮運作的是個人陰謀、家族糾紛，以及世代間的權力鬥爭，而非猖狂誘惑。後宮「harem」源自阿拉伯文的「禁止」，本取其建築層面之意，無關乎情慾，指穆斯林住宅內專為家庭私下活動所保留的空間（*haremlik*），相對於專門接待客人的地方或其他公共空間（*selâmlık*）。把後宮二字直接替換成王室，或許能比較正確、非穿鑿附會地認識鄂圖曼時代伊斯坦堡的性、權力和私生活如何交織，包括王室後宮或穆斯林達官顯貴的三妻四妾之間。「永遠刪除被誤解的『後宮』一詞……並破除該詞彙的錯誤解釋加諸於我們生活的下流氛圍，」有位鄂圖曼女性主義者在一戰期間如此懇求一名美國記者。[40]

素檀梅赫馬德六世一九二二年登上英國軍艦時，帶著一小群隨行僕從，但皇家後宮絕大多數的前護衛——也就是黑色宦官（*kara ağalar*）——都留在宮裡。這些男人大部分來自非洲的衣索匹亞或素檀，他們就像義大利歌劇中的閹伶（*Castrati*），用生殖器官換取擁有特權和一定程度權力的職業。不過，更多時候，他們在孩提時代就被迫經歷這個轉變。人口販子在素檀鞭長莫及的疆土將這些人買下做奴隸，然後把他們送進皇宮體系的運作中心。受政治革命、世道變遷之累，這些人一夕之間淪為無業遊民，許多過著飄零無依的苦日子。有時民眾會看見他們在街頭乞討，他們細長的四肢是在進入青春期之前遭去勢的外在跡象。「在我印象中，他們是高大好看的男人，很快樂而且待人和善，最大的用處就是搭汽車出門時可以充當男護衛。他們的工作就是在皇宮各個門口站崗，領著訪客到起居室，然後負責上茶，」一名觀察者說。「他們沒戲唱了。」[41]

38 Russell, *Egyptian Service*, 239–40.
39 Woodall, "Sensing the City," 67–79.
40 Ellison, *An Englishwoman in a Turkish Harem*, 17.
41 Goodrich-Freer, *Things Seen in Constantinople*, 19.

一九二〇年代末期，這些人組織了一個互助會，幫助彼此度過眼前難關，成員最多曾有約五十人。互助會總部設在於斯屈達爾區，成員在此交換哪裡有工作機會的資訊。[42]他們過去習得的專長可以轉移到新的用途上。後宮把他們訓練得恪守規範、彬彬有禮，因此有不少人後來當了幾十年的博物館警衛、櫃檯接待員、帶位員，以及伊斯坦堡高級餐廳行事低調謹慎的領班。素檀阿布杜哈米德二世的宦官之一納迪爾阿迦（Nadir Ağa），[43]成天在佩拉區的樂邦咖啡館和前帝國官員相互取暖，以優雅又折騰人的鄂圖曼土耳其宮廷語言交談，對話中充滿精雕細琢迂迴婉轉的辭令，加上沒完沒了的客套問候。[44]據說凱末爾也在安卡拉的家中雇用了一名前宮廷宦官。[45]

比較符合西方人幻想的性生活，發生在這些幻想本身在西方世界最常獲得實現的同一個地方：妓院。一八八四年，帝國成立由官方管制的合法妓院體系，藉此取代上一個時代的非正式娼寮與自由接客的男女娼妓，此舉為阿布杜哈米德二世推動現代化改革的一環。[46]過去嫖妓賣淫主要被視為一種道德問題，最好的解決辦法就是交由穆斯林法官（*kadis*）施予懲罰，或者由個別社區組織突襲檢查，將被逮到的敗德者加以驅逐。如今它變成一種需要透過國家立法解決的社會問題。妓院此後必須經過政府立案方得開業，而且集中在特別規劃的合法性交易地區，警察和健康部門還會定期派員督導視察。

這個體系在一戰期間土崩瓦解。難民湧入、外國占領和艱難時局的多重打擊，導致婦女、乃至部分兒童從事性工作。有些人被事業有成的妓院老闆吸收，其他人則是被迫到街頭物色引誘對象，超大行李和繫著緞帶的陽傘，代表他們是在街頭拉客的娼妓。有一則傳言說，曾經有一名年輕的俄羅斯難民在佩拉區後巷找街頭拉客的妓女，結果發現他遇到的妓女不僅曾是男爵夫人，而且還是他的親生母親——這故事很可能是真的。[47]

一九一八年後，協約國當局的高級專員著手重新建立妓院發照和檢查的官方系統，終於恢復部分鄂圖曼政權末期頹傾的法律規範。監督立案妓院的任務，理所當然地交由法國人負責。他們將服務軍官和一般士兵的妓院區隔開來，統一所有妓院的收費標準，並且安排法國醫生做例行性的每週醫療檢查。英國人另有別的策略。英國國教會的教區牧師在ＹＭＣＡ籌辦星期日下午茶，英國婦女受邀參與閒聊、欣賞音樂，希望能夠轉移行伍軍人的注意力。[48]（法國人的系統應該比較有效。）

---

42 "Review of the Turkish Press," June 28–July 11, 1928, p. 17, NARA, RG59, M353, Reel 76.

43 譯注：為一尊稱，而非姓氏，用來稱呼素檀後宮黑人宦官或者素檀部隊指揮官。

44 Sperco, *Turcs d'hier et d'aujourd'hui*, 122.

45 Mango, *Atatürk*, 441.

46 見Wyers, "*Wicked*" *Istanbul*. 謝謝Wyers幫助我理解伊斯坦堡性交易從鄂圖曼帝國時代直到共和國時期早期的變化。

47 Duke, *Passport to Paris*, 71.

48 Commanding Officer to Senior US Naval Officer, Turkey, Feb. 9, 1919, Bristol Papers, LC, Box 1, File "February 1919."

儘管祭出種種措施，在安排性生活方面，協約國指揮官本身就是他們時代的產物。常態性行為在當時被視為官兵的基本權利，同時也是紓解心理疲倦和維持士氣的有效工具。尤其對海外占領軍隊而言，遠離家鄉，又處在高張力、脆弱的政治情勢下，提供娛樂性質的性生活，是每個指揮官的分內職責，如同確保軍糧供應穩定、裝備齊全。最困難的部分在於確保伊斯坦堡蓬勃的性產業，不會以性病感染反過來削弱軍隊的戰力。

花柳病「猖獗」，哈靈頓將軍在占領期間上呈報告，根據他的估計，當時伊斯坦堡約有四萬名娼妓。[49]一份當代調查報告指出城裡營業中的妓院總共有一百七十五家，大都集中在佩拉和佩拉周邊的區，受雇娼妓最多的時候有四千五百名——比哈靈頓的估計少了將近一個單位，應該也是比較貼近真實的數字。[50]在另一份調查中，警察算出合法登記的娼妓人數為兩千一百二十五名，另外還有九百七十九名娼妓未經合法登記，不過「道德情況因種種原因而有所變化的婦女應該有數千名」。[51]妓院的業主和娼妓以希臘人和亞美尼亞人為大宗，但俄羅斯人據計也占了妓院工作婦女的四分之一。[52]然而，即便許多穆斯林男人大概也會享受這項服務，但外國占領者才是主要客戶，同時也是疾病的主要傳染媒介。一九一九年的醫院紀錄顯示，鄂圖曼軍人就診通常是因為得到斑疹傷寒和天花，相較之下，英法軍隊的斑疹傷寒病例只有兩起，肺炎一例，流感六例，淋病和梅毒有八十四例。[53]

幸好當地的醫生過剩，治療這些病人綽綽有餘，他們在當地報紙刊登的廣告忠實反映了這個城市由穆斯林、基督徒和猶太人組成的多元文化萬花筒。[54]診所設在卡迪寇伊區（Kadıköy）的艾薩克・薩曼儂醫師（Dr. Issac Samanon）宣傳「使用最新科學發現治療所有隱疾和性病」。莫金和麥韶醫院（Drs. Mokin and Maxoud）開設在杜乃爾通道，專治性病和皮膚病。阿里・瑞薩醫師（Dr. Ali Riza）畢業於巴黎最優秀的教學醫院，在佩拉大道旁的診所為病人看診。來自彼得格勒的A・史瓦澤醫師（Dr. A. Schwartzer）「以最新研發的方法」紓解不適。卡拉寇伊（Karaköy）的耶凡特・塔其金醫師（Dr. Yervant Tachdjian）提供梅毒、淋病和其他生殖器官感染的諮詢。傑拉爾・丘克里醫師（Dr. Djelal Chukri）的佩拉診所（Clinique de Péra）治療性病和女性生理失調，院址正對著佩拉皇宮飯店，是協約國軍官最方便的選擇。從丘克里醫師的診所沿著墓園街走就會來到普羅克特夫人經營的酒吧——受雇在此工作的女人只用小名，因此她們在史料記載中化身為「平底鍋」、「方屁股」、「不孕琴酒」、「出軌芬妮」和「皮包骨麗茲」——也就是說，男人和女

49 "British Forces in Turkey, Commander-in-Chief's Despatch, Period 1920–1923," p. 8, NAUK, CAB 44/38; 以及 Harington to High Commissariat for Refugees, League of Nations, July 14, 1923, p. 2, NAUK, FO 286/800.

50 Johnson, ed., *Constantinople To-Day*, 356–57.

51 引用於 Bali, *Jews and Prostitution*, 27.

52 Johnson, ed., *Constantinople To-Day*, 356–57.

53 Medical Officer to Senior US Naval Officer Present in Turkey, Feb. 25, 1919, Bristol Papers, LC, Box 1, File "February 1919."

54 見 *Le Journal d'Orient*, May 24, May 25, June 1, June 7, 1919 的廣告頁。

人可能在同一條街感染、然後治癒他們的性病。[55]

不管一九二〇年代早期的性交易真實面貌如何——規模不大、集中在特定地區而且主要為列強士兵和水手提供服務——伊斯坦堡作為敗德、貪腐天堂的形象只是益發深植人心。海明威和其他通訊記者撰文報導佩拉區的罪惡淵藪特質，街頭妓女會發出低吟聲誘騙外國水手進到她們的房間。齊亞貝伊曾經待過紐奧良、舊金山和幾個惡名昭彰的港口城市，仍舊對伊斯坦堡淪落至此感到憤慨。「酩酊大醉的水手走路東倒西歪，消失在不知名的巷弄，」他說，「然後我聽到管風琴以鼻塞般的音調彈奏法國、義大利甚至是美國的過時流行歌曲，還聽見一個聲音刺耳的女子以各國語言招呼每個潛在友人。」[56]

有人指出賣淫只是伊斯坦堡不曾間斷的「白奴」（white slave）貿易的其中一環，不過是最駭人聽聞的一部分。遭人非法強壓為奴在鄂圖曼帝國向來是很平常的事，儘管最後一個露天奴隸市場（位於大巴札附近），早在美國廢奴之前就停止運作。外來者高舉國際法規範，公開譴責「非法交易」（trafficking）女性的行為，這是二十世紀初期才發明的新詞彙。在一九二七年發表的一系列報告中，國際聯盟認定伊斯坦堡是婦女從歐洲被賣到近東地區的主要集散地。國際聯盟指出這些婦女並非出於自願，她們被性產業中相互串通之妓院業者、運輸公司和政府官員組成的龐大犯罪網絡所控制。

土耳其政府再三提出抗議，指國際聯盟控訴不公，宣稱街頭俄羅斯人的經濟困境是導致近來賣淫交易增加的主因。政府指出國際聯盟的證據中，任何婦女的交易似乎都以法國為起點、埃及為終點，伊斯坦堡不過不幸成為這些交易的途經處。即便在鄂圖曼時代，「白奴」也會定期被驅逐出城，警察單位的紀錄顯示，這些人多數遊走在諸如做音樂、經營沙龍、開咖啡館和妓院等等不太穩定的職業之間。[57]官員甚至把一名遭驅逐出境者的職業登記為「鋼琴家／皮條客」。但國際間逐漸升溫的關注，促使共和國官員加倍大刀闊斧地展開行動。一九三〇年，政府發布命令，禁止開設新妓院，並將立案妓院的管理職務收編到警察單位底下。緊接而來的是一輪倒閉潮。作家菲克雷特・阿迪爾（Fikret Adil）認為伊斯坦堡爵士熱潮的衰退，是因為共和國新法令頒布後對自由形態性交易的初步破壞，他這說法不無道理——我是指他的分析站得住腳，不是道德。[58]

三年後，政府軟化全面禁止的強硬立場，發布一道新的命令，成立一政府機構督導城市妓院的證照核發、視察和管理。「國內多數民眾在文化上仍然比較落後，」凱末爾總統當時如此宣稱。[59]「政府允許在有需要的地方依法開設妓院，因此娼妓也有必要受到控管。」被政府相中可

55 Dunn, *World Alive*, 288, 420.
56 Mufty-zada, *Speaking of the Turks*, 151–52.
57 Bali, *Jews and Prostitution*, 58–62.
58 Adil, *Gardenbar Geceleri*, 31–32.
59 引用於 Wyers, *"Wicked" Istanbul*, 137.

開設風化場所的區域，基本上和列強占領時期並無二致，這一事實持續加深金角灣和佩拉區南邊舊城和北邊的差異。自瑟勒比以降，旅人總是理所當然地將前者視為循規蹈舉和伊斯蘭美德的地盤，後者則是富實驗精神和被拋棄之人的王國。相較於凝聚往日的帝國首都，新興共和國現代化土耳其社會和情慾生活的決心，其實進一步深化這兩個隔水相望的世界之間的分野。在城裡保有一塊完全不受束縛的區塊很適合鄂圖曼時代，在新興的現代化共和國，佩拉區扮演愈來愈吃重的角色，它同時是政府指定的紅燈區，也是引領流行文化的前衛社區。

這種關係一直延續到戰間期、乃至二戰之後。伊斯坦堡夜生活和傷風敗俗的相互寄生，本質上和其他大城市的這種寄生關係有些不一樣。如果你期待一個擁有強勢穆斯林信仰與文化的國家展現伊斯蘭循規蹈矩的氣質，一定會訝異於土耳其流行文化，對伊斯坦堡變裝皇后、夜總會夫人和職業縱慾者歷久不衰的喜愛。即便到今天，伊斯坦堡親子餐館的鄰居可能是易裝癖娼妓上班的風月場所，而他們也不吝於從二樓窗戶向過路的人開玩笑地打招呼。

相較之下，虔誠的土耳其穆斯林認為造成伊斯坦堡舉止輕浮、道德倫理不彰的源頭是外來的——最主要是占領的協約國軍民，再來是俄羅斯難民，然後是本地基督徒和猶太人，因為他們的財產所有權雖然轉移給穆斯林，但仍然在金角灣以北的酒館和酒店工作。土耳其民族主義者一般持相同觀點，把伊斯坦堡視為「拜占庭妓女」（Byzantine whore）——伊斯坦堡眾所周知的稱號——當愛國人士死命從希臘民族手中拯救國家其他領土時，伊斯坦堡早已把自己獻給了占領者。

不過，在此同時，一個不為人知的轉變正悄悄發生。多數伊斯坦堡居民習以為常的那一份價值——某種文化開放性；同時擁抱堅定信仰與倫理放縱的能力；以及現代性其實需要一種對淫穢的忍讓——正被寫入彼時剛從土耳其共和國萌發枝枒的非正式公共行為規範。事實上，不同於上個世代，儘管歐洲表演者或潦倒的俄羅斯人主宰了大眾娛樂圈，本地伊斯坦堡新世代正逐漸嶄露頭角，用歌曲記錄城市較黑暗的那一面。

「往日是我心上的一道傷痕」

伊斯坦堡爵士：時間是一九二〇年代，一組四人樂團，其中女主唱手持擴音器，那在當時是標準的擴音裝置。

聲音史是未經完善開發的研究領域，不過聲音世界的變化在戰間期伊斯坦堡居民的心中留下深刻印象。阿布杜哈米德二世掌權期間，佩拉大道某展示櫥窗陳列著伊斯坦堡城市史所見第一輛汽車，連續數月吸引大量觀賞人潮，但如今大街小巷充斥汽車加速和引擎喘息的聲音。[1]軌道電車沿佩拉大道鏗鏘作響。博斯普魯斯海峽的領航船鳴汽笛以示接近。火車在駛向錫爾凱吉車站的轉彎處發出刺耳摩擦聲。空中有飛機螺旋槳的低頻嗡鳴。

「在我住的佩拉區，每天日落到凌晨兩點，活脫就像個音樂地獄，」羅馬尼亞公主、社交名媛瑪爾泰．碧貝斯科（Marthe Bibesco）說。[2]她看路燈下紅男綠女拖著疲憊身軀，像羊群般造訪一間間音樂表演場地。山丘下方名字取得極為適切的筒鼓隊長街（Tomtom Kaptan Street）也上演各式樂聲，不讓佩拉區專美於前。當留聲機對著開著的窗大力鳴放，有一名街頭手搖風琴師碰巧從窗下經過。夜色愈來愈深，結束酒吧狂歡準備回到船上的水手在港口邊興奮地吼叫，響徹雲霄。

伊斯坦堡很吵，而且吵得不同於以往。夜總會店內的音樂溢到街上。救護車、軍車和消防車的警報聲——協約國占領時期引進的新玩意——尖聲叫嚷著、哭嚎著。「那些聲音使人惱怒，震耳欲聾，」一九一九年《東方新聞》一篇社論寫道，「但暢通道路的效果可能還比不上一般喇叭聲。」[3]人聲傳遞的訊息和惱怒情緒——搬運工氣急敗壞的連篇髒話，或香料市場小販鍥而不捨的叫賣聲——和遠處透過新科技傳來的聲響相互較勁。伊斯坦堡人如今有可能對素昧平生的人產生親切的熟識感。

這改變明顯見諸於一九二〇年代旋風式席捲全城的一個產業。電影在十九、二十世紀之交問世，但當時主要是舞臺表演換幕的串場表演，把單卷短片投影到牆面或臨時銀幕上，等待演員換裝或到舞臺兩側集合。伊斯坦堡也有當地知名的街頭戲院，和一種叫做「卡拉格茲」（Karagöz）的動態藝術，偶戲師將平面半透明人物的影子打在背光布幕上。在齋戒月（Ramadan）和其他節日尤其受到歡迎，卡拉格茲偶戲的觀眾在一戰前仍能和電影匹敵，直到佩拉大道旁英國使館的對面開啟了伊斯坦堡的第一間永久戲院——其實不過是咖啡館改裝而來。[4]城裡的政治菁英、商人和軍中大人物紛紛光顧戲院，觀賞最新上映的電影，通常都是法國和德國引進的外國片。座位按照貞潔的需求分成男女兩區，直到列強占領時期，男女混坐才比較常見。戲院場地很多都還是充當咖啡館間酒吧，一般而言和體面的上流客層格格不入。「『電影』表演很多，」威爾斯衛隊兵福斯—彼特寫道，「但每間看起來都有蟲蟲危機！」[5]

1 Çelik, *Remaking of Istanbul*, 103.
2 Bibesco, *Eight Paradises*, 225–27.
3 "The Street Hogs," *Orient News*, June 19, 1919.
4 Bali, *Turkish Cinema*, 28.
5 Fox-Pitt to mother, Oct. 14, 1922, Fox-Pitt Papers, IWM, Box 2, File 10.

不過，城裡各處很快就冒出多間正規電影院。伊斯坦堡居民可以到裝潢華麗誘人的戲院如天使戲院（the Melek）、阿蘭布拉宮（the Alhambra）、魔術戲院（the Magic）、藝術戲院（the Artistique），或一九三〇年十一月開幕、可容納一千四百名觀眾的葛洛莉亞戲院（Glorya），觀賞由福斯影業、派拉蒙和米高梅等大公司發行的法國片、義大利片和美國片。[6] 一九三〇年代初，伊斯坦堡已經有三十九家電影院，觀眾可以選看默片或有聲電影。[7]

外國影片大受歡迎，光是發行電影就能賺進大筆財富，意味著發展本土電影工業的路會更漫長。第一部土耳其語有聲電影《在伊斯坦堡街頭》（*On the Street of Istanbul*）一九三一年上映，由共和國早期舉足輕重的製片公司之一「伊派奇兄弟」（İpekçi Brothers）所拍攝。伊派奇兄弟檔五人自薩隆尼卡移民至伊斯坦堡，在跨足電影圈之前，他們擁有艾米諾努區（Eminönü）一間知名的百貨公司。《在伊斯坦堡街頭》拍得很陽春，是講述兩個男人愛上同一個女人的輕鬆小品，電影原聲帶和製作都在巴黎完成，但觀眾對這部片的喜愛，在財務上確實對一間新興的伊斯坦堡本地公司有所幫助。兩年後，伊派電影（İpek Film）拍攝第一步本土製作的有聲電影《民族覺醒》（*A Nation Awakes*）。由穆辛．厄圖果（Muhsin Ertuğrul）導演，知名作曲家穆里斯．薩巴哈汀（Muhlis Sabahattin）配樂，這部電影是對占領時期的誇張描述，內容包括塞內加爾步兵騷擾穆斯林女孩，和協約國士兵用刺刀突襲在睡覺的突厥人。伊斯坦堡人和其他土耳其公民，首次在搭配音效的情況下，透過大銀幕感受他們國家不久前經歷的歷史。[8] 這對大眾記憶形成巨大衝擊。當比較年輕世代的伊斯坦堡穆斯林居民回頭看占領時期，毛手毛腳的法籍非洲軍人成了常見的既定印象，哪怕當時親眼見過塞內加爾步兵隊士兵的人屈指可數。

誠如在其他國家，電影成為國家傳遞目標訊息的重要傳播媒介——愛國主義的責任，好公民的樣貌，對民族效忠——觀眾勢必得用錢包做出選擇。電影票算是有點昂貴，約要花一個普通勞工日薪的四分之一，所以一定要挑值回票價的電影。[9]發行商發現伊斯坦堡人喜歡的內容和歐美的西洋觀眾幾乎如出一轍。有份一九三二年首輪新片的詳細調查揭露伊斯坦堡人的觀影偏好：片中角色喝酒的電影占百分之九十六，劇情與財富或奢侈生活有關的占百分之七十四，愛情故事為主軸占百分之七十，片中女主角穿著引人遐想服裝的占百分之六十七，劇情包含激情羅曼史占百分之五十二，以及百分之三十七的性感舞蹈。[10]多數電影，確切數字為百分之六十三，被認為劇情不合情理。

電影院是嘈雜的，就像這座城市整體而言鬧哄哄一般，有人大聲地念出字幕，有人站著看，

6 "'Glorya' Açıldı," *Cumhuriyet*, Nov. 7, 1930.
7 Bali, *Turkish Cinema*, 34-43.
8 Bali, *Turkish Cinema*, 21.
9 Bali, *Turkish Cinema*, 44.
10 The report, by Eugene M. Hinkle, is reproduced in Bali, *Turkish Cinema*. 比例在p. 76.

有人中途離席，有人跟著配樂的節奏跺腳，甚至有人邊看邊和片中主角講道理。理論上，這裡是伊斯坦堡各個社會階層能夠消除分歧的地方。這是一個需要花時間適應的全新現象。過去，城裡多數公共聚會場所都很講究社會地位的區別，能夠挑選座位或得到最好座位的，通常都是有能力負擔的人，或者家世和政府公職使他們高於平民一等的人。鄂圖曼時代的土耳其語有無數表達身分等級的方式，每當兩個素檀子民在同一個空間相遇，該階層制度就被具體落實一次。但在民主化的共和國城市，這種處世之道即將被淘汰。

媒體對某法律案件的廣泛報導證實轉變已經發生。[11]一九二八年三月，三名助理檢察官巴赫（Baha）、涅蘇希（Nesuhi）和米哈特（Midhat）到歌劇戲院要求入場看當時正在播映的電影，沒錯的話，應該是免費入場。他們甚至要求戲院提供包廂座位，否則有失他們身為政府官員的地位。業主賽瓦德（Cevad）斷然拒絕。雙方於是發生激烈爭執。警察獲報前來了解情況，最後以公然侮辱檢察官和妨礙執法為由逮捕了賽瓦德。伊斯坦堡新聞媒體為賽瓦德抱不平，強調指控的荒唐可笑，並反對戲院業者為高官保留包廂座的現行制度。次月，賽瓦德出庭接受審判。由於他面對的是三名公職人員，外界預測結果並不樂觀。但法庭出乎眾人意料宣判他的罪名不成立。其中一名欺人太甚的助理檢察官遭革職，賽瓦德告訴媒體他將對這三個人提告。電影院對共和國促進平等的貢獻居功厥偉。

電影院的公共空間同時也是私人空間，因此賽瓦德認為他並不需要屈服於三個小官的無理要求。隱私對那些上電影院就是為了避人耳目的人而言非常重要。即使在鄂圖曼時代，傳統的性別隔離從來不曾阻礙堅定不移的戀人，但黑漆漆又舒適的電影院興起後，相愛的人們於是多了一個可傾吐情愫的環境。幾家戲院因為放映廳的內部規劃和潛在遮蔽性，成了眾所周知的幽會特區。設置樓座（balcony）和包廂的戲院最受歡迎，提供優惠票價的下午場更是首選。針對六家主要電影院苦心孤詣地深入調查後，一名觀察家總結在場觀眾幾乎都「包含激情歡愛的情侶，他們接吻，而且明顯在撫摸彼此。」[12]平均每場電影可以看到約六至七對相互示愛的情侶，實際受調查的二十七場演出中總共發現一百七十七對。其中三對，據信有「專業女子」涉入，也就是妓女。

西方電影的流行使伊斯坦堡成為電影明星在歐洲各大首都之外的主要巡迴宣傳城市之一。葛麗泰．嘉寶和貝蒂．布萊絲（Greta Garbo and Betty Blythe，最早一批在大銀幕有幾近全裸鏡頭的主流女演員）曾來過伊斯坦堡，查爾斯．波耶（Charles Boyer）和馬里．貝爾（Marie Bell）也是，他們倆當時都已從法國的舞臺劇竄紅成為大明星。[13]約瑟芬．貝克（Josephine Baker）本人到葛洛莉雅戲院短暫亮相時，媒體似乎不太在意她敗壞風俗的演出內容，完全沉浸在又有名人造訪

11 Grew to Secretary of State, Mar. 28 and Apr. 19, 1928, NARA, RG59, M353, Reel 50.
12 Bali, *Turkish Cinema*, 81.
13 Bali, *Turkish Cinema*, 66.

伊斯坦堡的興奮之中。[14]不難想見，親眼目睹這些舞臺和銀幕上的明星會對年輕人的時尚美感和社會志向造成影響。計算在幽暗電影院接吻情侶數的同一份報告也提出，伊斯坦堡年輕女孩如今可以輕而易舉地分成三大類：運動型、書卷型和「電影掛」，最後這一類的女孩通常出沒在佩拉大道，把自己打扮成她們最愛的電影明星。[15]

然而，電影不同於舞臺演出，它不僅能吸引觀眾進戲院，而且可以在觀眾離開戲院後持續占據他們的心思。民眾看電影不是像看表演那樣。他們會想像自己是銀幕中的角色——談一場臉紅心跳的戀愛，口吹招牌旋律，在豪華飯店的大廳旋轉跳舞。「在世界上眾多國際性大城市之中，伊斯坦堡是最不能滿足其市民美學需求的一個，」某位外國居民在一九二三年說道。[16]但在短短時間內，電影、流行樂譜和唱片全都變得普及。一直以來，幾乎所有上層階級穆斯林家庭或非穆斯林家庭，起居室必定會擺放一臺留聲機，等到白俄難民抵達之後，城裡簡直要被留聲機淹沒了。很多俄羅斯家庭在市場兜售Victrola牌大喇叭留聲機，他們把機器當作財物設法帶出克里米亞。等到一九二〇年代早期，這些留聲機只要二、三十里拉就能買到，很多家庭都能毫無負擔地購買一臺。[17]

整個二〇年代，進口商引進愈來愈多不同機型的留聲機，整條佩拉大道的音樂行如麥斯・弗利曼（Max Friedman）、帕帕多普洛斯兄弟（Papadopoulos Brothers），西格蒙・韋恩伯格（Sigmund Weiberg）等業者發現，伊斯坦堡對播放機、黑膠唱片和歐美音樂有相當的需求。[18]盜版樂譜變成頗具規模的產業，導致西方各國大使館逐漸將伊斯坦堡視為智慧財產權的主要違反者。新的舞蹈曲子剛在紐約或巴黎上市，佩拉區就能買到廉價盜版。[19]

國際明星、家庭娛樂和聲音錄製徹底改造了伊斯坦堡的街頭生活。它也創造了一系列新工作。過去音樂家的名氣受到地理局限。他們可能在地方社區有很高評價，當地婚禮和鄰近社區的慶祝場合邀約不斷，但全國性乃至國際性的名聲幾乎不可能發生。如今聽眾可能喜歡的是他們從未謀面的歌手、樂手，為了一首他們不曾聽過現場演唱的歌曲流淚。音樂分類也愈來愈明晰，每種曲風都有各自的藝人、歌迷和專業樂評：安納托利亞的民謠（*türkü*）；以鄂圖曼古典音樂為基礎的抒情歌謠（*şarkı*）；靈感來自都市日常生活、混雜來自西方的旋律和調性的都會輕歌謠（*kanto*）。

土耳其人急切地從歐洲引進各種形式的大眾娛樂。外來詞語自然地融入土耳其口語，其中尤以法語和英語為甚。一個年輕男子晚上可能會去參加花園派對（*gardenparti*），接受侍者

14 "Jozefin Beyker," *Cumhuriyet*, Jan. 20, 1934; and "Jozefin Beykerle Mülakat," *Cumhuriyet*, Jan. 20, 1934.
15 Bali, *Turkish Cinema*, 81.
16 Ravndal to State, Nov. 26, 1923, p. 2, NARA, RG59, M353, Reel 49.
17 Ravndal to State, Nov. 26, 1923.
18 Ravndal to State, Nov. 26, 1923, p. 8.
19 Ravndal to State, Nov. 26, 1923, p. 3.

（*garson*）的服務，然後在使用小便斗（*pisuvar*）之前，想像自己是個布爾喬亞（*Burjuazi*）。在一九二〇年代末期，儘管法令明文禁止外國語文的招牌，店家卻自有一套改變拼音而且不影響既有名聲的方式。因此該年代著名的夜總會和餐廳經常有看似毫無意義的名字，直到你按照發音理解：綠松石（*Turquoise*）拼成Türkuvaz，攝政（*Régence*）拼成Rejans，黑玫瑰（Rose Noire）拼成Roznuva，紅磨坊（*Moulin Rouge*）拼成Mulenruj。

土耳其人也採用了一種形容感受的新方法。現在，他們可以在某個忽然掉入往日雲煙的確切時間點，開始回憶，甚至渴望一個特定的想像世界。這些回憶沒有太多鄂圖曼元素，至少絕對不是傷感地想起素檀、後宮和躺著過日子的帕夏與貝伊。回憶的主旋律比較像是一陣博斯普魯斯海峽北邊吹來的徐徐微風，偷偷摸摸的祕密戀愛，老舊的木造房子，草地上一群羊，或者那個一去不復返的遙遠城市。土耳其人借用了另一個法文字，稱這一切為「懷舊鄉愁」（*nostalji*）。有三位音樂家以此為表演招牌，他們代表一座蛻變中城市的聲音地景。

＊＊＊

羅莎．埃斯凱納齊（Roza Eskenazi）、赫蘭特．肯庫黎安（Hrant Kenkulian）和塞妍（Seyyan）都是自稱素檀子民的最後一代伊斯坦堡人。這三個人不曾同臺演出，在他們出生的時候——三人出生時間介於一八九五至一九一五年之間；他們不清楚自己真正的出生日期，或者應該說不知道——鄂圖曼世界的社會分野早就將他們的人生方向和發展規劃好了。羅莎是猶太人，赫蘭特是亞美尼亞人，而塞妍是穆斯林，要不是鄂圖曼帝國瓦解，他們一輩子可能跳脫不出所屬宗教社群的局限。

但在土耳其共和國早期，他們的名氣緊緊相連[20]。通常認識其中一位，一定也知道其他兩位。他們的共通處是能透過一句歌詞或撥動琴弦，將聽眾引入一個失落的、充滿渴望的時空膠囊。他們是當時最擅長捕捉一個時代精髓的表演者——在那個時代，來到伊斯坦堡，或者離開這座城市，決定了數萬昔日鄂圖曼子民和新土耳其公民人生旅程的樣貌。

羅莎是土生土長的伊斯坦堡居民，來自困苦的猶太布商家庭。青年土耳其黨人革命和巴爾幹戰爭引發的難民潮和投機移民潮裡，包括了當時還是個小女孩的羅莎。約莫在同一時期，攝影師紀茲的家庭從薩隆尼卡省遷徙至鄂圖曼帝國首都，羅莎的家庭則是離開首都，搬到一座混雜希臘人、講土語穆斯林、保加利亞人及其他族群，但以猶太人為族裔和信仰大宗的城市。對想要力爭上游的猶太家庭而言，移居到薩隆尼卡是明智的選擇。羅莎的父親在紡織廠找到一份工作，母親

20 承蒙Harold Hagopian提供對當時音樂的洞見，以及他以傳統十字路口唱片（Traditional Crossroad label）重新發行這些表演者音樂的封套介紹文字。

到有錢人家中做女傭，羅莎在一個各方面都像是迷你版伊斯坦堡的城市的街頭長大——一個國際性港市，具穆斯林政治認同，但在通往愛琴海的街巷迷宮裡，清真寺、塞法迪猶太會堂、希臘正教教堂彼此為鄰。

一九一二年希臘王國正式統治該城後，羅莎一家人仍然留在此地。五年後，一場大火將薩隆尼卡的港埠和下城區燒成灰燼。靠近港口的猶太社區受到嚴重影響，很多家庭必須思考該不該換個地方重新來過。羅莎在小女孩時就被發現有歌唱天賦，經歷結婚生子的人生歷練後，她渴望舞臺的心情益發強烈。一九二〇年代早期，彼時已變成年輕寡婦的她到雅典去，展開在歌舞酒館的走唱之路。她和希臘人與亞美尼亞人樂手合作，當中有幾個是從土耳其初來乍到的「交換者」，或從燒成黑炭的薩隆尼卡來的移民。她已樹立起招牌風格：粗啞的煙嗓，忠於感覺的節奏，她嘴裡吐出的歌詞聽起來彷彿雙唇始終叼著根菸。體態豐滿，淡褐色眼珠，濃密秀髮如黑色波浪般捲亮，羅莎在雅典一舉成名，但她的音樂養分來自伊斯坦堡和孕育「雷貝提科」（*rebetiko*）曲風的士麥拿等土耳其海岸城市。

希臘文「雷貝提科」的字源不明，不過即便在羅莎歌唱事業起步之初，臺下觀眾個個都知道這個字的意思。它是都市幫派的悲傷情歌，是潦倒騙子的抒情回憶，是貧窮肆虐的世界的原聲帶，這些生活無以為繼之人有時甚至必須手刃至親。它是藍調音樂的愛琴海版本，以希臘語和土耳其語演唱，只不過場景由廉價酒館換成抽哈希什的場所，密西西比三角洲換成地中海海岸。一九二二年因土麥拿清城而流離失所的人，將「雷貝提科」帶到希臘。羅莎沒有生活在這個世界的第一手經驗；她是土生土長的伊斯坦堡人，而且離開鄂圖曼首都時只是個青少女。不過，她屬於從衰敗帝國向西遷移的第一波民眾。她在薩隆尼卡和雅典的生活周遭都圍繞著希臘人、亞美尼亞人和猶太人，這些人離開了如今屬於全然陌生的新興共和國的城市，將曾經擁有的一切留在那裡。

羅莎的看家本領不在她的聲線。她有個怪習慣，總是用假音說話、用渾厚低音唱歌。她的聲音聽起來很像單簧管，帶點刻意的鼻音，聽眾很容易忘記其實這項樂器並不常出現在她的唱片中。不同於受古典訓練的演唱者，她的音準就算在重視微分音（microtone）的東方音樂傳統中都嫌不夠精確。但她的歌聲最能夠表達移民失去親人、積蓄的經歷。時至一九三〇年左右，她儼然成為希臘海外離散社群之聲，名氣也隨著世界巡迴演出日益增長——二戰後甚至回到伊斯坦堡舉辦好幾場演唱會。當她在一九八〇年去世時，不僅見證「雷貝提科」成為一種演唱類型——過去這種音樂只能在小酒館聽到——而且還在一九六〇年代民謠復興時見證「雷貝提科」的榮光再現。她的音樂使人們想要飛越海洋，拋下一切新事物，重回那段只存在模糊記憶中的過往。「我的靈魂，今足矣，」她吟詠道，「留下我的軀體／免於苦難折磨／再不抱希望。」[21]

「雷貝提科」聽起來像是即興發揮、不受規則拘束的音樂，但其實它從鄂圖曼古典樂的樂理

21 埃斯凱納齊版本的「Gazel Nihavent」收錄在唱片中，*Rembetika: Aşk, Gurbet, Hapis, ve Tekke Şarkıları* (Kalan Müzik, 2007).

和音階汲取許多元素。它刻意混雜，是多元族裔城市和社區文化雜處的產物。滑音和出色哭腔演繹的是，昔日娛樂素檀和皇宮貴族的表演者與作曲家耳熟能詳的音階和樂調。音樂風格向來不安於室；它們總是突然出現在令人意想不到的新場所。

承載這個跨界創意的樂器，是和羅莎搭配的小樂隊中的支柱。烏德琴（oud，土耳其語作*ud*）有十一根弦，但沒有弦枕。最接近西方的魯特琴（lute）。魯特琴有圓弧琴背和短琴頸，是西方樂器中的古怪異類，如今主要出現在專精文藝復興宮廷樂或莎士比亞愛情民謠的樂團。但烏德琴愛好者相當活躍且廣布各地，部分樂迷甚至可說是有點瘋狂。從摩洛哥到伊朗一帶都有烏德琴文化。孩童上烏德琴課。老人把學烏德琴當退休計畫。流行歌星爭相聘請知名烏德琴樂手擔任錄音伴奏。它不是民俗樂器，也不是「世界音樂」（world music，籠統、實際上毫無意義的音樂類型）的珍稀。數百萬穆斯林乃至一般群眾聽到它的聲音，應該都會立刻感到熟悉。

赫蘭特・肯庫黎安是職業與業餘烏德琴樂手心目中的頭號名人，外界一般稱他為烏迪（Udi）赫蘭特。（烏迪是對他在該樂器所達到的大師地位的尊稱。）赫蘭特一出生便失明，來自成功度過從帝國到占領到共和國多次國家變革的伊斯坦堡亞美尼亞家庭。消滅安納托利亞部分地區亞美尼亞人口的種族大屠殺和饑荒對伊斯坦堡的影響比較小，都市社群的沒落和希臘人的流失很相似，差異從一個個社區緩慢地消失，而不是一夕之間徹底拔除。亞美尼亞使徒教會基督徒的領袖之一亞美尼亞牧首，仍在馬爾馬拉海旁的庫姆卡普區內堅守崗位，亞美尼亞人其他宗教社群的長老則藉由向國家展示效忠保護他們的信眾。奧地利作家法蘭茲・魏非爾（Franz Werfel）於一九三三年出版著名小說《摩西山抵抗四十天》（*Forty Days of Musa Dagh*）描述亞美尼亞種族滅絕，伊斯坦堡亞美尼亞天主教徒於是製作作者雕像加以焚燒，試圖贏得土耳其政府的信任。[22]縱使在推崇土耳其國民的政治系統裡，如果能夠避談政治，在公共場合只說土耳其語，對過去三緘其口，還是存在做亞美尼亞人的空間。

赫蘭特早年生平不詳，他在一九二〇年代崛起成為城裡最受歡迎的烏德琴樂手，他發明一系列突破樂器限制的創新技巧。他能像小提琴家一樣彈雙音（double-stops，同時彈奏兩條弦）。他左右手都能撥弦，而且會用琴撥的正反兩面在上下刷動時彈奏一個個單音，像吉他手一樣。這成名的理由或許看似薄弱，但鮮少有人想過以這種方式演奏烏德琴，赫蘭特發展出新技巧正是佩拉大道四處都能聽見爵士吉他手和小提琴手即興演奏的時候，當然絕非巧合。

爵士仰賴即興發揮，它除了被當作音樂形式的一種，也被形容為一種倫理體系。爵士樂手必須用心聆聽樂團中的其他親密戰友，在自己有話想說的時候勇敢表達，同時不忘克制情緒，懂得適可而止。精湛技巧和謙恭缺一不可。這一切對赫蘭特等樂手是一大啟發，因為在他們所屬的聲音世界這兩項優點大致上是不共存的。知名歌手會因為靈活發聲得到掌聲，或者成功背誦很長的

22 "İstanbul Ermenilerinin F. Werfele mukabelesi," *Cumhuriyet*, Dec. 16, 1935.

樂段，就像以旋律將《可蘭經》完整記誦的哈菲茲（*hafizes*）。然而，在土耳其古典音樂中，樂團裡的不同樂器往往齊奏相同旋律，而且每個樂手都從頭彈奏到尾。

但赫蘭特汲取土耳其古典音樂傳統的菁華，將它們與他在戰間期伊斯坦堡所接觸的音樂加以融合。他是本地即席演奏音樂塔克辛（*taksim*）的大師，該樂風以令人目眩神迷和逼近失控著稱。即席演奏是一次性的音樂，現場編造而成，本質上轉瞬即逝而大膽的。好的塔克辛永遠不可能絲毫不差地複製，因為即使是技術嫻熟的樂器演奏家，重現如出一轍的推弦或刷法可謂強人所難。失敗的塔克辛則足以葬送音樂事業。它是隨時都可能一敗塗地的演奏型音樂。

正因如此，聽赫蘭特演奏總是血脈賁張又緊張得想咬指甲。他的手指在烏德琴頸上下游走。他彈撥下方琴弦，製造穩固的低音基礎，同時利用上方琴弦傾瀉一連串高音。城裡還有其他可與赫蘭特匹敵的烏德琴手，但沒有人的聽眾群像他一樣國際化。他到海外巡演，並於二戰後錄製了部分在紐約的現場演出。他和羅莎都是多語藝人，能夠輕鬆地在土耳其語和亞美尼亞語之間轉換並用兩種語言作曲。直到一九七〇年代末葉去世前，他仍定期在佩拉區的各個夜總會表演。

在這個世界，說希臘語的猶太人變成希臘海外離散社群的代言人，或者失明的亞美尼亞人為土耳其人、阿拉伯人和波斯人皆視為己有的樂器帶來演奏技術大變革，都不是需要大驚小怪的事。人們的真實生活永遠都比民族主義者希望看到的更為混亂。這個事實造就了藝術天才的出現。然而，這年代最新奇的見聞，不僅是看到名聲遠播藝術家的崛起，更重要的是，有位獨樹一格的藝術家出現了：一名穆斯林女子，她的頭髮和面容沒有遮蓋，在一群付費的男女聽眾面前表演。

伊斯坦堡的戲劇學校早在一戰尾聲就有穆斯林女學生，但一九二一年的市政法令禁止她們登臺表演。自此之後又過了八年，舞臺劇才出現首位女演員阿菲菲．嘉樂（Afife Jale），但當時她不過是代替一名逃離土耳其的亞美尼亞女演員。但這次事件後，土耳其穆斯林女性站上舞臺，開始創造她們專屬的音樂風格，從古典音樂到酒館表演，酒館過去一直都是少數族裔藝術家或外國巡演團的領域。本地歌手彼此競爭，大家都想當第一個本土化國際曲風的人，把外來音樂變成生根本地的土耳其音樂。塞妍是第一個把探戈本土化的藝術家。

當時許多女性表演者出道都只用名字，不具姓氏，塞妍也是一樣，有時她們還會加上女士「哈仁姆」的頭銜。塞妍留飛來波女郎鮑伯頭，畫煙燻眼妝，是最早拒絕古典風格選擇自己詮釋西服的歌手之一。土耳其共和國執迷於藉由各行各業的佼佼者大肆宣傳其現代性，音樂領域就是其一。一九三五年保羅．欣德米特（Paul Hindemith，按：德國作曲家）來此建立了第一所國家戲劇學院；隔年，貝拉．巴爾托克（Béla Bartók，按：匈牙利作曲家）獲邀採集安納托利亞地區的民俗歌曲，並將它改寫成交響樂形式，基本上和他在家鄉匈牙利進行的計畫差不多。儘管塞妍哈仁姆受古典訓練，而且已是有一定地位的音樂會表演家，但她興致勃勃地鑽研起探戈，探戈循著上一個年代將狐步舞與肚皮舞帶進舞廳的管道進入伊斯坦堡。她在一九三二年初啼試聲，演出伊斯坦堡作曲家內吉普・杰拉勒（Necip Celal）和作詞家內吉代特・呂什圖（Necdet Rüştü）的創作，這首曲子很快就被視為一新類型的開山作，獨樹一格且無庸置疑的土耳其探戈。這首歌有個誇張的名字——〈往日是我心上的一道傷痕〉（The Past Is a Wound in My Heart）——歌詞也非常戲劇化：

我也為愛情所折磨。
我的生活因為這份愛支離破碎。
我知道這愛的代價
是青春點滴流逝……
終於我倒下、淹沒
在她綠波蕩漾的眼眸……
我的心淪為荒煙蔓草。

但經過塞妍的詮釋，這首歌變得別具意義：描繪失去和遺憾的痛心往事。她以上揚的假音結束每段歌詞，好像一隻伸長的手懸在半空中，直到進入副歌才落下來：「往日是我心上的一道傷痕／我的命運比髮色更暗淡／時不時令我潸然淚下的／是這悲傷的回憶。」鋼琴提供背景和弦和節奏，另有一小提琴演奏主旋律，有別於古典傳統由多種樂器單調乏味地齊奏相同旋律。

沒錯，這個樂風不具獨創性，它受到布宜諾塞利斯的影響勝過伊斯坦堡，但其旋律和歌詞立刻就在聽眾們的心中激起波濤。人們口中的〈往日〉成為她的招牌歌曲。在短暫不到三分鐘的歌曲中，她成功將一整套人們熟悉的情感具體化——你的過去跟著你，你想改變家鄉不需要改變生活條件，有些旅程永遠都不會結束。〈往日〉基本上也是首舞曲，塞妍不可思議地讓聽眾不僅聽到往日的記憶，而且還在他們的眼前重新上演，一男一女交纏，定在某處一會兒，然後朝其他地方推進，好像流動在舞池的一段回憶。

* * *

羅莎、赫蘭特和塞妍屬於戰間期伊斯坦堡和都市離散社群裡活躍、快速變動的流行藝人世界。考量到觀眾品味的變動、人口組成和政治，他們的名聲有時會被其他表演者超越。每個音樂鑑賞家對土耳其偉大音樂家的排名彼此都有所出入。真正的舞臺女王或許要算莎菲耶．艾拉（Safiye Ayla），她是一名穆斯林，被認為是第一位為凱末爾總統表演的女性歌手。浸淫在鄂圖曼古典音樂和安納托利亞民間風格，她使哀嘆村莊愛情和長長車隊的悲傷歌曲蔚為流行，而且她的聲音帶有土耳其音樂界無人能敵的甜美和現代感。來自薩隆尼卡的穆斯林移民姊妹拉蕾和娜齊絲

（Lale and Nerkis）復興鄂圖曼古典音樂，並融合西方歌劇。一名生於伊斯坦堡附近的希臘人烏德琴手尤爾戈斯・巴卡諾斯（Yorgos Bacanos）成了赫蘭特的對手，而且其烏德琴技巧可能更勝赫蘭特。上述都是中東音樂行家耳熟能詳的名字。他們仍保有一群為數不多的狂熱樂迷，這些人更新維基百科，確保喜愛的歌手不被遺忘，也在網路聊天室裡互別苗頭。他們的歌至今仍能讓伊斯坦堡酒吧內鬧哄哄的人群安靜下來。但他們的音樂倖存至今完全是歷史無心插柳的意外，同時也是伊斯坦堡爵士與流亡年代的獨特產物。

這些藝人很多都是一家唱片公司「ＨＭＶ」（His Master's Voice〔大師之聲〕，土耳其語為Sahibinin Sesi）的核心成員。ＨＭＶ是唱片史上最古老且充滿傳奇故事的品牌之一，它由英國的「留聲機公司」（Gramophone Company）負責行銷，是少數率先提供磁盤唱片的先驅之一。圓筒唱片在二十世紀初漸漸地被磁盤唱片所取代。它的商標是一隻獵犬把頭對著留聲機揚聲喇叭的黑白照，至今仍是世界上最成功且歷久不衰的企業象徵。在一九三〇年代早期，唱片產業歷經一連串合併與分家的變動後，這間公司和生意對手「哥倫比亞留聲機」（Columbia Gramophone）搭上線，成立了英國的唱片業巨人ＥＭＩ。這間公司未來將化作不同名字，持續扮演全球流行樂推動者的角色直到今天。

ＨＭＶ出於從世界各地挖掘流行藝人的經營策略，自鄂圖曼帝國末期起在伊斯坦堡進行錄音。當地歌手和樂器演奏家的表演被錄製到蠟筒裡，轉換成七十八轉的唱片，然後就可以放進各個廠牌的留聲機播放。到一九二〇年代末期，HMV執行主管階層意識到，隨著伊斯坦堡的音樂市場愈來愈茁壯，產生了一批新世代的藝人，而他們的名氣不是區區本地咖啡館或小酒館所能容納的。於是錄製唱片的風潮大起。HMV的本地子公司由一對亞美尼亞兄弟阿蘭和巴赫蘭·格賽里恩（Aram and Vahram Gesarian）負責管理，他們幾乎簽下了那個年代所有才華洋溢的藝人。[23]

然而，要不是有移民潮，這一切都不會存在。穆斯林從薩隆尼卡和其他希臘與巴爾幹城市遷徙到伊斯坦堡，帶來了對歐洲音樂風格的喜好，以及都市民俗演唱的悠久傳統。安納托利亞的穆斯林帶著村莊生活和鄉下民俗歌曲的記憶來到此地。希臘人離開伊斯坦堡和士麥拿使得「雷貝提科」成為真正超越國家的音樂形式，這個結合特定思念的演唱風格本身是希臘民族入侵和土耳其獨立戰爭的產物。HMV出面錄製羅莎和塞妍的演唱，正是因為如今伊斯坦堡內外有一批人——流亡者、難民和移民——把這些藝人的作品當作他們自己人生的襯底音樂。他們願意付錢購買在自家客廳舒服聆聽這些音樂的機會。

伊斯坦堡小酒館、夜總會和社區的音樂如今抹上一層國際色彩，是上個世代的伊斯坦堡人所不能想像的。當愈來愈多人想聽錄製的唱片音樂，播放唱片的人也跟著變多，因此伊斯坦堡的盜版唱片市場也約莫是在HMV開始發行新唱片時急遽倍增。就連樂器製造商的生意都蒸蒸日

23 Akçura, *Gramofon Çağı*, 29–30.

上，因為HMV錄製唱片時使用的樂隊除了鋼琴和小提琴，還找來烏德琴和其他地區性樂器加入。音樂不只是一種職業，它也漸漸成為一種嗜好，業餘樂器演奏者和唱片蒐藏家鑽研起伊斯坦堡的古典樂、爵士、探戈和其他風格獨特混合物。在一個樂器製造商家庭的故事中，這些藝術產品引發的興趣間接創造伊斯坦堡第一個真正全球性的音樂品牌。

蕭特知音（the Zildjians）是一個亞美尼亞家族，他們早在幾世紀前便定居伊斯坦堡。他們慢慢開發出一個暫且稱之為微型夾縫的市場。自十七世紀早期起，他們一直是鄂圖曼軍樂隊主要的銅鈸供應商。（其姓氏其實就是亞美尼亞文化的土耳其文「製鈸人」。）身為具社會地位的亞美尼亞家族，他們在一戰的暴力氛圍中成為潛在目標，而且不同於家庭經濟拮据的烏迪赫蘭特躲過被驅逐的命運，蕭特知音一家選擇逃離，不等警察敲上他們的門。

蕭特知音家族有些成員逃往羅馬尼亞；其他人則去到美國。列強占領期間，伊斯坦堡安全無虞，於是他們回國，等到一九二〇年代，家族事業再次達到高峰，雇用約六名伊斯坦堡的能工巧匠，每年生產三千對銅鈸。[24]隨著鄂圖曼軍樂隊沒落，出口市場成為新的生意主力。蕭特知音的品牌很快就在銅鈸愛好者中獲得極高評價。「〔製造〕過程是商業機密，」一份調查土耳其音樂產業的外交報告指出，「據說能帶來一種特殊的回響效果。」[25]二〇年代末期，蕭特知音家族的大家長阿蘭決定收掉伊斯坦堡的公司到美國麻薩諸塞州發展，因為戰前逃到美國的部分家族成員當時已在麻州生根。他們在麻州重現祕密製作過程，將銅合金變成聲音乾淨又響亮的銅鈸。[26]

美國市場立刻被蕭特知音銅鈸的品質征服。公司開始改變本來的製作風格，以迎合爵士樂隊和小型樂團的需求，他們偏好的銅鈸比較輕，共鳴更強，如此才能做悶聲的點擊效果和由腳踏控制銅拔開合的shuffle節奏。[27]過去只是節奏的俗麗綴飾，一直等到交響樂高潮或軍樂演奏最後才發出一聲震耳的敲擊，銅鈸如今就像一首歌曲中每個段落必要的標點符號。它是爵士樂團抄襲自軍樂隊的一項器材，而且可能是除了低音提琴外，最不可或缺的節奏樂器。漸漸的，這間移民美國的銅鈸製造商成為打擊樂器世界首屈一指的品牌。蕭特知音的名字以仿東方書寫體花俏地印在閃亮銅鈸上，至今它仍是該領域聲譽崇隆的品牌之一。

蕭特知音直接連結了鄂圖曼帝國音樂傳統和伊斯坦堡新興爵士年代，它也是一個正日趨國際化的文化場景的外交大使。另外還有兩個伊斯坦堡移民對輕打密合的腳踏鈸和疊音鈸清澈的叮叮聲也非常熟悉，他們是內舒希和艾哈邁德·艾特根（Nesuhi and Ahmet Ertegün）。艾特根兄弟生得太晚，沒能見識風靡一時的「美心」和「莫斯科大圓環」等夜總會。[28]兄弟倆在喧囂的戰爭與

24 Ravndal to State, Nov. 26, 1923, p. 4.
25 Ravndal to State, Nov. 26, 1923, p. 4.
26 其家族歷史時間表，見www.zildjian.com.
27 shuffle節奏是一種以三連音為基礎的節奏風格，用在各式各樣的音樂類型中，例如非洲和愛爾蘭傳統音樂，乃至藍調、爵士以及搖滾樂等。
28 艾哈邁德·艾特根的生平和事業，參見Greenfield, *Me Last Sultan*.

革命年代誕生到伊斯坦堡，哥哥生於一九一七年，弟弟生於一九二三年，但他們大部分時間都不在城裡。他們的父親慕尼爾（Münir）是素檀的外交官，但在一九二〇年代早期，慕尼爾和其他官員及同樣社會階級的人都面臨一個困難的選擇，他們必須決定是否繼續支持方寸盡失的穆罕默德六世，或者轉而投效凱末爾的民族主義者陣營。他選擇後者，並且得到兩個重要的外交職位，先是在倫敦，然後一九三五年轉到華盛頓特區，並且成為土耳其共和國第一位正式任命的外交大使。

他的兩個兒子在旅居歐洲時愛上爵士樂，到了華盛頓後，更是迫不及待地一頭栽進由著名表演者艾靈頓公爵（Duke Ellington）率領的喧鬧音樂場景。他們週末晚上都在華盛頓版的哈林區U街度過，偶爾也會去紐約玩，那裡有充斥大麻煙的夜總會，可以聽現場音樂演奏直到深夜。他們後來成為狂熱的七十八轉冷門唱片藏家，蒐藏理由有南方黑人舞曲樂團，也有職業生涯可能只錄製過一張雙面唱片的爵士歌手。身為外交官的小孩，他們有餘裕和資源耽溺在對爵士樂的愛好，雖然距離伊斯坦堡很遠，他們卻成為那個城市政治文化變遷所創造的世界的獨特代表：盡可能和舊帝國劃清界線的新世代土耳其穆斯林，他們遊歷經驗豐富、有自信。慕尼爾在他們的年紀戴著土耳其毯帽、穿長大衣。他的兒子們則是穿墊肩、腳踩鞍部鞋。

幾年後，這對兄弟檔決定把他們的音樂口味變成一門生意。在家族友人的資金援助下，一九四七年他們成立了自己的唱片公司，取名為大西洋唱片（Atlantic Records）。不用多說，這間公司的後續發展都記載在音樂史上，曾經是節奏藍調和搖滾樂的主要發行管道之一，出過雷・查爾斯、滾石、艾瑞莎・法蘭克林和齊柏林飛船等名人。艾哈邁德更是唱片界榜上有名的偉大傳奇人物之一，他招牌山羊鬍和粗框眼鏡的照片經常可見於錄音室混音間。

艾特根兄弟是伊斯坦堡人正變得世故、大膽且現代之際的產物，他們的改變可能會使祖輩大吃一驚。鄂圖曼帝國的人執迷於和其他歐洲國家並駕齊驅，而伊斯坦堡人如今藉由改編全球性的藝術形式表達他們的獨特處境。他們讓藝術符合自己親身經歷琳琅滿目的文化，陶醉於自我創造的可能性裡。他們不是在一旁羨慕西方文化。他們讓自己也成為西方文化的一部分，就像赫蘭特和塞妍。「這個年輕世代不認識『爵士素檀』托馬斯，」《紐約時報》如此介紹美國—俄羅斯—土耳其酒吧老闆和夜總會界傳奇托馬斯，「他們認為自己跳的絕對是純正的土耳其共和國舞步。」[29]這一切之所以如此，可能都是因為許多像艾特根兄弟和蕭特知音家族的人都來自伊斯坦堡，但卻因為種種平淡無奇或悲傷的原因不再住在伊斯坦堡。

29　Tinckom-Fernandez, "Life is Less Hectic."

進入現代

一群繫著黑領結的常客在伊斯坦堡某間夜總會，很可能是美心；右二是紀茲。

狂歡者於一九二五年的新年前夕聚集在佩拉皇宮飯店，他們即將慶祝一個史無前例的新年。伊斯坦堡居民從不曾生活在完全一致的年月日當中。[1]已滅亡的鄂圖曼帝國曾透過曆法改革引進西方的十二月份制，至少在金融轉帳和火車時刻方面都遵循這個新制度，但共和國政府的紀年，依然以先知穆罕默德逃離麥加的那年為基準。希臘正教徒採行儒略曆（Julian calendar），比西方曆法也就是格里曆（Gregorian）慢了十三天。循規蹈矩的猶太人繼續追隨月亮的陰晴圓缺。虔誠的穆斯林憑著日出日落和宣禮塔告知禱告的次數計算日子。

旅遊書附有費解的轉換表格，幫助遊客將鄂圖曼系統的日期時間換成他們比較熟悉的國際模式。知名的《藍色指南》一九二〇年記載：

> 假設我們想要知道土耳其時間八月二十二日的六點四十五分是西方系統的幾點，請順著第六號水平線找到八月二十二日，接著你會看到十二點四十七分，多加四十五分鐘等於十二點九十二分，也就是一點三十二分。如此就知道土耳其系統的八月二十二日六點四十五分是西方系統的一點三十二分。[2]

由於日出時間每天都在變，同樣的計算方式不適用於同一年的其他天，而且大概有不少遊客發現當他們好不容易算出對應的時間後，當下的時間又改變了，必須重新計算。就連在列強占領期間，從巴黎出發的東方快車旅客都可能在抵達伊斯坦堡後，發現報紙上的日期比他出發時早了將近五百年。可是隨著彩帶飄舞、軟木塞彈出，一九二六年元月一日，土耳其人不僅邁向新的一年，同時進入了一個嶄新的年代。這是伊斯坦堡居民頭一次對午夜十二點的概念達成共識。

鄂圖曼帝國時代建立的老鐘塔為採行西方系統改頭換面。新鐘塔很快出現在各個偏遠地區，鼓勵當地民眾適應新的時間系統。土耳其人後來回顧起共和國早期的發展時，發現轉換時間系統這件事似乎象徵了凱末爾政府主導的各項變革。舉例來說，備受推崇的作家阿默・哈米迪・潭皮納爾（Ahmet Hamdi Tanpınar）在小說《時間管理研究院》（*The Time Regulation Institute*，一九六二年出版）中戲仿對時間管理的執迷，故事描述一個走火入魔的官僚機構對走太快或太慢的鐘錶徵收罰款——旨在訓誡那些未能跟上新世界腳步或者矯枉過正的人。

新時鐘和新曆法只是凱末爾總統一長串改革的一小部分。素檀梅赫馬德六世於一九二二年逃亡海外後，哈里發制度依然持續存在，但大國民議會在一九二四年三月投票全面廢止這項宗教職位。在梅赫馬德六世之後繼任哈里發職位的阿布杜勒—邁吉德二世及其家人被載到一郊外車站，送上東方快車遣送至瑞士。突然間，他不再能自稱為伊斯蘭世界的共同領袖，伊斯坦堡連帶也失

1 Sperco, *L'Orient qui s'éteint*, 131–32.

2 *De Paris à Constantinople*, 185.

去伊斯蘭世界中心的地位。共和國政府藉明令禁止阿布杜勒—邁吉德二世的後代回到土耳其強調其立場，此後半世紀沒有任何男性子嗣再踏上土耳其的土地。

哈里發制終結的消息傳遍全世界。點燃虔誠穆斯林的怒火，哈里發在他們心目中是神聖不受任何世俗權力侵犯的角色。不過在土耳其，各項改革持續強勢壓境，宗教和世俗領域皆然。為現代化土耳其公民的穿著打扮，一九二五年起所有男人都被要求戴上紳士帽，換掉過去在鄂圖曼帝國廣受歡迎的紅氈土耳其毯帽。小男孩對拒不服從的人丟石頭，想把他們頭上的土耳其毯帽砸掉。[3]由於這項規定只針對帽飾，不影響其他衣物服裝，後來街上常常可以看到穆斯林男人頭戴紳士帽，卻搭配著鄂圖曼時代的寬鬆褲子。[4]

一九二六年政府頒布以瑞士民法為基礎的新民法，取代舊帝國混合伊斯蘭教法的「伊斯蘭法」（Islamic sharia law）、多版本基督教教會法（canon law）、拉比判決、皇家法令以及部落習俗的律法。同年，政府正式准許民眾在公共場所喝酒——不過這項束之高閣的禁令從不曾對私人夜總會業主造成阻礙——並禁止牛車出入伊斯坦堡街道。[5]一九二八年，政府廢除伊斯蘭的國教地位，放棄阿拉伯字母，改用拉丁字母。伊斯坦堡忙著將以阿拉伯式旋轉華麗字母寫成的街頭招牌拆除，換上對多數當地穆斯林全然陌生的標誌。當時凱末爾總統曾站在黑板前留下指導新國家如何拼寫的著名照片。

前述種種改變經常被統稱為一次革命「印卡帕」（*inkılâp*）。凱末爾主義者和許多革命分子一樣最初只是主張改革，試圖拯救素檀的統治，抵擋入侵者和占領者，直到看清舊制度根本無從修復。但從許多其他面向來看，這是一場不尋常的革命。土耳其人透過立法判定君主制出局，過程不曾進攻一座皇宮。他們征服了他們自己的領土。他們擁抱議會共和制的理想，但很快就發展出對國家最高領袖的個人崇拜，甚至超越過去的鄂圖曼素檀。每個政府機關都能看到凱末爾肖像，新聞媒體彷彿史官般記錄他的一言一行。他成了國父，頭號公民，也是優秀土耳其人的最高模範。短暫結婚又離婚，凱末爾漫長的總統生涯中幾乎都沒有「第一夫人」的陪伴，而且也沒有親生子嗣，但他自認有七個養子。這份養子（相較於僅接受他保護或贊助的人）名單至今仍有爭議，但多是總統認為特別上進、能幹且足當新土耳其婦女楷模的年輕女性。

他有一雙藍眼珠，極富個人魅力，是世界上最受群眾仰慕的國家元首之一。他登上各家重要國際雜誌封面的頻率遠勝於同時期的任何領袖，穿著打扮整潔乾淨，散發一點富家子弟的氣息。他在深夜飲酒以及時刻都要與人交談的習慣，使他樹立起勤奮不倦的國家改造者形象——將一個古老深奧的帝國奮力拖向二十世紀的成功典範。今天私人企業不覺得有必要在公司高掛他的肖像，但小商店和餐廳業主可能會在店裡放一張凱末爾穿泳裝或在舞池中的照片，彷彿對一場延續

3 Orga, *Portrait of a Turkish Family*, 223.

4 "Review of the Turkish Press," Dec. 19, 1926– Jan. 1, 1927, p. 17, NARA, RG59, M353, Reel 75.

5 "Review of the Turkish Press," Aug. 15–28, 1926, p. 24, and Dec. 19, 1926–Jan. 1, 1927, p. 15, NARA, RG59, M353, Reel 75.

凱末爾（中）在一九二九年安卡拉舉辦的新年舞會上。

近百年且某種程度上仍在進行的革命的開創者調侃地致意。即使到今天，當反政府抗議示威者走上伊斯坦堡街頭，他們仍然持印有他形象的旗幟，並綁著宣稱「國父，我們追求您的腳步」的頭帶。年輕、中產階級的都市居民自認是保守派也是革命者就是他政治遺存至高無上的證明。他們藉由回顧凱末爾領導的早期世俗共和國傳統，對抗伊斯蘭道德規範的限制——土耳其親宗教的執政黨自二〇〇三年起漸漸提倡遵循伊斯蘭教道德規範。這是連布爾什維克都難以想像的夢幻革命，而且成果不受時間的考驗。

凱末爾在爭取獨立期間的頭銜是「加齊」，伊斯蘭世界的大元帥，但凱末爾主義作為一種理想，它植基於公民和政治方面更勝過軍事。它有六大綱領，以六根箭的形象呈現在他創立的共和人民黨（Republican People's Party）的黨旗上：共和主義、民族主義、民粹主義、世俗主義、國家主義和革命主義。六大綱領的前五項深受法國共和制傳統影響，法國的共和制傳統是青年土耳其黨人自一九〇八年起仿效的對象，也是和凱末爾及其夥伴從獨立戰爭轉向建國的啟發。土耳其不是世界上第一個伊斯蘭共和國——這項榮譽屬於亞塞拜然，她曾短暫獨立，但很快又在俄羅斯內戰期間被布爾什維克再次征服——但儘管如此土耳其建立了一個代議政府，甚至有全面民主化的可能。戰間期大多時候，共和人民黨是唯一的合法政黨，選民直到凱末爾過世後十多年後才得以直接選舉代表他們發聲的議員。政府被賦予對抗一切宗教特權的角色，守護民眾真正的福祉，推動國家機關成為經濟和社會發展的引擎。

誠如其他革命者，凱末爾主義者在撰寫自己的歷史時也刻意塗抹事實。在他們邁向勝利的崛起之路上，協約國被當作唯一對手，而且是受到背信忘義的希臘人和亞美尼亞人的教唆。凱末爾主義革命據稱在安納托利亞自然而然應運而生，除了一些不滿者和愚昧之人微不足道的杯葛，基本上未遭遇任何困難。軍隊英勇地從安卡拉朝西邊長途跋涉直到見到海洋，將土耳其自然邊界內的當地主權歸還給人民，範圍恰巧與鄂圖曼帝國在一九一八年簽署摩德羅斯停戰協定時的疆域大致相等。

事實上，凱末爾主義是凱末爾和國內各方敵人辛苦爭搶得勝後的產物——而非當初征戰的初衷。共和人民黨黨旗上的箭變成建立一個新國家的方針，但它們其實是瞄準某特定利益結構的重要武器。某位外交觀察家在一九二三年寫下，凱末爾在當時的部分敵人包括：

所有老突厥人和素檀擁護者。
所有被凱末爾冷落的將軍們。
所有未被選入新國會的舊時代議員。
所有忠貞的老聯合黨人……
所有和穆斯塔法（凱末爾）有過齟齬的人，或他所嫉妒和嫉妒他的人……
所有比較喜歡首都在君士坦丁堡而非安哥拉（安卡拉）的人。
所有烏理瑪、伊瑪目和霍加（皆為穆斯林宗教領袖）……
所有沒收入的公民，所有無法另謀出路的落敗軍人……[6]

任何伊斯坦堡居民都可能有類似的敵人清單。凱末爾雄才大略在於他懂得利用對的敵人去削弱其他敵人。他總是把最殘暴的軍閥拉到自己陣營裡，這些軍閥因為戰爭和列強占領創造了政治真空而得到舞臺。於是一群有趣而無情的角色進到土耳其民族主義者的行列——這些人包括刀劍阿里（Ali the Sword）和瘸腿的奧斯曼（Osman the Lame），他們的游擊戰略鎖定政治反對者、武裝宗族、占領列強和一般平民。凱末爾主義者通常避免後來把蘇聯吞噬的展示性審判和大規模清洗，但大國民議會成立了一個規模較小的革命審判法庭，名為獨立法庭。七千多人遭逮捕。其中將近七百人被判死刑。[7]

政府容許偶發的多黨政治實驗，不過直到一九五〇年都不曾舉辦直接的、相互競爭的選舉。但開放總是引來反動。一九二五年春天，一條關於維護公共秩序的新法成了政府關閉報社和粉粹各個反對組織的藉口。小型示威和個人異議行動有時遭誇大為「叛亂」，反而助長鎮壓行動。[8]對國家不構成威脅的集體暴力，譬如一九三四年愛第尼（Edirne）城內和色雷斯其他地區土耳其民族主義者將猶太社區夷為平地的暴行，在新聞報導和官方論述中被輕描淡寫地帶過。[9]即便如此，在二戰爆發前共有十八次武裝暴動挑戰凱末爾主義政府，幾乎全都發生在東安納托利亞。[10]該地區內由庫德人組織的大規模反抗遭到強力鎮壓，他們傳達了各式各樣的不滿情緒，包括哈里發制消失、傳統封建特權凋敝等等。政府派出軍機轟炸村莊，其中一位執行任務的飛行員薩比

---

6 Henderson to Vansittart, Oct. 31, 1923, NAUK, FO 794/10, R. 5–6.

7 Findley, *Turkey, Islam, Nationalism, and Modernity*, 253. 重新評價早期凱末爾主義時期，如今是土耳其史學家之間的重大課題。這波重新評估潮的領頭羊是Erik J. Zürcher，徵引書目有許多他的著作。

8 關於小事升溫成重大事件，參見Brockett, "Collective Action."

9 Guttstadt, *Turkey, the Jews, and the Holocaust*, 61–70; 另參見Bali, *1934 Trakya Olayları*.

10 Findley, *Turkey, Islam, Nationalism, and Modernity*, 251.

哈．格克玲（Sabiha Gökçen）是凱末爾領養的女兒。一九三七至三八年德錫門（Dersim）地區庫德族領地遭空襲，宛若土耳其版的格爾尼卡（Guernica）[11]，以反游擊行動為掩護進行的一場驚人大轟炸。然而，此事件和著名西班牙案例不同之處在於，丟炸彈的和躲炸彈的雙方都是同一個國家的公民。

某些人會認為舊帝國都城可能會成為異議人士的聚集地，畢竟其街景充滿了凱末爾主義者急於打入大牢的伊斯蘭價值觀的古老化身。這場革命代表的一切，伊斯坦堡都不具備——反帝國，展望未來，抹煞過去。但伊斯坦堡的居民發現自己更加被忽視。哈里發制遭廢止後，當地伊瑪目和宗教學者在伊斯坦堡的密集網絡便開始崩解。他們當中比較有職業常識的人搬到安卡拉，就像那些世俗社會中比較有野心抱負的政府官員一樣，他們在安卡拉成為壯大中的國家機器的一部分，負責管理而非消滅宗教。一九二四和二五年，謝赫伊斯蘭的職位遭廢止，穆斯林宗教法庭紛紛被查禁，同時只有少數政府任命神職人員得以包頭巾與穿著其他宗教裝束。即便如此，包頭巾的虔信者必須在十月二十九日國慶日時脫下頭飾，向國旗敬禮，這是虔誠信徒過去難以想像會發生的儀式。[12]

凱末爾主義者採納一個法國詞彙「世俗主義」（*laïcité*），形容他們對共和國時代宗教新角色的理解。世俗主義的土耳其文對應詞 *laiklik* 追隨法國模式：不將宗教自國家分離，而是積極的控制它。新國家機關負責管理清真寺、教堂、猶太會堂和宗教基金會。獨立的財富來源——譬如屬於希臘人或亞美尼亞人教會當局的財產——不是被沒收，就是交由政府監管。

雖然宣稱為世俗政權，國家特別視伊斯蘭教遜尼派為土耳其民族的正字標記，無論其實際宗教虔誠度。在凱末爾主義土耳其的宗教和認同鍊金術中，評判一個人的標準往往不是他信奉的宗教——畢竟篤信宗教被認為是落後和迷信的明顯徵兆——而是他拒絕哪個宗教傳統。擁有一對會靜靜抱怨你喝太多酒的虔誠遜尼派祖父母，可能是優秀的共和國公民和土耳其人最純正的記號。「也就是說，我們在清洗過去嗎？」潭皮納爾以戰間期伊斯坦堡為背景的小說《平靜的心》（*A Mind at Peace*，一九四九年出版）中的一個角色問道。「當然啦，」朋友答道，「但只在有需要的地方。」

遜尼派主流之外的宗教團體如蘇非兄弟會（Sufi brotherhoods）或伊斯蘭教什葉派的分支阿列維派，其聚會場所被政府關閉，有些團體更慘，被貼上對國家不利的標籤。歷史悠久的蘇非聚會所「特克耶」（*tekke*）就在佩拉大道旁，自鄂圖曼征服伊斯坦堡之前就已存在，由梅夫拉維教團（Mevlevi）的苦修僧帶著詩人與神祕主義者魯米（Rumi）的學說進到城內。因為是朝拜聖地而遭關閉。蘇非的領袖謝赫（sheikh）被控從事顛覆行動遭逮捕。幾乎任何牽扯有信仰男女的暴

11 譯注：位於西班牙中北部，一九三七年四月西班牙內戰期間，納粹德國的空軍轟炸了該鎮。

12 Ostrorog, *Angora Reform*, 74.

力事件，都被視為退步的狂熱分子拖累進步力量的證據。

伊斯坦堡著名的人造聲響之一伊斯蘭喚拜聲「艾臧」（*ezan*）也變了。傳統上每個社區有一位喚禮員負責召喚，他的聲音宏亮能夠從當地清真寺的宣禮塔召集信徒宣禮。獲此殊榮的往往是嗓音悅耳或能創造旋律的人；不夠有天分的喚禮員會淪為街坊鄰里八卦和抱怨的對象。一九二三年後，公共廣播系統的引進使這項任務變得比較容易。往後喚拜聲都伴隨著插電麥克風的雜音，就像漂浮在宣誓信仰主調之上的旋律。

男子在佩拉區塔克辛—杜乃爾電車線的軌道上奉獻公羊，應該是為了慶祝新電車車廂正式啟用。

一九三二年初開始，土耳其喚禮員不再念誦阿拉伯語「阿拉胡阿克巴」（*Allahu akbar*），也就是「真主至大」的意思。政府改革計畫包括命令喚禮員改念這句話的土耳其語版本「唐尼爾烏魯都爾」（*Tanrı uludur*），並認定回歸阿語喚拜為一犯罪行為。這個改變屬於政府清洗公共空間殘餘舊帝國影響的更大型改革計畫，其中便包括將土耳其語中的阿拉伯和波斯元素消除。喉嚨發聲的母音和中亞游牧民天神唐尼爾的禱文也是對民族主義者夢想的配合：說明現代土耳其人真正的祖先來自騎馬馳騁歐亞草原的游牧部落。大批群眾聚集在素檀艾哈邁德清真寺前等著迎接土語喚拜聲的初登場。城內另有五大清真寺群起效尤。[13]在尊貴之夜（Night of Power）[14]——即齋戒月期間紀念先知穆罕默德獲得《可蘭經》啟示的聖夜——聖索菲亞大教堂清真寺裡外聚集了約七萬名群眾，準備聆聽伊斯蘭禱文首次以土耳其語發表。[15]在新興的土耳其共和國內，即便上帝都會被民族化，每天從早到晚有一千兩百位重新陪訓的喚禮員反覆宣告此一事實。[16]

凱末爾主義像玩跳馬般越過鄂圖曼人，也跨越伊斯坦堡。凱末爾堅持避開這座城市直到共和國宣布建政多年後。一九二七年七月一日，他在獨立戰爭後首次踏足此地，搭的是過去素檀的御用帆船「埃爾圖魯爾號」（*Ertuğrul*）[17]。[18]他停泊在已被改造成一處總統官邸的多爾瑪巴赫切宮。街道國旗飄揚。家家戶戶的陽臺掛起彩旗。此後每年夏天他到伊斯坦堡總是有受邀賓客與高官要

13 “6 Camide Türkçe Kur’an,” *Cumhuriyet*, Jan. 29, 1932; 以及“Türkçe Kur’anla Mukabele,” *Cumhuriyet*, Jan. 30, 1932.
14 譯注：阿拉伯語為Laylat al-Qadr又稱禁月、賴買丹月。
15 “70 Bin Kişinin İştirak Ettiği Dini Merasim,” *Cumhuriyet*, Feb. 4, 1932.
16 儘管對阿拉伯語喚拜的禁令執行得不太徹底，但仍持續直到一九五〇年，參見Azak, “Secularism in Turkey.”
17 譯注：鄂圖曼帝國締造者奧斯曼一世的父親。
18 Mango, *Atatürk*, 460–61.

員的陪伴，彷彿再現世俗版、共和國時代的素檀每週清真寺宣禮隊伍。

觀賞總統帆船和小型船隊是年度盛事，就像觀賞博斯普魯斯海峽的沙丁魚遷徙。但在總統放暑假的時間之外，伊斯坦堡和它代表的舊帝國身分認同完全被排除在新的民族意識之外。共和國被當作突厥人國家自然演進的延續性產物，儘管曾經繞路走了五百年的伊斯蘭帝國主義。土耳其教科書告訴新世代學子，他們的遠祖是突厥部落，但其實他們的祖父可能是薩隆尼卡果菜商或出生在塞拉耶佛的裁縫。一九三〇年代在土耳其語言學界蔚為流行的「太陽語言理論」（sun language theory）主張所有人類語言都發源自一原始突厥語。現代土耳其這塊土地的遠古居民，自西臺人以降都被納入這個家族，並遭竄改為更加古老的東方原始突厥入侵者的後裔。

這一切意味著一場個人和集體的想像。祖宗來自安納托利亞，也來自高加索地區、阿爾巴尼亞、保加利亞、克里米亞、希臘或其他舊帝國遙遠邊疆地區的穆斯林，突然之間從移民變成了土生土長者。鄂圖曼統治時代，幾乎沒有幾個家庭想過自稱「土耳其人」。過去這專門用來稱呼在鄉下騎驢比在伊斯坦堡世故環境更自在的鄉巴佬。這詞彙代表了每個有見識的鄂圖曼人對其帝國感到最鄙視的特質——愚昧無知、游牧、住在安納托利亞最黑暗邊界且忠誠度不定的鄉下人。身為穆斯林和素檀的子民都很好。沒有人想當土耳其人。

凱末爾最厲害的創舉——以作家齊亞．格卡爾普（Ziya Gökalp）的理論為依據，格卡爾普是土耳其民族主義的首席理論家——是將具貶損意涵的標籤升格成一新民族身分。實現民族革命意味者每個新國民要在個人層次發揮責任感。「我是土耳其人，」於是學生每天上課之前都被要求如此念誦。「我是誠實的人。我做事認真。我應該保護幼小，敬老尊賢，愛我的國土和我的民族勝過我自己。我追求遠大抱負。願我此生對土耳其國民有所貢獻。」這段誓詞與其說是宣誓效忠，倒不如說是自我改進的承諾。鮮少有其他國家在革命過程中以將一切塑造得極為普通為目標——也就是說，讓土耳其和土耳其人和其他國家看起來一模一樣，有屬於自己的民族解放運動、民族英雄以及民族語言。但凱末爾主義的核心正是如此：相信殘餘帝國及其多語言、多宗教子民需要被一點一滴地拖進現代性。

這個民族被讚譽為包容力強且具本土性。就像宣誓信奉真主的簡單舉動，無論是庫德人、索卡西亞人或阿爾巴尼亞人背景的穆斯林，只要宣布信仰新民族主義，都等同於參與民族建構（nation building）計畫。「說『我是土耳其人』是多麼開心的事，」一九三三年凱末爾在土耳其共和國十週年國慶演說中表示。這句話成為他著名的格言之一，雕刻在各地的總統紀念石碑上。成為土耳其公民是一項殊榮——憲法定義所有土耳其公民皆為土耳其人，不論宗教或文化背景——但如果能夠聲稱自己在族裔上也是土耳其人，生活會更加舒適愜意。就連希臘人或亞美尼亞人基督徒，若發揮一點創意，絕口不提一九二三年以前父母的身分，或許也能得到同樣的效用。

土耳其國民（Turkishness，土語為*Türklük*）變成不只是一種身分認同，而是一種無所不包的存在方式，就像空洞的民族本質，灌注到每個個體內，同時盤旋在這些個體之上，是他們自我改造的決心，也是彰顯虛構集體意志的圖騰。在過去，侮辱素檀是一種罪，因為多數專制君主把「冒犯君主」（*lèse-majesté*）視為應該受懲罰的罪。如今，土耳其國民取代了素檀的位置。寫下錯誤的新聞報導，發表錯誤的看法評論，甚至穿著錯誤的服裝，都構成對土耳其國民的侮辱，踰矩者可能遭罰款或必須接受審判。同樣的冒犯行為，自此以不同形式被供奉在土耳其法律的神龕裡。

* * *

鄂圖曼人曾經統治一個受傳統束縛、王朝式的帝國，疆域從巴爾幹半島一路延伸至伊朗邊界，但其人口和財富主要集中在地理歐洲區塊：多瑙河沿岸的肥沃平原，保加利亞高原區的葡萄園，南阿爾巴尼亞的谷地牧場，波士尼亞和馬其頓的銀礦坑。兩相對照之下，土耳其共和國是強調現代性和進步的國家，但考量到一戰所導致的領土變動，如今安納托利亞構成該國百分之九十七的陸地領土，這塊腹地是素檀治下相對貧窮且人口稀疏的區域。[19]土耳其人的思維或許西轉，但土耳其國家領土卻向東遷移。

這個改變對伊斯坦堡最重要的跡象出現在一九二七年。十月二十八日的清晨，城市沉悶無風。此時通常已出現人潮的加拉達橋仍空蕩蕩。零星居民從家門口神情焦慮地向外注視。一名美國外交官在佩拉皇宮飯店發現自己受困了。「我醒來……發現有股令人窒息的寂靜；街道空無一人，沒有汽車按喇叭或電車行駛的聲響，」他說道，「然後我到窗邊向外看，發現全副武裝的水手正在巡邏街道。」星期五這天，伊斯坦堡基本上是座死城。[20]

到了晚上，當時針指向十點十五分，加農砲連三響。[21]人們從樓房公寓向外湧出。計程車在各個大道奔馳。電影院和咖啡館開門，商店紛紛拉起門簾做生意。在半小時內，佩拉大道已擠滿人潮。都市生活的嘈雜又回來了，伊斯坦堡居民像被解放的囚徒般四處走動。

這其實是經過事先縝密計畫的一天。土耳其政府雇用了一名比利時統計學者卡米耶・亞卡爾（**Camille Jacquart**）進行首次全國人口普查。這個國家的居民從不曾經歷系統性計算。亞卡爾要求政府命令報紙刊登人口普查問卷，以及詳細的行為準則規範。早上六點整到晚間發射加農砲作為解除信號期間，所有人皆不得出門，就連星期五聚禮都不能參加。民眾被禁止幫忙鄰居滅火，逛商店或上館子，搭汽車或火車移動，以及解開停泊船隻的纜繩。數千名人口普查志願調查員成

19 Pallis, "Population of Turkey," 441.

20 Richardson to Grew, Oct. 29, 1927, p. 1, NARA, RG59, M353, Reel 57.

21 Grew to Secretary of State, Nov. 8, 1927, pp. 1–2, with the attached "Communiqué of the Stamboul Vilayet Indicating the Manner in which the Census Shall Take Place on Friday, October 28, 1927;" and Richardson to Grew, Oct. 29, 1927, all at NARA, RG59, M353, Reel 57.

群爬上爬下，走進街巷胡同，敦促民眾盡其愛國責任，誠實且完整地報告他們的年紀、性別、母語、宗教、疾病、職業、民族和其他納入此次普查的特徵。

初步普查結果在一個星期內出爐，使人看了大為驚奇。先前的估計多把土耳其人口訂在七到九百萬人之間，遠遠不及普查實際登記的數字：一千三百六十四萬八千二百七十人。[22]伊斯坦堡有六十九萬多人口，另有三十萬人口在色雷斯其他地區，也就是博斯普魯斯海峽以西的土耳其領土。伊斯坦堡的規模比前鄂圖曼時代要小；國家整體因戰爭相關的死亡與疾病、驅逐出境，以及一九一四年以降的移民遷徙等因素，總人口約減少四分之一。[23]但伊斯坦堡人口仍然傲視共和國其他大都市。全國只有兩個城市人口超過十萬，伊茲米爾是最逼近伊斯坦堡的競爭對手，但其規模不到伊斯坦堡的四分之一。[24]當了四年政府所在地的安卡拉只爭取到區區七萬四千五百五十二位居民。

記者讚譽此次普查為土耳其國家發展的里程碑。國家的統計機關展現了執行複雜的現代治國技術的能力。更重要的是，歐洲、黎帆特，以及阿拉伯半島等地大量領土的失去，實則增加了人口組成當中的土耳其成分。新聞報紙《國民報》（*Milliyet*）聲稱，普查證明了共和國的公民絕大多數（一千一百七十萬）為「純土耳其人」，意即對應於庫德人、阿拉伯人、希臘人、亞美尼亞人或其他身分的土耳其裔。[25]這是個可疑的結論；經過數世紀帝國統治，和超過十年的激烈戰事與人口遷徙，土耳其的基因庫混合了許多不同血統。但共和國成功說服大批民眾宣稱自己屬於土耳其裔的事實，證明了凱末爾主義民族塑造的力量。

在大伊斯坦堡地區，人口普查登記到約四十四萬八千名穆斯林，以及九萬九千名東正教基督徒（主要是希臘人）、五萬三千名亞美尼亞人、四萬七千名猶太人，還有將近四萬五千名其他非穆斯林人口。[26]除了安納托利亞東南部的庫德族地區，伊斯坦堡如今是共和國內唯一有可觀少數族裔存在的地方。共和國內運作中的希臘人和亞美尼亞人教堂、猶太會堂、修道院、少數民族語言學校及新聞媒體，幾乎全都在伊斯坦堡。東安納托利亞的亞美尼亞人遺跡有些被炸毀，有些則是任其頹傾衰敗，刻意抹除遭種族屠殺消滅的社群的殘餘記憶。穆斯林業主接手愛琴海沿岸的希臘人房產與土地。就連語言和傳統獨樹一幟的庫德人，最終都被共和國意識形態倡導者分類為突厥人的一種。獨立戰爭爆發還不到十年，偌大的帝國遺緒——多元宗教，以及諸語言、起源和文化傳統並存的悠久歷史——已經被蒸餾到僅剩一座城市。

凱末爾主義計畫變成一場規模空前的實驗，試圖將從文藝復興到工業革命為止的整個現代歐

22 Pallis, "Population of Turkey," 440–41.
23 Şevket Pamuk, "Economic Change in Twentieth-Century Turkey: Is the Glass More than Half Full?" in Kasaba, ed., *Cambridge History of Turkey*, 275.
24 *Türkiye İstatistik Yıllığı: 1950*, 41.
25 Grew to Secretary of State, Nov. 8, 1927, p. 5.
26 Shaw, *Jews of the Ottoman Empire and the Turkish Republic*, 287.

洲歷史，用短短幾十年如法炮製。生活進入快轉模式，土耳其人在建立新祖國的路上被趕鴨子上架。國民生活的焦點在安卡拉，土耳其共和國正式成立前約兩個星期，官方便正式宣布此地為新首都。電臺廣播、歌劇、芭蕾舞，以及交響樂；最具影響力的報紙；外國政府的大使館全都陸續離開。寬廣氣派的大道和開闊廣場周邊興建起新政府機關大樓。

伊斯坦堡都市計畫者了解前首都的主要難題——不是如何從頭興建一座城市，這項工作已經在安卡拉展開，而是如何現代化這個美國觀光客口中擁有精彩歷史的地方。當安卡拉的新政府辦公室仍在陸續興建之際，土耳其政府辦理了一次國際設計競標，尋求解決伊斯坦堡未來發展難題的提案。法國都市工程師亨利．普斯特（Henri Prost）獲選為伊斯坦堡都市計畫主任。隨後歷經多年鉛筆素描、比例模型和行政官僚內訌，普斯特的理想終於在一九三九年獲得政府官員的認可。

普斯特的計畫包括高速公路繞切大巴札，拆除佩拉大道兩旁的多數建築，將金角灣海濱變成一處工業公園，以及在馬爾馬拉海沿岸興建成排的高樓公寓。[27]佩拉皇宮飯店有一半的房間窗戶將正面著高速公路交流道。普斯特的設計裡包含綠色空間，但總的來說都是透過剷平他眼中「寄生蟲般」的老舊建築，然後新建整齊的步行大道取而代之。那些老舊建築被認為重要性不如藉重要建築物凸顯城市剪影的理想概念。一處專為軍隊遊行設計且圍繞一巨大新「共和國紀念建築」的平坦濱海空地，取代聖索菲亞大教堂和素檀艾哈邁德清真寺周邊雜亂無章的建築。

普斯特希望原封不動地保存伊斯坦堡舊城的天際線，而舊城所在的半島亦擁有絕大多數拜占庭和鄂圖曼時代建築。他對保存城市這一角的堅持，確保此區未來不會蓋起高樓大廈，而且由圓頂和宣禮塔組成的城市招牌輪廓（特別是從海上看向陸地時）完全不受打擾。但若想大致掌握普斯特的整體構思，比較好的觀察對象是塔克辛廣場，它是這個共和國城市的新心臟。一九二〇年代早期，帕索斯在塔克辛廣場附近的小酒館看到一位俄羅斯女士在舞臺上表演農民舞蹈，兩名英國女孩穿及膝長襪和毛衣唱著情歌，希臘人的雜耍劇團，以及一名法國女子演唱歌劇《拉美莫爾的露琪亞》（*Lucia di Lammermoor*）中的精選樂段。[28]然而，城市規劃者在一九二八年從廣場中整理出一小塊，立起由青銅與大理石製成的共和國創建者紀念碑。其中一面有凱末爾、伊斯麥特帕夏，和其他推動新國家誕生的先烈，他們頭戴阿斯特拉罕帽、身穿獨立戰爭軍裝。另一面描繪他們穿西裝打領帶的現代政治家形象。普斯特不打算在塔克辛廣場繼續擴大紀念碑建築，希望多留些空間給汽車通行。最終成果是一片寬闊又平坦的瀝青水泥路面，結合了地下鐵站、重要道路匯集以及露天巴士總站等多種功能。直到二〇一三年實施交通工程大幅改建之前，行人得稍稍鼓起

27 詳細內容，參見 Gül, *Emergence of Modern Istanbul*, 98–106; F. Cânâ Bilsel, "Henri Prost's Planning Works in Istanbul (1936–1951): Transforming the Structure of a City through Master Plans and Urban Operations," and idem, "European Side of Istanbul Master Plan, 1937," both in *İmparatorluk Başkentinden*, 101–65, 245–76.

28 Dos Passos, *Orient Express*, in *Travel Books and Other Writings*, 136.

勇氣才有辦法步行穿越塔克辛廣場。

普斯特若看見其規劃最終產生的現代大雜燴，或許會感到難堪，但後來的建造商紛紛模仿他對城內不具建築重要性部分打掉重新設計的手法。[29]塔克辛廣場邊後來矗立起阿塔圖爾克文化中心（Atatürk Cultural Center），其外觀好像窗型冷氣機的背面，此外還有塔克辛馬爾馬拉飯店（Marmara Taksim）。這個空間唯一的救贖是從廣場其中一側向外蔓延的綠地，普斯特將本來設於此處、被他視為無建築價值的鄂圖曼時代軍營拆除，規劃興建一處正式公園，也就是今日的蓋齊公園（Gezi Park）。

普斯特都市計畫的實施因為二戰的來臨而暫停。普斯特於一九五一年離開都市計畫主任一職。佩拉大道因而得以保持原樣，小香榭公園附近一帶也是如此。戰後，都市改良計畫再度推動，公路深入舊城心臟地帶，鄂圖曼時代的木造房子被拆除，新建便宜的多層樓公寓街區，類似規劃經常出現在比較貧窮的城區。小香榭劇院消失了，佩拉皇宮飯店被許多更高的反射玻璃建築包圍。支持普斯特的人認為都市改造的一切損失皆出自對主計畫片面、零星的實際執行，尤其是一九五〇年代，當時的總理阿德南．曼德列斯（Adnan Menderes）很贊同使用推土機的做法。倘若伊斯坦堡在凱末爾仍在世、可親自監督時經歷革命性拆除與重建，不知道這座城市今日擁有的建築瑰寶和那些親暱、凌亂的社區會變成什麼樣子。土耳其政府直到二〇〇〇年代初期才再次以接近普斯特當年熱忱的計畫重塑伊斯坦堡——但沒有像普斯特一樣保留古老天際線。

現代性和文明是土耳其共和國初期的口號，每當本地媒體聽聞任何未能展現伊斯坦堡的世故與認真的例子，總是會勃然大怒。譬如一九二九年有一場為觀光客舉辦的大型舞會，請來妓女在火盆、水菸管和長沙發間穿梭表演肚皮舞。《國民報》撰文譴責該事件，並要求市政單位想辦法停止這類重現鄂圖曼景象的輕浮行為。「土耳其民族的社會風俗足以媲美最文明的西方民族，這般負面呈現是對土耳其民族的無禮攻擊，」該報的社論怒斥道。「共和國警察和共和國法律的存在，就是為了對付舉辦這種斂財化裝舞會的人。」[30]性交易執照不是重點，問題在於挖掘過去的舉動有辱凱末爾主義承諾的進步和革新。土耳其婦女生活改造運動對上述兩項價值的宣導更加熱誠。

29　相當諷刺的是，蓋奇公園的救贖（本來預定要重建舊軍營取而代之），成為二〇一三年夏天大規模反政府示威運動的啟發。土耳其政府堅持其公園改建計畫實是出於恢復歷史面貌的考量，一路追溯至普洛斯之前原汁原味的鄂圖曼歷史。大眾則視之為猖狂的破壞。

30　引用於“Review of the Turkish Press,” Mar.7-20, 1929, p.23, NARA, RG59, M353, Reel 77.

揭開面紗

兩名女性在伊斯坦堡街頭跳繩。

對穆斯林婦女而言，世俗國家的誕生經常被認為促成了她們從傳統和宗教中的解放。「社會生活的樣貌改變了，」著名土耳其作家、學者米娜・烏爾甘（Mîna Urgan）說。「女人不再足不出戶。她們可以和男孩出門，一起玩耍，一起吃喝。」[1]

伊斯蘭女人的頭遮從未像男人的土耳其毯帽那樣遭徹底禁止，儘管官方論述不鼓勵，並將其定位為倒退的、不文明的。[2]國家機關單位不允許使用頭巾與面紗——包括從學校到政府部會等所有機構——於是伊斯坦堡穆斯林菁英很快就改採類似歐洲其他地區的女性服裝風格。將許多穆斯林婦女與世隔絕的紗窗終於在一九三〇年被拆下，因為國家衛生法要求陰溼的公寓內部要有更多陽光照射和空氣流通。單單這項改革就終結了過去蓬勃發展的地下經濟。遊客參觀伊斯坦堡與世隔絕的女性世界的記述多如牛毛，在鄂圖曼時代，這座城市必定充斥專為易受騙歐洲遊客設計的後宮觀光——實際上，可能是偽裝成後宮的妓院。

然而，前述種種習慣在邁入二十世紀之後便開始消退。鄂圖曼時代婦女遭徹底隔絕的現象主要發生在中產或上流階級穆斯林家庭，穿戴精美面紗或使用其他遮蓋物也是如此。面紗的類型和大小不單純是篤信宗教的標記，也是女性裝飾和風格的一部分。[3]來自鄉村或勞工階級背景的婦女可能會穿戴在陌生男子面前可以拉起來遮蓋臉部的長圍巾，但完整的「察夏芙」包頭罩身長袍（*çarşaf*）——覆蓋頭、臉和衣服的一大塊圓形布料——是社會菁英妻女之間流行的時尚。穆斯林婦女乘坐僕人扛的轎子在街道穿梭的印象，或者在窗簾背後嬌羞地對路人指指點點，都屬於遙遠而且絕大部分出於想像的過去。

但凱末爾執政後所做的創舉是將婦女權利正式納入平等法制內，使穆斯林婦女理論上也成為建造共和國的一分子。受瑞士啟發的新民法廢除了一夫多妻制，終結對男人在財產繼承上的優惠待遇，以及保障婦女主動與先生離婚的權利。公眾場所騷擾被訂為刑事犯罪，一九三〇年婦女獲得市級選舉的投票權。[4]四年後，選舉權擴大到可參選大國民議會，很快的，十八名女性當選為立法者——女議員人數比同時期美國國會多超過兩倍。[5]

婦女的法定權利受到保障，但這個新興國家對於婦女在公共生活的位置持傳統守舊立場。婦女幾乎都是集體出現在新共和國的歷史書寫中，女性的個人故事則被遺留在歷史之外。當她們通常是以樣板女英雄的姿態登上歷史舞臺，譬如為民族主義理想犧牲小我，或者為報效國家選擇具愛國情操的職業。新聞報導充斥第一位女性的故事。伊斯坦堡法庭上的第一位穆斯林女律

1 Urgan, *Bir Dinozorun Anıları*, 155.
2 Mango, *Atatürk*, 434–35. *Window screens*: "Kafesler Kaldırılacak," *Cumhuriyet*, Nov. 5, 1930.
3 Ekrem, *Everyday Life in Istanbul*, 98.
4 "Kadınlara Laf Atanlar Derhal Tevkif Edilecek," *Cumhuriyet*, Sept. 10, 1929.
5 Ayten Sezer, "Türkiye'deki İlk Kadın Milletvekilleri ve Meclis'teki Çalışmaları," unpublished paper, Hacettepe University, available at www.ait.hacettepe. edu.tr/akademik/arsiv/kadin.htm#_ftn21.

師貝涵（Beyhan）哈仁姆一九二八年獲得律師資格，後來還當上了法官。[6]第一位外科醫生蘇雅德（Suad）哈仁姆一九三一年通過任命，同年還有第一位藥劑師貝琪絲（Belkıs）哈仁姆得到證照。[7]第一位女摔角手艾米恩（Emine）哈仁姆在一九三二年和膽敢接受她無限期戰帖的所有男摔跤手比賽。[8]第一位女電車車掌遲至一九四一年才出現，不過民眾對她們非常滿意，認為她們的態度比男車掌禮貌。[9]

就像貫徹凱末爾主義的原則需要時間，世界不會因為共和國單方面宣布就一夕改變，婦女權利的進展同樣無法將古老的社會習慣一筆勾銷。即便在素檀統治末期，伊斯坦堡婦女相較其他伊斯蘭社會，平均結婚年齡較晚，生育較少子女，而且對離婚的接受度較高。[10]這裡的女人在社會上已有能見度。她們參與公共娛樂。她們在小香榭公園旁的遊樂場處理生意，或在佩拉皇宮飯店的餐廳用餐。時至一九二〇年，佩拉區各家百貨公司共有三分之一以上的女性員工，縱使在金角灣以南較保守的地區，商店職員的女性占比也將近百分之二十。[11]這些女人多為和當時其他歐洲城市婦女過著類似生活的基督徒和猶太人，但在公共場合顯然也能看到相當多穆斯林女人。兩性皆能搭乘電車（不過男女乘坐區之間隔著窗簾），而列強占領期間，穆斯林男女一起出現在劇院、電影院和其他聚會場所。[12]

首批婦女組織成立於青年土耳其革命揭竿起義後不久。在恢復憲法、社會相對自由的情況下，城內改革團體如雨後春筍般興起。這類協會通常試圖藉由自我提升解放婦女，就像歐洲其他國家的婦女組織一樣。她們的領導者——大多來自鄂圖曼時代的名門世家——認為提高識字率和提供各式各樣新的教育機會，是促進女性積極參與公共生活的首要之務。

穆斯林女性知識分子參與了「土耳其壁爐運動」（Turkish Hearth movement），它由各地探討文化和時事的討論社團組成，一九一八年後演變成反占領運動的核心。她們署名出版的文章含括政策、國際事務、教育以及其他主題，此外如《婦女世界》（*Kadınlar Dünyası*）等專門雜誌也介紹女散文家和藝術家。一九一九年和二〇年的群眾集會，抗議希臘民族占領士麥拿和列強在伊斯坦堡的勢力，集會上幾位格外顯眼的女性演講者呼籲土耳其同胞一起反抗國家遭外敵蠶食鯨吞。[13]

---

6 "Review of the Turkish Press," Nov. 29–Dec. 12, 1928, p. 23, NARA, RG59, M353, Reel 77.

7 "Review of the Turkish Press," Mar. 5–18, 1931, p. 9, NARA, RG59, M1224, Reel 20; and "Review of the Turkish Press," Apr. 16–29, 1931, p. 9, NARA, RG59, M1224, Reel 20.

8 "Digest of the Turkish Press," Aug. 21–Sept. 24, 1932, p. 20, NARA, RG59, M1224, Reel 21.

9 "Tramvaylarda Kadın Biletçiler İşe Başladı," *Cumhuriyet*, Apr. 16, 1941.

10 參見 Duben and Behar, *Istanbul Households*, chapters 5 and 6.

11 Yavuz Köse, "Vertical Bazaars of Modernity: Western Department Stores and Their Staff in Istanbul (1889–1921)," in Atabaki and Brockett, eds., *Ottoman and Republican Turkish Labour History*, 102.

12 "Constantinople," p. 37, Shalikashvili Papers, HIA.

13 Yeşim Arat, "Contestation and Collaboration: Women's Struggles for Empowerment in Turkey," in Kasaba, ed., *Cambridge History of Turkey*, 391.

相較於土耳其民族主義者的自由開明理念，一戰後女性就業人數的增加可能和一項根本人口危機更有關係。一九二七年進行人口普查時，全國上下已有一百萬的寡婦，伊斯坦堡已婚婦女則有三分之一因戰爭、疾病或其他因素喪夫。[14] 成為家中經濟支柱的婦女總數超越土耳其歷史上任何時期，主要是暴力和逃難所導致。各階級、宗教信仰的婦女在政府給予她們明確許可前，早已自信且小心翼翼地接下公共事務的挑戰。伊斯坦堡促進婦女權利運動的重要組織者、土耳其婦女聯盟（Turkish Women's Union）創辦者內澤黑·穆希丁（Nezihe Muhidin），甚至在一九二三年夏天企圖成立一個婦女政黨。嚴格來說，那是土耳其第一個成立的政黨，比凱末爾的共和人民黨早了幾個月。政府拒絕登記該政黨。

伊斯坦堡婦女走在加拉達橋附近，背景是新清真寺（YENI MOSQUE）。

土耳其政治家有時宣稱婦女本身是女性進步的主要障礙。在狹隘視野的拖累下，她們未能把握民法變革所創造的新機會。「土耳其婦女社團的職責首先是說服多數土耳其婦女接受她們應該享有的權利，」一九二七年《國民報》的社論寫道。「這些社團在投入組織政治活動和與男人鬥爭之前，應該先把注意力放在其他婦女身上，和這些婦女所透露的原始心態作戰。」[15]

社會上時常反覆出現以下論點：婦女取得的所有進展都是國家贈與的慈善禮物；所有不足都是她們自做自受。土耳其政府甚至有半官方的發聲管道專門傳達這個論點。雅菲特・伊楠（Afet İnan）是凱末爾領養的女兒之一，她成為土耳其一黨獨大政府的首席女性發言人。她的成長背景和很多共和國菁英分子一樣，生於薩隆尼卡，到伊斯坦堡的法語學校念書，然後出社會在布爾薩（Bursa）當老師。一九二〇年代中期，她獲得凱末爾的保護與幫助，一九三〇年代到日內瓦大學念書，作為一個實踐社會學家，她運用學術訓練塑造對總統的個人崇拜。她是貫徹凱末爾主義政治理念的頭號支持者，而且參與編纂革命對婦女解放的貢獻的官方歷史。[16]

其他女人沒那麼幸運。穆希丁的婦女組織在一九三〇年代政府削弱民間公民協會的行動中被解散。不過即便在當時，人們還認為政府日後或許會放棄凱末爾主義愈來愈狹隘的路線。關於這

14 Shorter, "Population of Turkey," 431, 433fn.
15 引用於 Crosby to Secretary of State, July 18, 1927, p. 4, NARA, RG59, M353, Reel 22.
16 雅妃特・伊楠的討論，參見 Yeşim Arat, "Nation Building and Feminism in Early Republican Turkey," in Kerslake, Öktem, and Robins, eds., *Turkey's Engagement with Modernity*, 38–51.

樣的可能性，最棒的例子莫過於一九一九年站在藍色清真寺周邊的歡呼群眾面前的一名婦女，她嚴厲撻伐列強占領，並敦促伊斯坦堡居民和民族主義者堅定地站在一起。這是頭一遭、也是最後一次有女人在土耳其歷史的關鍵時刻發表如此重要的政治言論。

＊＊＊

倘若想認識晚期鄂圖曼帝國的樂觀主義——認為伊斯蘭、現代性和帝國復興能夠和諧結合的希望——哈莉黛．埃迪布會是很好的切入點。她代表舊帝國所能生產的最優秀的一切。一八八四年她出生在一個受人尊重的鄂圖曼家庭，她從小在博斯普魯斯海峽旁綠意盎然的環境成長，首先在素檀耶爾德茲宮周圍的樹林附近，然後搬到亞洲岸的於斯屈達爾區。家族別墅爬滿紫藤，有座花園露臺，四周環繞由金合歡和果園高低交錯的樹木。[17]鴿子乘著舒適的微風低俯，獅子造型的小噴泉朝著活水泳池吐水。

她的父親埃迪布貝伊鍾愛鄂圖曼帝國，是阿布杜哈米德二世親近的顧問。他娶了多個妻子，這在與他階級地位相當的穆斯林之間是習以為常的事，但在管理資產到教育子女等方面，他是根深柢固的崇英者。愛上土耳其的英國旅人不勝枚舉，回到倫敦後他們吃起白黴乳酪沾蜂蜜，用安納托利亞地毯當桌布。全伊斯坦堡可能僅埃迪布貝伊家回報了這份人情。他命令家中廚師每頓正餐都要煮英國食物。

埃迪布貝伊相信英國發現了通往啟蒙和現代性的道路，並設法把這些價值傳達給他的孩子們。伍茲帕夏（Woods Pasha）——也就是亨利．伍茲（Henry Woods）海軍上將——是一名傑出的英國海軍，一八六〇年代末期，他戴著土耳其毯帽來到鄂圖曼帝國，擔任素檀海軍的資深顧問。他結識埃迪布貝伊一家，雙方成為摯友，他說自己定期見到埃迪布貝伊的女兒哈莉黛。藐視鄂圖曼時尚，哈莉黛冬天穿英國製的深藍大衣，夏天穿白色亞麻衣服。[18]在伍茲的印象中，她纖細又虛弱，但才智出眾。[19]當她大到能夠學習外語，伍茲幫她挑選英文閱讀故事。[20]埃迪布貝伊或許是聽了伍茲的建議，所以決定以非正統的方式養育哈莉黛。他把她送到學校念書。

上層階級穆斯林婦女對私人家教並不陌生，維多利亞時代英國或其他國家同時代的權貴婦女也流行聘雇家教。但把一個女孩直接送去上學，就算是女校，都是非比尋常的事。埃迪布貝伊為哈莉黛挑選了美國女子學院（American College for Girls）。這間傳教士辦的中學以全英文授課，教授科目橫跨文學到科學，是城裡為宗教少數族群提供菁英教育的主要支柱之一，學生還包括講

17 Edib, *Memoirs*, 3.
18 Edib, *Memoirs*, 23.
19 Woods, *Spunyarn*, 2:66.
20 Edib, *Memoirs*, 149.

英語的商人和外交官之女。她的同班同學有猶太人和亞美尼亞人，保加利亞人和希臘人，在這所聲譽卓著的教學機構裡，她是唯一的穆斯林。一九〇一年，她成為第一位穆斯林畢業生。

埃迪布貝伊一心想讓女兒接受良好教育，但他也是個傳統守舊派，因此他讓女兒上學的初衷在於幫助她成為更好的女人，而不是要她成為職業女強人。她一離開學校就嫁給年紀長她許多的男人沙里．澤奇（Salih Zeki），他是伊斯坦堡的一名作家和翻譯家，過去曾受雇當她的數學家教。他只比她的父親小幾歲，婚後很快在年輕太太面前擺出父親般的權威姿態。「即便用最賤價從奴隸市場買回的索卡西亞童奴，都不像我在這段關係中表現得那麼服從，」哈莉黛後來回憶道。[21]

她踏入受性別、階級和宗教局限的人生軌道：足不出戶，侍奉丈夫，在可眺望佩拉大道的公寓裡扶養兩個兒子。她給大兒子取傳統穆斯林名字，叫阿里．阿亞圖拉（Ali Ayetullah），小兒子則以日俄戰爭打敗沙皇的日本海軍元帥（按：東鄉平八郎）姓氏取名為多戈（Togo，東鄉的日語發音）。像哈莉黛和她丈夫這樣的穆斯林認為，如果傳統和現代混合得宜，鄂圖曼帝國有機會複製日本的發展道路，把工業西方遠遠甩在後頭。話雖如此，儘管她能透過國際新聞媒體掌握世界脈動，她的腦袋尚未覺醒，她說道。她經常被憂鬱的感覺吞噬，而且偶爾會精神崩潰。

一九〇八年到來。哈莉黛和眾多伊斯坦堡居民一樣熱衷於恢復憲法、重開議會。鄂圖曼帝國終於貌似擁有自己的現代歐洲革命。政治變革不是來自皇宮的陰謀造反或素檀意外死亡，而是因為勇於扛起社稷福祉的開明軍官們揭竿起義，誓死不讓帝國陷入自我毀滅。作為通曉英文的博學年輕女性，哈莉黛向知名詩人泰夫菲克・菲克雷特（Tevfik Fikret）主編的親聯合黨人報紙《回聲報》（*Tanin*）自告奮勇，欲貢獻一己之力。她受雇撰寫專欄。她不曾出現在報社辦公室——上流社會穆斯林婦女不被允許獨自出現在公眾場合，哪怕受過英語教育也不例外——但她涉足寫作與出版領域令人眼界大開。「我成了作家，」她談對青年土耳其黨人革命的反應時說道。[22]她的名氣逐漸散播，以至於定期收到不滿她專欄的死亡威脅。一九〇九年，她到埃及、英國短暫旅行，一部分是為了避開對聯合黨政府的反動。

二十多歲，哈莉黛是那個年代頗為傳統的進步人士。她認為自我改進比政治立場重要，愛國主義的價值勝過個人主義，推崇民族國家是混亂多元文化主義的解藥。她的自由開明之處在於她所屬身分——女人、穆斯林，以及突厥人——都需要從相應的壓迫者手中被解放：男人、宗教保守人士，以及她和其他土耳其同胞都認為可能對國家不忠的非穆斯林少數族群。她參與創建鄂圖曼帝國最早期的幾個婦女組織，後來成為土耳其壁爐協會的支柱，但這些組織的主要目標是透過法語和英語傳授教化課程，陶冶婦女心智。一九一〇年，她把自己的政治立場帶到私人生活中。當澤奇提議娶第二個妻子時，哈莉黛要求離婚，而他也同意了。她帶著一雙孩子搬離澤奇家。她

21 Edib, *Memoirs*, 206.

22 Edib, *Memoirs*, 260.

說，這是她這輩子第一次不再感到神經緊張。[23]

哈莉黛的創作事業大爆發。她持續寫作散文，並開始接觸故事，出版試圖打開鄂圖曼穆斯林女人眼界的小說，筆下女性既非後宮奴隸也不是志在革命的女性主義者。她開始沿著作家格卡爾普的軌道繞行，格卡爾普是土耳其民族主義頭號理論家。生於安納托利亞東南部的迪亞巴克爾（Diyarbakır），聯合黨人引發國內騷動時，格卡爾普人在薩隆尼卡，很快成為土耳其民族主義者的領航人物之一。他身形矮胖，前額有明顯的子彈舊傷，使人能夠一眼辨識出他。不過古怪的外型不妨礙他雄辯滔滔地呼籲突厥人挺身而出，將他們的民族認同從吞噬舊帝國的烈焰中拯救出來。[24]哈莉黛最終和格卡爾普分道揚鑣，她認為他的民族主義已經越界成為民族沙文主義。加入他的圈子，使她看待身分認同和土耳其未來發展問題時散發無可挑剔的遠見。一九一八年，列強占領彰顯了舊帝國的軟弱。一九一九年和一九二〇年，希臘民族奪取士麥拿，亞美尼亞人宣稱擁有東安納托利亞——最終皆獲得協約國在《色佛爾條約》背書支持——敲響鄂圖曼帝國的喪鐘。「我覺得受騙，厭倦，對一九一四年以降的一切演變深惡痛絕，」哈莉黛說道。「我意識到鄂圖曼帝國應聲倒下，而被埋在她沉重廢墟底下的不只有愛國的聯合黨領袖們……〔在〕那一刻，帝國毀滅成定局已是不爭的事實。」[25]

哈莉黛沒有見凱末爾的理由，儘管一九一八年和一九一九年兩人都在伊斯坦堡。事實上，在這個時期，身為公眾人物的她顯然比凱末爾還耀眼。參與土耳其壁爐運動使她很自然地和城裡的聯合黨地下組織有所聯繫，她的文章也將她變成帝國內最具知名度的知識分子之一。一戰期間，她嫁給第二任老公阿布杜哈克·阿德楠（Abdülhak Adnan）。矮小蒼白的阿德楠，有一副搶眼的圓框眼鏡和赫赫有名的幽默感，除了是著名聯合黨人，也是醫生和作家。[26]他在一戰期間服務於紅新月會（Red Crescent Society），擔任高級主管，後來被交付主管伊斯坦堡公共衛生的責任——有鑑於斑疹傷寒和其他疾病頻繁爆發，這是相當重要的職位。

阿德楠和哈莉黛的結合相當罕見：同為公眾人物且積極參與民族運動的一對丈夫與妻子。他們在日漸茁壯的反列強占領勢力占據核心地位。哈莉黛後來回憶在一九一九年，「突然間，我不再以一個個體的身分存在：我在工作、寫作、生活上都成為民族狂熱的一分子。」[27]那個夏天，她受邀向聚集在藍色清真寺外抗議希臘民族入侵的群眾演講——在場約有二十萬人。[28]她覺得自己立刻就和眼前的群眾產生一種共鳴。她終於成為她這輩子努力不懈想要變成的角色：一位在國家危急存亡之秋為偉大理想奮鬥的公共領袖。「弟兄和孩子們，請聽我說，」她說道。

---

23 Edib, *Memoirs*, 275.
24 Edib, *Memoirs*, 217.
25 Edib, *Turkish Ordeal*, 3.
26 Biographical sketch of Adnan Bey in Dolbeare to Secretary of State, Jan. 3, 1923, p. 1, NARA, RG59, M353, Reel 21.
27 Edib, *Turkish Ordeal*, 23.
28 Edib, *Turkish Ordeal*, 31.

政府是我們的敵人，人民是我們的朋友，我們的力量來自內心渴望的正義反抗。不久的將來，全國人民都會得到應有的權利。當那天到來，請帶著你手中的旗子，到那些為美好理想奮戰、犧牲的同胞弟兄墓前致意。現請跟我一起發誓：「我等將持續保有珍貴的崇高情感直到人民權利得到保障。」[29]

「我等發誓！」現場群眾齊呼。這不僅是土耳其民族主義歷史發展的分水嶺，也是土耳其婦女的轉捩點。過去沒有任何女性扮演如此耀眼、政治立場鮮明的角色，更不用說她是一個穆斯林婦女。哈莉黛金色髮絲仍然隱藏在貞潔頭巾底下。

隔年春天，凱末爾的軍事行動雛形在中安納托利亞日漸茁壯，哈莉黛和眾多穆斯林知識分子、行動主義者以及政治人物一同投效東部的民族主義運動。倘若她和阿德楠留在伊斯坦堡，他們肯定會被英國當局以煽動叛亂的民族主義者為由，逮捕並遣送至馬爾他。兩人很快和凱末爾一起榮登鄂圖曼議會的死刑名單。民族主義者對於遭判處死刑感到驕傲，就像獲頒榮耀勳章一樣。鄂圖曼政府的權力幾乎出不了皇宮和伊斯坦堡議會建築，越往東向安納托利亞更是無以為繼。哈莉黛和阿德楠抵達安卡拉時，凱末爾到火車站接待他們，他將手借給正要從車廂下到月臺的哈莉黛。[30]

安卡拉歡欣鼓舞，每天都有更多支持者湧進，大家相信一個從無到有的全新國家即將誕生

——更平等、更公義、更致力於幫助土耳其擺脫外國入侵者。作家和記者的背景，使哈莉黛成為新興民族主義新聞媒體的重要人物。她和從伊斯坦堡前往安卡拉的另一位著名作家、編輯俞努斯・納迪（Yunus Nadi）聯手成立安納托利亞新聞社（Anatolian News Agency），不久後便成為民族主義勢力的喉舌，繼而演變成土耳其政府的官方新聞辦公室。

和希臘民族戰事如火如荼之際，哈莉黛報名成為民族主義軍隊的一分子。她成為一名下士——儘管民族主義者承諾解放婦女，他們無法接受女性軍官的存在——穿著特別設計的外套搭配長裙和暗色伊斯蘭頭巾站在凱末爾身旁。她親眼目睹薩卡里亞的決定性戰役，陪伴總指揮在一九二二年九月以戰勝者之姿進入士麥拿。「我盡情欣賞大海，」她寫道，「並為我未來的生活想像一個美好藍圖：一個距離安哥拉〔安卡拉〕不遠的鄉村住所，屋內有壁爐裡不停止燒柴，爐前擺張灰色羊皮地毯，好讓我能躺在上面做夢。」[31]

然而，響亮名聲使她根本沒時間做夢。她將自己的經歷編織進新的系列小說，出版於土耳其民族主義者占據士麥拿不久後。這系列小說及其他作品成為新興獨立戰爭文學最先樹立起來的骨幹支柱，共和國時代新文學類型的第一批果實，受到反占領運動的啟發，提供戰爭光榮與血

29 Edib, *Turkish Ordeal*, 33ff.
30 Edib, *Turkish Ordeal*, 127.
31 Edib, *Turkish Ordeal*, 381.

腥的第一手記敘。後來，當土耳其觀眾在一九二〇年代湧進電影院，欣賞堪稱最早的土耳其製電影，他們在大銀幕看的其中一個傳奇故事，就是改編自她描述解放鬥爭的暢銷小說《火焰之衣》（*Shirt of Flame*），由厄圖果執導。

哈莉黛和阿德楠相信自己對共和國的創建有重要貢獻。阿德楠是大國民議會的副主席——政治權力僅次於擔任議會主席的凱末爾——也是民族主義政府內的主要外交決策者之一。一九二二年末期，他和哈莉黛回到伊斯坦堡。他們離開這座城市兩年，但被塞進那段時期的折磨和渴望彷彿有兩個世紀之多，她這麼說。[32]阿德楠得到高級官員的頭銜，接手上一任密使雷飛帕夏的職責，類似從列強占領過渡到民族主義政權期間的市長。他代表大國民議會出席在多爾瑪巴赫切宮舉行的交接儀式，哈靈頓將軍對土耳其國旗敬禮，然後永遠地離開了這個城市，結束列強占領時期。哈莉黛發揮的作用比較不正式，但作為一個小說家、公眾人物而且勇敢直言的女性主義者，她的名字在新共和國菁英萬神殿裡特別突出。一份美國外交報告毫不含糊地評估了這對夫婦：「醫師阿德楠貝伊是目前共和人民黨政府的領袖之一，但一般認為他的地位來自其妻超凡出眾的特質，無關乎他本身的才幹。」[33]

當她和阿德楠張羅起伊斯坦堡的新家，他們都覺得未來仍是未定數。「我曾見過、走過一片土地，上頭充斥著受傷的心和殘酷回憶，我曾活在一個年代，那時政治人物玩弄人心宛如牌桌上的賭客，」她寫道。「過去我夢想民族主義能夠創造由美麗、理解和愛組成的樂土，我只見到相互屠殺和相互憎恨；我只見到理想被當作創造人類牢籠和悲慘苦難的工具。」[34]

哈莉黛這一輩的成年生活接連經歷青年土耳其黨革命、第一次世界大戰以及獨立戰爭，共和國承諾將中止這漫無止盡的不和諧時期。她發現，政府很快就食言了。凱末爾情願收買地方軍閥，他對任何形式的分歧愈來愈心生疑慮，並成立獨立法庭懲罰公開反對者與沉默的異議者——一切都和哈莉黛試圖創造的世界相牴觸。凱末爾愈來愈像獨裁者，他創立的共和人民黨愈來愈像唯一獲官方許可的治理工具。她深信，獨立戰爭是關於人民奮鬥的戰爭，沒有哪個人足以代表集體人民對自由的渴望。「人民為守護其自由的犧牲永遠是一個集合總數，」她在回憶錄裡寫道。[35]

他們的老同事一個個接著離開。公開和凱末爾決裂的人受到審判。其他人則退出公共生活，安靜地把權力交給一黨專政的國家。一九二六年，哈莉黛和阿德楠決定離開伊斯坦堡，也就是土耳其新民法確立女性平權的那一年。就像當年逃離英國控制的伊斯坦堡，他們這次離開的時機也掌握得剛剛好。隔年，凱末爾發表了總長度三十六小時的〈告青年同胞書〉（Nutuk）演說，這場談話透過詆毀敵人並將自己放到敘事中心，改寫了獨立之路奮鬥史。政治立場的歧異如今被提升

32 Edib, *Turkish Ordeal*, 404.
33 Dolbeare to Secretary of State, Jan. 3, 1923, p. 1.
34 Edib, *Memoirs*, 275–76.
35 Edib, *Turkish Ordeal*, 407.

為真相與叛國的層次。哈莉黛成為攻擊對象，被控提倡土耳其成為外國政府的保護國——或許是英國，也可以是美國——而不支持全面獨立。指控完全是空穴來風，但足以將她從共和國建國神話中除名。

哈莉黛在海外動筆撰寫個人回憶錄，提供某種共和國初期的非傳統歷史論述。第一次在一九二〇年代末期以英文出版，對土耳其幾乎沒造成衝擊。她和阿德楠以政治流亡學者的身分在巴黎和紐約教書維生，接受偶發的客座教授聘任邀請，在課堂上回顧對學生們而言事不關己的昔日戰役。當共和國的穆斯林婦女接受各種新權利——脫下面紗頭巾四處走動，成為醫生和教授，最後獲得投票權並進軍議會——為婦女福祉奮戰的主要鬥士之一已不在國內見證這些改變。

直到一九三八年凱末爾死後，哈莉黛和阿德楠才回到伊斯坦堡。二戰後多黨民主制度化，她曾短暫任事議會。但多年流亡使她變成政治局外人。她參與了共和國的誕生，但她錯過共和國艱苦的青春期。她某種程度上結束了自己的事業，重返在埃迪布貝伊博斯普魯斯別墅度過的童年生活。她成為伊斯坦堡大學英語系主任——該機構第一位女性教授——將莎士比亞的作品翻譯為土耳其文。她翻譯的《科利奧蘭納斯》（*Corniolamus*），關於戰爭英雄成為暴君，然後從流亡走向復仇之路的故事，至今仍受人稱頌。

哈莉黛早年相信拯救帝國為時未晚，她認為鄂圖曼是素檀諸多子民無論信仰為何都能安身立命的國家。戰爭和占領的經驗使她轉而擁抱民族主義。她相信土耳其人需要一個自治國家，但她的民族主義帶有世界主義內涵。她說，歷史和文化促使土耳其人成為伊斯蘭世界的新教徒——改革，務實，並致力於將清真寺代表的宗教力量與國家分離。[36]當一個好的民族主者需要自知，想要擁抱國家先要學會如何批評國家。「當我學會用開放胸襟去愛自己人並試著了解他們的美德與過錯之後，我才真正了解其他人的痛苦和快樂，以及他們生活中展現的民族性格，」她寫道。[37]即便在當時，性別仍然深刻影響人民實際的行為舉止。儘管共和國時代高聲疾呼推動平權，實現民族主義的政治運動幾乎總是男人之間的遊戲。「婦女，」她喜歡說，「自成一國。」[38]

權利在哈莉黛眼中的存在無庸置疑，只是等待社會去承認。它們的存在不是來自准許或授予，而是終於被接受並認可，譬如婦女卸下遮蔽大眾目光、讓生活理想失去色彩的面紗。在戰場上和示威群眾前，很容易夢想有一天穆斯林婦女能發展出女性主義，強壯且自信地與男人平起平坐，幾乎看不到過去宗教和傳統加諸在她們身上的限制。婦女成就將繼續被當作共和國迅速前進的證據而為人稱頌，但婦女再次像昔日哈莉黛．埃迪布獨立為公共議題發聲，還要再等上數十年。

36 Edib, *Turkey Faces West*, 209–10.
37 Edib, *Memoirs*, 326.
38 Edib, *Conflict of East and West in Turkey*, 235.

活得像隻松鼠

加拉達橋上的抗議遊行。

一九二七年後，凱末爾的〈告青年同胞書〉成為共和國歷史的初稿，以及詮釋帝國終結與土耳其民族國家誕生的基本素材。土耳其史家直到過去幾年，才開始質疑共和國對許多事件的片面說詞。認識革命規模和各種難題的最佳管道是作家納辛．辛克美（Nâzım Hikmet）精彩的長詩《祖國的面容》（*Human Landscapes from My Country*），不是政治演講或教科書。辛克美一九四一年在布爾薩的獄中撰寫《祖國的面容》，從伊斯坦堡到布爾薩要花數小時橫越馬爾馬拉海。這篇詩作有一萬七千行，是辛克美解釋後帝國時代起源的巨大畫布，從被捲入獨立戰爭和土耳其共和國創建的平凡百姓的觀點娓娓道來。

詩的鏡頭橫搖過海達爾帕夏車站，穿黑緞學生制服的伊斯坦堡女孩們經過車站，接著畫面一頭栽進戰火和饑饉猖獗的安納托利亞。不過，這不是值得稱頌的奮鬥故事。有個女人勸說道：

「女孩，」她說，「妳還年輕——
長大，
結婚，
生兒育女，
然後我會問你
戰爭是什麼。」[1]

故事中的主角是竊賊、農民、作家和普通士兵，穿越現代土耳其歷史舞臺上的一批絕妙角色——或者應該說，他們是作家鏡頭緩慢掃過安納托利亞高原所捕捉到的角色。辛克美職業生涯早期原本是負責替導演厄圖果和伊派奇兄弟經營的製片公司寫劇本，他們的電影在佩拉大道各大戲院播映總是場場爆滿。他把《祖國的面容》當作某種總體藝術，運用了拍攝電影以及寫作詩歌散文等種種技巧。他使用橫搖、變焦和定格鏡頭，新詩和敘事詩，以及包含自傳、奇幻乃至民俗書寫在內的一切文學形式。《祖國的面容》是人和多元化世界的記述，截然不同於凱末爾主義宣揚的單一化思想體系。它可能算是有關土耳其從帝國邁向共和國至今最具創意且細嚼慢嚥的評估，這段另類歷史平行存在於凱末爾必然勝利的標準故事和他構思的狹隘現代化之外。

土耳其作家們在共和國初期已經擺脫保守的鄂圖曼詩歌傳統。共和國的文學景象混合民族贊歌、對鄉村文化的懷舊稱頌，以及日常生活史詩，經常以民族解放和戰後的國內鬥爭為故事背景。但當其他土耳其作家思索如何寫作詩歌時，辛克美想的卻是詩歌能夠發揮什麼作用——藝術是否有可能在反映現實的同時進一步塑造社會生活。

在為土耳其文學引進現代性的貢獻方面，沒有任何一個人能夠與辛克美並駕齊驅，今天他被視為土耳其的國民詩人。伊斯坦堡卡迪寇伊區有間以他命名的文化中心，內有蔭涼的花園中庭和

---

1 Hikmet, *Human Landscapes*, 72.

藝術家攤位，是激進的大學生老知識分子喜歡聚會的場所。然而，鮮少有國民詩人在事實如此不受歡迎。辛克美成年生活大半都在土耳其獄中度過。他最終遭土耳其政府褫奪公權。死後他的遺體未葬在伊斯坦堡或是土耳其境內。

原因是，在一個奉革命主義為圭臬的國家，辛克美勾勒的革命熱忱一直被視為誤入歧途。他勾勒的是土耳其完美體現的那種現代性：安靜的社會主義幽靈。左派對土耳其民族主義的批評始終存在於政治世界，即便這些批評誠如其他反對勢力，大多來自地下組織。一九三〇年一份外交報告指出，政府在正常情況下的立場是假設「任何不滿意土耳其共和制的人一定信奉共產主義，而且很可能是間諜」。[2]一黨專政的政治體系意味著沒有表達左派觀點的合法管道，還要再過數十年——直到一九七〇年代——知識分子才能夠公開地宣揚社會主義的理想。即便到那個時候，政治當局仍將社會主義運動者歸類在政治光譜的重大國內威脅那端。和凱末爾主義的所有敵人都一樣，當局鍥而不捨地將社會主義摒除在國家歷史書寫之外。

辛克美和那個時代的諸多著名人士一樣生長於薩隆尼卡。他大約在一九〇二年誕生——他始終不確定自己的出生日期——成為一鄂圖曼地方官員家族的後代。[3]他母親的家族出了許多成就斐然的軍人和學者，族譜可一路追溯至一位胡格諾教派的孤兒和一位皈依伊斯蘭教並加入鄂圖曼軍隊的波蘭伯爵。他的母親加利利哈仁姆是事業有成的藝術家，帝國最早出現的女性畫家之一。他的其中一個祖父在鄂圖曼外交部工作，是當地顯赫的聯合黨人。

希臘民族在一九一二年拿下薩隆尼卡時，他們得到了鄂圖曼省城海港，但五年後這裡幾乎被大火夷為平地。可是伊斯坦堡因而得到新的靈魂。成千穆斯林家庭離開薩隆尼卡前往帝國首都，他們擁有歐洲人的理智，並且追求後來形塑了土耳其第一代共和國菁英的進步思想。在希臘民族政府的治理下，辛克美貝伊（按：納辛父親）的官位顯然不保，於是他們也舉家搬遷到伊斯坦堡。他讓年級還小的納辛就學於名校加拉塔薩雷高中，然後再逼他去念馬爾馬拉海上雷貝里島（Heybeliada）的鄂圖曼海軍學院，他開始寫詩，讓自己抽離無止盡的液壓和航海練習。後來他因為久病不癒的肺病退役，在戰場外旁觀一戰。英國戰艦壯麗號駛進伊斯坦堡宣布列強占領時期到來的時候，他就在城裡。

辛克美年紀太輕沒能在青年土耳其革命占有一席之地，同時身體又太虛弱，所以沒有在一戰期間被國家動員參戰，但當消息傳來，說凱末爾率領的政府已一步步反攻伊斯坦堡，他選擇和諸多同年齡與社會階層的人一樣，動身前往安卡拉。他和友人瓦拉・努瑞丁（Vâlâ Nureddin）結伴，在一九二一年初抵達安卡拉並投效凱末爾勢力，成為革命軍隊的步兵。

沒有太多實用技能，而且欠缺軍隊人脈關係——畢竟獨立戰爭的領袖人物全都是曾參與加里

2 "Review of the Turkish Press," Mar. 19–Apr. 16, 1930, p. 16, NARA, RG59, M1224, Reel 20.

3 此處的傳記生平細節，我仰賴兩份重要研究Blasing, *Nâzım Hikmet*，以及Göksu and Timms, *Romantic Communist*.

波利和其他戰役的資深軍官——辛克美不久後被派到偏遠村莊教書。他可以藉由教育人民從底層推動革命——對民族奮鬥有意義的貢獻，但這不完全符合辛克美期待自己在塑造新世界過程中扮演的角色。他想要站到奮鬥的最前線，而不是負責後防線。

來到安納托利亞僅數月後，他把注意力轉回北方，關心起俄羅斯和那裡可能正在發生的轉變。辛克美在前往加入凱末爾軍隊的途中接觸到社會主義，但充其量不過是和比他多讀了些馬克思主義宣傳冊子的人聊天罷了。支持右派就是支持跟不上時代的素檀和外國勢力占領，他如此相信。支持左派就是重視解放和民族再生。他對馬克思只有粗淺認識，但他就算識不得太多高深理論也了解獨立戰爭已踏上的方向——偏離革命之本，並朝向鞏固凱末爾及其親近支持者的權力。

* * *

對許多人而言，革命社會主義和土耳其民族主義曾經看似同屬歐亞邊界反帝國主義起義的兩股勢力。支持凱末爾的民族主義者和布爾什維克之間的關係「可能是今日近東地區最重要運動之一的核心，」美國高級專員布里斯托一九二一年向上呈報道。[4]伊斯坦堡無疑見證雙方精彩的首次交鋒。列強警察嚴格看守城內傳聞的祕密小組。身無分文的俄語族群如此龐大，官員相信把絕望的白軍變成紅軍是易如反掌的事。嫌疑特務遭逮捕是常有的事。[5]協約國警察甚至拘留了參加貝立茲（Berlitz）土語培訓課程的俄羅斯人，擔心他們可能是想要溫習當地語言的布爾什維克祕密間諜。[6]根據美國情報消息指出，布爾什維克曾經嘗試說服凱末爾帶領土耳其正式加入蘇聯，然後由他出任該國聯邦主席。[7]如果真有此事，凱末爾默不吭聲地放棄這個職位。

布爾什維克俄羅斯和土耳其確實有特定的共通之處。兩者皆強調國家應該發揮推動社會與經濟轉變的角色。兩國分別摒棄羅曼諾夫王朝與鄂圖曼帝國在垮臺前為彌補往日過錯而成立的多政黨議會。他們最終理所當然地認為國家主義——政府謹慎控制經濟和社會——在單一政黨處理社會轉變的情況下，執行效果最佳。在蘇聯，這個單一政黨是共產黨，在土耳其則是共和人民黨。[8]

列寧和凱末爾也有同一套意識形態假設，不是關於革命的瑣碎細節——凱末爾視民族主義為基礎哲學，而不採用馬克思主義——而是關於如何將革命付諸行動，以及他們國家在二十世紀新國際秩序中的位置。他們倆都相信政治先鋒的概念，以及政治先鋒負有徹底重塑社會的使命。他

4 Bristol to Secretary of State, Aug. 22, 1921, NARA, RG59, M340, Reel 7.
5 Dunn, *World Alive*, 288.
6 N. N. Chebyshev, "Blizkaia Dal'," in *Konstantinopol'-Gallipoli*, 142–43.
7 Bristol to Secretary of State, July 21, 1926, p. 3, NARA, RG59, M340, Reel 8.
8 參見 Hirst, "Anti-Westernism," 有更多關於這個時期兩個體系之間互動的討論。

們對未來世界的戰略想像，殖民主義徹底消失，帝國崩塌，一批新的後革命政權將取代十九世紀的舊勢力。兩人在概念上皆不反對少數強權國家透過國際體系實現自己的意志。他們只是覺得自己的國家應該成為強權俱樂部的一員。

蘇維埃模式展現了階級戰爭和草根革命的改造力量。然而，土耳其欠缺無產階級。因為從薩隆尼卡到大馬士革之間失去了許多都市，新興共和國的農村比重甚至比鄂圖曼帝國更高。在俄羅斯——本來就以農村社會為主——列寧和托洛斯基已經證明工人不是工人革命的基本要素。革命真正需要的是一小群策動者，他們要能夠組織政黨，以被壓迫者之名奪權，在內戰中擊敗舊政權的擁護者，然後透過工業化和激進的土地改革，親手打造他們口中使革命成為可能的無產階級。凱末爾主義政府最終採納五年計畫，作為發展工業與農業的手段。國家控制的獨占事業囊括了各大產業，不過土耳其政府並未直接控制整體經濟。可是高階政府官僚都必須成為唯一合法政黨的黨員。

但兩個革命政權的友好關係，早在民族主義者將列強逐出伊斯坦堡之前就已變質。俄羅斯和土耳其數世紀來都是彼此的戰略敵人，這段深刻的歷史很難克服，尤其在當時蘇聯和土耳其自覺彼此代表為全世界受壓迫者量身打造的截然不同的現代性——前者以無產革命為基礎，後者則是民族主義革命。土耳其人在相互競爭的理念之間，選了能夠讓他們打造屬於自己的民族國家的理念，疏遠了宣揚國家徹底終結的共產主義。

不過，左派思想仍然固定出現在早期土耳其政治決策的過程中，同時也持續啟發對凱末爾主義者專政傾向感到不滿的人。土耳其共產黨一九二〇年十月由凱末爾最親近的一批軍隊袍澤創建，但這個政黨似乎成為包抄其他左派分子的主要工具。[9]事實上，同年九月，另一個競爭政黨在獨立的亞塞拜然首都巴庫（Baku）成立。該黨領袖穆斯塔法·蘇斐（Mustafa Suphi）是在巴黎成長的土耳其布爾什維克。他把自己當作共產主義宗旨傳向土耳其的自然渠道。在俄羅斯布爾什維克的幫助下，他和幾個同志在一九二〇年末從高加索地區進入安納托利亞。隔年一月，他們從港市特拉布宗（Trabzon）沿海岸線前進，然後經陸路到安卡拉。在那個時候，凱末爾作為民族運動領袖的權力地位尚未成形。蘇斐或許有意挑戰他。

後來發生的事情至今仍混沌不明，但蘇斐和十二位同夥已知的最後身影是從特拉布宗搭汽船離港。他們消失在黑海上，據信已死亡。外傳右翼共和黨人要為他們的失蹤負責——實際暗殺了政治光譜另一極端的重要對手——但凱末爾主義者明顯才是蘇斐事件的受惠者。[10]他們於是能夠巴結布爾什維克俄羅斯，不用擔心蘇斐的布爾什維克主義滲透土耳其民族主義團體。兩個共產主義政黨——蘇斐成立的名副其實真品，和凱末爾主義者設計出的冒牌貨——不久後便消失了，成

9 Mango, *Atatürk*, 293.

10 Mango, *Atatürk*, 303–4.

為民族運動演進道路上的次要注腳。

* * *

蘇斐的死深刻影響了辛克美對祖國新政權的展望。凱末爾主義者似乎早在革命開始之前就已背叛了革命。來到安納托利亞短短幾個月後，辛克美跨越邊境到高加索地區，投靠布爾什維克。他在一九二一年的秋天整裝出發，途經喬治亞港口巴統米（Batumi）——恰逢夏利卡席維利和其他喬治亞孟什維克政府支持者正逃往伊斯坦堡之際——然後搭火車抵達莫斯科。當時他十九歲。

往後他還會多次進出俄羅斯，在莫斯科和伊斯坦堡之間交替生活。他在莫斯科的詩人普希金（Alexander Pushkin）雕像下讀馬克思。[11]他在莫斯科東方勞動者共產主義大學（Communist University of the Workers of the East）念書，該機構專門對亞洲知識分子灌輸革命理念，好讓他們回到祖國後能用來推翻一切障礙。接下來三年，他浸淫在俄羅斯藝術、文學和表演之中，無論是參與實驗劇場，或創作擺脫一切節奏與韻律傳統的詩。他很可能在這段期間首創土語自由詩，創作中完全沒有鄂圖曼詩歌傳統的影子，也見不到任何波斯和阿拉伯韻文的複雜外來語。[12]一九二四年列寧去世時，辛克美到供公眾瞻仰的棺柩前守靈，加入世界上其他社會主義年輕代表悼念已故領袖的行列。

那年年底，辛克美回到伊斯坦堡。他上次離開是在蘇斐疑似溺死後不久，當時那艘船幾乎足以容納所有土耳其真正的共產主義者。如今事過境遷。街頭可見到社會主義雜誌公開販售。工人團體到俱樂部和民宅聚會。會議談論世界情勢和對抗資本主義與帝國主義的鬥爭。他開始為一份政治立場清楚顯示在刊頭的新雜誌《鐮刀鎚子》（*Orak-Çekiç*）供稿。

然而，這份相對的自由沒有持續下去。一九二五年庫德族首波叛亂後，出現一條有關公共秩序的新法。左派報社遭勒令停業。政府加強對左派分子和激進人士的監控。社會主義者紛紛被帶到大國民議會下的獨立法庭接受審判。辛克美隱匿行蹤，但還是在指控和譴責浪潮中被供出來。他雖然不在場，但被判十五年有期徒刑。

他很快離開土耳其前往莫斯科，再度成了逃亡難民。辛克美一頭栽進蘇聯首都的藝術生活裡。但伊斯坦堡畢竟是他的家鄉，離鄉背井兩年後，他試圖從高加索地區重返土耳其。他在邊境被逮捕並羈押，莫須有的罪名是企圖教唆少數族裔反對土耳其政府，完全是憑空捏造沒有事實根據的一項指控。[13]經過數個月的法律斡旋，法庭終於將獨立審判的原判決推翻，辛克美獲釋，並得以在伊斯坦堡重新安頓。

11 Blasing, *Nâzım Hikmet*, 18.
12 Blasing, *Nâzım Hikmet*, 52.
13 Blasing, *Nâzım Hikmet*, 78.

詩人受審：納辛・辛克美（左）出庭。

伊斯坦堡的知識圈密切追蹤他的案子；他獲釋時受到英雄式的歡迎，起碼在閱讀群眾之間是如此。他的詩作早已散見於土耳其各文學報刊，一九二九年春天，他在土耳其出版了第一本專書，是這十年來創作的詩選。他的作品明顯受到蘇聯詩人弗拉基米爾・馬雅可夫斯基（Vladimir Mayakovsky）創作風格的影響。此外，認識舞臺劇導演弗謝沃洛德・梅耶荷德（Vsevolod Meyerhold），形塑了他對說話節奏和敘事可能性的掌握。他兩次停留蘇聯期間的知識學習，促使他模仿起俄羅斯未來主義不連貫的詩作格式，其工業美感和文化轉型的想像。

一九二九年他還發表了第一篇長詩〈喬康達畫像和席雅武〉（La Gioconda and

Si-Ya-U），詩中達文西筆下的蒙娜麗莎愛上一名中國共產黨員，於是從羅浮宮逃跑，最後卻因親身參與革命鬥爭在上海被燒死。他成為土耳其藝文雜誌《每月畫刊》（*Resimli Ay*）的重要供稿人，緊接著在一九三〇年，伊斯坦堡的唱片經理與他接洽，想要將他詩集錄製成有聲版。從未見過辛克美的民眾如今可以在咖啡館和民宅聽到他的聲音，就像約莫同期的赫蘭特和塞妍。辛克美錄製的唱片不到一個月便銷售一空。[14]

辛克美寫作不是以小心翼翼著稱。知名度大增後，他當然更可以隨心所欲。關於公共秩序的限制性規定已經廢除，一波全新的自由主義席捲土耳其。但他攻擊資本主義，大剌剌地展現對蘇聯體系的仰慕，都使他成為政府長期監視的對象。他對土耳其文學大老的鄙視益發尖銳，尤其是那些公開宣示全心信奉凱末爾主義的老朋友，此舉為他樹立了一些敵人。

他在一九三三年被捕，一九三四年獲釋，然後一九三八年再度被捕，部分原因是王子群島雷貝里島上的海軍學院、也就是他的母校的軍校生，拜讀了他的最新作品〈謝赫．貝德爾丁史詩〉（The Epic of Sheikh Bedreddin）。這首創作拓展了詩性語言的界限，將學術散文、魔幻寫實和多元聲音相互交融，類似後來的《祖國的面容》，但〈謝赫．貝德爾丁史詩〉中明目張膽的政治訊息給他引來了新麻煩。

14 Blasing, *Nâzım Hikmet*, 93.

一四一六年，西安納托利亞爆發不利於素檀梅赫馬德一世（Mehmed I）的反抗，由一個生平不詳名叫博古魯思（Börklüce）的人和伊斯蘭神祕主義者貝德爾丁領導。兩名領袖皆宣揚各宗教與社會階級本質上都是一樣的，他們的理念吸引了當地穆斯林、基督徒和猶太人，還有不滿苛捐雜稅和封建領主的都市商人與鄉下農民。鄂圖曼當局遭遇一些困難，但最終還是敉平叛亂。他們抓到博古魯思後把他押送至以弗所（Ephesus），他在那裡被釘死在十字架上，然後綁到駱駝身上繞行整個鄉村，象徵素檀的盛怒。貝德爾丁暫時脫逃，西部黑海海岸的瘋狂森林（Mad Forrest，位於今日的保加利亞）一帶四處傳教，但他最後也落網，然後吊死。

在〈謝赫．貝德爾丁史詩〉中，辛克美顯然破壞了政治規範的約束。詩中主題包括被奉若神明的領袖行壓迫統治，以及相信僵化階層體系與令人窒息的社會傳統將逐漸消融，提供土耳其政府提出煽動叛亂指控的方便藉口。辛克美受審，被判三十五年獄中監禁。然而，和前幾次判決不一樣，這次大抵沒有轉圜餘地了。接下來十二年他被囚禁，因為他是對土耳其政府造成威脅的人，是拒絕凱末爾主義的人，而且是背叛祖國的蘇聯仰慕者。蘇聯早期是土耳其的盟友，但在二戰爆發前蠢蠢欲動的準備期已成為土耳其的區域敵人。一九五〇年他因為政治犯特赦重獲自由，多虧畢卡索、沙特和其他歐洲知識分子持續推動的國際宣傳運動。

辛克美不僅擁有許多不同的人生，而且在許多方面都是如此。私人生活方面，他和很多女人有風花雪月的戀愛關係，通常是和已婚少婦。藝術方面，他從天真的愛國者，變成輕佻的未來主義者，變成沉思的獄中詩人，變成長篇史詩的作家，然後再變成嫻熟的善感者。他的產量驚人。他的土耳其版作品全集總共有二十七冊，從一九八八年陸續出版至一九九一年完結。政治立場方面，他發自內心地忠於革命理想，但見識了史達林的共產主義後，開始緬懷起十九歲第一次造訪期間所認識的蘇聯，當時他離開正在崛起的凱末爾主義共和國，自我放逐。在被梅耶荷德或馬雅可夫斯基展現的唯美社會主義蠱惑的眾多外國人之中，辛克美是最渴望早期蘇維埃實驗年代的人之一，那時史達林和古拉格（Gulag）都還沒出現。他的弱點是同世代之間的通病：自願忽視史達林主義的可怕，緬懷那個赴俄羅斯對土耳其青少年宛若終極解放的過去。

不過，倘若辛克美有任何一貫的創作主題，那也絕對不是政治。他的主題毋寧是珍惜生活的偶然多樣性。《祖國的面容》是對世界無跡可循的讚揚——譬如在人滿為患的伊斯坦堡街頭巧遇老友，紊亂又不失吸引力——不下於對人類解放和正義的祕密召喚。他的情詩，寫給歐亞的女人，是吾人所見最感人且成熟不過於善感的作品。〈關於活著〉（On Living）寫於獄中，是對政治奮鬥之外的人生的致敬：

活著不是玩笑之事：
你必須慎重其事地過活
像隻松鼠，譬如說——

> 我的意思是不去找尋活著之外與之上的事，
> 我的意思是活著必須等於你全部的人生。[15]

出獄後，辛克美在土耳其境外四處旅遊講課——事實上，政府最終褫奪其土耳其公民權——不過他將蘇聯作為第二故鄉。那時一九二〇年代的革命勢頭早就成為往日雲煙。他是來自開發中世界的怪人，生活周遭圍繞著許多左派異議分子、前間諜和被資本主義利用殆盡的廢物，完全不知道自己的作品將來會大受歡迎。晚年的他好像某種單人嘉年華表演，盛讚蘇維埃社會主義統治時期的藝術盛放，抨擊他們在布爾喬亞式的寡頭政治中腐敗。他傳達的文學聲音來自一個凋零的前獄中罪犯，不再是早年那個寫詩的狂熱分子。就連他的情詩都散發工廠黑油和冶煉礦石的氣息。「你是礦田／我是拖拉機。／……／你是中國，／我是毛澤東的軍隊，」寫於一九五一年。[16]他在一九六三年過世，他的遺體放在蘇聯作家公會的總部供人瞻仰，然後下葬，在莫斯科新聖女公墓（Novodevichy Cemetery），和契柯夫和果戈里作伴長眠。「有些人很懂植物，有些人是魚類通，」他曾寫道。「我懂得離別。」[17]他一直埋葬在那，和伊斯坦堡相距遙遠，可能是世界上最為人稱道且仍然流落在故土之外的國民詩人。

俄羅斯革命極富魅力的影響力在一九二〇和三〇年代吸引了許多土耳其知識分子，辛克美的人生和創作將繼續啟發土耳其社會主義者，直至今日。（他的土耳其公民身分在二〇〇九年被恢復。）然而，辛克美北往蘇聯的旅程恰逢另一個俄籍革命分子南向之時，這也算是伊斯坦堡史上發生的諸多諷刺轉折之一。這人在寒冬大風中偕妻小到來——「三人合作社，」他自稱。[18]他們立刻變成伊斯坦堡最出名的俄羅斯家庭，但有別於一九二〇年弗蘭格爾領軍的船隊，這三個人不是白軍。這家的男主人曾是紅軍最高領袖之一，戴著圓眼鏡，留著翹又尖的范戴克鬍[19]。

15 "On Living," in Hikmet, *Poems of Nâzim Hikmet*, 132.
16 "You," in Hikmet, *Poems of Nazim Hikmet*, 155.
17 "Autobiography," in Hikmet, *Poems of Nazim Hikmet*, 259.
18 Trotsky, *My Life*, 547.
19 譯注：指出生在比利時的英國宮廷首席畫家安東尼・范戴克（Anthony Van Dyke, 1599-1641）。

島嶼生活

博斯普魯斯的賞賜：漁夫分類捕獲的鯖魚。

列昂・托洛斯基（Leon Trotsky）大概是伊斯坦堡的外來客中最不情願的一個。他在上岸之前，將一張字條拿給登船的海關官員。「親愛的大人，」他寫道，紙條問候的對象是凱末爾。「在君士坦丁堡的門戶前，我有幸告知您，來到土耳其邊界並非我的選擇，因此若非受武力制伏，我不會跨越此邊界。我請求您，總統先生，請接受我適時的感傷。」[1]

紙條上注明的日期是一九二九年二月十二日。那是史上數一數二寒冷的冬天。[2]電車需要人力挖掘才能從雪堆脫困。狼群出沒距離市中心較遠的社區，渡輪一百多年來首次被迫停泊在碼頭，避開博斯普魯斯海峽流動的浮冰。從巴黎出發的火車連續好幾天受困雪堆，啟發阿嘉莎・克莉絲蒂寫出《東方快車謀殺案》。托洛斯基和妻子娜塔莉雅・謝多娃（Natalya Sedova）過去二十二天也是在火車上度過，從哈薩克緩慢西行三千多英里後抵達敖得薩的港口。[3]因為遭史達林整肅驅逐到蘇聯邊疆，這家人兩年來都在中亞地區過著境內流放的生活。

儘管托洛斯基是布爾什維克革命的催生者之一——不僅是列寧的親密戰友，也是俄羅斯內戰期間的紅軍領袖——一九二四年列寧去世讓史達林的野心有機可趁。史達林多年來只是布爾什維克菁英的邊緣角色，但到了一九二〇年代，他的權力已足夠撂倒托洛斯基。在史達林影響範圍之外，托洛斯基不僅擁有最多追隨者，同時也是最有資格繼承列寧成為蘇聯領袖的人選。國家政治保衛總局（OGPU，蘇聯祕密警察）接獲史達林命令，先押送托洛斯基和妻子謝多娃到多風的哈薩克平原。[4]接著，在敖得薩待命的警察監督這家人移送至汽船伊里奇號，船上除了托洛斯基夫婦和他們的兒子李歐瓦（Lyova），沒有貨櫃和平民乘客，航行的目的地是伊斯坦堡。土耳其同意讓這家人進到國土，但不是出於同情托洛斯基的政治立場。原因恰好相反：事實證據顯示，一九二〇年代末期，土耳其政府相信自己採納了蘇維埃模式最有價值的部分，同時成功抵禦蘇維埃的直接影響。

無論如何，蘇聯當局有意監控他們最出名的流放者。托洛斯基在張羅住房時受到蘇聯大使館周全的禮遇。大使館將使館建築一側清空，作為他們接下來幾個星期的落腳處。國家政治保衛總局伊斯坦堡代表雅可夫・明斯基（Yakov Minsky），負責嚴密看管托洛斯基，並幫助他們一家找到長期住宅。托洛斯基對自己受到的貴賓禮遇感到納悶，畢竟這些招待來自一個正式控訴他在境外從事反革命活動並密謀推翻國家的政府。[5]政府允許他寫陳情書給《紐約時報》和其他西方報

1 Trotsky, *My Life*, 565–66.

2 "Review of the Turkish Press," Feb. 21–Mar. 6, 1929, p. 21, NARA, RG59, M353, Reel 77; "Dün Kar Tipisi Şehrin Umumi Hayatını Durdurdu," *Cumhuriyet*, Feb. 3, 1929; "Fırtına İstanbulu Kasıp Kavurdu!" *Cumhuriyet*, Feb. 4, 1929; "Kar Afeti Bugün De Devam Edecek," *Cumhuriyet*, Feb. 5, 1929.

3 Trotsky, *My Life*, 566.

4 蘇聯主要特務組織名稱不斷更迭，從契卡（Cheka）或稱全俄肅反委員會，到簡稱ＫＧＢ的國家安全委員會。幾乎整個一九二〇年代至一九三〇年代早期，蘇聯情報單位的名稱都是國家政治保衛總局，簡稱ＯＧＰＵ。

5 Agabekov, *OGPU*, 225–26.

紙，更是令人匪夷所思。不過，大家都不認為他的困境會持續很久，托洛斯基本人尤其不這麼認為。他在脅迫之下抵達這座城市，他沒有任何在此安頓的意思。

托洛斯基過去有兩次流亡的經驗，一次到西伯利亞，一次到俄羅斯北方，當時他還是沙皇統治時期的地下革命分子，因此很習慣作為一個政治流亡者必須展開新生活的概念。前兩段流亡時期最後都迎來了勝利：一九〇五年俄羅斯革命迫使沙皇成立俄羅斯議會，以及一九一七年十月革命促成布爾什維克的掌權。他完全不想留在一個他不懂當地語言的國家，他這麼告訴土耳其記者，他希望很快能拿到去德國、英國或者法國的簽證。[6]在那裡他能夠代表國際社會主義繼續政治工作，並且一邊猛攻篡位者史達林。

蘇聯人同樣以為他的土耳其流放只是暫時。伊斯坦堡有三個好處，一是距離蘇聯沿海不遠，二是屬於願意接待托洛斯基的國家，最後是不乏有興趣殺他的人。再怎麼說，佩拉區後街小巷還有很多白軍逗留，肯定有人會難以抗拒成功暗殺一名布爾什維克宿敵的可能性。蘇聯祕密警察探員明斯基，甚至對托洛斯基全盤托出正在伊斯坦堡活動的白軍和外國間諜。[7]如此或許有助於托洛斯基避開這些人。但也完全有可能是狡猾陷阱：挑起托洛斯基的好奇心，提前為污名化他本身就是一名外國間諜鋪路，就等他哪天和資本主義密探接觸。

謝多娃和李歐瓦獲准離開大使館尋找住宿，托洛斯基本人偶爾被人看見走在佩拉區的電車軌道旁，裹著厚重的禦寒衣物，兩旁是貼身警衛。明斯基對大使館收容托洛斯基一家太久感到不安，因為他害怕自己將成為史達林競爭對手實際上的房東。於是，明斯基迫不得已當起房地產仲介。他提供許多選項，但沒有一個符合托洛斯基的要求，尤其是安全性考量方面。惱怒之下，明斯基終於將這家人踢出大使館，安置到同在佩拉大道的托卡良飯店，讓謝多娃自食其力，繼續尋找他們的理想住處。[8]從飯店搬到某公寓之後，她終於在一九二九年四月底找到搭渡輪距離市中心一個半小時的住處。[9]托洛斯基在此能安全無虞地繼續寫作並從事政治工作，然後一邊計畫下一步該怎麼走。

王子群島由九個如恐龍背脊般露出馬爾馬拉海的乾燥島嶼組成，其中的大島（Büyükada）是當中面積最大的一個。大島有間女修道院過去是和皇帝發生衝突的拜占庭貴族最青睞的流亡地點。其他較小的島嶼遲至青年土耳其掌權時代仍然是垃圾場。譬如，流浪狗數世紀來危害著伊斯坦堡大眾的健康，自從一九一〇年左右起，在一連串提倡秩序和潔淨的運動中，伊斯坦堡市政府下令捉捕成千上萬隻流浪狗，然後運送到崎嶇多岩的無用島（Hayırsızada）。不同狗群分別守護自己的雨水集中池，還彼此爭奪迷鳥。許多年後，據說在寧靜的夜晚，如果南風直直吹拂，伊斯

6 "Troçki Anlatıyor," *Cumhuriyet*, Mar. 20, 1929.
7 Van Heijenoort, *With Trotsky in Exile*, 45.
8 Agabekov, *OGPU*, 226.
9 Van Heijenoort, *With Trotsky in Exile*, 6.

坦堡居民還能聽到牠們的吠叫和長嚎。[10]

鄂圖曼人自一八四〇年代開始定時發渡輪往返可住人的島嶼，在眾多島嶼之中，大島尤其是城內富商（特別是希臘人富商）之間的熱門夏日住所選擇。粉刷走廊和百葉窗的木構房屋能夠舒緩窒息的暑熱。私家汽車在當時被禁止（到今天仍是如此），因此雙馬四輪馬車負責載當地人和觀光客在島上僅有的幾條路往來穿梭。道路鋪滿厚厚一層松葉，好讓車程不那麼顛簸。盛夏時分，白色、紫色的夾竹桃和九重葛夾道，甚至從花園圍牆溢出來。順著綠葉成蔭的詹卡亞大道（Çankaya Avenue）前行，一路上都是望向湛藍海水與安納托利亞沿海低矮山丘的大幢別墅及其賓客招待所，就這樣延伸至渡輪上岸處。

和上個世紀的馬克思一樣，托洛斯基的福祉仰賴有朝一日他希望能粉碎的資本家的恩澤。不斷有土耳其富商巨賈前來幫助他展開流亡新生活，這些人或許是享受一親政治名人芳澤或討好史達林敵人的刺激感。一名前鄂圖曼高官自願把別墅的招待所出租給托洛斯基。這塊寬闊的土地位在詹卡亞大道的斜坡側，土地的盡頭是一處面海的小斷崖。「馬爾馬拉海的波浪拍打岸邊，距離我們新家僅幾步之遙，」謝多娃回憶道。「美麗的地方，開闊，祥和，背景是藍藍的海，幾乎整天沐浴在金閃閃的陽光裡。」[11]

一九三一年三月，一場火在屋內延燒，可能是故障熱水器導致。[12]據說托洛斯基狀告房東和管家要負人為疏失之責任，但解決不了眼前得找新住處的問題。[13]又一次，他們舉家搬遷——先是住進島上的一家飯店，接著搬到伊斯坦堡亞洲側莫達區的一間圍牆房屋，然後輾轉回到大島上一名土耳其船運大亨擁有的砌紅磚屋，和原住處只有一小段步行距離。[14]他們在島民口中的「拉克酒公館」（*raki köşkü*）——一間專為享用茴香口味烈酒以及欣賞北方伊斯坦堡的小屋——和李子樹和無花果樹為伍。

在他定居島上期間，托洛斯基對自己的人身安全日漸不安。城裡既有白俄移民，又有布爾什維克密探出沒，他害怕是有道理的。他隨身攜帶小型手槍，出門一定有警衛陪同。[15]像個壞脾氣老人咆哮著要小孩滾出他的土地，他會動手扯希臘正教牧首的鬍鬚，確定對方不是易容的暗殺客，或者拔槍指著連續太多天在同一地點撒網的當地漁夫。[16]

島民對島上最出名的住戶可不是太熱情。托洛斯基雇用當地守衛、園丁和僕人，但坊間流傳許多關於他古怪要求的故事：失聰的廚師，這樣他們就沒辦法洩露他和別人的談話，或者不識字

---

10 Neave, *Twenty-Six Years on the Bosphorus*, 271.
11 Serge and Trotsky, *Life and Death of Leon Trotsky*, 164.
12 Van Heijenoort, *With Trotsky in Exile*, 25.
13 "Troçki'nin Ziyanı," *Cumhuriyet*, Mar. 22, 1931.
14 Van Heijenoort, *With Trotsky in Exile*, 6–7.
15 Van Heijenoort, *With Trotsky in Exile*, 18.
16 二〇一二年八月十六日作者在大島與Fistik Ahmet Tanrıverdi的訪談。

的清潔人員，確保他們無法讀他的通信。[17]他的談話通常摻雜著挖苦諷刺。每當看到家裡的人在休息或讀書，他會呼喊道：「這就是標準的俄羅斯移民！」[18]他也有每個習慣坐擁權力之人常見的毛病：他自己給身邊的人取些奇怪的綽號，而且對他而言，綽號成了這些人的新身分。[19]

他唯一交到的朋友是當地希臘人漁夫哈拉蘭博斯（Haralambos）。他們會一起搭小船出海，身邊經常帶著警衛或賓客，然後停在海面載浮載沉，拖網捕撈或垂線釣當令的紅鯔魚和鰹魚。[20]這對釣魚拍檔出海前把船裝滿石頭，就定位後丟進海中，把魚群趕向網子裡。托洛斯基和哈拉蘭博斯以囊括土語、希語、俄語和法語的祕密語言呼喚彼此。[21]這些時候的托洛斯基似乎最活潑、最安心。「啊，傑哈同志！」他曾戲弄他的律師傑哈．羅森泰（Gérard Rosenthal），「要是你打擊資產階級跟你釣魚一樣，他們一定會長命百歲！」[22]

話雖如此，托洛斯基幾乎不曾感到真正的安全。有一次，一名小女孩——長大成為傑出的土耳其作家米娜．烏爾甘——朝船的方向游去，然後抓住船緣。[23]托洛斯基氣急敗壞地對守衛咆哮，要他把女孩趕走，並且用他的步槍底座死命地打她的手指。不過漁獲豐收的時候，他會神采奕奕地回到家，滿是靈感地以亢奮的說話速度對祕書口述寫作內容。

擺脫了蘇聯過去對他作品加諸的限制，他現在可以心口合一地闡述己見，和國際社會主義社群溝通。他開始編輯——連內容都幾乎全出自其手——一份報導反史達林主義作品的新公報。他開始寫自傳《我的生平》（*My life*），以待在哈薩克時所做的筆記為基礎；抵達伊斯坦堡幾個月內就完成了初稿。[24]他也為俄羅斯革命歷史做了初步的筆記。書約和出版案從德國和美國湧進。社論和政治文章流向渴望刊載托洛斯基對世界情勢看法的西方各大報——他「從博斯普魯斯海峽發出的怒嚎」，托洛斯基攻擊對象之一邱吉爾如此形容那些文章。[25]邱吉爾說，革命肯定結束了，當「為資本主義新聞製造鮮血的不再是炸彈，而是共產黨員，當逃難的軍火之王回憶起經歷的戰鬥，而頓失所依的行刑者在他的壁爐旁滔滔不絕、喋喋不休」。

李歐瓦被徵召擔任父親的祕書，處理潮水般的信件，並協助托洛斯基應付愈來愈多從歐亞大陸前來朝聖的客人，他們想看看伊斯坦堡——或者說是全世界——最受歡迎的過氣名人。筆跡學家來信要求手寫樣本。美以美會寫信解釋基督教的好處。占星學提供星座命盤解說。親筆簽名收藏家禮貌詢問是否可將他的簽名加到「兩位美國總統、三位重量級拳擊冠軍、愛因斯坦、林白

---

17 與Tanrıverdi的訪談。
18 Van Heijenoort, *With Trotsky in Exile*, 20.
19 Van Heijenoort, *With Trotsky in Exile*, 17.
20 Van Heijenoort, *With Trotsky in Exile*, 12.
21 "Farewell to Prinkipo," in Trotsky, *Leon Trotsky Speaks*, 273.
22 引用於Rosenthal, *Avocat de Trotsky*, 96.
23 Urgan, *Bir Dinozorun Anıları*, 155–56.
24 Serge and Trotsky, *Life and Death of Leon Trotsky*, 165.
25 Churchill, *Great Contemporaries*, 198.

（Lindbergh）上校和想當然耳的卓別林之上，」托洛斯基回憶道。[26]他後來雇用一小團隊——他把這個團隊稱作大臣——處理包含準備手稿、寫信和監看國際事務在內的工作。

托洛斯基和史達林決裂是引人注目的發展，但那僅代表世上社會主義者間更基本的分歧的一部分：仍將蘇聯視為世界革命領袖的是一派，自己摸索通往共產主義之路的是一派，還有一派相信俄羅斯實驗注定導致筋疲力竭，很快會被歐洲海外殖民地出現的新運動取代。托洛斯基如今擔起一個過去他不曾擔任的角色：世界各地對現狀不滿的激進分子——尤其是最投入永久革命和散布革命思想的那些人——都能圍在他這根柱子旁攜手共生。他和許多知名流亡者一樣變成徒具象徵的圖騰，本質上毫無權力，除了個性和所述之言的影響力。「在這座安靜且被遺忘的島嶼，大千世界的回聲傳到我們耳裡時已經遲了，聲音也減弱了，」他在日記中寫道。[27]

想像托洛斯基是大島聖人是一回事。真正見到他又是另外一回事。親赴島上的訪客最後都反對這樣的朝聖。「他給人褊狹的感覺，沒有共產主義者的胸襟，」美國詩人、政治激進分子馬克斯．伊士曼（Max Eastman）在一九三二年訪問大島。[28]伊士曼期待和對方展開社會主義理想終將勝利的深談，但他發現托洛斯基在意的都是更世俗的事物，尤其是他的財務狀況。

寫作為他創造可觀收入。一連串的新聞文章帶來了一萬美元的稿費。美國版的《我的生平》拿到七千美元的預付金。[29]《星期六晚郵》雜誌（*Saturday Evening Post*）付四萬五千美元連載他的《俄羅斯革命史》（*History of the Russian Revolution*）。但托洛斯基每個月花超過一千美元在保鑣、房租、食物和購買大量書籍，因為他的圖書館和大量革命攝影收藏都毀於第一個家的大火。[30]為節約開支，他把家具開銷降到最低，經常憂心忡忡地在幾乎空蕩蕩的房間來回踱步。[31]他任憑花園雜草叢生。他的狗托斯卡在草叢和小樹間追逐小鳥。「我們更像是在那裡露營，而不是住在那裡，」他的其中一位祕書說。[32]

伊士曼是托洛斯基的文學經紀人，托洛斯基的戶頭進帳絕大部分都是拜伊士曼所賜。但在他們談話之間，托洛斯基總是以高人一等的口氣對伊士曼說話，抱怨西方資本家吝嗇，美國出版商不肯花錢，儘管伊士曼是他的多年老友，以及美國左派的第一把交椅。托洛斯基簽了合約卻不履行義務，卑躬屈膝地請求展延。他承諾完成委託的手稿，卻出爾反爾，堅持從未這麼說。伊士曼拜訪期間，托洛斯基總是在兩人相處時試圖說服伊士曼和他合作一部關於美國內戰的舞臺劇。[33]

26 "Farewell to Prinkipo," in Trotsky, *Leon Trotsky Speaks*, 271.
27 Quoted in Deutscher, *Prophet Outcast*, 216.
28 Eastman, *Great Companions*, 154.
29 Deutscher, *Prophet Outcast*, 27.
30 Eastman, *Great Companions*, 158–59; Serge and Trotsky, *Life and Death of Leon Trotsky*, 189.
31 Rosenthal, *Avocat de Trotsky*, 72.
32 Van Heijenoort, *With Trotsky in Exile*, 11.
33 Eastman, *Great Companions*, 158–59.

托洛斯基相信這齣劇一定會叱吒百老匯，結合伊士曼的美國史知識和他自己調兵遣將與戰略布局的專長。伊士曼斥之為荒謬的點子。

托洛斯基有「支持者和下屬，」伊士曼評論道，但他沒有交真朋友的能力。[34]托洛斯基大概不會不同意。「我不以個人命運的度量標準衡量歷史進程，」他寫道。「相反的，我客觀地評價我的命運，主觀地過活，正因它和社會發展的方向密不可分。」[35]他總是說敵人就該被槍斃。[36]他是此哲學為美德，但在流亡期間認識他的人大多視之為他的招牌個人缺點，無論私底下或身為政治家皆然。他喜歡有安全措施的講臺和聚光燈令人睜不開眼的匿名感，勝過親密對談和真實約定。他不適合流亡，不是因為他失去了權力——他的政治影響力隨著史達林的崛起逐漸消散——而是因為流亡奪去了兩項使他得以活在真實世界的東西：一個可以棲息其上的綱領，以及一個有待實踐的計畫。

和白軍一樣，托洛斯基相信這兩項東西有一天會回來，只要他能離開伊斯坦堡，重新適應。在寫文章和聯絡追隨者之餘，他總是在填寫簽證申請書。德國拒絕讓他入境，荷蘭、義大利、奧地利和西班牙也都不願發簽證給他。丹麥僅同意他短暫停留哥本哈根。英國社會主義者席尼和碧翠絲．韋伯夫婦是倫敦政經學院的創辦人，他們在托洛斯基落腳大島兩個月後登門拜訪，但就連他們都未能說服當時由工黨執掌的英國政府給他入境許可。[37]托洛斯基給《我的生平》最後一章下了冷嘲式的挖苦標題〈沒有簽證的星球〉（The Planet Without a Visa）。

終於，拜法國社會主義者出面說情所賜，他取得政治庇護，得以避居南法，但附加條件是不得訪問巴黎，並接受不間斷的警察監控。根據托洛斯基優秀的傳記作家艾薩克・多伊徹（Isaac Deutscher）表示，綜觀整個流亡經歷，他在伊斯坦堡度過了最平靜、最具創造性和「最不痛苦」的歲月。[38]托洛斯基的日記記錄了在大島的最後時光：「房子幾乎清空了；年輕人墊著木箱忙碌地釘釘子。[39]我們的別墅老舊又疏於照顧，今年春天家中地板用成分不明的塗料裝飾到現在都過了四個月，但桌腳、椅腳甚至人腳還是會和地板稍微沾黏。」他不放棄使用如此粗糙的隱喻。他覺得自己的腳莫名地被這座島嶼黏住。他在那裡變老了。他的髮鬢漸白，額頭滿布溝壑。[40]心臟毛病和痛風找上門。[41]一九三三年七月，他和謝多娃——李歐瓦已經搬到柏林——最後一次走在詹卡亞大道，然後登上前往法國馬賽（Marseille）的小船。

---

34 Eastman, *Heroes I Have Known*, 248.
35 Trotsky, *My Life*, 581–82.
36 Van Heijenoort, *With Trotsky in Exile*, 42.
37 Trotsky, *My Life*, 577.
38 Deutscher, *Prophet Outcast*, 217.
39 "Farewell to Prinkipo," in Trotsky, *Leon Trotsky Speaks*, 272.
40 Van Heijenoort, *With Trotsky in Exile*, 41.
41 Memorandum, Mar. 19, 1930, LTEP, Item 15742.

托洛斯基結束了土耳其流亡，正在邁向新生活的路上，他會先到法國，然後是挪威，最後是墨西哥城（Mexico City）的科約阿坎（Coyoacán）行政區。他和謝多娃帶著新發放的土耳其護照，這本護照說明了他們的情況。「此護照持有人，」第一頁宣稱，「不受土耳其政府之保護。」[42]當他搭的船沿著大島海岸前進，經過那間二樓被燒得焦黑的他在土耳其的第一個家，然後航向無垠海洋，他的處境比過去任何時候更危險。從某方面來看，伊斯坦堡將跟隨著他。

* * *

一九二〇年代初期，帕索斯從客房下樓走到佩拉皇宮飯店的大廳時，發現那裡一團混亂。[43]在賓客休息室，希臘民族、義大利和法國的憲兵們試圖和彼此對話，但每個人都說著自己的語言。有個英國議員喝著雞尾酒，試圖對一名士兵說明某件事。行李生和門僮將一名戴阿斯特拉罕帽、著長大衣的男子抬出飯店，留下馬賽克拼貼地板上的一攤血泊和一張被血漬玷污的長絨毛紅色扶手椅。飯店來回走動，額頭冒出斗大的汗珠，想要了解剛剛發生了什麼事。有個人說，亞塞拜然的特使方才遇刺，槍手是個留鬍子的亞美尼亞人。另外一個人說，應該是個鬍子刮乾淨的布爾什維克，那人走到門廊，一槍斃命。與此同時，一名侍者懇求客人們趕緊付帳。

這在列強占領期間和過後都不是難得一見的景象。密謀策畫彷彿這座城市的某種流行。伊斯坦堡本身及其近郊住了太多俄羅斯人，導致城市淪為俄羅斯人解決內部紛爭的戰場，同時也成為布爾什維克特務的潛在目標。一九二一年十月，弗蘭格爾的家用帆船盧庫魯斯號（*Lucullus*）下錨停在博斯普魯斯海峽上時，被一艘汽艇衝撞沉沒。很可能是一樁暗殺策畫，將軍和他的妻子因為當時不在船上，幸運躲過一劫。佩拉皇宮飯店的客人當中有個姓庫茲涅索夫（Kuznetsov）的男子，據悉是布爾什維克政治宣傳的籌劃核心，最重要的任務是讓哥薩克人和其他白俄移民轉而支持共產主義理想。[44]

「博斯普魯斯海峽是所有歐洲戰爭騙子和間諜的垃圾場，」美國海軍軍官鄧恩說。[45]佩拉皇宮飯店和墓園街是從事情蒐競賽的外國人和當地人自然而然的聚集地。英國大使館位在這條街的一端，門口永遠都有一名土耳其警察駐點指揮往來佩拉大道的車輛。再往前面一點是以前的小香榭公園，旁邊有小香榭劇院和幾間夜總會。公園和佩拉皇宮飯店比鄰，飯店再過去是占地不大的美國大使館。然後是ＹＭＣＡ和英國警察局。[46]列強占領期間，英國海軍情報處和英國分遣隊軍官

42 Passports of Lev Sedof and Latalya Sedov, LTEP, Item 15784.
43 Dos Passos, *Orient Express*, in *Travel Books and Other Writings*, 135.
44 Robert Imbrie, "Memorandum of Bolshevik Activities at Constantinople," Feb. 1921, p. 1, NARA, RG59, M353, Reel 20.
45 Dunn, *World Alive*, 282.
46 Dunn, *World Alive*, 282.

食堂都設在對街的一棟房子裡。普羅克特開的酒吧兼妓院則坐落在南邊那端。

即使到一九二〇年代末期，城裡外國人口大幅銳減，在佩拉區那一帶，與人談話謹慎小心並且注意街角有沒有可疑人士，仍是明智之舉。在伊斯坦堡定居需要「一點欺騙伎倆和脅迫，」托洛斯基的妻子謝多娃說。[47]托洛斯基對大島的居民而言或許是個別有陰謀的怪人，但如果真的有人士企圖對你不利，多疑妄想是合理的反應。蘇聯大使館，今天的俄羅斯邦聯總領事館，是托洛斯基當初在這座城市的第一個家，但這裡也是確保他被持續追蹤的監控系統的總部。蘇聯大使館是逐漸擴張的祕密特務網絡的中心，他們企圖將伊斯坦堡變成整個南歐和近東地區情報行動的大本營。

「君士坦丁堡有組織嚴密的間諜網絡，」國家政治保衛總局外國情報分部資深軍官喬治·阿加貝可夫（Georgy Agabekov）說。[48]阿加貝可夫宣稱伊斯坦堡內主要的反蘇聯政治難民團體，幾乎所有通訊都逃不過蘇聯的手掌心。蘇聯謹慎地在滲透敵人組織的慾望和保持行動低調不冒犯土耳其人之間取得平衡。[49]阿加貝可夫表示蘇聯成功將日本、奧地利和其他外國大使館內的告密者騙到手；攔截寄給白軍協會和托洛斯基本人的信件；收買一名亞美尼亞人主教當特務；乃至部署一個線民在托洛斯基在大島的家中。[50]然而，這一切大部分不過是狂熱的裝模作樣。特務們對於扮演狂熱的布爾什維克主義守護者感到自豪——在很多情況下，簡直驕傲過頭——並且在伊斯坦堡、巴黎、倫敦和其他城市的反情報行動中顯得格外突出——「穿俄羅斯移民裁縫量身訂製的藍色平紋西裝，昂首闊步地走動，」一名大失所望的蘇聯官員指出。[51]

阿加貝科夫本身擁有一項稱不上光榮的榮譽，他是史達林祕密警察中的第一名叛逃者，正式在伊斯坦堡的經歷使他決定跳槽。[52]在一九二九和三〇年，他在城裡負責一連串在希臘、敘利亞和巴勒斯坦的情報業務，把土耳其事務留給在大使館工作的國家政治保衛總局同僚。阿加貝科夫總是宣稱自己後來對蘇聯體系感到失望，但促使他叛逃的原因大概更為平庸。他似乎和一名年輕英國女子伊莎貝爾．史崔特（Isabel Streater）墜入愛河。最初他自己找上英國外交官投誠，但他們懷疑其中有詐，於是對他的舉動做冷處理。一九三〇年一月，阿加貝科夫和史崔特分頭逃到巴黎，她搭東方快車，他坐船渡海，終於以夫妻的身分展開新生活。

阿加貝科夫的叛逃對蘇聯造成嚴重打擊，但伊斯坦堡業務的人員變動本來就很頻繁。阿加貝

47 Trotsky, *My Life*, 567.
48 Agabekov, *OGPU*, 208.
49 Agabekov, *OGPU*, 208.
50 Agabekov, *OGPU*, 211–13.
51 Nikolai Khokhlov, *In the Name of Conscience: the Testament of a Soviet Secret Agent*, 引用於 Wilmers, *The Eitingons*, 149.
52 Agabekov, *OGPU*, 247–48; Sudoplatov, *Special Tasks*, 47–48; Brook-Shepherd, *Storm Petrels*, 107–51. 據稱蘇聯特務在一九三七或三八年暗殺阿加貝科夫，若不是在法國和西班牙邊境交界，就是在巴黎。他的屍體從未被找到。史崔特一九七一年死於紐約，本來在聯合國擔任秘書。

科夫離開前不到一年，大概一九二九年六、七月時，最初幫助托洛斯基安頓的國家政治保衛總局分站主任明斯基，身體出狀況，於是回到莫斯科。[53]該職缺由一位黑髮圓臉的特工繼任，是眾所公認討人喜歡的革命同志。他灰綠色的眼珠子和風趣舉止迷倒了一票女性同事。直至今天仍然不清楚他曾經和誰在何時結婚；他可能同時娶了好幾名女子。[54]他的官方掩護身分是蘇聯大使館的外交官。他使用的旅行文件登記名字是納烏莫夫（Naumov）。[55]上級給他取的代號為「湯姆」和「皮耶」。他的真名是列昂尼德．艾亭崗（Leonid Eitingon）。[56]

艾亭崗在許多方面都有擔任蘇聯特務的理想背景，特別是在那個壁壘分明的冷戰界線被畫出來之前的時代。[57]他的家族經過好幾代的發展，分別住在許多不同地方。艾亭崗來自著名俄羅斯—猶太人毛皮商哈依姆．艾亭崗（Chaim Eitingon）的大家庭。老艾亭崗打造了一個橫跨俄羅斯帝國和海外的毛皮貿易帝國。當俄羅斯帝國垮臺，他的家族仍然是蘇聯毛皮生意的主要管道。毛皮生意是新政權的主要財富來源。

從莫斯科到萊比錫到紐約，艾亭崗家族進出口公司平安度過俄羅斯內戰，直到一九三〇年代經濟大蕭條和史達林主義國有化關鍵產業之前始終獲利可觀。老艾亭崗的兒子麥克斯（Max）自小在富裕的中歐人和猶太人世界成長。他是一個家族在短短一世代內崛起再造的象徵，從俄羅斯猶太小村的世界邊緣打進歐洲上流世界。受醫生訓練的麥克斯後來成為佛洛伊德最早的追隨者之一，同時也是心理分析中佛洛伊德訓練的主要規劃設計者。

麥克斯的堂弟列昂尼德屬於艾亭崗大家族比較不富裕的一支。一八九九年生於今日白俄羅斯（Belarus）的莫吉廖夫州（Mogilev district），父親是小資產階級工廠主。他跟隨俄羅斯帝國日薄西山之際其他力爭上游的猶太年輕人的步伐：加入共產主義的陣營，首先他登記成為社會革命黨（Socialist Revolutionary Party）的一員，然後在布爾什維克政變後投效於托洛斯基的紅軍。內戰中，他以列寧祕密警察組織「契卡」（Cheka）成員的身分，負責在家鄉莫吉廖夫州剷除反革命分子，他毫不留情地執行任務。他是為一個嶄新的社會主義祖國戰鬥的好士兵，此外這些士兵當時也為世界革命所號召——列寧、托洛斯基和其他布爾什維克領袖都相信世界革命必然發生。

內戰結束不久後，艾亭崗接獲到中國哈爾濱進行外國情報工作的任務。哈爾濱在許多方面都像是當時東亞的伊斯坦堡。前白軍俄羅斯在這裡有為數不少的人口，他們在布爾什維克大軍橫掃舊帝國時選擇逃往東方，而不是南向。哈爾濱是像伊斯坦堡一樣的國際城市，諜報行動和陰謀策畫在此滋生，老俄羅斯文化像座小島立在一片陌生海洋之中。艾亭崗的活動——蒐集情報，將白

---

53 Agabekov, *OGPU*, 207.
54 Sudoplatov, *Special Tasks*, 33–36.
55 Agabekov, *OGPU*, 207.
56 Sudoplatov, *Special Tasks*, 31.
57 列昂尼德．艾亭崗及其親戚的家族資料來自Sudoplatov, *Special Tasks*, especially chapter 2, and Wilmers, *The Eitingons*.

軍變成布爾什維克的支持者，同時很可能也負責安排暗殺白俄團體重要領袖的行動——最終激怒中國當局，他們和土耳其人一樣，不願意見到自己的國家成為他人紛爭的戰場。當中國警察破門進入蘇聯駐哈爾濱總領事館搜索檔案時，艾亭崗祕密警察探員的真實身分曝光。他被要求打包回莫斯科。

一九二九年，艾亭崗調任伊斯坦堡，立刻接獲堪稱蘇聯外國諜報行動大獎的任務：看守一名近日搬到大島定居的老邁流亡者。[58]艾亭崗安然度過土耳其任務期間，沒有展露一絲對托洛斯基主義的愛好，顯見他具有適當調整的政治判斷力。派駐伊斯坦堡和監控蘇聯政權頭號敵人的職業危險之一是任務使這些探員置身在容易遭反滲透的環境中——轉而投效托洛斯基主義陣營，成為大島上與世隔絕男子的消息耳目。一九三〇年代，史達林展開蘇聯官僚清洗行動，至少有一位前伊斯坦堡特務雅可夫·布留姆金（Yakov Bliumkin）因成為托洛斯基分子遭除役並處以死刑。沒有證據顯示托洛斯基的支持者曾經大規模執行這類反諜報行動，但莫斯科高層顯然懼怕托洛斯基個人特質和思想所展現的吸引力。

艾亭崗完全沒有在史達林主義清洗中被找到任何把柄。完成伊斯坦堡任務後，他被授與操作西歐諜報行動的任務，成為經驗最豐富且位階最高的海外特務之一。他曾短暫擔任劍橋五傑雙面間諜蓋伊·伯吉斯（Guy Burgess）的情報官。[59]西班牙內戰期間，艾亭崗是史達林祕密警察的西班牙任務副頭子，訓練突擊隊與弗朗西斯科·佛朗哥（Franciso Franco）率領的右派勢力戰鬥，並與年輕的西班牙共產黨員嘉莉妲・梅卡德（Caridad Mercader）發展出一段友誼關係——甚至是超越友誼的關係。[60]誠如艾亭崗，梅卡德來自資產階級家庭，她的政治信念促使她加入反資本主義的陣營。她成為無政府主義的一員，並在佛朗哥打敗左派勢力後和艾亭崗一起逃到莫斯科。艾亭崗在西班牙工作的經歷，在歐洲出了名的任務執行效率，以及與梅卡德的私人關係，使他成為領導一項在地球另一端展開的全新行動的不二人選。

一九四〇年八月尾聲的某個午後，墨西哥城邊緣某條塵土飛揚的街道邊停著兩輛怠速車裡，其中一輛車裡坐著艾亭崗。他正在監控一名線民，就像多年前他在伊斯坦堡負責的工作一樣。這名線民是嘉莉妲・梅卡德相貌堂堂的兒子拉蒙・梅卡德（Ramón Mercader），不過事情進行得不太順利。艾亭崗了解依靠拉蒙不是執行任務的可靠辦法。

三年前，艾亭崗親自訓練拉蒙成為突擊隊員，然後派遣他到前線對抗佛朗哥的軍隊，結果他負傷而返，害怕起槍聲。他優柔寡斷，一緊張就狂冒汗。他在當前任務中唯一的真正優勢在於

58 Agabekov, *OGPU*, 208. 身為國家政治保衛總局在伊斯坦堡的主要「合法」軍官，艾亭崗應該對托洛斯基的案子握有終極指揮權，儘管日常行動是由城市裡龐大的國家政治保衛總局「非法」人員在處理。「合法」指的是軍官擁有合法的外交身分掩護，並且是土耳其當局知悉的人物。「非法」則是打著商人、記者或其他非政府官員名號從事諜報的人。

59 Sudoplatov, *Special Tasks*, 34.

60 Patenaude, *Trotsky*, 206. 嘉莉卡・梅卡德的生平來自 Sudoplatov, *Special Tasks*, 70. 和艾亭崗的關係，參見 Andrew and Mitrokhin, *Sword and the Shield*.

成功巴結了同一街區圍牆院落的主人，一個被艾亭崗以俄文代號稱之為「烏特卡」（Utka，鴨子）的老人。[61]這是很重要的個人關係，因為拉蒙的任務就是殺他。

房屋警報響起。[62]犬隻吠叫。大門後傳來喧鬧聲。形跡敗露的下下策是拉蒙用身上的左輪手槍行凶，但遲遲不見槍響聲意味著就連下下策都出了紕漏。艾亭崗下令車輛離開現場，讓殺手自己解決自己一手導致的爛攤子。直到好一段時間之後，當艾亭崗安然無恙地回到蘇聯，他才知道當時確切發生的情況。

那天是八月二十日，拉蒙一如往常地在午後來到事發現場，他將車子停在圍牆院落外，對荷槍實彈的警衛招招手，請對方放行。他自己走到書房，看見老人正在工作。幾分鐘後，他拿出藏在雨衣裡的冰斧，朝托洛斯基的後腦勺砍下去。

托洛斯基發出淒厲哭嚎，音量之大，在街上的艾亭崗說不定都聽到了。謝多娃衝向書房看見兩個人，托洛斯基靠著門口，一旁的拉蒙看著他茫然不知所措，似乎震驚於沒有在第一次攻擊就殺死他。

鮮血四濺。托洛斯基的守衛們闖進來，捉住拉蒙就是一陣狂打，在托洛斯基下令住手前差點要了這個年輕人的小命。畢竟，拉蒙的證詞有助於揭開策動攻擊的幕後主使身分。托洛斯基被救護車送到附近的醫院時還能說話。「我不想要他們幫我脫衣服。我要妳幫我，」他對謝多娃說完便陷入昏迷。隔天晚上，他撒手人寰。

由於艾亭崗加速逃離現場，他並不知道自己的事業接下來將從高峰一路衰退。艾亭崗是蘇聯特務中職業生涯經歷托洛斯基流亡開端與結尾的唯一一人。他來到伊斯坦堡的時間約莫和托洛斯基同期，其後親自策畫了十一年後將奪走托洛斯基性命的攻擊行動。由於他的貢獻，他和嘉莉坦雙雙在克里姆林宮一次不對外公開的典禮獲頒列寧勳章（Order of Lenin）——他是密謀策畫主使，她則是操刀手之母。[63]拉蒙被以殺人罪起訴，在墨西哥監獄服刑二十年。

不過時至一九五〇年代早期，艾亭崗已失寵於政府當局。他被控在「醫生的陰謀」（Doctors' Plot）扮演核心角色，據稱是一群蘇聯醫師發起暗殺蘇聯主要領袖的行動，醫師成員多為猶太人。事實上，這完全是捏造出的陰謀，肇因於史達林對內部敵人疑神疑鬼所致，但在揭發假定陰謀者的過程中產生不受控制的反猶宣傳，一時間，資深猶太人共產黨員成為眾矢之的。艾亭崗被捕，褫奪勳章，打入大牢。他最終獲得釋放，但餘生都不得重返情報局，從事翻譯工作直到一九八一年過世。「在這個制度中，保證不受牢獄之災有個小祕訣，」艾亭崗曾對他的上司開玩笑

---

61 關於艾亭崗幫人取代號的點子，參見Sudoplatov, *Special Tasks*, 69.

62 托洛斯基生前最後幾小時的敘述有各種不同版本，若想略知其詳，參見Serge and Trotsky, *Life and Death of Leon Trotsky*, 266–70; Deutscher, *Prophet Outcast*, 483–509；以及Patenaude, *Trotsky*, 279–92.

63 Patenaude, *Trotsky*, 294.

道。「不要是猶太人或國安單位的將軍。」[64]這名從伊斯坦堡追著托洛斯基到墨西哥城的布爾什維克策畫大師，顯然兩者皆是，於是他在屬於自己的境內流亡中死去。

64 引用於 Sudoplatov, *Special Tasks*, 36.

皇后

檢查，一九三〇年代初：土耳其小姐競賽的一名參賽者在評審面前擺姿勢。

當托洛斯基離開大島前往法國和墨西哥，辛克美正在獄中度過諸多判刑的其中一次服監期，哈莉黛．埃迪布和丈夫開始自主流亡，波多薩奇斯逐步邁向希臘最偉大工業家之路，凱末爾徹底鞏固權力，成為土耳其共和國一致擁戴的領導人。社會主義和共和國主義、愛國主義和女性主義、忠誠和領導等爭辯，拉扯著伊斯坦堡居民。這些議題甚至使老同志分道揚鑣。舉例來說，納迪和哈莉黛本來是成立安納托利亞新聞社的夥伴，但他們的事業發展自此南轅北轍。哈莉黛成為政權的頭號評論者，納迪則化身政權最忠誠的發言人。

他在鄂圖曼帝國晚期已經從事新聞工作，並曾短暫任職於鄂圖曼議會。他是無可挑剔的改革派政治評論家，以及文風尖銳的寫作好手。他過去是聯合黨地下運動的一分子，當凱末爾的反抗運動蔚為勢力，他成為最早一批從伊斯坦堡逃往安卡拉的支持者。共和國宣布建制後，他回到伊斯坦堡，當起城內一線報紙主編，並創業成立新聞媒體。他有時火力全開地批評特定國家政策或政府機關的效率不彰，但他的發言向來都是從總統及其決策成員的權力圈出發。

納迪辦的報紙《共和報》創刊於一九二四年，很快成為土耳其發行量最大的日報之一，以及凱末爾主義的支柱。它的讀者投書在反映民意之餘也影響民意。外國政府仔細檢閱讀者投書，尋找土耳其變幻莫測外交政策走向的蛛絲馬跡——從早期與蘇聯曖昧交好到讚賞希特勒在德國的崛起。土耳其正在現代化，《共和報》記錄革命，同時支持革命。「四、五年來，土耳其經歷根本的結構重組，」納迪在一九二八年某天的投書中寫道。「我們想要引進一切西方文明的特徵到我們的國家。不久之前……我們的社會生活以東方原則為基礎。我們正在顛覆這些原則。」[1]

他的下頷圓厚，灰髮一絲不苟地往後梳。翻領西裝，偶爾搭配翼領襯衫，他給人一種卡通版媒體大亨的感覺，土耳其版的「大國民」（Citizen Kane）。他會在報紙文章怒氣沖沖地批評，真正碰面說服人時卻能溫文儒雅。這兩項技能在他試圖擴大報紙銷售以及展示凱末爾主義為古老城市挹注的現代感時都派上用場。一九二九年二月，納迪宣布伊斯坦堡將主辦共和國史上的第一場選美比賽。

「我們何不跟著做？」頭版標題寫道。[2]由於所有文明國家都在國內舉辦選美比賽，並推派冠軍參加歐洲和美國的國際賽事，因此舉辦類似競賽無疑是土耳其朝成熟社會邁進之路的另一個里程碑。《共和報》很快宣布他們要尋找「最美麗的土耳其女人」，到海外代表土耳其，並且對全球觀眾展現新共和國女人的高尚特質。[3]納迪說，這和足球比賽無異，都是將一流土耳其公民送到海外與其他文明國家推派的一時之選相互比較的機會。[4]接著是進一步的詳情。所有土耳其婦女和超過十五歲的女孩無論宗教或族裔都有資格參賽。參賽者必須寄一張照片給報社，刊登在報

1 "Baş Muharririmiz Yunus Nadi Bey'in Bir Belçika Gazetesinde İntişar Eden Beyanatı," *Cumhuriyet*, Oct. 7, 1928.
2 "Aynı şeyi biz niçin yapmayalım?" *Cumhuriyet*, Feb. 4, 1929.
3 "En Güzel Türk Kadını," *Cumhuriyet*, Feb. 5, 1929.
4 "Güzellik Müsabakamız," *Cumhuriyet*, Feb. 14, 1929.

紙上供一般大眾投票決定入圍者。報方說明，此次比賽不包含泳裝項目，[5]評審團完全由社會賢達組成。娼妓被點名不得參賽。[6]

這個國家一黨專政、一人獨大，而且只有一條可接受的未來之路，被要求隨心所欲的選擇是全新體驗。納迪的點子帶來他期望看見的效應。照片如雪花般飄進報社的編輯辦公室。讀者熱烈辯論不同入圍者的優點。一位讀者寫道，土耳其獲勝者應該有不錯的機會在國際比賽打敗其他競爭者。歐洲選美比賽最新出爐的贏家是一位匈牙利女人，既然土耳其人和匈牙利人是血緣近親——都是中亞游牧民族的後裔——共和國有可觀勝算。[7]眾人討論程度之熱烈，或許沒幾個人注意到名人托洛斯基的到來，因為他恰巧在報社宣布將舉辦競賽的那個星期來到伊斯坦堡。

讀者選出約三十位入圍決選者後，土耳其第一次的選美比賽就在報社編輯辦公室正式舉辦。評審團五十名要人逐一檢查每位女性。她們被要求穿低胸洋裝出賽，並攜帶身分文件證明擁有土耳其公民權。[8]九月三日，選美結果出爐，《共和報》以頭版篇幅介紹此次競賽及其獲勝者，她的名字叫費梨花．泰夫菲克（Feriha Tevfik）。[9]這位年輕女子從沒沒無名瞬間竄紅為名人。她接著到比利時參加國際比賽，即便納迪相當看好，但她並未拿到名次。不過土耳其新興電影產業的鉅子大亨紛紛打電話給她。後來她演出許多戲劇和浪漫電影，雖然沒有到家喻戶曉，但在整個一九三〇年代是相當具知名度的。

納迪很快宣布往後每年都會舉辦選美比賽。自一九三〇年起，每年二十位入圍決選的參賽者會獲邀參加藍玉俱樂部的盛大舞會，她們在評審和付門票進場的觀眾面前列隊展現美姿美儀，就像其他國外選美比賽一樣。[10]「美麗不可恥」，某篇社論標題寫道。[11]不過，關於選美的一切對土耳其仍然太過前衛。納迪自引進選美概念起就被迫一路為比賽辯解，社會負面觀感逐漸膨脹。他得處理龐大的反對力量，不僅來自伊斯坦堡社會的保守派，土耳其政府也提出疑慮。當評審決定一九三一年土耳其小姐的頭銜由土耳其學校老師娜希黛．沙菲特（Naşide Saffet）奪下，教育部發布通知威脅解雇任何參加類似比賽的老師和學生。[12]老師應該是循規蹈矩和優良判斷能力的典範——此外，老師還是政府雇員——因此讓老師的一員站在色迷迷的評審前被認為是對公共道德的冒犯。

更糟糕的是，納迪沒有兌現他最重要的承諾：打破一般審美標準，舉辦包括穆斯林婦女在內

5 "En Güzel Türk Kızı Kimdir Acaba?" *Cumhuriyet*, Feb. 15, 1929.

6 "Her Genç Kız Müsabakamıza İştirak Edebilir," *Cumhuriyet*, Feb. 10, 1929.

7 "Türkiye'nin En Güzel Kızı Olmak İstemez Misiniz?" *Cumhuriyet*, Feb. 17, 1929.

8 "Türkiye Güzellik Kraliçesi," *Cumhuriyet*, Sept. 2, 1929.

9 "1929 Türkiye Güzellik Kraliçesi İntihap Edildi," *Cumhuriyet*, Sept. 3, 1929.

10 "Güzellik Balosu," *Cumhuriyet*, Jan. 8, 1930.

11 "Güzellik Ayıp Bir Şey Değildir," *Cumhuriyet*, Jan. 13, 1930.

12 "Review of the Turkish Press," Feb. 5–18, 1931, p. 11, NARA, RG59, M1224, Reel 20.

的選美比賽，必能催生出贏得國際選美皇后的參賽者。連三年的參賽者分別在比利時和法國的舞臺鎩羽而歸。一九三〇年歐洲小姐的后冠由希臘參賽者拿下，徹底打敗同屆的土耳其對手，嚴重打擊國家威望。[13]納迪在這個節骨眼突然有所頓悟。如果保守派認為選美比賽有失穆斯林婦女的尊嚴——部分原因是獲勝者往往走上拍電影或表演的職業生涯，當時表演仍然被貼著道德敗壞和出身低賤的標籤——可行的解決之道就是選出身分背景無可批評的參賽者。他相中的人選是可瑞蔓．哈里斯（Keriman Halis）。

土耳其共和國成立時可瑞蔓年僅十歲，但對類似她的家庭而言，鄂圖曼帝國的倒臺與其說是舊生活方式的終結，不如說是一個好的計畫與關係能改變命運、創造機會的新時代。她的曾祖父過去是伊斯蘭社群的謝赫伊斯蘭。除了擔任哈里發的素檀之外，他是整個帝國權力最大的宗教領袖。[14]她的祖父是一位帕夏，擔任帝國步兵的資深將領。她的父親哈里斯貝伊是十九世紀末葉的成功商人，提供鄂圖曼消費者趨之若鶩、能夠彰顯其摩登和歐洲氣息的產品。他是帝國內首位引進滅火器的進口商，同時在某種程度上幫助緩解伊斯坦堡延續數百年的陳痾舊病。

出身名門家系，可瑞蔓的童年時期有法國保母陪伴，接受馬術訓練，然後在社交季節到來時參加舞會並由成年監護人陪伴出遊。她有一張鵝蛋臉，棕色眼珠閃爍光芒，是公認的絕世美女，而她位於博斯普魯斯海峽歐洲岸的老家芬德克勒（Fındıklı），是個消息流通、對未來抱持樂觀看法的地方。由於父親愛好文學與藝術，她從小被一群穆斯林作家、藝術家和思想家圍繞，他們幫助重塑這座城市從列強占領過渡到主權國家。可瑞蔓自小浸淫其中的氛圍和長她三十歲的哈莉黛的童年很類似，不過兩者之間也存在強烈差異。哈莉黛是成年生活與帝國走向共和國動盪歲月重疊的第一代婦女。她們爭取的是脫下面紗、廢止隔絕和公民權。兩相對照，可瑞蔓的世代生來就能參與公共生活，對婦女享有的法律地位視為理所當然。她們是第一批只知道有土耳其共和國的成年年輕女性。

一九二〇年代末期，可瑞蔓沒有理由光顧佩拉區的爵士咖啡館和舞廳，從她家往上坡爬去才是佩拉區。在那種場所尋找教養和社會地位與她匹配的男人——全是俄羅斯歌手、黎凡特聚會常客和曾經當過男娼的男人——幾乎令人難以置信。但納迪的看家本領替天壤之別的兩個世界搭起橋梁。

伊斯坦堡在許多方面都可視為一個大村莊，至少對位於政商最高層的一小群穆斯林而言是如此。城裡最德高望重的報紙主編想進入哈里斯貝伊和他才貌雙全女兒的世界簡直易如反掌。據說納迪在不只一個場合接觸哈里斯貝伊，詢問他是否同意讓可瑞蔓成為選美比賽的參賽者之一。當時社會大眾在任何舞臺上都很少看到穆斯林女人，很難想像有父親會主動把女兒送到陌生人

13 "Mis Avrupa!" *Cumhuriyet*, Feb. 7, 1930.

14 由衷感謝可瑞蔓．哈里斯的女兒和孫女Ece Sarpyener和Ayşe Torfilli和我分享她的生平和出身，還讓我看了一支家庭影片，二〇一二年十月九日的訪談。

面前供他們檢視。可瑞蔓的年紀已足以參賽，至少足以參加納迪辦的比賽，但她的父親態度保留。每次被詢問，哈里斯貝伊都一再拒絕。最後，經過多年柔性勸誘，可瑞蔓的父親心軟了，於是一九三二年可瑞蔓．哈里斯便以參賽者的身分出席《共和報》舉辦的土耳其小姐選美比賽。她在七月於佩拉區舉辦的賽事中抱得大獎而歸。

一九三二年環球小姐：可瑞蔓．哈里斯宣傳照。

然而，納迪的盤算可不只是把可瑞蔓捧成全國名人。他在第一時間替她報名參加「國際美人比賽」（International Pageant of Pulchritude），也就是世人熟知的環球小姐比賽。誠如納迪辦的比賽，環球小姐選拔也是一個公關伎倆。它發源於德州加爾維斯敦（Galveston），一九〇〇年該城鎮被颶風掃成一片平地，直到三十年後還在尋找吸引觀光客前來的辦法。賽事贏家絕大多數是美國人——事實上，賽事大部分都在加爾維斯敦舉辦，雖然他們在行銷時宣稱比賽是為了徵集世界各地的美女——但選拔主辦方很快意識到他們經營的事業，可以到需要重振觀光或發展品牌的任何城市舉辦。那年，賽事移師到比利時的度假勝地斯帕（Spa）。受到全球經濟蕭條的影響，飯店和餐廳收入逐漸減少，當地人期待選拔能帶來錢潮與佳評。一九三二年八月，參賽者、親友和記者陸續成群抵達斯帕，伊斯坦堡也準備派出他們自己選出的冠軍。

據稱有兩萬名伊斯坦堡居民到塔克辛廣場為可瑞蔓送行。[15]她在父親的陪同下搭乘火車前往比利時。一路上的土耳其車站聚集大批群眾等著目睹她經過。到達斯帕後，每位參賽者都成為媒體密切關注的對象，但可瑞蔓最令媒體感到好奇。[16]她是唯一來自穆斯林世界的參賽者，而且這名年輕女性的家族背景使她散發一絲體面優雅的氣息——納迪正是看上這些特質才煞費苦心地說服她的父親讓她參賽。這或許也是土耳其政府全力支持她到比利時比賽的原因，態度和對納迪過去幾屆送到海外的參賽者截然不同。

在斯帕，她要表現的東西和在伊斯坦堡大致相同，穿晚禮服莊重地走路，和評審對話，然

---

15 "20 Bin Kişi Dün Gece Kraliçeyi Alkışladı," *Cumhuriyet*, July 8, 1932.

16 "Kraliçe Geçerken," *Cumhuriyet*, July 14, 1932.

後對著來自世界各地的媒體淑女地擺姿勢。賽事進入尾聲時，她確信另一名來自德國的參賽者一定會贏得大獎。但當大會宣布她的名字時，她走向前，擠出怯生生的笑容面對鎂光燈。她是一九三二年的環球小姐。接下來幾天，將近三萬封祝賀電報湧入，納迪將整份《共和報》做成專題報導，不放過故事的每個微小細節。[17]凱末爾拍發電報送上溫暖祝福，此外大國民議會、內政部長、伊斯坦堡省長都捎來祝賀。凱末爾接待納迪到總統辦公室親口祝賀他。[18]昔日戰爭英雄、現任總理伊斯麥特帕夏在議會殿堂起身讚揚可瑞蔓「是活生生的辯詞，擊退諸多對我們有意見的聲音」。[19]從未放過任何誇張宣傳機會的《共和報》封可瑞蔓為「征服世界的土耳其女孩」。[20]

公眾亮相和邀約紛至沓來。可瑞蔓在比利時受到歡迎，到巴黎獲得熱情款待，在開羅也打開知名度。她訪問柏林和芝加哥，甚至停留雅典和韋尼澤洛斯進行禮貌會面。韋尼澤洛斯過去是土耳其的希臘民族敵人，但後來他成功修補了和凱末爾的關係。[21]她不僅成為選美比賽的大使，更重要的是，她替國家做起國民外交。她本人和東道主想像的有落差。在某場晚餐盛會上，熱心的布置人員將紙做的小土耳其毯帽堆在餐桌中央當中心擺飾，自以為世界首位穆斯林選美皇后會欣賞東方主題的裝飾。[22]由於土耳其毯帽象徵舊帝國，而且在共和國時代的土耳其是不合法的，她堅持在撤除裝飾之前，拒絕步入宴會大廳。

可瑞蔓回到伊斯坦堡，受到群眾的喧騰歡迎。她巡迴全國各地，所到之處感受到的群眾熱情唯有凱末爾總統本人出訪時可比擬。她接到一個電影演出的邀約，但婉拒了。她說，榮譽不允許我這麼做。她最終嫁作人婦，成立一個家庭，成為凱末爾主義美德的著名象徵。往後數十年，選美參賽者都會儀式性地拜訪她。她總是拒絕被貼上美貌專家的標籤，堅稱選美比賽是女性解放和土耳其現代性的展現。

在比利時贏得后冠兩年後，法律規定土耳其人開始採用姓氏，凱末爾宣布可瑞蔓的姓氏為愛希（Ece）——即皇后之意。愛希於是成為她的姓氏。哈莉黛仍然在海外講學，但土耳其最出名的女性主義者已黯然失色，被一名在國內外都享有一流知名度的女人超越。伊斯坦堡通勤族沿博斯普魯斯旁的海岸公路駕車會經過可瑞蔓的老家，為向她表示敬意，這條路的名字就叫做皇后大道。[23]

17 "Dünya Güzeli 30,000'e Yakın Telgraf Aldı," *Cumhuriyet*, Aug. 2, 1932.

18 "Gazi Hz. Başmuharririmize Dedi Ki: 'Türk Milleti Bu Güzel Çocuğunu, Şüphesiz, Samimiyetle Tebrik Eder,'" *Cumhuriyet*, Aug. 3, 1932.

19 "Digest of the Turkish Press," July 24–Aug. 6, 1932, pp. 6–7, NARA, RG59, M1224, Reel 21.

20 "Dünyayı Fetheden Türk Kızı!" *Cumhuriyet*, Aug. 4, 1932.

21 "Digest of the Turkish Press," Feb. 5–18, 1933, p. 17, NARA, RG59, M1224, Reel 21.

22 "Digest of the Turkish Press," Aug. 7–20, 1932, p. 6, NARA, RG59, M1224, Reel 21.

23 "Digest of the Turkish Press," Aug. 7–20, 1932, p. 4.

神聖智慧

一九三九年四月，友好訪問：約瑟夫．戈培爾（JOSEPH GOEBBELS，前排中）及其訪問團參觀聖索菲亞大教堂。

可瑞蔓被視為國寶不僅因為她在比利時擊敗眾人脫穎而出。更重要的是，她贏過希臘推派的每個參賽者。納迪的美夢成真。希臘民族和土耳其之間的宿怨是他對付保守派時屢試不爽的王牌，保守派人士認為選美比賽的概念本身有失土耳其的尊嚴。他指出，希臘民族過去幾年來持續派選手參加泛歐賽事，土耳其人也應該透過選拔祖國的美貌典範成就國家民族。「希臘民族正在做，為什麼我們不做？」《共和報》某篇報導的標題寫道。可瑞蔓的勝利——形同土耳其的勝利——就是他的提議最好的辯解。[1]

可瑞蔓啟程展開世界訪問時，伊斯坦堡正在進行另一項美貌和現代化的偉大實驗。不過這項實驗的目的不是打敗希臘人，而是在某種意義上擁抱他們。從佩拉皇宮飯店望向金角灣對岸會看到東正教歷史上幾間最偉大的教堂的遺跡：神聖和平教堂（Hagia Eirene），獻給基督的神聖和平特性，後來被安置到素檀托普卡匹宮的宮牆之內；小而美的聖謝爾蓋和巴克斯教堂（Church of Sts. Sergius and Bacchus，按：今日名為小聖索菲亞大教堂）有獨一無二的波浪圓頂；在君士坦丁堡城牆內邊上的鄉下神聖救主教堂（Church of the Holy Savior in Chora，亦作科拉教堂，又名卡里耶博物館）由桶狀穹頂和圓拱組成。一四五三年鄂圖曼征服君士坦丁堡後，上述教堂和其他教堂多被改為清真寺用，不然就是任其崩壞荒廢。聳立於一切教堂之上的四根宣禮塔屬於伊斯坦堡最雄偉壯觀的清真寺，土耳其人翻譯當初這座希臘正教教堂的名字，稱它為聖索菲亞（Ayasofya）。

偌大建築占據古希臘城市拜占庭的心臟地帶，這裡也是拜占庭帝國君士坦丁堡的政治宗教樞紐。西元六世紀，查士丁尼一世（Justinian I）下令在前兩代建築的遺址上興建新教堂，而且一定要比先前的建築更加雄偉華美。查士丁尼將帝國領土擴張至地中海地區，統治期間創造新羅馬（New Rome，按：拜占庭帝國首都，即君士坦丁堡）的自信與再生。大教堂旨在展示復興的國力，五三七年完工時被譽為奇蹟。「於是教堂成為一個美麗奇觀，令人望而驚嘆，」查士丁尼統治時期的編年史家普羅科匹厄斯說道，「人們看著它自覺相形渺小，那些只是耳聞的人完全無法相信。」[2]據說查士丁尼第一次踏進這棟建築時，他把自己的成就與《聖經》中耶路撒冷聖殿建造者相比擬。「喔，索羅門，」他呼喊道，「我征服了你！」[3]

教堂獻給「神聖智慧」——希臘文的聖索菲亞即為此意，是上帝的特性之一——但拜占庭人都稱它作「大教堂」。它的外型、結構和規模成為往後一千年其他拜占庭教堂的評價標準。教堂中央的正廳近乎正方形，上頭罩著超過一百英尺寬的中央圓頂。身為古羅馬建築技術的繼承者，拜占庭人解決了一個中世紀西方建築師百思不得其解的基礎結構困難：如何在不使用內部圓柱的情況下，覆蓋一大片立體空間。這座建築就是本身的支撐物。

1 "Yunanlılar Yapıyor, Biz Neden Yapmıyalım?" *Cumhuriyet*, Feb. 19, 1929.
2 Procopius, *Buildings*, in *Procopius*, 1.1.27.
3 引用於 Kinross, *Europa Minor*, 141.

圓頂的重量沿著正廳外圍的半圓頂、圓拱和列柱一路傳遞到地基。鄂圖曼人征服君士坦丁堡後採用了相同技術，因此鄂圖曼首都所有的重要清真寺——蘇萊曼尼耶清真寺和塞利米耶清真寺，素檀艾哈邁德清真寺和奇力克阿里帕夏清真寺，全都擁有寬敞通風的室內空間足以容納星期五聚禮成排跪地禱告的信眾——從許多方面來看，都試圖在同一項技術上超越聖索菲亞大教堂。世界各地的希臘正教和羅馬天主教教堂，通常視聖索菲亞大教堂為他們的模範，影響了從義大利文藝復興時期的宏偉結構到十九世紀晚期的新拜占庭風格復興。

教堂內部的裝飾最初大概是由非人形圖案鑲嵌畫構成。西元八世紀，東方基督教的偶像破壞運動破除一切人類圖像，它們被視為〈十誡〉明文禁止的「雕刻偶像」（graven）。狂熱僧侶奔走帝國各地，毀壞教堂、修道院和公共場所等地壁畫與鑲嵌畫中的頭像。但宗教態度的轉向逐漸允許具象藝術出現在城內最重要的神聖場所。

自西元十世紀以降，安詳天使和虔敬帝王聳立於教堂正廳之上，從眺臺注視著下方。聖母抱聖子坐在天堂寶座的圖像填滿了半圓壁龕，圓頂則是東正教藝術最常見的宗教場景：莊嚴的全能者基督（Christ Pantocrator）圖像，表情既仁慈又嚴厲，祂舉起的手是祈禱也是責難。

裝飾的效果肯定令人著迷，想像聖人的眼睛在燭火中閃爍光芒，香爐繚繞的燻煙向上飄至幽微暗處。傳說西元十世紀來訪的斯拉夫人代表團回國後，對基輔大公弗拉基米爾一世（Vladmir of Kiev）說：「我們不知道自己在天堂還是人間……我們只知道上帝和那裡的人住在一起，他們的禮拜比其他民族的宗教儀式都更公正。」[4]在他們的建議下，弗拉基米爾一世立東正教為國教，同時和拜占庭皇帝的妹妹聯姻，為後來發展出的俄羅斯正教會埋下種子。

大部分內部裝飾在接下來幾個世紀一點一滴地被鑿取，有時當作紀念物，有時是遭掠奪。不過，任何文物保存都比不上穆斯林征服。一四五三年，當梅赫馬德二世（Mehmud II）攻進君士坦丁堡時，他打斷了教堂內正在舉辦的城市庇佑彌撒。他的軍隊敲開巨大銅門，殺擄捲入戰事的朝拜者，將正在頌念經文的司鐸們拖下神壇。

但梅赫馬德二世很快意識到眼前的教堂是建築和宗教瑰寶。他在士兵全面占領君士坦丁堡幾個小時後來到教堂門前，彎腰從地上拾起一把泥土放到包頭巾上，表示在上帝的殿前行淨身儀式。走進宏偉的教堂，他站立不發一語，注視數千盞微弱燭火的光線跳著舞。一名穆斯林伊瑪目念起「萬物非主，唯有真主」（no god but God）[5]，梅赫馬德在半圓形壁龕前跪地禱告，約朝東南方位，面向耶路撒冷和麥加。自那天起，他下令聖索菲亞大教堂改為清真寺。[6]四座不成對的

4 引用於Nelson, *Hagia Sophia*, 14.

5 譯注：即清真言，「萬物非主，唯有真主；穆罕默德，是主使者。」阿拉伯文為「La illaha ill Allah、Muhammadur Rasul Allah」，英文翻譯作「There is no god but God. Muhammad is the messenger of God」。有些英文版本不用真主（God），選擇音譯的阿拉（Allah）。

6 Runciman, *Fall of Constantinople*, 147–49.

宣禮塔是後來加建的。室內牆上的人物圖像——理論上不被伊斯蘭教允許——經最節省且有效率的方式加以處理。直接用石膏和顏料塗抹覆蓋。

基督教天使和希臘皇帝於是潛伏在薄薄的石粉之下，和出席星期五聚禮的素檀及其隨行侍從相隔幾英寸。鄂圖曼統治期間，他們僅一次局部性地重見天日。一八四〇年代，維新派的素檀阿布杜勒—邁吉德一世（Abdülmecid I）委任兩名瑞士建築師加齊帕雷和喬塞裴·佛薩提兄弟（Gaspare and Giuseppe Fossati）改造城內最重要的清真寺。佛薩提兄弟重修外部裝飾，除掉積累好幾世紀的髒汙，並為牆面增添更多色彩與激情，包括紅色糖果橫條紋，算是對歐洲新哥德風的過度演繹。

佛薩提兄弟也是刮除室內石膏塗料的頭號先鋒，他們在修復牆壁裂縫和鞏固大理石鋪面時意外發現塗料底下有錯綜複雜的鑲嵌畫。[7]阿布杜勒—邁吉德一世自認是在世界文明占有一席之地的皇帝，有足夠胸襟欣賞在他之前的基督教統治者所留下的成就。他很高興看到這項新發現。連續好幾個月，清真寺彷彿穿越時空回到早年，閃耀的光線從某個皇后頭冠、基督頭像金黃光暈，以及聖母斗篷炫目的青金石向外折射。

鄂圖曼帝國深長地注視它的拜占庭過往，但才一轉眼，這個伊斯蘭國家又將目光從藏在他們偉大清真寺牆下的具象藝術徹底移開。在素檀向穆斯林保守派壓力屈服，下令佛薩提兄弟再次以石膏和白塗料封印圖像之前，他們把發現的一部分內容編列成目錄。不過，將近一世紀之後，這些鑲嵌畫將再度重見光明。

* * *

住在佩拉皇宮飯店套房的惠特摩人脈廣闊，在一九二〇年代早期的伊斯坦堡排得上前幾名。它掌管一個迷你帝國，事務範圍包括慈善組織、募款活動、難民救助中心、孤兒院和學生獎助學金基金會，重點全放在幫助白俄逃離他們的舊帝國，到土耳其或其他地方自我再造。他和列強高級專員與將軍們共進午餐，拜訪鄂圖曼要人，討好如今所謂的伊斯坦堡公民社會的核心活躍分子，尤其是身為城市慈善工作主力的那群婦女朋友。

惠特摩愛炫耀，深居簡出，行事極度私密，卻慣於尋找公眾注意力。他擁有一流的吹牛功力，對美貌和探索的刺激毫無招架之力，是典型的公共知識分子。晚年，他戴著招牌軟氈帽為知名攝影師迪米崔·凱塞爾（Dmitri Kessel）和《生活》雜誌（*Life*）內頁施展魅力。進攝影棚拍照時，他嚴肅地皺眉，把帽簷壓得很低。[8]個頭不高、骨架纖瘦的他出席聚會時，經常穿著鬆垮

7 Teteriatnikov, *Mosaics of Hagia Sophia*, 3.

8 Whittemore Papers, DO-ICFA, Box 9, Folder 144.

不合身的北美連帽長斗篷、巴爾幹羊毛外套或庫德山羊皮。[9]他出現在許多古怪至極的時刻——衣索匹亞海爾・塞拉西（Haile Selassie）的加冕典禮，和詩人W・B・葉慈（W. B. Yeats）與小提琴家雅沙・海飛茲（Jascha Heifetz）同船跨越大西洋，還在奎里納雷宮（Palazzo del Quirinale）挽著義大利王國末代國王的手臂。[10]他根據對他人的欣賞，自我陶冶：洞察意外的能力，以及對「神祕」（mystic）的愛好。神祕是他常用的詞彙。

身為波士頓顯赫家族的一員，一戰前，年輕的惠特摩在許多不同的志向之間舉棋不定。他在塔夫茨學院（Tufts College）拿到英文學位，後來在那裡教了幾堂文學課。他到哈佛大學旁聽藝術和藝術史的研究生講座。他涉獵中古研究。透過友人馬修・普里察（Matthew Prichard，離經叛道美術館長、藝術史家，也曾經擔任波士頓美術館的祕書）介紹，惠特摩成功打進大西洋兩岸的上流男子社會，這些人通常被稱為「鑑賞家」：談話節奏快速，談吐風趣，不一定學養豐富但絕對見多識廣，同時是獨身主義的「認證單身漢」（confirmed bachelors），當時的人都知道這是什麼意思——奧斯卡・王爾德（Oscar Wildes）的同類，但說話帶著美國佬的腔調。偕伴在巴黎旅遊時，普里察和惠特摩把所有文學活動和畫廊開幕展都參加遍了。普里察可能介紹惠特摩認識他的朋友亨利・馬諦斯（Henri Matisse），普里察在葛楚・史坦（Gertrude Stein）的沙龍上認識了馬諦斯，那是巴黎最高級的聚會場所。[11]他們三人變成好友。馬諦斯為惠特摩畫的素描肖像，始終是惠特摩珍視的財產之一。

一九一〇年，惠特摩參觀「穆罕默德傑作藝術」（*Meisterwerke muhammedanischer Kunst*），大概是和普里察一起去的。這個慕尼黑展覽展出超過三千件伊斯蘭藝術的傑作，至今仍算是史上聚集最多伊斯蘭小型畫像、書法和裝飾藝術的一次展出。[12]展覽史無前例。歐洲人從不曾將穆斯林國度的物件當作人類想像的自主產物，而不是裝飾後宮或貝都因帳篷等東方奇想的舞臺道具。超過十萬名觀眾穿越一個個展廳，欣賞每個伊斯蘭物件被慎重其事地單獨陳列。

就像看過展覽的許多藝術家、蒐藏家和藝評家一樣，這次慕尼黑展覽徹底轉變惠特摩過往對近東地區潛力和富庶的理解——它的伊斯蘭現在和基督教過去。往後十年，他繞長路遠離了藝術，踏進難民援助的領域，但他對該地區層次豐富的文化遺產的興趣不曾動搖。他曾向一名友人透露，伊斯坦堡總是縈繞在他心頭。[13]從佩拉皇宮飯店去散步了幾次之後，他發現他真正的使命

9 Whittemore Papers, DO-ICFA, Box 9, Folder 151; Downes, *Scarlet Mread*, 39.

10 "Yeats and Heifetz Sailing on Europa," *New York Times*, Dec. 27, 1932; Downes, *Scarlet Mread*, 39.

11 惠特摩可能也認識一八九〇年代在拉德克里夫學院（Radcliffe）念書的葛楚．史坦，參見Klein, "The Elusive Mr. Whittemore: The Early Years, 1871–1916," in Klein, Ousterhout, and Pitarakis, eds., *Kariye Camii, Yeniden/Me Kariye Camii Reconsidered*, 473fn31.

12 Klein, "The Elusive Mr. Whittemore," 475.

13 Whittemore to Isabella Stewart-Gardner, Aug. 24, 1921, Whittemore Papers, DO-ICFA, Box 11, Folder 161 (copy from Isabella Stewart Gardner Museum, Boston, via Archives of American Art, Smithsonian Institution).

簡直就是明擺著在他眼前——不是飯店大廳長長的俄羅斯難民隊伍，而是城市本身的石頭路和石膏牆，在古拜占庭城市的遺跡裡。

惠特摩知道人們口中的拜占庭帝國基本上來自現代歷史學家的建構。拜占庭這個字出現在英文文獻的例子，最早只能追溯到一七九四年，而且是關於植物學的史料，而不是歷史或文化。今日我們口中的拜占庭人從不曾使用這個標籤，他們也不認為自己的世界和過去的羅馬老祖宗在政治上截然二分。

的確，他們放棄異教儀禮，選擇基督教信仰；放棄行將就木的西方帝國所使用的粗魯拉丁文，選擇優雅的希臘文；放棄淤塞易氾濫的臺伯河，選擇四通八達的博斯普魯斯海峽。即便如此他們從不曾自稱羅馬人，羅馬人的希臘文為「羅美依」（Romaioi），或者認為他們的文明完整地延續了奧古斯都（Augustus）和馬可．奧理略（Marcus Aurelius）的統治。他們統治的版圖幾世紀來經歷不少變動，不過拜占庭人始終稱呼住在其都城之外的任何人「新羅馬外的異族人」（*hoiexō Romēs*），新羅馬就是伊斯坦堡。[14]他們通常直呼首都為「城裡」（the city），就像紐約人稱呼曼哈頓一樣。這個習慣或許就是現代名稱的來源，希臘語的「去城裡」（*eis tēn polin*）說起來和「Istanbul（伊斯坦堡）」極為相像。直到今天，希臘族裔伊斯坦堡居民在土語中的稱呼「*Rumlar*」非常接近「羅馬人」，呼應拜占庭人給自己取的名字。

拜占庭遺產的豐富性和適應能力很突出，他們能夠在想像連續性之際，適應變幻莫測的情況，在中世紀初期，他們成為夾在巴爾幹半島敵對基督教勢力的邊界國家，大批燒殺擄掠的十字軍從西方湧進，穆斯林則從南方和東方發動一波波侵略。它不僅持續影響鄂圖曼文明本身——基督教神學除外，實際上他們擁抱不少拜占庭文化——也影響了從希臘到俄羅斯、衣索匹亞等東方基督教國家的藝術、音樂、精神思想和建築。

儘管有這些活生生的連結，西方學者和藝術蒐藏家一直以來認為拜占庭在物質文化上和古希臘羅馬近親有著天壤之別。從最糟糕的角度來看，作家們都同意十八世紀史學家愛德華·吉朋（Edward Gibbon）的說法。他在代表作《羅馬帝國衰亡史》（*Decline and Fall of the Roman Empire*）中，以惱怒的心情對拜占庭人的怪僻和壞脾氣做出結論。「我終於要開始談君士坦丁君主的最後一段統治，」他寫道，「他毫無說服力維持凱薩大帝的名聲。」[15] 拜占庭藝術基本上也獲得類似不上不下的評價：稚拙，受傳統限制，與其說反對具象，其實是不擅長，不如在他們之前的希臘羅馬雕像的超現實有趣，想像力也比不上在他們之後的文藝復興壁毯和繪畫——一種專為黑暗、受上帝限制、散發焚香和燒蠟燭氣味的世界而做的藝術。作形容詞用時，拜占庭等於任何過分八股、晦澀、難以理解和荒謬事物的同義詞。

---

14 Hélène Ahrweiler, "Byzantine Concepts of the Foreigner: the Case of the Nomads," in Ahrweiler and Laiou, eds., *Studies on the Internal Diaspora*, 2.

15 Gibbon, *Decline and Fall*, 6:413.

不過對少部分藝術史家而言，拜占庭傳統是一座長久被遺忘的橋梁，它連結起希臘語地中海地區、古羅馬政治遺緒，和許多東方影響——這些影響最終在鄂圖曼伊斯坦堡的建築得到最淋漓盡致的發揮。一八九〇年代，第一份拜占庭研究期刊問世；一九二〇年代，第一場國際研討會（與會者僅三十人）舉辦；一九三〇年代，第一次拜占庭藝術國際展覽登場。[16]兩次世界大戰期間，單是羅伯特和米德芮．伍茲．布里斯（Robert and Mildred Woods Bliss）夫婦振奮人心的蒐藏，就為拜占庭研究整個領域注入一劑強心針。這對有遠見的夫婦在華盛頓的豪宅鄧巴頓橡園（Dumbarton Oaks）裡擺滿了關鍵藝術品，足以解開學者在理解拜占庭皇帝、史家和工匠時遭遇的種種失落謎題。

惠特摩是這批研究先鋒之一。他沒有藝術史學位，而且他僅有的考古經驗是一戰爆發前在埃及參與過一次挖掘。不過他對自己籌募資金接續佛薩提兄弟未竟之業的能力倒是自信滿滿——恢復聖索菲亞大教堂的昔日風采，讓更多人前來認識她。

惠特摩對於悄悄接近權貴人士頗有天分。一戰期間，他為英國王后帶餅乾給在俄羅斯當皇太后的姊妹。[17][18]他因為幫助俄羅斯難民的工作，認識了幾位歐洲最頂尖的史學家和文物管理員。俄羅斯考古研究院（Russian Archaeological Institute）就在佩拉大道上，距離佩拉皇宮飯店不遠，它是伊斯坦堡內負責挖掘拜占庭遺跡的主要機構，布爾什維克革命後，研究事務停擺，許多重要成員找上惠特摩尋求協助。他在波士頓的家族人脈包括許多美國慈善家，年少時流連藝術家圈與巴黎文藝沙龍的日子，教會他如何把不成氣候的愛好變成舉足輕重的計畫。「他很擅長把自己塑造成假內行，」聲譽崇隆的拜占庭專家史蒂芬・倫西曼爵士（Sir Steven Runciman）說，但「他的三寸之舌使他成功從有錢的美國女士手上……募得資金，他以絕佳手腕收服她們。」[19]

一九三〇年，惠特摩創辦拜占庭研究院（Byzantine Institute），在巴黎、波士頓和伊斯坦堡成立臨時辦公室，用來募款，並充當和土耳其政府交涉聖索非亞大教堂工作特許權的門面機構。惠特摩想像他只要簡單向凱末爾提出懇求，對方就會對提案念念不忘，然後隔天立刻在清真寺掛上他親筆寫下的「閉館整修」告示牌。[20]但那是募款者一廂情願的天方夜譚。事實上，惠特摩利用了他幫俄羅斯難民募款的伎倆：向幾個土耳其高官說情，收集業餘蒐藏家和美國富豪家族的支

---

16 Elizabeth Jeffreys, John Haldon, and Robin Cormack, "Byzantine Studies as an Academic Discipline," in Jeffreys with Haldon and Cormack, eds., *Oxford Handbook of Byzantine Studies*, 5.

17 譯注：一戰期間的英國王后瑪麗（Mary of Teck，在位 1910-1936）是家中獨女，作者此處應指丹麥國王克里斯蒂安九世（Christian IX, 1818-1906，在位 1863-1906）的兩個女兒：一戰期間的英國王太后亞歷山德拉（Alexandra of Denmark, 1844-1925，在位 1901–1910）和當時的俄羅斯皇太后德格瑪（Dagmar of Denmark, 1847-1928）即俄國皇后瑪麗亞・費奧多蘿芙娜（Maria Feodorovna of Russia，在位 1881-1894）。

18 Equerry of Queen Alexandra to "All Military, Civil, and Customs Authorities concerned," Mar. 11, 1919, CERYE, Box 99, Folder 2.

19 Runciman, *Traveller's Alphabet*, 56–57.

20 "Rose Petal Flavored Ice Cream in Company of a Harvard Scholar," *Boston Globe*, Aug. 19, 1948.

持，然後再接觸攸關成敗的關鍵人物哈利勒貝伊（Halil Bey），他是土耳其國家博物館（Turkish National Museum）的前館長，以及現任的大國民議會議員。過去只有王室家族婦女和小孩可出入的托普卡匹後宮，已經在一九三〇年春天對外開放。[21]將舊城岬角從皇宮到素檀艾哈邁德清真寺的歷史區視為單一歷史資產，是普斯特舊城紀念公園設計的一部分。惠特摩萬事俱備，只欠東風。

政治也幫了大忙。凱末爾政府還在努力實踐兩項原則性目標：解開鄂圖曼帝國時代結合伊斯蘭教和國家權力的悠久傳統，以及將少數族裔的財富重新分配給穆斯林土耳其人。哈里發制度已取消，少數族裔迫於壓力放棄持有企業的權利，伊斯蘭的國教地位被廢除。將萬神殿以外最偉大希臘古蹟、同時也是伊斯坦堡最重要清真寺的建築主體改造成一座博物館，是實現政府核心目標的絕佳管道。土耳其和希臘友好關係的恢復——肇因於溫和派的雅典新政府上臺，不過新政府的首腦是昔日宿敵韋尼澤洛斯——也擴大重新評估伊斯坦堡內這座希臘文化遺產的規模。一九三〇年十月，兩國出乎各界預料，簽署了一份中立合作條約，後來成為效力最持久的戰間期歐洲外交協議之一。[22]兩年後，凱末爾派時任環球小姐的可瑞蔓去見韋尼澤洛斯，象徵性承認敵對雙方的關係已不可同日而語。聖索菲亞大教堂是文化低盪（Détente）的類似動作。諷刺的是，修復希臘人基督教物質創作成為凱末爾主義者推動國家土耳其化、世俗化並穩定與鄰國關係，最有力的籌碼之一。

一九三一年夏天，土耳其內閣授權惠特摩的拜占庭研究院主持活化教堂的考察，而且最重要的是，負責讓古老拼貼畫重見天日。[23]時間來到十二月，空蕩的室內搭起木頭和金屬鷹架，針對門口上方空間和位於二樓可俯瞰正廳的挑高迴廊進行施工。惠特摩雇用的工匠連月來小心翼翼地鑿去粉刷顏料和石膏，揭露底下覆蓋的玻璃鑲嵌物。接觸玻璃面的最裡層石膏緊緊附著其上，一不小心可能將精緻的鑲嵌物從底座挖出來，因此工匠被吩咐使用牙科工具將佛薩提兄弟沒清掉的殘留物刮乾淨。

刮乾淨後，工匠會拿軟皮布蘸稀釋氨水清洗鑲嵌物，軟豬鬃刷擦拭，然後再用另外一條軟皮布擦亮。[24]修復工程極為耗時，儘管惠特摩不曾負責類似計畫，不過他設法請來一流技工和監工。威尼斯馬賽克師傅、俄羅斯工匠、法國古文物研究者以及美國建築史家，全都加入這個世界上最迷人的考古盛事。

教堂修復提供思索伊斯坦堡內希臘傳統的嶄新道路。當老教堂大致恢復昔日風采，這座城市的藝術和文化遺產——五花八門的歷史，而土耳其人可自視為它們合法寬容的保管者——也將一

21 "Topkapı Sarayının Harem Dairesi Açılıyor," *Cumhuriyet*, Apr. 8, 1930.
22 Alexandris, *Greek Minority of Istanbul*, 179.
23 Nelson, *Hagia Sophia*, 176.
24 Teteriatnikov, *Mosaics of Hagia Sophia*, 44.

一現身。倘若雅典的衛城代表某種版本的希臘——日曬褪色，樸素，異教傳統——聖索菲亞大教堂一點一滴揭曉的版本，是它的天生勁敵：色彩斑斕，壯觀，東西合璧。凱末爾領導的土耳其共和國就是一項東西合璧的產物。

不過出於相同原因，惠特摩的工作在當時引發軒然大波。儘管土耳其總統個人贊成這個計畫，但報紙全是譴責美國人破壞城裡最偉大清真寺的新聞。惠特摩被攻擊是披著考古學家外衣的宣教士，試圖藉機傳播基督教。另一批人宣稱，由於伊斯蘭教禁止人像，惠特摩揭露清真寺的異教發源等同冒犯他人宗教信仰。[25]

世俗土耳其人也加入論戰。議員暨博物館館長哈利勒貝伊挺身為惠特摩辯護，強調此項工程的學術和藝術本質。納迪也盛讚惠特摩的考古工作，是科學戰勝宗教的凱歌。他在《共和報》寫道，阿布杜勒—邁吉德一世當初以石膏塗抹鑲嵌拼貼畫的決定，展現了野蠻的宗教保守主義。如今，這座城市的藝術榮耀不再隱藏在宗教布幕之下，展現在他們的世俗保管者面前。[26]

一九三二年夏天，惠特摩到安卡拉親自向凱末爾報告。總統派他的養女瑟拉（Zehra）到火車站接他，然後載他到首都郊外的總統農場。惠特摩和土耳其領導人走進花園，討論進行中的復原工程，瑟拉在一旁負責翻譯。在凱末爾看到照片中新出土的鑲嵌拼貼畫之後，他顯露出對計畫的濃厚興趣，肯定拜占庭研究院的辛勞。在返回伊斯坦堡的擁擠車廂中，惠特摩很開心地發現總統先生為他安排了特別臥鋪，日本大使館代辦卻要想辦法自己搶位子。[27]

惠特摩早年在埃及參與的挖掘工作，需要用篩子篩出沙粒和小石頭，如果發現任何東西，往往是倒塌的牆或被丟棄的陶器碎片。現在，他大部分時候都很清楚自己在找什麼，因為佛薩提兄弟留下一些資料，上頭記錄他們在將近一世紀前的發現。他的團隊一寸寸地追溯佛薩提兄弟的考古足跡，發現這對瑞士兄弟穩固了許多本來可能剝落的鑲嵌碎片，確保它們牢牢地黏在室內牆面上。惠特摩拍攝團隊辛勤工作的影片，助手們穿著白色實驗袍和連身工作服，他自己則是穿深色西裝外套，戴著顯眼的紳士帽。[28]

一九三三年初，團隊其中一個小組開始鑿南面迴廊的一面空白牆。南面迴廊是二樓的通道，可俯瞰建築物的主要空間。戰戰兢兢的開鑿很快揭露了一大片鑲嵌拼貼畫，覆蓋著面朝東的牆面。根據輪廓判斷，拼貼一路延伸到天花板，規模勝過在那部分教堂結構發現的其他拼貼。當工程進度進入下一季後，惠特摩團隊集中火力處理這面鑲嵌畫，一片一片按部就班地清理。經過無數敲鑿、刮削，工匠重新揭露的畫作面積愈來愈大。由於教堂歷史悠久，這塊作品闕漏了不少拼

25 "Mosaics Uncovered in Famous Mosque," *New York Times*, Dec. 25, 1932.

26 "Ayasofya'nın Mozayıkları: İlme Hürmet Lazımdır," *Cumhuriyet*, Nov. 14, 1932.

27 Whittemore to Gano, July 19, 1932, Byzantine Institute Records, DO-ICFA, Subgroup I: Records, Series I: Correspondence, Box 1, Folder 5.

28 See Byzantine Institute Records, DO-ICFA, Subgroup II: Fieldwork Papers, Series IV, Subseries D: Moving Images (16mm films).

貼碎片，很可能在某次大地震中受損，或是在十五世紀鄂圖曼步兵突然闖進正教徒聚禱的絕望時刻被刨去。不過，圖像的完整尺寸和內容在幾個星期內便清楚呈現眾人眼前：是藝術史家稱之為「祈禱圖」（Deesis，在希臘文具祈禱或祈求之意）的宗教場景。如今成為拜占庭藝術最珍貴的寶藏之一。[29]

＊　＊　＊

典型祈禱圖中央是莊嚴的耶穌基督像，右側是聖母瑪利亞，左側是施洗者約翰。瑪利亞和約翰對救世主點頭致敬，側身面向祂，耶穌看起來幾乎正視著眼前的觀者，不過頭稍微往右偏，並舉起右手祈禱。這幅圖說明每個踏入正教會教堂的信眾應該做的事：敬愛救世主，透過禱告和謙虛接近他，正視祂的雙眼，尋求祂的寬恕。不同於西方教會的肖像標誌，正教的圖像不僅具說明性（譬如講述某個《聖經》故事）或別具寓意（以寓言故事或一套附加意義的象徵符號揭露某個真理）。它們的存在是為了達成某個目的：作為某種出入口，一個通往上帝緊急、直接的途徑。正教的圖像不單作欣賞用途；信徒絕對不是單方面的崇拜圖像。他們和圖像進行互動。

祈禱圖是拜占庭藝術的基本類型，但惠特摩手下的專家學者知道這幅祈禱圖與眾不同。整幅圖像的背景全是鍍金鑲嵌，使巨大的耶穌、瑪利亞和約翰富立體感。他們身上衣服的褶皺明顯，做了陰影處理，衣服外圍被基督頭頂散發的榮光照亮。救世主的天青金色披風自圖像的平坦表面隆起，導致衣著較乏味的聖母和約翰退居背景之中。耶穌潔白光滑的臉孔比金色背景更為明亮動人，淺褐色鬍子和肉色皮膚及粉色嘴唇自然地融合，外圍是一圈偌大的光環。看著陰影營造出的長袍袍褶，以及耶穌鎖骨部分隱隱約約的凹陷線條，很容易忘記這一切是由數不清的小玻璃碎片在遠高於觀者視線的平坦牆面上拼貼而成。

儘管耶穌基督一般都位在祈禱圖中央，但在這個版本中，約翰搶走了耶穌的風采。他的身子裹在綠色和棕色披風底下，披風並非呈自然下垂狀，而像是被弄皺了，線條粗糙尖銳，說明那不是自然的褶線，而是衣服被壓過的皺痕。他的頭髮是一團團的紅色和棕色，宛如亂糟糟的毛皮向後梳，垂在後背。他的鬍子又長又捲遮住他的嘴，和耶穌下巴清爽的短捲鬚形成強烈對比。

他的臉部顯露出拜占庭傳統最痛苦、最令人動容的表情之一。他的眉毛自緊皺的眉頭向外呈八字形，幾乎要連在一起了。他的眼睛因為凝視聖光普照的基督，疲勞地半開半闔。此處才是這幅祈禱圖最具視覺深度的所在，一個極具代表性的例外，打破正教圖像一般避開透視法選擇平面的呈現手法。他的右眼比左眼稍小，使他的臉非比尋常地自然，充滿生命力。

29 佛薩提兄弟為馬賽克拼貼繪製素描，並費盡心思保存它，但它從未被徹底的復原，因此偉大的拜占庭學者 Cyril Mango 形容惠特摩的成果是「重新發現」祈禱圖。Mango, *Materials*, 29.

不同於基督或聖母，不同於聖索菲亞大教堂其他鑲嵌拼貼畫的帝后，約翰既不是祈禱敬拜的對象，亦非某拜占庭偉人。在圍繞慕名而來的信徒的諸多聖像中，約翰顯得獨一無二，他存在的目的不是受人敬奉，而作為信徒效法的楷模：一個虔誠的罪人，被拒絕之人，在神聖智慧的面前無我的敬畏祂。

識字的希臘人能讀畫面最右邊的題名。約翰在此不被當作西方教會習慣稱呼的施洗者，也就是以約旦河水替耶穌行施洗禮的人，一個洗去聖潔聖子之罪的矛盾舉動。在這幅畫中他被稱為「先輩」（*Ho Prodromos*），或先鋒、前輩。他明確指出方向，他張開的左手掌消失在缺失鑲嵌物留下的空白之中，但顯然作勢指向他的右手邊，指向透進大扇窗戶的光線，將觀看者的注意力從他身上轉向隆起的基督。

惠特摩團隊推測這幅祈禱圖創作於一二六〇年代，當時拜占庭藝術已開始融入某些來自西方的早期中世紀設計元素。[30]約翰苦不堪言的臉孔令人揪心，然而那也是拜占庭世界可能樣貌的失落證據。拜占庭人沒有文藝復興，不過我們在此處看到微弱的跡象，宗教藝術孱弱的微光，假以時日或許能催生出屬於他們的提香（Titian）或米開朗基羅（Michelangelo）。這也提醒我們，至少在十三世紀時，東西教會的距離並不那麼遙遠，兩者都像約翰一樣掙扎著，試圖為無法理解的上帝賦予意義。不過祈禱圖還有一個更進階的祕密——一個特徵，而且是教堂內其他拼貼圖像都有的共同特徵。這項特徵不在畫作主題而是那些迷你元件裡：拜占庭馬賽克師傅創作圖像的鑲嵌物。

在測試每塊鑲嵌物的強度和黏著度時，惠特摩的同事們發現它們並未形成一個平滑表面。事實上，它們以各種角度翹起，碎片其中一角向外凸出，其他部分則深埋到石灰和大理石粉組成的黏著基底。然而，這既不是時間造成，也不是週期性地震的後果。鑲嵌物之所以如此擺放是有原因的：好讓鍍金背景，光環，乃至聖者的眼睛，變成數不清的單獨反光片，折射打到碎片上的任何燭光和日照。這個技術使人像走出宗教神話，變得栩栩如生。就連碎片擺放的角度都非常講究，整齊劃一。相對牆面的角度越高，反射到觀看者眼睛的光線越多：前室的鑲嵌物成十五度角，因為前室的自然光線比較充足，到日光不那麼容易穿透的前廊已增加到三十度。[31]若要加強生動效果，則鑲嵌物會覆蓋金箔，排成扇貝形，使背景閃閃發光、燦爛奪目，祈禱圖的背景就是一例。[32]

惠特摩意識到他手下工匠發現的這幅祈禱圖，不單單是一件叫人心醉神迷的圖像，而且證明了這些藝術家——有希臘人、威尼斯人和其他不知名人士——在展現一個視覺傳統的同時，成功地超越並深化了這個傳統。惠特摩團隊無意間召喚出失落在歷史長河的珍貴片刻：十三世紀，一至多位馬賽克師傅站在嘎吱作響的木造鷹架上，和當時世上最大教堂的天花板相距不遠，用好幾

30 Teteriatnikov, *Mosaics of Hagia Sophia*, 47.
31 Teteriatnikov, *Mosaics of Hagia Sophia*, 52.
32 Teteriatnikov, *Mosaics of Hagia Sophia*, 56.

個月的時間或單獨或分組，根據精確角度擺放半英寸寬的玻璃碎片，好讓陽光即便在將近七世紀後穿透教堂的多扇窗戶，仍舊會反射出令人讚嘆的效果。負責祈禱圖的馬賽克師傅，成功創造了同時兼顧整體和個別層面的效果。

惠特摩發掘的祈禱圖和其他鑲嵌拼貼作品重新激起人們對拜占庭藝術的興趣。每季的成果都有國際媒體報導，不久後惠特摩提出野心勃勃的計畫，他要以大尺寸複製這些鑲嵌拼貼畫，讓世界各地的人都能觀賞。他的團隊將成捆的巨型描圖紙覆蓋在拼貼畫上，以鉛筆描出每一片鑲嵌物的精確輪廓。描圖紙接著被拍照裱褙，為蛋彩上色提供穩固平臺，然後把牆壁上的顏色複製過來。團隊也製作石膏模型，他們先在拼貼畫上覆蓋一層薄棉花墊，對著鑲嵌物用力壓下去，塗上蟲膠保留痕跡，然後把凹凸不平的棉花當作模具。[33]如此做出來的模型經過上漆，就變成立體的原件複製品。模型提供觀看者感受玻璃鑲嵌片表面與裂隙的機會。就像親歷現場，站在惠特摩團隊搭建的鷹架上搖晃著。

一九四一年，紐約大都會博物館以七千五百美元購買了一件祈禱圖的複製品。三年後，它成為紀念聖索菲亞大教堂修復工程特展的展覽主件，直到今天它仍在大都會博物館的中世紀大廳展出。伊斯坦堡以外的人首次有機會目睹惠特摩野心創造的奇蹟。參觀的人當中無疑有許多一九二〇年代逃到美國展開新生活的希臘人家庭，他們是羅莎錄製的唱片的消費主力，如今有機會看到自己生長城市修復後的招牌地標。一名相信人性普遍性的傳道者的孫子，恢復了大眾對世上宗教信仰最混雜之地的興趣——世上最偉大的教堂，然後是最大的清真寺，然後是一座博物館，裡面住著流浪者的指標人物約翰，求道之先，在他莊嚴的上帝面前視線低垂。

＊ ＊ ＊

聖索菲亞大教堂「是許多建築構成的宇宙」，惠特摩寫道。「它是這個世界最需要卻已找不回來的東西」。[34] 一九三四年，土耳其內閣正式將聖索菲亞大教堂變成一座博物館，隔年便對外開放參觀。[35] 博物館的訪客包括愛德華八世（Edward VIII）和華里絲・辛普森（Wallis Simpson），還有小約翰・D・洛克菲勒（John D. Rockefeller Jr.），以及惠特摩在巴黎結交的老友馬諦斯。[36] 政治家、外交官和名人訪客絡繹不絕，拜占庭研究院開始累計特別訪客紀錄，將來

---

33 Teteriatnikov, *Mosaics of Hagia Sophia*, 61.

34 引用於 Nelson, *Hagia Sophia*, 170.

35 "Ayasofya Müzesi," *Cumhuriyet*, Jan. 26, 1935.

36 參見 Byzantine Institute Records, DO-ICFA, Subgroup II: Fieldwork Papers, Series IV, Box 45: "Photographs: Hagia Sophia and Kariye Camii, ca. 1930s–1940s," Folder 482: "Photographs of Thomas Whittemore with Edward VIII of England"; 以及 Natalia Teteriatnikov, "The Byzantine Institute and Its Role in the Conservation of the Kariye Camii," in Klein, ed., *Restoring Byzantium*, 51.

對贊助者宣傳新計畫比較容易成功。幾世紀來，城裡最重要的建築被用來作伊斯蘭朝拜所，對信徒開放，但非穆斯林一般而言不得其門而入。現在，每個人都能去參觀。

在今天，走進這個空間的感受就像昔日一樣引人入勝。陽光射穿高窗，使牆壁發亮，一四五三年征服者梅赫馬德鄭重踏進教堂的那天，陽光大概也是如此。惠特摩委託電影工作者研究室內的光，捕捉太陽射線在地板上的進展，藉此了解鑲嵌物別出心裁的角度安排，和藏在令古人稱奇的熠熠爍爍背後的光學。這部影片收藏在鄧巴頓橡園的拜占庭研究院檔案館（今天是哈佛大學的一個單位），如今觀賞影片就像觀賞某種大自然芭蕾舞的保存紀錄，有種催眠效果，是一個溫柔到近乎愛慕的陳述，訴說著訪客對查士丁尼大教堂裡光影和建築形體相互纏繞的痴迷。

一九三九年春天，一名德國觀光客住進佩拉皇宮飯店，然後到聖索菲亞大教堂看惠特摩的成果。[37]「圓頂有一種端莊的優雅，明亮但具歷史份量，」他在四月十四日的日記上寫道。[38]春日的陽光角度不高，點亮室內空間，為畫面增添童話色彩。他在條頓尼亞俱樂部（Teutonia Club）和當地德國人社團有午餐約會。下午他到大巴札採購地毯和觀光客小禮物。「老爸老媽會喜歡那些玩意兒，」他說。

舊城的生活似乎無可挑剔，但他注意到華麗的聖索菲亞和瀰漫伊斯坦堡的陰沉氛圍——某種「精神錯亂」，他說——形成強烈對比。[39]一個星期後，法西斯黨主導的義大利突然入侵阿爾巴尼雅，民眾擔心貝尼托・墨索里尼（Benito Mussolini）不久後就會攻打土耳其。抬頭望著古老的清真寺，希特勒的宣傳部長戈培爾雙手緊握在亞麻色風衣背後，他知道改變即將到來。就連伊斯坦堡人都知道戰爭要開打了。

37 "Dr. Göbbels Şehrimize Geldi," *Cumhuriyet*, Apr. 13, 1939.

38 Goebbels, *Die Tagebücher von Joseph Goebbels*, Apr. 14, 1939.

39 Goebbels, *Die Tagebücher von Joseph Goebbels*, Apr. 14, 1939.

暗戰

空襲演習，約一九四四年：伊斯坦堡消防員穿戴防毒面具在加拉塔薩雷高中空無一人的佩拉大道入口外站崗。

戈培爾從佩拉皇宮退房五個月後，德國和蘇聯入侵波蘭，揭開第二次世界大戰序幕。土耳其迅速宣布保持中立。土耳其上一次不假思索投入一戰的後果，政治家們仍記憶猶新——遑論共和國內大量的難民公民。躲過大屠殺、外敵入侵、種族清洗及強迫遷徙荼毒的家庭少之又少。土耳其外交部長對英國大使說，參加喪禮時，只要不是躺在棺材裡，站在哪裡都很好。[1]

自共和國成立後，土耳其便承諾中立。凱末爾清楚地主張「國家安定，世界和平」，此一原則亦成為國家外交政策的主軸。土耳其擺脫舊帝國是為了增進自身利益。共和國小而美，不像她所接替的帝國經常為領土問題困擾。「如果我們被迫調兵色雷斯，又要同時防禦葉門進攻，我們今天會是什麼下場？」總理蘇克魯・薩拉吉奧盧（Şükrü Saracoğlu）對一名同僚解釋。[2]不過，土耳其依然得面對關係錯綜複雜的許多鄰國。

在地中海，義大利的崛起被視為一重大威脅，尤其在一九三九年義大利占領阿爾巴尼亞後。跨過黑海，蘇聯儼然成為嚴肅的隱憂。以蘇聯一黨治國、快速經濟發展及速度驚人的國家建設為仿效目標的日子已經過去。安卡拉和莫斯科方面在共和國創建初期曾簽訂互不侵犯條約，但如今眾人擔心史達林將以戰爭為奪取土耳其在東安納托利亞領土的藉口，甚至實現俄羅斯控制黑海海峽的昔日大夢。在南方，英法勢力仍未從巴勒斯坦、敘利亞和黎巴嫩的委任政府抽離。儘管部分土耳其政治家相信過去的對手可能是將來的盟友，但在伊斯坦堡遭列強占領，以及簽訂失敗的《色佛爾條約》二十年後，仍有許多政治家不喜歡和倫敦、巴黎打交道。在巴爾幹半島，土耳其受制於和希臘、羅馬尼亞和南斯拉夫簽訂的多邊條約。協議要求簽署國維持領土邊界，遇到衝突事件先坐下來商討，但保加利亞的拒絕加入導致該地區情勢緊張，並對土耳其邊界造成威脅。

地理位置更遙遠的德國是土耳其最重要的貿易夥伴，向土耳其購買大量原物料，譬如德國軍火工業需要的鉻。儘管一戰和柏林結盟淪為大災難，土耳其國內有不少人贊同希特勒政府打造的國族自信和國家主導經濟。伊斯坦堡和安卡拉有些知名人士也信奉第三帝國奠基的意識形態，聲稱土耳其人和雅利安人在即將到來的種族鬥爭中是天生的盟友。戈培爾訪問伊斯坦堡的同一個月，柏林當局派身經百戰的前總理法蘭茲・馮・巴本（**Franz von Papen**）到安卡拉擔任新德國大使。[3]儘管馮・巴本過去曾批評希特勒，但他實際上是納粹主義的重要推手之一，協助希特勒登上德國總理大位，而且說服奧地利和德國並肩作戰。如今他準備在土耳其施展能言善道的長才。

所有土耳其人曾經視為文明榜樣的國家——十九世紀的法國、英國，二十世紀初期的德國，獨立戰爭期間的蘇聯——全都蠢蠢欲動，準備對彼此兵戎相向。因此，土耳其外交政策必須步步為營。他們的策略是用結盟、反結盟和互不侵略協定打造一張保護網，並試著分別說服各大強國相信，土耳其保持中立對每一方都最有利。一九三六年，土耳其簽署關於博斯普魯斯和達達尼爾

1 Deringil, *Turkish Foreign Policy*, 184.
2 引用於 Knatchbull-Hugessen, *Diplomat in Peace and War*, 138.
3 von Papen, *Memoirs*, 446.

海峽航行權的《蒙特勒協定》（Montreux Convention）。土國政府依約必須在承平時候開放黑海海峽供非軍事船隻通行，並限制非黑海國家的海軍船艦調度。一旦戰爭爆發，土耳其可對交戰國軍事與公民船隻的通行自訂限制。這些條款給土耳其政府一個唾手可得的脫身之道：他們擁有具法律約束力的理由，得以對所有國家一視同仁，無論是同盟國、軸心國或其他國家。但眼見歐洲戰事一觸即發，過往的條約和承諾紛紛跳票。幾乎沒有人能預測土耳其外交政策的下一步。因為這個國家本身正陷入創立共和國以來最嚴重的政治動盪。

＊　＊　＊

一九三四年，法律規定土耳其人必須使用姓氏，大國民議會將意為土耳其國父的「阿塔圖爾克」送給凱末爾。凱末爾·阿塔圖爾克在當時確實是民眾心目中的國父：他是軍事解放者、第一任總統，也是有遠見的現代化推手——名副其實的建國之父，以及共和國草創時期的模範公民。不過，阿塔圖爾克在土耳其文中更精確的翻譯應該是「土耳其爸爸」。他不僅是該國文化、政治和經濟快速變革的驅動力；他同時被視為一個慈愛的偉人，說過的話全被民眾當作至理名言。

阿塔圖爾克和其他二十世紀獨裁者有很多共通點。他打壓反對勢力，堅信中央管理計畫能實現國家利益，而不曾聽取國人對國家利益的看法。然而，不同於墨索里尼與佛朗哥，他懂得拿捏分寸。[4]他是那個時代備受景仰的國家領導人當中，少數打破個人崇拜衰退公式的例外。關鍵就在時機。

某種程度上，阿塔圖爾克很幸運能在名聲如日中天的時候離世。一九三八年夏天，他按照過去十年的慣例來到伊斯坦堡，他去芙羅瑞亞海灘，下榻多爾瑪巴赫切宮，搭土耳其政府為他採購的「沙瓦羅納號」（*Savarona*）帆船。然而，他的活力已大不如前。短小精幹的他開始駝背。皮膚泛青。[5]肝硬化榨乾他的體力，經常因為流鼻血、起疹子和肺炎沒辦法處理日常事務。[6]五十七歲的他身體虛弱，實際上已蛻變為德高望重的國家元首，不再是幾年前推動最後一批重大改革——姓氏法、婦女投票權、憲法保障世俗主義——日理萬機的政府首腦。十月中，他陷入昏迷，短暫恢復後又失去意識。十一月十日早晨，他在多爾瑪巴赫切宮過世。多爾瑪巴赫切宮還見證了許多伊斯坦堡近代史的重要時刻，從最後一任素檀的逃亡到列強占領軍隊的離開。直到今天，他房間裡的時鐘仍然設在九點零五分，也就是總統的死亡時間。

---

4 Knatchbull-Hugessen, *Diplomat in Peace and War*, 135.
5 Runciman, *A Traveller's Alphabet*, 57.
6 Mango, *Atatürk*, 518–19.

送別致敬禮，一九三八年十一月：阿塔圖爾克送葬遊行上嚎啕大哭的群眾和警察。

這座城市，整個國家，陷入無盡的巨大悲痛。學童邊走出校門邊啜泣，來接小孩的父母愁容滿面，臉上也掛著兩行淚水。[7]報紙在中午緊急出刊，紙張的四周有一圈黑框。阿塔圖爾克臨終前的遺言是一句穆斯林問候語——「願你平安」——不過他的喪禮安排完全不具宗教色彩。[8]他的遺體沒有按照伊斯蘭法規定立即下葬，而是進行防腐處理，放在多爾瑪巴赫切宮供人瞻仰整整一星期。弔謁群眾數量龐大，傷心欲絕。十多人在擁擠人潮中被踩死。[9]幾天後，他的棺材莊嚴地遊行到一艘戰艦上。送葬隊伍離開伊斯坦堡時，成千上萬民眾在岸邊目送他離去，像是海鷗一字排開在碼頭和防波堤。船艦渡過馬爾馬拉海，將靈柩轉交給火車，繼續駛向安卡拉。總統下葬在安卡拉。幾年後，他的遺體被移到一座雄偉的陵寢長眠，從高處看顧著國都。

阿塔圖爾克沒能指定接班人成了他給祖國的最後禮物。他的沉默意味著正規的總統選任制度得以運作。憲法明訂國家元首由議會選舉任命，阿塔圖爾克便是在議會的選舉下一再連任。大國民議會很快選出獨立戰爭指揮官、曾任總理的伊諾努擔任國家第二位總統。

伊諾努是土耳其最厲害的政治求生者之一。他成功確保政治生命延續，勝過多數阿塔圖爾克的早期盟友，接著扮演起總統底下盡責的第二號人物，但這絕不表示他和阿塔圖爾克的關係總是很好。他的姓氏使人回想起一九二一年，當時身為伊斯麥特帕夏的他，在兩次伊諾努戰役中率領國民軍擊敗希臘民族軍隊，是土耳其轉守為攻的指標性戰役。議會不僅推選他擔任總統，而且還給他「民族領袖」的榮譽稱號，但他和這個稱號顯得格格不入。體型單薄，鬍子濃密的伊諾努是管理者、策略家，但他欠缺土耳其國父的個人魅力和慾望——死後的阿塔圖爾克得到更加了不起的封號，成為土耳其「永遠的領袖」。

然而，一切不足之處反而給伊諾努帶來好的結果。伊諾努在檯面下做了許多安排，確保自己能獲選總統，但檯面上看到的政權轉移超乎外界預期的平順。據英國大使許閣森（Hughe

---

7 Sperco, *Istanbul indiscret,* 69.
8 Mango, *Atatürk*, 525.
9 Mango, *Atatürk*, 525.

Knatchbull-Hugessen）表示，「唯一清楚可見的轉變是，政治圈風氣變得比較低調守規矩。」[10]伊諾努有心推動土耳其版的「血與土民族主義」（blood-and-soil nationalism），對少數族裔始終抱持懷疑態度，不過他的外交政策主張是和利益衝突的各國政府簽訂一系列條約或取得明確承諾，藉此保障土耳其的安全。當希特勒和史達林雙雙入侵波蘭，伊諾努立刻接觸西方國家，和英法兩國簽訂了互助協議。後來德國軍隊攻占巴黎、準備對倫敦發動空襲，當初爭取到的救命繩儼然成為即將把土耳其拖進戰爭的沉重船錨。一九四一年六月，土耳其改變立場，和德國簽訂不侵略條約。同月，希特勒對蘇聯發動突襲，開啟全新戰線，證明安卡拉押在德國崛起的賭注沒有付諸東流。

身為一個宣誓中立且地處歐洲、蘇聯和中東交會處的國家，土耳其不乏戰略結盟的邀請。掌握土耳其輿論動向，並利用它創造軸心國或同盟國的優勢，成為這場戰爭的密會談判重點之一。無數自由代理人、雇傭密探和職業情報員暗中諜對諜，積極拉攏土耳其和他們代表的勢力結盟。

＊　＊　＊

「從任何高級飯店隨便丟石頭到窗外，幾乎百分百會砸中特務，」一名美國官員回想戰時的伊斯坦堡說。「事實上，我們真該這麼做。」[11]外國使館拋下佩拉區華麗的鄂圖曼時代建築以及博斯普魯斯海峽邊的夏季度假別墅，搬到安卡拉根據功利主義設計的行政區。但伊斯坦堡的地理便利性和身為土耳其第一大都市區的地位，使它成為情蒐土耳其人或其他敵人的重要場所。

城裡大量外國人口有助情蒐任務的執行，自一九三〇年代起，伊斯坦堡的外國人口不斷增加。走在伊斯坦堡可以聽到幾乎所有歐洲語言，而在每個歐洲社群裡不難找到一些人，譬如商業領袖、銀行家、小商家、教授、酒吧帶位員，因為對家鄉的政府不滿而願意提供資訊給其競爭對手。德國的國家政策導致大批出走難民潮，他們有強大動力對抗納粹統治。伊斯坦堡過去曾是被布爾什維克趕出俄羅斯的白軍的停留站，現在它是被納粹開除的學者的救命繩，特別是猶太學者。

透過瑞士居中牽線，德國和奧地利的學者和土耳其教育部取得聯繫，成功在伊斯坦堡找到教職。剷除德國大學內部劣等種族和政治立場可疑之人的慾望，讓土耳其撿了現成便宜。政府最近剛成立共和國建國以來第一間真正的西式高等教育機構，也就是伊斯坦堡大學。德語教授成為該校的教學主力，他們在本地譯者的輔助下演講授課，同時根據歐洲傳統幫忙組織科系編制。一九三三年十一月，第一位德國教授正式站上講臺授課，納迪以《共和報》的頭版標題宣布此一事

10 Knatchbull-Hugessen, *Diplomat in Peace and War*, 144.

11 Transcript of Ira Hirschmann speech, Oct. 22, 1944, p. 2, Hirschmann Papers, FDR, Box 3, File "'Saving Refugees through Turkey,' Address by Ira Hirschmann Over CBS, 10/22/44."

實。[12]他聲稱，土耳其的高等教育終於加入西方世界。

突然間，大學生得以求教於各個研究領域的歐陸一流人才。教哲學和地理學的教授是來自紐倫堡（Nuremburg）的著名社會學家亞歷山大・羅斯托（Alexander Rustow，政治科學家丹克沃特・羅斯托〔Dankwart Rustow〕的父親）。比較語文學家里奧・史畢澤（Leo Spitzer）從科隆（Cologne）到伊斯坦堡大學擔任外國語文學系主任。柏林最傑出的東方學專家沃特・戈特沙克（Walter Gottschalk）負責籌辦大學圖書館，並將素檀阿布杜哈米德二世累積在耶爾德茲宮的可觀學術藏書建檔管理。從馬爾堡（Marburg）來的文學理論家埃里希・奧爾巴赫（Erich Auerbach）在這裡教語文學。他在伊斯坦堡教書時開始撰寫大作《論模擬》（*Mimesis*）——研究西方文學描繪與現實的流暢性。倘若阿爾伯特・愛因斯坦（Albert Einstein）準備動身前往伊斯坦堡之前沒收到來自紐澤西普林斯頓高等研究院的邀請，他也會是這批轉戰伊斯坦堡的學者之一。[13]

這些學者專家們不僅在母國丟了工作，他們甚至淪為孤兒。納粹政權將許多人開除國籍。他們是所謂的「法定無家可歸者」（*Heimatlose*），誠如白軍在布爾什維克主義得勢後的下場。不過，他們如今定居的城市裡同時住著勝利者和受害者，情況就像一九二〇年代的翻版。除了難民教授之外，土耳其還有約一千名德國公民，而且絕大多數住在伊斯坦堡。納粹黨的地區組織吸收大部分移居國外的僑民。[14]黨組織的總部位於博斯普魯斯海峽亞洲側時髦的莫達區。每個星期日，當地德國人和為納粹效力的支持者會聚在位於莫達區的附屬機構「快樂力量」（*Kraft durch*

Freude）——納粹的觀光旅行社——聽取下個星期的指令。[15]許多資深官員住在佩拉大道旁名聲響亮的德語高中德國學校（Deutsche Schule），從這裡到黨菁英的主要聚會場所條頓尼亞俱樂部只需要一小段步行距離。[16]

納粹的種族法在國外仍保有一定效力，德國公民被規定只能和經德國領事館認證為政治、種族純正的公司做生意——簡言之，不准和德語海外社群的反納粹支持者往來，不能接觸背後金主是同盟國的公司，伊斯坦堡的猶太人當然更是大忌。奧地利人尼可拉斯．梅鐸維奇（Nicolaus Medović）經營的托卡良飯店，佩拉大道上埃里希．卡利斯和安德雷．卡帕斯（Erich Kalis and Andres Kapps）經營的書店，大巴札裡約瑟夫．克勞斯（Josef Krauss）的地毯商店，還有漢斯．沃特．福斯泰爾（Hans Walter Feustel）在加拉達的旅遊辦事處，都在許可名單內。[17]當地猶太人於是以自己的杯葛方式反擊。一九三八年，當梅鐸維奇在飯店外掛上納粹旗——向祖國奧地利和德國的合併致敬——猶太裔伊斯坦堡居民便發起反對運動，要求土耳其同胞抵制該飯店及其餐

---

12 “Bir Ecnebi Profesör İlk Defa Türkçe Ders Verdi,” *Cumhuriyet*, Nov. 23, 1933.
13 Shaw, *Turkey and the Holocaust*, 5–8. 對德國學界和難民的全面研究，參見Reisman, *Turkey's Modernization*.
14 “The German N.S.D.A.P. Organization in Turkey,” Feb. 5, 1943, p. 1, NARA, RG226, Entry 106, Box 36.
15 Memorandum from Betty Carp, Mar. 3, 1942, p. 1, NARA, RG226, Entry 106, Box 35.
16 “the German N.S.D.A.P. Organization in Turkey,” Feb. 5, 1943, pp. 1–3.
17 “List of German and Pro-German Firms in Istanbul, Turkey,” Feb. 15, 1943, p. 1, NARA, RG226, Entry 106, Box 36.

廳。托卡良是城內首屈一指的飯店之一，舉辦過無數上流社會婚禮，以及納迪的土耳其小姐比賽招待會。托卡良飯店生意因杯葛事件一落千丈，漁翁得利者包括佩拉皇宮在內的其他飯店。[18]

直言不諱、熱中政治的龐大德國社群也使伊斯坦堡榮登各方勢力祕密情蒐的絕佳地點。這裡位在歐洲和中東兩地交通的自然路線上。土耳其軍隊深厚的德國淵源可追溯至鄂圖曼時代，意味著許多受教育、有成就的土耳其人對德國理念持同情立場。更重要的是，伊斯坦堡擁有堅定反蘇聯的白軍俄羅斯人和潛在反土耳其的亞美尼亞人（因此有可能被徵求提供土耳其事務的情報），以及一個長期監視自己人的土耳其政策集團，種種條件說明伊斯坦堡同時是軸心國和同盟國從事諜報的沃土。[19]

根據一項統計數據，戰爭期間共有十七個獨立的外國情報中心在伊斯坦堡活動。[20]多個國家在土耳其境內執行任務不構成問題。這在中立國家是可預期的狀況，而且自從素檀的情報員在佩拉皇宮被禮貌地要求讓位給飯店客人起，伊斯坦堡就一直是情蒐的重要基地。只要外國保持低調，不給地主國增添麻煩，土耳其官員大致同意放任檯面下的大膽行徑自由發展。然而，暗戰偶爾會暴露在大庭廣眾之下，當這種情況發生時，伊斯坦堡居民才了解他們的城市如履薄冰。

＊＊＊

在大批乘客和票販的擁擠人潮中，從巴爾幹半島出發的星期日晚班火車抵達車站，一群外交官爭搶著提取行李，招來一整隊計程車。那天是一九四一年的三月十一日，英國代表團全數成員被保加利亞驅逐出境。保加利亞現在是德國的盟友——就像一九一四年兩國也曾並肩作戰——不再歡迎任何來自德國轟炸機鎖定目標的國家官員。六十位英國外交官被驅離到伊斯坦堡尋求庇護。上一次有這麼多「同盟國」（按：此處指一戰的協約國，在英文中一戰的協約國和二戰的同盟國皆為Allied，主要成員都包含英、法、美、俄）官員同時抵達伊斯坦堡是在占領期間搭乘壯麗號和其他英國船艦。如今，他們以土耳其政府訪客的身分抵達。

如此狼狽離開派駐地不在這些官員的意料之中。三月一日，德國先遣部隊進入保加利亞首都索菲亞（Sofia）。不久後，英國大使喬治・蘭德爾（George Rendel）拜訪保加利亞總理博格丹・菲洛夫（Bogdan Filov），在短暫會面中傳達國家對外交關係的立場。會後蘭德爾的女兒安（Anne）提議在她的車後掛上米字旗，開車到城裡繞一圈。[21]

---

18 Bali, *Bir Türkleştirme Serüveni*, 316–20.
19 "A History of X-2 in Turkey from Its Inception to 31 August 1944," p. 1, NARA, RG226, Entry 210, Box 58, File 5.
20 Rubin, *Istanbul Intrigues*, 5.
21 Rendel, *The Sword and the Olive*, 181.

蘭德爾回到大使館，下令焚毀一切文件。大使館起居室裡堆起一座掀蓋箱、手提箱和包裹的小山。當時還未成為交戰方的美國外交官就在現場，準備代為保管鑰匙，英國大使對他們道謝，他們將在英國人離開保加利亞期間幫忙照料使館。行李終於收拾完畢，外交官的轎車和卡車排成一列縱隊駛向市郊的車站。兩名德國保安就在一旁看著英國人離去。[22]為振奮遭驅逐者的士氣，美國大使和幾名親英派保加利亞人士隨代表團登上火車，親送他們到保加利亞的邊境。眾人以香檳祝酒道別，然後陪同的乘客就在跨越馬里

一九四一年三月，爆炸案後：行李炸彈引爆後的佩拉皇宮交誼廳。

查河（Maritsa River）之前下車。火車繼續駛向土耳其。[23]

蘭德爾看向窗外色雷斯起伏綿延的鄉村景致，心情益發鬱悶。離開索菲亞之前，他看到訓練有素的德國士兵、機械裝甲、漿挺制服。現在他看見土耳其軍隊也接獲任務強化邊防：除了一整隊的牛車和小馬，還有手持看似古董火槍的軍人。「於是我更加相信，一旦德國決定進犯土耳其，在推進到博斯普魯斯海峽之前，絕對不會遭遇任何阻力，」蘭德爾說。[24]

英國外交官約在晚間六點鐘抵達伊斯坦堡。錫爾凱吉車站人聲鼎沸。英國領事館方面的友人前來接待，同行者還包括納粹占領的波蘭、比利時和荷蘭等流亡政府代表。他們一行人往碼頭的方向前進，穿過一排紅磚和花崗岩建築，然後第一次瞥見了佩拉高地，下方點綴著加拉達塔附近的民宅燈火和金角灣載浮載沉的漁火。

計程車離開車站後跨越加拉達橋，往宣禮塔林立的城中心反向行駛，然後進到山頂區（Tepebası）的憲政大道（過去的墓園街）。車行數個街區之後，車隊在某街角處猛地轉向，停在佩拉皇宮飯店前。行李員將掀蓋行李箱和皮製手提箱卸在大理石門廳前。工作人員趕忙上前登記房客的護照資料。一切繁文縟節完成後，蘭德爾立刻帶著女兒上樓，進房開行李。代表團其他成

22 Rendel, *The Sword and the Olive*, 186.
23 Rendel, *The Sword and the Olive*, 187.
24 Rendel, *The Sword and the Olive*, 188.

員走進大廳旁幽暗的東方酒吧，打算喝杯睡前酒。

震耳欲聾的爆炸聲緊接在一道閃光之後，剎那間，飯店天搖地動。[25]電梯脫離纜線，墜到升降梯井的底部。玻璃雨棚崩塌，碎片像暴雨般驟地落在接待大廳。精緻的陳列櫃和紅木椅四分五裂地散落在鑲木地板上。大理石樓梯和灰泥牆血跡斑斑，木頭天花板竄出零星火苗。

現場安靜得令人害怕，不久後，埋在煙霧和粉塵中的傷者紛紛發出哀號。一樓的地板迸裂出一道凹凸不平的溝壑，底下就是地窖。黑暗中，茫然不知所措的賓客一腳踩空跌入溝裡。兩名英國大使館雇員倒臥在無盡痛苦中，不一會兒就傷重斷氣。幾名土耳其飯店員工和旁觀者當場喪命或奄奄一息，還有一些斷了手腳或慘遭火吻。受傷的包括兩名當地猶太裔門僮，飯店的希臘人總經理卡倫提諾斯先生（Mr. Karantinos），一名穆斯林司機，兩名土耳其警察，一名希臘人總管，一名穆斯林夜班巡邏員，還有許多其他員工和顧客。死者共有六名成人和一名大使館職員未出世的嬰孩。飯店外頭，有民眾失去意識倒地不起，清醒的人則因受驚嚇在佩拉大道四處奔竄。附近幾條街的窗戶和店面全數爆裂，人在樓上的房客逃出房間，心裡確信德軍就在剛才發動了空襲。

部分倖存者立刻意識到攻擊者不是德軍。他們想起索菲亞忙碌的火車站。在火車離開保加利亞之前，有兩件行李始終沒人出面認領，但因為火車即將出發，大使團隨行警官決定將它們和其他行李一併送進車廂，等到達伊斯坦堡後再繼續確認主人。在佩拉皇宮飯店爆炸的當下，有一名外交官趕忙衝到其他成員下榻的另一間飯店。他找到另一件無人認領的行李箱，一把抓起奔向室外，然後將它朝一塊空地扔出去。行李箱沒有爆炸。警察稍後趕來查看，他們確信本來應該有兩起爆炸案。被扔出去的行李箱裡裝有一條引線和大量的黃色炸藥。[26]

整起事件的幕後主使者經過一段時間才查清。原來是和德國人合作的保加利亞特務將炸藥箱混入英國大使館的行李堆。[27]這是一次卑鄙、無意義的蓄意破壞行動，目的只是為了製造大規模暗殺敵軍外交官的騷動。土耳其政府擔心升高緊張情勢，因此並未採取制裁行動。畢竟，土耳其本身不是爆炸案鎖定的目標。檢察官在案發後次月提出報告，清楚表態：「確信這起爆炸案……是針對英國使團工作人員，由德國或保加利亞組織或附屬組織在索菲亞事先安排，由於沒有任何證據顯示此暗殺預謀由住在土耳其的個人或組織在土耳其境內完成策畫，本辦決定不對任何人起訴。」[28]

25 我對佩拉皇宮爆炸案的描述是根據memoranda, photographs, witness reports, and letters in NAUK, FO 198/106, 198/107, 371/29748, 371/29749, 371/29751, 371/37529, 371/48154, 781/57, 950/10, 960/139, and 950/631；以及Rendel, *The Sword and the Olive*, chapter 16.

26 Knatchbull-Hugessen to London, Mar. 12, 1941, NAUK, FO 371/29748, R. 143–44.

27 "Background Paper on the 'Pera Palace' Explosion of March 11, 1941, and Claims Arising Therefrom," n.d., NAUK, FO 950/631.

28 Istanbul Assistant Public Prosecutor, "Copy of Decision," Apr. 10, 1941, p. 4, NAUK, FO 371/37529.

整起事件就此了結，起碼外交部分是如此。佩拉皇宮飯店其實不是炸彈客瞄準的目標。它的命運受到名聲拖累。兩顆炸彈都沒有按照原訂計畫在火車上爆炸；裝著炸藥的行李箱之所以進了飯店，純粹是因為英國使團想找個舒服的地方落腳。英國政府撫卹死於佩拉皇宮爆炸案的兩名使館人員——打字員葛楚・艾利斯（Gertrude Ellis）和泰瑞絲・阿姆斯壯（Therese Armstrong）——的家人，以及其他受傷的英國子民。[29]倫敦當局也針對當地為數不少的傷亡者，補償土耳其政府發放的死亡撫恤金和醫療費用。

不幸的飯店業主穆哈耶西隨後擬定重建計畫，而炸毀的佩拉皇宮飯店就像在提醒眾人，戰爭距離伊斯坦堡不過咫尺之遙。德國軍隊已駐紮保加利亞，緊接著一九四一年四月和五月，德意志國防軍（Wehrmacht）在巴爾幹半島展開軍事行動，迅速占領南斯拉夫、希臘和克里特島。納迪在《共和報》的報導中指出，戰爭前線的距離和伊斯坦堡不曾如此靠近，土耳其必須做好保衛邊界的準備。伊斯坦堡居民自去年十一月起，已經有多次防空警報和大停電的演習經驗。[30]樹木、人行道及電線竿都被漆成白色，方便民眾在停電時能憑月光反射找路。[31]演習時，警報響徹雲霄，站在佩拉大道的消防員穿戴防毒面具，彷彿來自另一個世界的生物。[32]為節省燃料，私家汽車不准上路，近兩千輛的計程車有半數被迫停業。[33]

對各國政府而言，戰事蔓延意味著伊斯坦堡的重要性更勝以往，它不再是單純的情蒐場地，更是組織策畫各式地下宣傳行動的大本營：操縱土耳其輿論倒向其中一方或另一方，組織對抗德國及其東南歐盟友的行動，還有疏通資金和軍火給死守希臘和南斯拉夫崎嶇山地的反抗戰士。一九四一年六月，當希特勒下令進軍蘇聯，土耳其徹底被周邊鄰國的戰火包圍。對土耳其政府而言，如今光是拒絕加入爭鬥還不足以維持中立立場。維持中立需要收買朋友和了解潛在敵人——換言之，土耳其必須和所有交戰國一樣積極地從事諜報活動。

* * *

馬穆特．阿迪西（Mahmut Ardıç）和雷沙特．穆魯更（Reşat Mutlugün）是佩拉皇宮六死爆炸案的其中兩名死者。根據名字判斷，他們都是土耳其穆斯林，而且大概也是悠遠族譜上第一個能夠將姓氏傳給孩子的人。阿迪西和穆魯更的身分據稱是偵探或憲兵，但土耳其巡警或偵探出沒豪華飯店是很不尋常的行為，特別是爆炸案前幾天這裡並未發生任何犯罪行為。比較可能的情況

29 “Pera Palace Claimants,” n.d., NAUK, FO 950/10; and Knatchbull-Hugessen to Foreign Office, Mar. 13, 1941, NAUK, FO 371/29749, f. 17.

30 “Tehlike Kapımızı Çalarsa,” *Cumhuriyet*, Mar. 31, 1941.

31 “Seyrüsefer Tedbirleri,” *Cumhuriyet*, Nov. 28, 1940.

32 “Bugün Dikkatli Olunuz!” *Cumhuriyet*, Jan. 20, 1941.

33 “Balkan Intelligence Center Report,” Nov. 1940, NAUK, WO 208/72B.

戰爭期間的愉快時刻，約一九四四年：一名辦公室員工向女同事展示他的防毒面具。

是，這兩個男人隸屬土耳其祕密警察組織「安米耶」（Emniyet）。他們運氣不佳，在手提箱爆炸之際現身佩拉皇宮飯店，但他們的意外身亡彰顯戰時伊斯坦堡情報、外交和商業世界錯綜複雜的關係。

安米耶探員（Emniyet officers）理當在現場監看剛抵達的外國代表團，尤其是搭乘特別列車從敵國撤離的代表團。追蹤外國訪客是該組織的職務之一，他們還負責監看政治異議分子、詩人、新聞記者、宗教狂熱分子、顛覆分子、恐怖分子、好戰分子、革命分子、共產主義者、社會主義者，以及安米耶認定會對國家造成威脅或具潛在威脅性的所有人。

安米耶一九二六年成立，過去它隸屬阿塔圖爾克總統任期間一黨專政下的監控打壓體系。它的出現植基於土耳其人對公共秩序和地下運作陰謀有很深的執迷。半個世紀前，阿布杜哈米德二世大部分時間都在審閱間諜網呈交的報告，他們的筆記內容包括外國人入境乃至街頭聽聞的反政府笑話。素檀對外交官員的風流韻事特別感興趣，他會暗示面紅耳赤的大使，讓他們知道自己在佩拉區妓院的私密時光不是祕密。[34]在那些日子，穆斯林若被看到和歐洲人交談可能有遭流放之虞，乘客在電車上始終故作沉默，而佩拉皇宮公共空間的談話總是輕聲細語。[35]

如今，安米耶成為保護凱末爾主義革命和分辨內部敵人的核心機構。它專門揭露陰謀活動，並發展出一特殊副業，觀察土耳其共和國內反對勢力與國外贊助者之間可能的連結，譬如國家公敵辛克美或異議流亡分子哈莉黛。然而，對所有間諜活動而言，殲滅真實危害和為達成殲滅目的刻意製造真實危害之間的界線向來特別模糊。情報工作具有不可反證性。有時候威脅存在的證據，其實只是說明了某安全人員決定捏造威脅存在的報告。在看待土耳其共和國及其警察機關基本架構中的國家安全、政治和國外陰謀時，這絕對不失為一個可能的角度。

一座渴求情報的城市理所當然會產生過多的情報供應者，這大概就是阿迪西和穆魯更兩位探員遭遇佩拉皇宮死劫的原因。飯店是錯綜複雜的情報供需經濟中心。「伊斯坦堡有很多人的生計

34 Woods, *Spunyarn*, 2:111.
35 Herbert, *Ben Kendim*, 37.

是靠販賣情報給任何有意購買者，」一名美國臥底情報員指出。[36]外國人越多，祕密活動越多，情報越值錢。安米耶定期繳交書面報告、照片、入出境名單、飯店登記入住資訊，乃至相貌屬於外國情報機構有意尋找並收買的護照照片。[37]當房客抵達飯店，把護照交給櫃臺，就等於把護照拿給土耳其人、蘇聯人、美國人、德國人、英國人和義大利人看，「甚至連他最喜歡的咖啡廳酒保都會拿到他的個資。」[38]

許多探誘資訊或收買土耳其人的方法光明正大且創意十足，並非全是見不得光的勾當。一九四三年二月，德國將聯合黨人領袖、亞美尼亞大屠殺主謀塔樂腐朽的遺體送回土耳其，他在二十多年前的柏林街頭被亞美尼亞刺客射殺身亡。[39]這名昔日流亡者回歸祖國的方式或許令人毛骨悚然，不過這是德國方面釋放善意的舉動。塔樂是爭議人物，阿塔圖爾克在世時貶謫其歷史定位，但如今他獲得官方平反，而且晉升為土耳其民族主義萬神殿的一員。總統伊諾努、總理薩拉吉奧盧、大使馮・巴本和其他土、德兩國官員都盛裝加入此次隆重的列隊遊行，陪伴老帕夏的遺體到伊斯坦堡某座小山丘重新下葬。日後還有其他青年土耳其黨成員會與他共眠，包括他的昔日戰友、一九九〇年代遺體從塔吉克被帶回來的恩維爾。出乎眾人意料的是，當時似乎沒有人發現，這座山頭恰巧和城裡亞美尼亞人的主要墓園相互對望。

同盟國也堅持不懈地試圖影響土耳其輿論，誘使共和國政府放棄中立。然而，他們的進展幾乎完全仰賴戰事發展的方向，而不是情報政變。一九四一年夏天，土耳其和德國簽訂互不侵略協定，這個舉動在德意志國防軍以秋風掃落葉之姿向東推進的當時看似合理。然而，隔年秋天，軸心國揮軍蘇聯，對史達林格勒久攻不下，北非的德國勢力日益萎縮。同盟國成員見狀開始積極施壓，要求土耳其加入同盟國並宣布參戰。土耳其長期左避右閃，重新擬定戰術，然後煞有介事地裝糊塗的慣行手法，如今正面遭遇希特勒很可能戰敗的最新事實。一九四三年七月，墨索里尼在國內失勢，軸心國實質分裂，而土耳其刻意維持的中立立場愈來愈站不住腳。

佩拉皇宮爆炸案發生時，包括特種作戰行動組（Special Operation Executive，簡稱ＳＯＥ）在內的英國情報系統早已在城內運作。[40]伊斯坦堡成為巴爾幹半島ＳＯＥ活動的指揮中心，這代表英國探員不僅收購情報，同時策畫特定破壞行動或從旁協助其他國家的地下反抗行動，尤其是保加利亞、南斯拉夫和希臘。戰爭傷亡持續增加，ＳＯＥ為德國入侵土耳其做最壞打算，他們部署一項結合眾多反抗勢力的計畫，計畫內容包括栽培佯裝成忠貞納粹黨員的特務，倘若德國成功入侵，這些人將成為占領軍，實質潛入德國機關扮演雙面間諜。

36 Boyd to Donovan, Sept. 25, 1944, p. 3, NARA, RG226, Entry 210, Box 58, File 4.

37 "A History of X-2 in Turkey," p. 10, and Lt. Col. John H. Maxson, "Report on Organization and Operation of X-2, Turkey, 1944," p. 16, NARA, RG226, Entry 210, Box 58, File 5.

38 Kollek, *For Jerusalem*, 42–43.

39 關於回歸的細節，參見Olson, "Remains of Talat."

40 參見"Istanbul Office—History," Mar. 15, 1945, NAUK, HS 7/86.

美國參戰後，美國戰略情報局（Office of Strategic Services，簡稱ＯＳＳ）也到伊斯坦堡大展身手。芝加哥銀行家藍寧‧「派基」‧麥克法蘭（Lanning "Packy" Macfarland）一九四三年夏天來到伊斯坦堡。他在美國時被徵召入局，最初在伊斯坦堡的美國領事館內辦公，後來另外在佩拉皇宮飯店附近租了一間公寓。[41]美國人打算把城內可觀的流亡社群——除了德國人，還有捷克人、匈牙利人和其他來自納粹占領地區或軸心國勢力範圍的人——變成情報來源，和英國人在這段時間的策略相同。

這場無聲戰爭的歷史細節來自最無聊且無心的消息來源曝光：情報交易員和祕密爆料者聯絡後填寫的報銷單據。[42]探員每個月有五十到五百土耳其里拉的預付津貼；土耳其警察願意用每個月四百里拉換取飯店入住退房名單。交易員的報銷單上明確印有「賄賂」一欄，ＯＳＳ雇員可以在該欄目底下說明費用花在收買接線生不要呈報長途電話，乃至填寫向土耳其或其他消息來源「購買戰略情報」這種包山包海的理由。交易員報銷的費用包括購買樂器、網球拍和西裝。打小報告和祕密耳語的地下經濟集中在特定幾條狹窄街道。工作時，在世界大戰中立場衝突的雙方「撞」見彼此是稀鬆平常的事。這是一門關係密切的生意。舉例來說，如果有探員需要疝氣固定帶，提供的人可能是一名美國情報交易員。[43]

在伊斯坦堡尋找探員就像在鱒魚池釣魚。問題不在魚群不上鉤，而是要確保上鉤的魚是自己想要的魚並不容易。「針對土耳其以外國家的諜報活動，被視為某種有利可圖的遊戲，每個人都能相對有恃無恐地參與競賽，」一份ＯＳＳ報告指出。[44]這座城市到處都是探員，確認他們的可靠性是一項重要工作。美國特工稱這個領域為X-2，即反間諜活動。一九四三年七月，一名美國特工約瑟夫・克提斯（Joseph Curtiss）來到伊斯坦堡，身上帶著兩萬五千元美金的私人捐款，據稱是為了幫美國東岸三所大學添購古董書籍。接下來幾個月，他到大巴札光顧許多書籍和手稿交易商，四處散布他想收購具學術價值的史料的消息。事實上，他手邊的錢不是用來收購珍本書，而是用來支付探員。[45]等到十月，克提斯替假身分做足故事後，他開始放心地和ＯＳＳ伊斯坦堡情報站站長麥克法蘭直接接觸，以便商量行動計畫。他的辦公室設在ＯＳＳ總部內，在隔年一月另一名反間諜活動特工、也是後來的反間諜活動組長約翰・麥森（John Maxson）報到之前，著手進行他的反間諜業務。[46]

克提斯和麥森負責業務的預算不多，但他們很快意識到手邊有一個尚未被充分利用的網絡：在這個城市工作的龐大美國人社群。ＯＳＳ最早招募的目標對象是一流商人。事實上，麥克法蘭

41 Boyd to Donovan, Sept. 15, 1944, p. 2, NARA, RG226, Entry 210, Box 58, File 4.
42 支出收據參見NARA, RG226, Entry 199, File 1193.
43 Receipt from Ucuz Çanta Pazarı, Dec. 31, 1943, NARA, RG226, Entry 109, Box 187, File 1208.
44 "A History of X-2 in Turkey," p. 2.
45 Maxson, "Report on Organization and Operation of X-2," p. 4.
46 "A History of X-2 in Turkey," p. 3.

上任之前，所有間諜業務都是蘇康尼─真空石油公司（Socony-Vaccum Oil Company）的董事艾契博德．沃克（Archibald Walker）負責。但X-2很快開始系統性地聯絡美國人，其中有不少在羅伯特學院工作。羅伯特學院是美國女子學院的男校版，屬於新教傳教士學校，堪稱土耳其境內最棒的教育機構之一。教授、接待員和教務長全都被登記為情報供應來源。[47]美國領事館內端莊的行政官員貝蒂．卡爾普（Betty Carp）雖然名字聽起來像美國人，實際上是家族來自奧匈帝國、土生土長的伊斯坦堡人，後來成為OSS主要的情報供應與審核者。她以行事低調和判斷力敏銳出名，過去曾派駐華盛頓。在華盛頓的時候，她會定期邀請蘇聯大使美心．李維諾夫（Maxim Litvinov）的太太去看電影，然後把她們的對話內容回報給OSS。[48]她精通包括德語和土耳其語在內的多國語言，而且輕而易舉就和伊斯坦堡每個人打好關係，因此擁有無可匹敵的情報管道。德國人大概都沒料到站在條頓尼亞門外，看似漫不經心的矮個中年女子，實際上正在腦中記錄進出俱樂部的人員。

少數完全不曾涉足特務工作的美國人之一是惠特摩。他化幻想為現實的能力在聖索菲亞大教堂的募款上發揮極大效用，但這項技能在諜報的世界裡反而有害。「惠特摩先生是知名的拜占庭研究專家……〔而且〕他消息靈通，和數名內閣成員有私交，」卡爾普在一份機密報告中指出。「不過他是那種絕不紆尊降貴的類型，不會提供情報給任何等級低於邱吉爾或羅斯福的人。」[49]

在情報受高度重視的城市，所有特務都承受巨大壓力，不僅要為情報爭取最高價，而且要吸引多個買家購買同一產品——換言之，成為雙面特務。「他們在伊斯坦堡的每一處，」伊斯坦堡辦公室對華盛頓的OSS局長威廉·「瘋狂比爾」·唐納文（William "Wild Bill" Donovan）報告道。[50]追蹤伊斯坦堡「敵國國民」的動向是特務們的工作內容之一，他們累積了可觀成果。才成立短短幾個月，OSS的X-2反間諜活動部門已收集約三千份資料卡，每張卡片都是一個人的基本資料和相關情報。[51]問題是德國情報交易員技高一籌，他們總是能從爆料者口中套出更有意思的資訊。舉例來說，德國軍事情報機構「阿勃維爾」（Abwehr）似乎有某種不可思議的技能，專門招募讓同盟國工作人員難以抗拒的特務，一名美國X-2特務在報告中稱他們為「酒吧女侍、藝人，諸如此類」。[52]德國情報交易員毫不保留地大肆賄賂，出錢讓特務到飯店、餐館和夜總會等

---

47 "A History of X-2 in Turkey," p. 3.

48 Carp to Dulles, Mar. 13, 1942, NARA, RG226, Entry 106, Location 190/6/4/03. 卡爾普和艾倫·杜勒斯從杜勒斯在列強占領期間短暫任職伊斯坦堡美國大使館就認識彼此。戰爭期間，他一直是她在OSS內部的主要聯絡人之一，最終成為OSS繼承單位中央情報局的首位平民局長。

49 Carp to Gurfein, Jan. 12, 1943, NARA, RG226, Entry 106, Location 190/6/4/03.

50 Wickham to Donovan, Aug. 11, 1944, p. 11, NARA, RG226, Entry 210, Box 194, File 9.

51 "A History of X-2 in Turkey," p. 3.

52 "A History of X-2 in Turkey," p. 11.

地方工作。美國人似乎很容易相信「任何流著眼淚訴說自己極度痛恨德國人的漂亮女人，都是真心不騙的反納粹分子」。[53]據說美國情報單位的雇員曾經舉辦「多次盛大而且醉醺醺的派對」，現場就有真實身分是德國特務的女性。酒後吐真言是這類伊斯坦堡間諜的常用手法。[54]

到了一九四四年，安全漏洞問題大到難以忽視，以致美國情報交易員有了自己的主題曲，由一名美國公職人員作詞作曲，並在當地一間跳舞酒吧首次發表。歌詞被油印在紙上，發給觀眾，後來城裡每個樂隊只要看到一群美國人進門，就會彈奏起這首大受歡迎的曲子。[55]歌名和副歌——「親親寶貝，我是一個間諜」——是任何臥底特務走進休息室時最不想聽到的話。

「我捲入危險競賽，」整首歌是這麼唱：

每隔一天我改頭換面，
我的名號不同但身體不變，
親親寶貝，我是一個間諜。

你一定聽說過瑪塔．哈里（Mata Hari），
我們做生意銀貨兩訖，
但被老爹逮個正著於是她嫁我娶，

親親寶貝，我是一個間諜。
我不是壞到底的花花公子，
我根本就是超棒情人，
但聽著，甜心，謹慎至上
我們還是維持地下戀情……[56]

無論如何，一名公職人員在酒館樂聲中公開自己的間諜身分，絕對是非常不專業的事，後來幾名美國官員把歌詞當作安全威脅回報華盛頓。但這首歌充其量只是虛張聲勢的練習。「我自信滿滿，走路大搖大擺，」副歌歌詞唱道。「一分掩蔽，九分出擊。」事實上，美國間諜鮮少拿到

53 "A History of X-2 in Turkey," p. 11.
54 Maxson, "Report on Organization and Operation of X-2," p. 22.
55 "Addenda, History—Security Branch—OSS Istanbul," May 1943–Sept. 1, 1944, p. 1, NARA, RG226, Entry 210, Box 185, File 9; and "History—Security Branch—OSS Istanbul," May 1943–Sept. 1, 1944, p. 3, NARA, RG226, Entry 210, Box 185, File 12.
56 "History—Security Branch—OSS Istanbul," May 1943–Sept. 1, 1944, Appendix C, p. 2, NARA, RG226, Entry 210, Box 185, File 12.

內線消息。

他們的情報大多來自一批當時住在伊斯坦堡的東歐流亡者，這群人被稱作「山茱萸幫」（Dogwood chain），以他們在ＯＳＳ的主要聯絡人捷克工程師阿弗雷·史瓦茲（Alfred Schwarz）的代號命名。麥克法蘭招募史瓦茲進ＯＳＳ，而史瓦茲在占領區歐洲發展出堪稱規模最龐大的情報網，將關於軍隊調度、飛機場、臨時軍火庫和燃料補給站的情報回傳到伊斯坦堡的ＯＳＳ情報站。問題在於幫裡特務很多其實是德國情報局的雙面間諜。山茱萸幫遭嚴重滲透，麥克法蘭不得不在一九四四年夏天下令解散所有成員。

多數山茱萸幫的報告相當平庸。[57]這在伊斯坦堡是意料之中的事，當情報供不應求，後果勢必如此。能夠製造豐碩成果的諜報活動並不多，而且真正有成果的大概都出自安卡拉。一九四四年初，英國接獲線報，當地阿勃維爾主管的祕書埃里希·維米蘭（Erich Vermehren）決定叛逃。這起勝利嚴重打擊土耳其境內的德國士氣，但阿勃維爾的成果其實略勝一籌。

英國大使許閣森是外交使團中無可挑剔的一位成員。從小在肯蒂什（Kentish）的鄉間長大，堅守維多利亞道德規範，擁有伊頓公學到牛津大學的漂亮學歷，許閣森就像英國外交官員的形象大使。他把鬍子修剪得一絲不苟，出入重要場合穿著三件式西裝。外交使團對許閣森敬重有加，就連頭號敵人馮·巴本都很尊敬他。土耳其人對他唯一的抱怨是名字太難念。[58]不過他可能因為浸淫在讚美之中，長久下來防備盡失。德國人在一九四三年秋天吸收了一名代號「西塞羅」

（Cicero）的間諜，此舉可能是戰時最了不起的內線行動，因為西塞羅就是許閣森大使的貼身男僕。

事實上，西塞羅是自己帶著情報來找德國人的。他到安卡拉的德國大使館找一等祕書，用糟糕的法語自稱「皮耶」，然後承諾有能力取得重要機密文件，而且願意交給柏林當局換取酬勞。「是這樣的，我痛恨英國人，」他開門見山地說，並威脅若德國不付這筆錢就要轉而效力蘇聯。[59]官員心存懷疑，但貼身男僕不久後便兌現承諾。他有許閣森辦公室保險箱的密碼，用相機照下大使和倫敦方面的機密公文，內容包括戰時會議細節和「大君主作戰」（Operation Overlord）的諾曼第登陸行動前期商討細節。這些機密文件有些一路上呈至希特勒，但阿勃維爾沒有充分利用西塞羅的管道，主要是害怕他的動機不單純。在雙面間諜氾濫的土耳其，德國情報交易員始終擔心西塞羅就是其中之一。實際上，西塞羅提供的情報都非常可靠，倘若德國人當時認真看待，戰爭的結果或許會出現變化。相反的，真正受騙的一方是西塞羅。西塞羅——阿爾巴尼亞人伊來薩·巴茲納（Elyesa Bazna）——以間諜行動換取的豐厚酬勞，其實是數十萬英鎊的偽鈔。[60]

---

57 Wickham to Donovan, Aug. 11, 1944, p. 4.

58 Massigli, *La Turquie devant la guerre*, 133.

59 引用於Moysich, *Operation Cicero*, 31.

60 Rubin, *Istanbul Intrigues*, 247.

＊＊＊

佩拉皇宮爆炸案是違反中立國諜報規矩的罕見例外：不要打擾地主國。大致上，伊斯坦堡的戰爭發生在民宅公寓和祕密聚會所，而且情報員和特務皆極力降低在公共場合碰面的可能性。就連十月二十九日土耳其國慶，當各國外交官員出席外交部在安卡拉舉辦的盛會時，土耳其官方都會準備兩個獨立的宴客廳，以免敵對勢力得共享前菜與香檳。[61]不過，外國人的圈子實在不大，因此撞見敵方特務是稀鬆平常的事。生於奧地利的泰迪・科勒克（Teddy Kollek）記得有一名納粹特務曾在伊斯坦堡的阿布杜拉阿凡提（Abdullah Efendi，同盟國和軸心國官員經常造訪的晚餐場所）餐聽與他攀談。[62]該特務滔滔不絕地對他說起德語，科勒克恰巧也能對答如流。對話進行到一半戛然而止，因為這位特務意識到自己鑄下大錯。科勒克替錫安復國主義地下組織工作，是英美情報單位密切合作的對象。

科勒克的情報工作為他開啟往後歷久不衰的傳奇生涯。戰後他成為耶路撒冷市長。在伊斯坦堡期間，他參與了唯一一次無庸置疑的成功任務。時序進入一九四四年，當OSS人員紛紛著手收尾，像是清空銀行帳戶，思索職涯發展的下一步，另一種全新的情報工作正如火如荼地展開。幕後策畫者深知他們的首要原則絕非和土耳其當局相安無事，而是要持續積極地騷擾對方。它像是某種形式的臥底工作，也許可以說是最極致的臥底工作，並且為共和國實踐幾項最神聖準則之路帶來重重阻礙——譬如共和國宣稱的種族純潔性，對國內少數族裔的持久戰爭，以及對同盟國和軸心國一視同仁的盤算。不過，這個任務無需蒐集情資，它需要的是有人願意鋌而走險地聚集流亡群眾。

61 Rubin, *Istanbul Intrigues*, 4.
62 Kollek, *For Jerusalem*, 43.

文件路徑

法西斯閱兵：年輕義大利人——大概是伊斯坦堡內的義大利社群成員——行軍經過塔克辛廣場時對共和國紀念碑行羅馬式敬禮。

穆哈耶西的佩拉皇宮飯店收購案在一九二〇年代是一筆絕佳買賣，但經過一九四一年的爆炸案後，不難想像他對當初的決定感到懊悔。飯店需要大規模翻修，而具頭版吸引力的大爆炸是飯店業者最不希望旗下機構沾染的惡名。穆哈耶西想盡一切辦法試圖縮小既成的損失。他發電報給邱吉爾要求賠償。他對蘭德爾提告，指控其疏失導致安裝炸彈的行李進到飯店。[1]最後他獲得幾十萬土耳其里拉的賠償金，但由於伊斯坦堡法庭的司法管轄權僅及於國內，因此整起案件審理多半是示範性質。[2]

飯店生意在發生爆炸之前已開始走下坡。猶太人杯葛競爭對手托卡良飯店為佩拉皇宮帶來的短期業績成長，不足以令人忽視褪色的天鵝絨、被弄髒的大理石，彷彿這間飯店就像東方酒吧裡滔滔不絕當年勇的常客，完全仰賴昔日榮景和幾則傳奇故事維持門面。佩拉皇宮每次登上頭條幾乎都是關於飯店老舊或捲入醜聞的消息。一九三五年，傑出土耳其外交官阿齊茲貝伊（Aziz Bey）走進客房，把一些錢放到桌上，要家人用這筆錢支付他的喪禮，然後拿起刮鬍刀片割喉自殺。[3]一九三九年，一名葉門男子帶著三名墨西哥女陪客入住飯店，自稱乃家財萬貫的印度王子不斷賒帳。[4]管理部三個月後才發現他根本一文不值。

佩拉區的社交中心不再圍繞佩拉皇宮周邊地帶，漸漸向北轉移。在該區的最南邊，佩拉大道連接蜿蜒窄巷和樓梯街道，兩旁林立文具店、音樂商店和玻璃貿易商。更北邊的塔克辛廣場，經過一九二八年修建共和國紀念碑，加上一九三〇年代普斯特的重新規劃，成為這座現代城市的目光焦點。當學童要緬懷阿塔圖爾克，或本地法西斯主義者在佩拉大道踢正步，最後一定走向塔克辛廣場。每踏一步就離伊斯蘭帝國越遠，離土耳其共和國越近。

公園飯店（the Park Hotel）利用這波重心北轉趁勢而起。它距離塔克辛廣場不遠，位在一條通往海岸公路的下坡大道，這塊地過去是鄂圖曼最後一任大維奇爾艾哈邁德・陶菲克帕夏（Ahmed Tevfik Pasha）的家。[5]因為隔壁是德國領事館，飯店餐廳漸漸變成領事館職員的非正式食堂，就像佩拉皇宮飯店過去和周邊外交官社群之間的關係：美國領事館在飯店隔壁一幢老鄂圖曼樓房裡，而英國領事館就在靠近魚市旁的憲政大道。土耳其外交政策走向曾經可以從土耳其官員在佩拉大道的哪一頭喝酒聊天看出端倪——佩拉皇宮或公園飯店。當前者在爆炸案後暫時歇業，忙著將樓地板裂縫接合、電梯重新安裝，後者似乎已從競賽中脫穎而出。

在公園飯店狹長的大廳，美國與英國商人和日本、保加利亞、德國官員擦身而過。外交官攜家帶眷抵達，剛結束長途火車或輪船之旅的孩童，把門廳當作遊樂場般喧鬧嬉戲。日本人總是早

1 Muhayyeş to Churchill, n.d., NAUK, FO 371/29751, f. 18.
2 "Bombed British Officials Must Pay, Turks Decide," *New York Times*, Apr. 24, 1947.
3 "Col. Aziz Bey a Suicide," *New York Times*, Oct. 1, 1935.
4 "50 Kuruşla Perapa- las'ta Üç Ay Yaşayan Adam!" *Cumhuriyet*, Oct. 13, 1939.
5 Mansel, *Constantinople*, 419.

早就到餐廳用晚餐，吸引眾人目光，然後德國人會接過他們的餐桌直到午夜。[6] 謠傳每間客房都裝有竊聽器，而且每個人都知道餐廳侍者幫客人點餐或掀開主餐蓋子後，會刻意稍加駐足。他們無意中聽到的任何事情，一定會傳到別的領事館耳裡。但共同的不確定性在飯店餐廳裡發展出一種權力平衡。客人們保持閒話家常，低調避談嚴肅政治。認識敵人就是某種安全措施。

布魯明戴爾百貨公司（Bloomingdale）的主管以拉．赫許曼（Ira Hirschmann）就是衝著這點在一九四四年某個狂風暴雨的二月天入住公園飯店。黑髮圓臉的他喜歡繫著時髦領結，隨意插放胸袋巾。赫許曼初來乍到伊斯坦堡，在不同的歷史情境裡，他可能會來談紐約曼哈頓服飾區的生意，或採買鄂圖曼風格的複雜鑲嵌藝品。或者若有下輩子，他可能會是個音樂經理人。無論到哪裡，他總是利用空閒時間，為當地前途看好的小提琴家或鋼琴大師籌辦臨時起意的音樂會。若有必要，他會毫不愧疚地出面糾正飯店大廳樂隊的節拍或音準。他是天生的組織者，是做大事的人，而且對自己實現計畫的能力極有自信。

不過，赫許曼停留伊斯坦堡期間幾乎都在處理瑣事：租用生鏽報廢的貨船，改裝成客運船隻，然後為船運規定與乘客清單的枝微末節小事，向邊防官員、當地警察和港務長說情。每天離開辦公室回飯店吃晚餐之前，他一定把當天的工作文件全數燒毀。[7] 其他飯店客人有所不知，赫許曼正在策畫另一波流亡潮。這是將猶太人救出歐洲納粹占領區規模最大的一次行動。他和伊斯坦堡的交手要從佩拉皇宮爆炸案幾個月後說起，過程峰迴路轉，而且涉及一場非同小可的悲劇。

* * *

一九四一年十二月十五日，博斯普魯斯海峽表面的南向流，推著靜靜停泊在伊斯坦堡的史楚馬號（*Struma*）。[8]從兩百海里外、羅馬尼亞康斯坦察港出發的這趟旅途可怕極了。這艘船最近剛變更用途，之前是專門載運牲畜的。它的引擎是整修過的報廢品，來自一艘沉沒的拖船。老舊的木頭船體安裝單薄的金屬護片，不足以抵抗黑海凜冬的暴風雨。

在船上，乘客們沒有被風浪晃得東倒西歪，因為包括甲板和走道在內的整艘船都擠得密不透風，穿毛皮大衣的男人女人帶著皮製行李箱，孩童則帶著他們最喜歡的玩具或故事書。甲板下方有將近八百名乘客。

他們冒險穿越水雷區，避開深海區的水面艦艇和潛水艇。這些人絕大多數都被和納粹結盟的政府開除國籍。德國禁止猶太人離開德國控制區，同時施壓軸心國盟友羅馬尼亞比照辦理。當船隻下錨停在薩拉基里奧角，他們才終於進入中立國地盤。接下來，他們希望能從這裡安排路線前

---

6 Hirschmann, *Life Line to a Promised Land*, 136.

7 Hirschmann, *Life Line to a Promised Land*, 136.

8 對史楚馬號事件最詳盡的記述是Frantz and Collins, *Death on the Black Sea*，我在書中重述此事件時有部分參考該書。書中有Samuel Aroni非常傑出的論文，試圖重建乘客名單，這項任務並不像聽起來那麼容易。

往巴勒斯坦。博斯普魯斯的意義不再只是歐洲最東角的海峽。對擠在史楚馬號的眾多猶太家庭而言，它是一條逃亡的通道。

幾個星期過去，史楚馬號仍停留在伊斯坦堡，和二十年前弗蘭格爾的俄羅斯難民船隊下錨處相距不遠。天降白雪。金角灣被灰色海冰團團圍住。港務局用小船載運食物和水到史楚馬號。土耳其當局拒絕讓難民上岸，唯恐破壞該國一直以來維持的中立立場，倘若此次留下前例，可能會為伊斯坦堡引來大批絕望移民。英屬巴勒斯坦託管地當局對猶太人移民設下嚴厲限制，拒絕放行史楚馬號航向巴勒斯坦的海法港（port of Haifa）。船上乘客既無國籍，又找不到核准靠岸的目的地——他們沒有國，沒有家，沒有未來。

史楚馬號的主桅掛著黃色檢疫旗，土耳其警方密切監控它與陸地的交流。富同情心的人道主義者偶爾會和乘客傳遞消息，不過首先他們得等到會接受賄賂的警察前來站崗。[9]一名當地紡織大亨、猶太人道主義者賽門．布魯德（Simon Brod）想辦法提供毛毯和其他小型的生活必需品。伊斯坦堡的猶太社群也有很多人出面替船上乘客向港務局求情。

一九四二年一月二日，史楚馬號六名男性乘客——艾曼紐和伊杜瓦．路德維奇（Emanuel and Edouard Ludovic）、以色列和大衛．法蘭奇（Israel and David Frenc）、提奧多．布雷特史奈德（Teodor Brettschneider）以及艾曼紐．蓋福納（Emanuel Geffner）——設法將一封描述他們處境的信交給港口警察。[10]他們大多擁有羅馬尼亞護照以及巴勒斯坦、敘利亞和土耳其的入境與過境簽證，但因為從簽證發放到真正在羅馬尼亞登船之間的等待期過長，因此這些文件已過期失效。他們請求港口警察允許他們和各領事館取得聯繫，以便延長旅行文件的期限。

路德維奇兄弟沒有正確的文件，被要求留在船上，布雷特史奈德、蓋福納和法蘭奇兄弟皆獲准下船。他們踏上伊斯坦堡，然後開始安排從陸路前往巴勒斯坦。巴勒斯坦猶太事務局（the Jewish Agency for Palestine）——一群積極組織類似史楚馬號等流亡運送的巴勒斯坦猶太人——緊抓這次微小機會向英國當局請願。如果船隻不得進入海法，或許相關當局至少能核發巴勒斯坦簽證給年齡在十一至十六歲的五十二名未成年孩童——可以自己旅行又不至於對任何國家造成威脅的一批乘客。這個建議讓主宰難民命運的土、英政府看出人道主義和兩國合理利益之間的界線。

經過一陣電報和電話聯繫，巴勒斯坦猶太事務局官員終於設法取得准許孩童通行的協議。安卡拉的英國大使館發送一封信到伊斯坦堡城市當局，確認發放孩童的入境簽證。土耳其方面接著將命令傳達給港口警察，要求收集孩童們的護照給英國領事館官員蓋章。然而，港口警察——不敢貿然對重大事件擅作主張——堅持要對方出示來自安卡拉長官的直接命令以茲證明。

---

9 Goldin to Jewish Agency, Feb. 26, 1942, JAP-IDI, Reel 72.

10 Ludovic, et al., to Director of the Port Police, Istanbul, Jan. 2, 1942, JAP-IDI, Reel 72.

在等待指令送達時，土耳其方面下達了撤銷令。史楚馬號將被拖向外海，到了海上後，船長接獲指示重新發動引擎，尋找下一個停靠港。可以去保加利亞或回到出發地羅馬尼亞。[11]在多個官方命令之間掙扎多時——讓孩童下船或將船隻逐出伊斯坦堡——最終還是由相對簡單明瞭的命令出線。拖延十個星期的外交混沌狀態，土耳其政府決定解決之道就是直接把船隻拖到土耳其領海外。

二月二十三日，一艘土耳其拖船固定繂繩，這兩艘船便一前一後對抗海流朝北前進，直到狹窄的博斯普魯斯海峽通向外海。當史楚馬號靜靜地被拖離港口時，伊斯坦堡人可以看見乘客掛在欄杆上的床單寫著「救我們」的標語。[12]

船行至黑海，拖船切斷繂繩，掉頭朝博斯普魯斯海峽回航，任憑史楚馬號在海面漂流。船員沒辦法將引擎重新啟動，當初離開羅馬尼亞航程途中引擎已多次故障。史楚馬號靜靜地隨波搖擺好幾個小時，直到一九四二年二月二十四日的凌晨，一次巨大爆炸猛地貫穿船體。冰冷海水灌進船艙，掃過甲板。幾分鐘內，史楚馬號裂成兩半。

隔天，猶太事務局的代表約瑟夫．高定（Joseph Goldin）將消息以電報發送給耶路撒冷的上級主管。「史楚馬號船難距博斯普魯斯四英里處黑海，」電報操作員敲打道，「災難始末和生還者不清。擔心遇難人數龐大。」[13]

接下來幾個小時，高定絕望地編列倖存者名單。他最初把路德維奇兄弟放在名單中，因為他們曾試圖和其他持有簽證的人一起下船，接著拿鉛筆在他們的名字旁打個問號，然後把他們劃掉。[14]後續幾天內，他幾乎劃掉乘客名單上所有的名字。簽證過期的路德維奇兄弟，還有旅行文件經英國預先批准的數十名孩童，全都不幸罹難。在拖船用縴繩固定史楚馬號拖向外海之前，只有九名乘客獲准下船。[15]船上約七百八十五名的猶太人和六名保加利亞船員——確切人數到今天仍不確定——只有大衛・史托利爾（David Stoliar）一個生還者，他被一艘土耳其搜救船發現。

一陣子後，爆炸原因浮出水面。一艘蘇聯潛水艇攻擊史楚馬號，它的任務是射擊所有黑海船隻，防堵德軍及其盟友獲得援助。然而，關心史楚馬號船難的伊斯坦堡人並不多。當地人對這場大屠殺的抗議被消音。伊斯坦堡對難民的來去早已習慣，占據地方報紙頭條版面的是被認為更具轟動性的新聞：安卡拉的德國大使馮・巴本遭刺殺未果，發生在史楚馬號沉船隔天。刺殺案幕後主使者經查發現是艾亭崗，也就是十八個月前完成托洛斯基暗殺的同一位探員。[16]

---

11 Goldin to Jewish Agency, Feb. 26, 1942. 關於史楚馬號在此時是否連具引擎都沒有了，學界仍有不同看法，因為引擎早前卸除送修，有可能根本趕不及在被拖走前重新安裝回船上。

12 Hirschmann, *Life Line to a Promised Land*, 5.

13 Goldin to Jewish Agency, Feb. 25, 1942, JAP-IDI, Reel 72.

14 "Survivors," Mar. 8, 1942, JAP-IDI, Reel 72.

15 Frantz and Collins, *Death on the Black Sea*, 335.

16 Sudoplatov, *Special Tasks*, 35; Rubin, *Istanbul Intrigues*, 13–14.

幾個星期後，伊斯坦堡的德語報紙《土耳其郵報》（*Türkische Post*）登出總理雷菲克・賽達姆（Refik Saydam）的聲明稿。他說，相關當局已盡一切可能避免令人遺憾的史楚馬號事件發生，但土耳其終究無法作為他人的代理家園，或者「不受歡迎者的收容所」。[17] 賽達姆事後並遣散土耳其國家通訊社的猶太人雇員，理由是他們藉由報導船難散布猶太政治宣傳。[18]

＊＊＊

世界各地都報導了史楚馬號的故事。在當時，它是規模前所未見的難民災難，不過它也是猶太行動主義者所謂「阿里亞貝」（*aliyah bet*，將歐洲猶太人移到巴勒斯坦的計畫）連串悲劇、奇想旅程以及錯失良機的其中一例。

十五個月前，派翠亞號（*Patria*）下錨在海法港。英國當局將船上猶太乘客列為「阿里亞貝」，因為他們沒有正確的移民文件。英國人決定將船隻送往模里西斯，然後在當地重新安置這批難民。然而，幾名猶太工人在啟程前於船內安置炸彈，希望藉由毀損引擎逼迫英國讓步。結果彈藥計算錯誤導致爆炸規模超乎預期，造成兩百六十七名乘客死亡。一個月後，另一艘難民船薩爾瓦多號（Salvador）在暴風雨中擱淺在伊斯坦堡南部的馬爾馬拉海。超過兩百人遇難。

赫許曼從紐約的報紙獲悉這些船難。他知道很多難民船被歐洲港口拒絕，有些則是為了停靠英國、美國、巴勒斯坦或其他地方，展開漫長、徒勞的旅程。但史楚馬號的災難影響他最為深刻。這場悲劇的規模本身，以及官僚文書工作阻礙一個簡單解決之道的施行，導致年紀較長的孩童未能倖免於難，都讓他難以接受。幾個月下來，赫許曼愈來愈注意難民試圖從巴爾幹半島和土耳其逃跑的報導，這似乎是猶太人逃離納粹占領區或軸心國政府剷除行動的最後通路。「令人難過的數據排山倒海而來，」他說。[19]

赫許曼的事業成就在於能把不熟悉領域的事務做好。他的父親在還是青少年的時候，從拉脫維亞移民至巴爾的摩（Baltimore），然後藉由男士服裝業和銀行業致富。赫許曼家族野心勃勃，屬於典型從容樂觀中上層猶太家庭，小孩彈鋼琴懂樂理，被送到最好的學校，成功對他們而言是理所當然的事。但赫許曼本身卻踏上成為懶惰無用之人的路。他短暫求學於約翰霍普金斯大學，但在確定主修之前就退學。他加入巴爾的摩廣告公司，但覺得工作內容單調乏味。

他真正擅長的是今天所謂的交際。他有點突然地離開巴爾的摩，到紐約尋求刺激，身為一個活潑外向、稍有家世背景的年輕人，他被紐約和紐澤西的猶太慈善與商業組織圈子吸引。其中一

17 "Die Juden der 'Struma,' die England nicht nach Palästina liess," *Türkische Post*, Apr. 21, 1942.

18 Guttstadt, *Turkey, the Jews, and the Holocaust*, 117. 其實，土耳其媒體不是對沉船做報導，而是報導巴勒斯坦為史楚馬號不幸喪生者哀悼。感謝 Corry Guttstadt 為我指出之間的差別。

19 Hirschmann, *Life Line to a Promised Land*, 17.

個組織是美國猶太聯合分配委員會（American Jewish Joint Distribution Committee），他因此認識了紐華克（Newark）最成功百貨公司班伯杰（Bamberger's）的老闆。赫許曼利用這個關係得到一份百貨公司廣告部門的初級文案撰稿人工作。此後，他的事業一飛沖天。被視為零售業界的明日之星，他先跳槽到羅德與泰勒（Lord and Taylor），再到併購了班伯杰的梅西（Macy's），然後到布魯明戴爾。[20]

身為最新廣告教主之一，赫許曼最重要的工作是廣結善緣：拉攏富商名流，預知一般民眾的想法。他向路易斯·布蘭迪斯（Louis Brandeis）和費利克斯·法蘭克福特（Felix Frankfuter）請益。他為菲奧雷洛·拉瓜迪亞（Fiorello La Guardia）做巡迴演說。他和阿圖羅·托斯卡尼尼（Arturo Toscanini）共進午餐。他是因為史楚馬號的事件才開始關注國際事務。讀完這場災難的報導後，他「壓抑多時的情緒大爆發」，他後來寫道。[21]

當時，迫害、集體迫害和進逼的軍隊迫使數百萬人展開逃亡。發生在波蘭和蘇聯烏克蘭境內的戰爭與占領行動，徹底破壞無數完整社群。在匈牙利、羅馬尼亞和保加利亞，大規模猶太人驅逐行動尚未展開，但這些軸心國盟友已承受加入實施「最終解決方案」（Final Solution）行列與交出境內猶太居民的沉重壓力。

地理上，土耳其是試圖逃跑的猶太人理所當然的逃亡路線。其中立態度提供較大的遷徙自由，但前提是這些營救任務不能過度明目張膽，以免為土耳其政府帶來國際公關問題。從羅馬尼亞到伊斯坦堡的航程只需要兩天；從保加利亞首都索菲亞搭火車更快，只需搭一趟過夜班車。愈來愈多關於歐洲成立計畫性屠殺中心和大規模猶太人下放勞動營的消息傳出，希望同盟國政府能夠重視這個情況。拯救歐洲猶太人緊急委員會（The Emergency Committee to Save the Jewish People of Europe）——一九四三年夏天成立於紐約的團體，其宗旨是向美國政府施壓，要求處理猶太難民問題——提出派人前往土耳其探查經由伊斯坦堡移民的可能性。赫許曼自告奮勇前往。

幾個星期後，赫許曼和緊急委員會的主席彼德．博格森（Peter Bergson）一同會見了負責管理美國回應歐洲難民危機的助理國務卿布瑞克瑞奇．隆格（Breckinridge Long）。隆格堅稱政府正盡一切努力救濟遭戰爭波及的歐洲平民。博格森表示緊急委員會有意派送一名特別代表到歐洲，而且赫許曼已經主動接下這項任務。隆格持懷疑態度，但他同意發電報給駐土耳其美國大使勞倫斯．A．斯泰恩哈特（Laurence A. Steinhardt），詢問意見，請對方同意和赫許曼合作。斯泰恩哈特回電表示他沒有任何反對意見，然後在一九四四年一月，赫許曼拜會華盛頓各界，安排和各機關首長的會面，加快協助難民任務的腳步。

在準備過程當中，某天早上他被一通電話吵醒。電話另一端是富蘭克林．羅斯福（Franklin

20 See Hirschmann, *Caution to the Winds*.

21 Hirschmann, *Caution to the Winds*, 127.

Roosevelt）的密友奧斯卡．S．寇斯（Oscar S. Cox）。「總統先生剛剛簽署指令，」他說。[22] 赫許曼馬上就知道他的意思。寇斯不久前給赫許曼看過羅斯福總統下令成立戰爭難民委員會（War Refugee Board）的文件內容，成員包括國務卿、戰爭部長和財政部長。委員會的任務是即刻對遭納粹迫害的弱勢團體——包括族裔、宗教信仰或政治立場的弱勢——展開全面營救。終於，至少有一個美國的政府機關，專為解救戰爭平民受害者的困境而成立——換言之，他們想確保類似史楚馬號的悲劇不再發生。寇斯接著說，赫許曼的角色是擔任國務院在土耳其和中東的特別專員。他的任務是在該地區實際執行委員會的工作。

赫許曼聽聞消息歡欣鼓舞。他成了美國政府的官方代表，而不僅僅是一個協助難民家庭的民間人道救援者。次日，他搭飛機前往邁阿密。被迫等了一個多星期後，他終於拿到前往土耳其的美軍運輸機機位。一月底，C-54運輸機載著一群年輕官員前往印度，搭便車隨行的還有一名中年平民。經過五天的路程，中轉波多黎各、巴西、迦納和埃及，然後在耶路撒冷停留幾天，接著搭乘二十八小時的火車跨越托魯斯山脈（Taurus Mountains）與半個安納托利亞，赫許曼終於在一九四四年的情人節抵達安卡拉。[23]

「一個舊世界在我眼前溜走，」他在日記中寫道，「而我似乎正快速邁向一個新世界。」[24] 土耳其首都是意志力催生的產物，外人需要一些想像力才能將它視為一座城市。寬敞大街和專為辦公建造的政府大樓看起來毫無靈魂可言，純粹功能導向。赫許曼很高興在抵達不久後獲邀出席在斯泰恩哈特大使官邸舉辦的外交午餐會。眾賓客在偌大的官邸四處走動交際，當他們準備趕赴下個約會時，赫許曼逮到機會和斯泰恩哈特私下交談。

撇開猶太傳統，這兩個人之間沒太多共通點。赫許曼或許曾嚮往斯泰恩哈特的職業生涯：在瑞典、祕魯、蘇聯和如今的土耳其從事外交冒險。大使熱情地與他交談令赫許曼感到相當榮幸。

赫許曼將無限期停留安卡拉，斯泰恩哈特告訴他，並且擔任美國大使館的特別專員。華盛頓給他下達的命令，賦予他堪稱史無前例的權力。不同於其他外交官被明文禁止和敵國代表對話，赫許曼將與敵國對話，以期達成拯救難民不受傷害的目的。大使館人員將提供協助，但「運送、營救、救濟和維繫（受他保護的）難民」的主要責任，由赫許曼一肩扛起。[25]美國人是有良心的民族，赫許曼回憶第一次聽到他的命令時說，但如今他們「有一個有良心的政府和政策」。[26]

當他開始在安卡拉四處打聽消息，赫許曼發現各個辦公室之間互相推責，某大使館推給土

22 引用於 Hirschmann, *Life Line to a Promised Land*, 19.

23 Hirschmann, *Life Line to a Promised Land*, 22.

24 Hirschmann diary entry, n.d. [Feb. 1944], p. 2, Hirschmann Papers, FDR, Box 1, Folder "Portions of Ira Hirschmann's Diary, Feb.–Oct. 1944," Part 1.

25 Hirschmann, *Life Line to a Promised Land*, 23–24.

26 Hirschmann, *Life Line to a Promised Land*, 26.

耳其政府機關，政府官員又推還給其他大使館。他覺得自己就像被當皮球踢來踢去的難民。英[27]國同意讓一定額度的移民前往巴勒斯坦，但只因一個簡單的行政原因而持續未能兌現足額的移民人數：合法入境巴勒斯坦託管地需要多份文件——譬如一份納粹盟國的出境許可，加上一份取道中立國的過境簽證，還有一份英國託管地當局的移民證書。即便運輸可以祕密或冒著極大風險安排，譬如史楚馬號，文件依然是唯有政府能夠提供。

二月中，安卡拉街頭颳起寒冬的刺骨冷風，赫許曼逐漸意識到真正能對他的任務發揮關鍵影響力的人，絕非政府官員。嚴格來說，這個人是住在伊斯坦堡的民間人士，而且熱愛羅列清單。不同於赫許曼，他的經濟條件只容許下榻佩拉皇宮，此時該飯店在某種程度上已淪落，非常需要客人。這就是世界上最著名的電報代碼（telegraph code）——等同於今日的電子郵件地址——的由來：「巴爾拉斯佩拉皇宮貝伊奧盧」（*barlas perapalas beyoglu*）。

＊　＊　＊

哈依姆．巴爾拉斯（Chaim Barlas）是老伊斯坦堡通，起碼和初來乍到的赫許曼相比是如此。他在人群中一點也不突出：身材纖瘦，被不合身的長大衣吞沒，深邃的黑眼圈說明他長期失眠。但他認識城裡每個有頭有臉的人和國內絕大多數達官顯貴。他的通訊檔案包括一般書信與短箋，有的來自美國、法國和英國大使；有的來自瑞典軍事專員；有的來自希臘、南斯拉夫、羅馬尼亞、捷克斯洛伐克、法國、阿富汗、瑞士、西班牙和義大利領事；還有文件夾裝滿來自土耳其船運大亨、商業領袖和政治名人的備忘錄、電報、合約和報告。他大概是伊斯坦堡人脈最廣的人，寫信過分彬彬有禮，與人交談熱切細心，執迷於姓名、生日和精確的出生地。這些天賦的組合很難得，許多人的性命端賴他施展才華。

巴爾拉斯的正式頭銜為巴勒斯坦移民部代表。從他的單位和職稱都看不出他們後來發揮的重要功能。根據國際聯盟協議，鄂圖曼過去控有的巴勒斯坦領土將由英國行政當局管理，這是一戰後瓦解素檀帝國的安排之一。託管決議要求成立巴勒斯坦猶太事務局代表當地猶太人社群「依舒夫」（*yishuv*）發聲，並和英國有關單位就社群公共事務保持聯絡。戴維・本—古里安（David Ben-Gurion）主掌猶太事務局，成立專屬的自衛隊「以色列防衛軍」（Haganah），並監督猶太人社群的社會與經濟發展。久而久之，猶太事務局成為促進移民的組織，為想要移居巴勒斯坦託管地的猶太人張羅入境許可。這個組織最終演變成以色列獨立後的政府。

移民是促成猶太復國主義理想的根本之道。藉由改變阿拉伯人為主的巴勒斯坦人口結構現實，一步步在以色列的土地打造一個猶太家園。但隨著歐洲實施「最終解決方案」，移民同時也

27 Hirschmann, *Life Line to a Promised Land*, 33.

是通往求生之道。美國、英國和其他歐洲國家自一九三八年起已針對猶太移民實施嚴格配額制，正是在反猶法律和攻擊行動肆虐中歐之時。和土耳其一樣，前述政府擔心猶太難民逃出德國和納粹占領歐洲地區之後會試圖永久移民，而在接待國蔓延開來的反猶太主義又進一步加深人們的恐懼。巴勒斯坦因此成為愈來愈多猶太人想選擇的避難路線。

一九四〇年八月來到伊斯坦堡不久後，巴爾拉斯住進佩拉皇宮。這間飯店的地點非常理想。不僅美國人和英國人就在旁邊，而且它和明顯傾向軸心國的公園飯店與托卡良飯店保有一定安全距離。再者，佩拉皇宮有自己的電報站，巴爾拉斯幾乎可以把大廳當作自己的辦公室。即便他在佩拉大道找到一個空間更大的永久辦公室，跑腿小弟還是得經常往返飯店發送電報。

巴爾拉斯和他的同事高定是猶太事務局檯面上僅有的兩名專員，但他們的背後是一龐大猶太社運網絡，這些人以記者與商人的身分住在伊斯坦堡，私底下提供救援行動所需的協助。土耳其相關當局總是認為每個外國人都企圖從事間諜行動，因此他們密切追蹤巴爾拉斯所屬團體的一舉一動。監視有時候會將人的注意力引導至荒唐有趣的方向。巴爾拉斯的一名同事泰迪．科勒克（Teddy Kollek）記得曾經在街上被一名聽到他說希伯來語的路人搭訕。該男子是猶太人果乾進口商，他來伊斯坦堡安排一批送往巴勒斯坦的訂單事宜。簽證過期時，他向土耳其警察申請延期，但警方卻把他的真實工作當成不可信的捏造故事。他們堅持要他供出效力的外國情報單位，他抱怨說自己沒為任何情報單位工作，最後簽證遭拒。科勒克說服他在英國情報局的一名聯絡人，假意宣稱這個被刁難的生意人是他們的一員。警方聽聞滿意地將簽證發給水果商人，讓他離去。[28]

猶太事務局專員儘管某種程度依賴英國官員的幫助，但英國政府同時也是他們工作最大的阻力來源。巴爾拉斯和同事們打從一開始就覺得受到雙重束縛。首先，猶太事務局必須說服英國當局准許猶太人進入巴勒斯坦。雖然英國人將審查猶太人入境的權力委託給猶太事務局，但真正做最終決定的依然是英國領事當局。依舒夫組織的早期移民運動導致一九三〇年代猶太人大規模湧入，刺激當地阿拉伯人群起反抗。英國首相內維爾．張伯倫（Neville Chamberlain）於是發表著名的白皮書作為回應。這紙政策白皮書表示英國支持巴勒斯坦過渡為一個由猶太人和阿拉伯人共治的國家，但為了維持人口結構平衡，他們將一九四〇至四四年五年的新猶太移民上限訂在七萬五千人。

巴爾拉斯遇到的另一個問題在於如何取得土耳其方面的同意，准許猶太人搭火車或搭船取道過境伊斯坦堡。赫許曼曾打趣地說，猶太人很快就發現他們被困在白皮書和黑海之間。[29]自從戰爭開打以來，土耳其人始終玩著小心翼翼的平衡遊戲——不僅針對那些爭取他們參戰的列強勢力，同時也針對他們的過往。土耳其修訂的移民法其目的不在預先阻擋戰爭難民潮湧入——不過

---

28 Kollek, *For Jerusalem*, 43–44.

29 Hirschmann, "Palestine as a Refuge from Fascism," *Survey Graphic* (May 1945): 195.

土耳其官員確實引用相關法律解釋他們的行為——它主要是為預防一九二〇和三〇年代逃離土耳其的少數族裔回到國內。政府極嚴格地實施這些規定，就連有希臘名字的美國水手有時要從伊斯坦堡上岸都會遭到拒絕，土耳其深怕他們實際上是回來討家產的前伊斯坦堡居民。[30]

戰時恐懼和長期以來對本地少數族裔可能通敵的強烈不信任感，使舊習慣加倍根深柢固。反猶太主義和激化的民族主義愈來愈普遍。土耳其媒體常常刊登反猶漫畫，將本地猶太人描繪成迫不及待大賺戰爭財的寄生蟲，然後將移民猶太人畫成在逃離歐洲的浪潮中將土耳其洗劫一空的不道德逐利者。在法國和其他地方，個別土耳其外交官試圖阻止擁有土耳其國籍的猶太人被送到納粹集中營。儘管這些例子後來被凸顯為土耳其集體英勇行為的證據，明確可信的真實營救案例似乎只有一個：羅德斯島（island of Rhodes）的土耳其領事薩拉哈丁・烏庫曼（Selahattin Ülkümen）阻止納粹流放四十六名猶太人，其中大部分是土耳其公民。[31]倘若土耳其政府能夠為受困納粹占領歐洲的土耳其公民更積極主動地干預，理當有更多人能倖免於難。

土耳其政府傾向壓榨少數族裔，為經濟增添民族色彩，並且鼓勵非穆斯林出走的行為模式決定了境內猶太人的遭遇。一九四二年十一月，政府對「財富和異常利潤」實施一次性徵稅，刻意在措辭上保留模糊性。[32]這項新的「財富稅」部分是為了募集資金，以防土耳其被迫參戰的可能性，也是為了打擊利用戰時通膨和物資短缺的情況大發橫財之人。約十一萬四千三百六十八筆的個人和公司行號資料受特別委任的專員評估，而且不得上訴至議會以外的單位。[33]伊斯坦堡囊括大部分遭核課的財富稅，但包括佩拉皇宮在內，似乎沒有一間土耳其人所有的主要飯店受到太大影響。因為被檢查的幾乎都是希臘人、亞美尼亞人和猶太人。「這項法律也是革命之法，」當時的總理薩拉吉奧盧說。「這麼一來，我們將消滅控制國內市場的外國人，將土耳其市場還給土耳其人。」[34]

家族生意和少數族裔的公司發現法律規定根本是強人所難。根據OSS的一份機密報告，亞美尼亞業主的賦稅評估是其財產現值的百分之二百三十二，猶太業者是百分之一百七十九，希臘人則是百分之一百五十六，相較之下，穆斯林的賦稅率不到百分之五。[35]城裡最成功的幾間公司樹大招風，成為眾矢之的，其中也包括錄製賽妍、赫蘭特和其他當時一線表演者唱片的格賽

30 Memorandum from G. V. Allen, Division of Near Eastern Affairs, US Department of State, Dec. 1, 1941, Shaw Collection, USHMM, File 2, pp. 1–3. 自我開始做研究後，the Shaw Collection 的檔案已重新編排，新的搜尋輔助工具可從 USHMM 取得。

31 Guttstadt, *Turkey, the Jews, and the Holocaust*, 296–98.

32 Translation of "Law Concerning the Tax on Wealth," p. 1, Nov. 11, 1942, RG59, M1242, Reel 31.

33 "the Capital Levy: A Key to the Understanding of Current Trends in Turkey," p. 6, May 3, 1944, NARA, RG59, M1242, Reel 31.

34 引用於 Bali, "*Varlık Vergisi*" *Affair*, 55.

35 "the Capital Levy," p. 3. 據信有猶太祖先的穆斯林——所謂的「*dönme*」，是一群猶太後裔在十七世紀皈依伊斯蘭——也得到不可思議高的估價。

工人清理積雪結冰的電車軌道。

里恩兄弟的公司。[36]負責處理伊斯坦堡稅務的土耳其官員法伊克・沃臺（Faik Ökte）後來出版令人震驚的回憶錄，揭露事件始末，並責怪總理薩拉吉奧盧是提出這個想法的始作俑者。沃臺認為這件事令人不齒，「德國種族主義和鄂圖曼狂熱結合生下的劣等子嗣。」[37]

美國領事館行政人員、OSS特務卡爾普，還記得財富稅對周遭友人的影響，他們當中沒幾個是真的有雄厚資本或輝煌產業的人。一名希臘友人艾琳尼（Irini）眼睜睜看著警察進到她家裡，像抄家一般把所有東西都載走，只留下床架床墊、幾個瓷盤餐具，還有她靠賄賂才保住的衣物。家中男人被趕上一輛開放式垃圾車，在狂暴風雪中被帶走。[38]錫爾凱吉車站最終聚集了包括知名實業家與商業領袖在內的一千多名伊斯坦堡人，他們被送出城外，以強迫勞動的方式還債，大部分都在東安納托利亞阿什卡萊（Aşkale）的特別集中營。[39]他們的私人物品在大巴札公開拍賣。[40]

財富稅在一九四四年三月廢除，犯人獲准歸鄉，但他們的財產未曾歸還。事實上，償付過高稅率導致另一次類似一九二〇年代伊斯坦堡族裔間的大規模財富轉移。實施財富稅期間賣出的財產將近百分之八十屬於希臘人、亞美尼亞人和猶太人。[41]買家則有百分之九十八是土耳其穆斯林或土耳其政府。「根據掌握最多詳情的理智之人的看法，」一名外交官在當時的報告中寫道，「這是不流血大屠殺的第一步。」[42]

因此，猶太人面臨的官僚阻礙，其實是源自土耳其政府對少數族裔和任何變動的深層焦慮。

36 Akçura, *Gramofon Çağı*, 30.
37 Ökte, *Tragedy of the Turkish Capital Tax*, 14.
38 Murray to Welles, Mar. 13, 1943, pp. 1–2, NARA, RG59, M1224, Reel 31.
39 Ökte, *Tragedy of the Turkish Capital Tax*, 73–74.
40 Guttstadt, *Turkey, the Jews, and the Holocaust*, 72–81.
41 Ayhan Aktar, " 'Tax Me to the End of My Life!': Anatomy of an Anti-Minority Tax Legislation (1942–3)," in Fortna et al., eds., *State-Nationalisms in the Ottoman Empire, Germany, and Turkey*, 211–12.
42 Istanbul to State, Dec. 8, 1942, p. 1, NARA, RG59, M1224, Reel 31.

巴爾拉斯同時處理一堆棘手的外交難題。打開一扇門，另一扇立刻關上。土耳其政府同意透過紅十字會加速派送葡萄乾、堅果、無花果和乳瑪琳的包裹給猶太社群，作為猶太人等待移民許可期間的權宜之計。但因為提供配給，土耳其當局要求肉品包裹只准提供豬肉——這是穆斯林民眾需求量極低的產品，但也是虔誠猶太教徒不被允許食用的產品。[43]類似阻礙也影響運輸。土耳其在一九四三年二月對集體過境的難民放寬限制，但兩個月後保加利亞關閉邊境，限制對集體行動的大團體進出——有效阻擋可觀人潮跨越土、保兩國之間的關鍵邊界。巴爾拉斯於是和安卡拉的外交部接觸，要求土耳其轉圜政策，允許個別過境，放棄要求跟著預定團體行動的規定。

這是個大膽請求。因為那正是土耳其當局擔憂的核心所在：個別家庭的大量湧入——一旦入境便難以監控，無從控制——進到土耳其，然後落地生根再也不離開，政府無從得知他們是否離境繼續前往巴勒斯坦。政府於是順應巴爾拉斯的請求，但附加一條強人所難的行動限制：每星期只開放九個猶太家庭過境土耳其。[44]更刁難之處在於，土耳其政府要求唯有這九個家庭完全離境後，下一批準備過境的九個家庭才能行動。[45]赫許曼後來估計，根據這樣的速度，逃離匈牙利、羅馬尼亞和保加利亞的流離失所者要花兩百年才能全數通過瓶頸路段。[46]

該計畫九月實際上路，但在接下來兩個月內，只有二百一十五人——一些來自羅馬尼亞，其他人則是從波蘭逃到匈牙利——成功進入伊斯坦堡。[47]等到一九四三年十二月，巴爾拉斯的清單又累積了超過一千個名字。[48]少數難民也從希臘來到土耳其沿海地區，猶太事務局幫他們安排前往巴勒斯坦所需的文件。[49]

十二月，巴爾拉斯寫信給斯泰恩哈特大使，說明取道土耳其出走納粹占領歐洲的難民只有一千一百二十六人。[50]事實上，將近一倍的土耳其猶太人——兩千一百三十八人——利用逃離納粹的猶太人救援名額前往巴勒斯坦。[51]倘若這個情況照舊，猶太事務局清空伊斯坦堡原有猶太居民的速度，會勝過營救受困軸心歐洲的猶太人。

一九四四年二月赫許曼的到來為該行動增添新動力。赫許曼著手整合各個組織，當中不乏彼此無法溝通的單位，加速救援的腳步。他獲得美國政府完整授權，而且有羅斯福總統與幾位重要內閣成員的背書支持。此外，他還帶來了經費。

赫許曼和美國猶太聯合分配委員會的淵源，可追溯至在紐約和紐澤西打滾的歲月；他利用在

43 Goldin to Jewish Agency, Nov. 17, 1943, JAP- IDI, Reel 48.
44 See Chaim Barlas, "Report on Immigration," Dec. 15, 1943, JAP-IDI, Reel 1.
45 "History of the War Refugee Board," Vol. 1, p. 14, WRB, Folder 17.
46 Hirschmann, *Life Line to a Promised Land*, 32.
47 Barlas, "Report on Immigration," p.1.
48 Barlas, "Report on Immigration," p. 1.
49 Barlas, "Report on Immigration," p. 1.
50 Barlas, "Report on Immigration," p. 2.
51 Barlas, "Report on Immigration," p. 2. See also Resnik to Hirschmann, July 3, 1944, JOINT, Reel 108.

戰爭難民委員會的新角色，協助將聯合委員會改造為輸送聯合委員會資金的渠道。聯合委員會自一戰以來便積極協助美國猶太人社群幫忙海外有需要的同胞。如今它成為土耳其救濟行動的主要資助者，同時還贊助世界其他地方的許多計畫。戰爭難民委員會說服美國財政部免除和敵國的貿易限制，讓聯合委員會得以從事軸心國控制區內的財務交易：匯兌、分配物資，還有必要時替個別猶太家庭購買所需交通票券並打點行程。[52]光是協助從匈牙利和其他國家過境和透過土耳其配送糧食就已花費數十萬美元，此外還有其他資金（近七十萬美元）間接贊助土耳其境內的任務和前往巴勒斯坦的運輸費用。[53]更多聯合委員會資助的計畫包括送食物給集中營的拘留者和躲藏在俄羅斯遠東地區的猶太難民；將粗麻布包裝的食物包裹送給在羅馬尼亞貧民窟飽受煎熬的猶太人（粗麻布還能當作衣物和保暖的被子）；派遣醫生和公共衛生工作者到巴爾幹半島的難民中心；還有直接金援伊斯坦堡、安卡拉、伊茲米爾和其他土耳其城市仍持續運作的猶太人學校、醫院和其他社區組織。[54]

赫許曼、巴爾拉斯、斯泰恩哈特和其他主要成員在還算短的時間內，邀集美國政府、猶太事務局還有美國的民間慈善家，商討出一個非正式的辦法，各方人馬皆認為首要之務是將越多猶太人送到土耳其然後再送往他處越好。赫許曼平常都定期和麥克法蘭以及OSS伊斯坦堡情報站保持聯絡，借助於美國情報任務的資源，也和對方分享軸心歐洲情勢中隱藏的任何情資。[55]

巴爾拉斯告訴赫許曼，自戰爭開打那天起他便全心投入救援任務。現在他終於「確信沒有任何事物能夠干擾我們目標一致的合作：搶救我們的猶太弟兄到安全的地方」。[56]但隨著一九四三至四四年的冬天漸漸遠離，春光明媚來到伊斯坦堡，有個問題始終存在：如果納粹加速集體屠殺猶太人的腳步——如今規模已擴大到就連原先持懷疑態度的同盟國觀察家都無從否認——唯有集體營救行動才能保住他們的性命。

＊　＊　＊

一個平民只要擁有必備文件，理論上一定可以進入諸如土耳其等中立國。但理論和現實經常相去甚遠。一九三八年夏天，土耳其政府正式對來自立有反猶律法國家的猶太人關起大門。[57]安卡拉大概認為這些人，哪怕是最貧困的猶太人，都是最可能滯留土耳其的人。當德國人開始運送

52 "History of the War Refugee Board," Vol. 1, p. 15.
53 "History of the War Refugee Board," Vol. 1, p. 15.
54 Resnik to Hirschmann, July 7, 1944, JOINT, Reel 108; and "Report on Activities from February 1944 to March 21, 1944," JOINT, Reel 111.
55 Macfarland to Donovan, Aug. 11, 1944, p. 3, NARA, RG226, Entry 210, Box 194, File 9.
56 Barlas to Hirschmann, Mar. 23, 1944, JAP-IDI, Reel 1.
57 Guttstadt, *Turkey, the Jews, and the Holocaust*, 132–33.

大批猶太人到波蘭境內的屠殺集中營，以特殊改裝船隻或火車集體運送猶太難民到土耳其，是值得一試的救援路線。但魔鬼藏在官僚行政細節裡。[58]

整套流程以巴爾拉斯為起點。身為猶太事務局代表，巴勒斯坦的英國託管當局授權由他擬定移民候選人清單，他的參考依據來自局內特務或家人還留在軸心國控制區民眾所提供的資訊，作業所需資料極為龐大，又因戰爭而更加不易取得。湊齊數量足以填滿一艘船或一列火車的乘客清單，包含姓名、生日、出生地和現居地址等完整資訊，可能要花將近兩到三個星期的時間。

一旦乘客清單完備，巴爾拉斯會將資訊轉寄給巴勒斯坦。巴勒斯坦相關單位對每位候選者逐一審閱，並非所有人都能拿到許可。最後確定的清單將繼續轉寄到倫敦，等待批准。這段手續又要兩到三個星期。接下來，伊斯坦堡的英國護照管制官員接獲指示，列出他自己的優先清單——工作時間也是兩到三個星期。等到這一步也完成，官員直接向安卡拉的英國大使館詳細報告獲准移民的家庭有哪些。

大使館將確定名單發給土耳其外交部，經過三到四個工作天，終於交到土耳其的領事事務部門。該部門依次將批准的人選清單傳給布加勒斯特（Bucharest）、布達佩斯和索菲亞的土耳其領事，或其他官員獲得授權發放過境簽證的城市。因此，猶太家庭可能要等至少兩個半月才會收到過境土耳其與入境巴勒斯坦的許可，這還是在一切都順利的情況下。一般等待期都超過兩個半月。拿到許可後，剩下就是由赫許曼負責的更為繁複的工作，也就是安排船隻和火車將持有必備文件的人從水深火熱中救出。

對申請者而言，整個過程極為煎熬。他們寫信或填表格，靜靜等待，然後可能又再重寫一遍。亞伯拉罕・史洛斯（Abraham Slowes）一九三〇年從波蘭移民到巴勒斯坦，成功在海法找到發電廠工程師的工作。他的雙親摩西和梅爾卡（Moshe and Malka）仍住在維爾諾（Vilna）老家，兩人是備受鄉里敬重的牙醫。後來改名為維爾紐斯（Vilnius）的維爾諾曾經歷劇烈轉變：史洛斯家族最初搬到維爾諾時，它隸屬於俄羅斯帝國；一戰後，它成為波蘭的一部分；一九三九年九月它被紅軍攻占，收歸於蘇聯的立陶宛。在希特勒和史達林雙雙進攻東歐之際，維爾紐斯就位在兩軍夾攻的中心點。一九四一年三月初，亞伯拉罕收到一份父親發送的簡短電報。「寄證明文書，」摩西・史洛斯寫道，要求兒子幫他和妻子還有費克斯曼斯一家（the Fiksmans）取得旅行文件。[59]

亞伯拉罕迅速回覆，表示他正盡一切力量安排從土耳其移民巴勒斯坦所需的證明文書。事實上，他已經幫雙親代為申請過，但在一九四〇年二月遭拒。接下來幾個月，他家人的困境愈來愈令人憂心。在摩西發第一封電報給兒子時，德國和蘇聯是盟友。三個半月後，兩國成了敵人。德

58 Hirschmann, *Life Line to a Promised Land*, 40–45.

59 Moshe Slowes to Abraham Slowes, Mar. 12, 1941, Slowes Collection, USHMM.

國侵略蘇聯，使得史洛斯一家直接暴露在一場新戰事的最前線。亞伯拉罕使出渾身解數，持續寫信與發電報給所有他認為能幫上忙的人。終於在一九四二年的三月，距離第一次申請超過兩年後，耶路撒冷移民部捎來天大的好消息。伊斯坦堡的英國護照管制官員已接獲指示，同意發放移民相關證明文書給摩西和梅爾卡。他們只需要親自來伊斯坦堡申請就可以了。

亞伯拉罕首先得想辦法把消息傳給他的雙親；然後再設法將他們送到伊斯坦堡。他當時肯定知道維爾紐斯的情況岌岌可危。早在一九四一年夏季發動攻擊的第一天，德意志國防軍便從蘇聯手中搶下這座城市，城裡猶太居民被集中到貧民區，並限制行動。但戰爭不確定性與八股的行政程序設下許多新的阻礙。當亞伯拉罕請紅十字會聯絡住在雙親最後現居地址的房客，承辦人員回信指導他如何填寫所需表格。亞伯拉罕火速交回表格——列出據信仍住在占領區的八名家族成員——並附上轉寄郵資。他寫信給耶路撒冷的瑞典領事，甚至驚動梵蒂岡。「我大膽希望，在這個艱難時刻，貴單位不會拒絕幫助年邁長者，他們這輩子以醫生的身分幫助過無數病人，」他告訴瑞典官員，附上他父母的照片作為證據。[60]耶路撒冷領事回信，請他向海法的瑞典領事提出請求。其他收件人也給予類似回覆。他們全都說，很遺憾地，和德國占領區的通訊已終止。

到最後，亞伯拉罕覺得詢問在地單位或許會有更好的結果，於是在一九四四年八月初寫信給莫斯科的英國大使館，請求對方把移民證書的消息傳到雙親住址。幾個星期後，紅軍重新奪回維爾紐斯，亞伯拉罕盼望通信線路重新恢復。十一月，一名大使館專員回覆這些日子來第一個明確的消息。「有關您八月八日詢問父親下落的信件，」信的內容寫道，「很遺憾通知您，先前寄到您提供地址的信遭到退回，原因是『收件人歿』。」[61]

大使館隔年春天寄來的後續短信提供了較多資訊：這家人在四年前德軍占領之初就已被殺害。[62]巴勒斯坦當局已核發移民證書的這些人，伊斯坦堡護照管制官員準備蓋印許可的這些人，土耳其官員獲令核發過境簽證的這些人，其實早在屬於他們的文件貼上郵票前就死了。對許多猶太家庭，還有巴爾拉斯和赫許曼而言——他們全都忙著列出等待救援的長長名單——填滿一份乘客清單有時與組織一艘幽靈船無異。

60 Abraham Slowes to Swedish Consul, Jerusalem, Aug. 18, 1943, Slowes Collection, USHMM.

61 British Embassy, Moscow, to Abraham Slowes, Nov. 10, 1944, Slowes Collection, USHMM.

62 T. C. Sharman to Abraham Slowes, Apr. 5, 1945, Slowes Collection, USHMM. 史洛斯的母親和其他六名家族成員據信在一九四一年晚期或一九四二年，於立陶宛維爾紐斯惡名昭彰的大屠殺地點波納利（Ponary）被殺害。他父親大概死在愛沙尼亞的納粹勞動營。唯一倖存的直系血親是哥哥 Salomon，他在一九三九年成為蘇聯囚犯，幸運躲過一九四一年德國入侵的死劫，Salomon 後來加入波蘭義軍，和協約國聯軍在伊拉克、巴勒斯坦、北非和義大利並肩作戰，戰後定居台拉維夫。

在幸福之門

一九四四年八月，避難所：猶太難民，很可能是沉沒的梅夫庫雷號（MEFKÛRE）的倖存者，從黑海沿岸抵達錫爾凱吉車站。

英勇事蹟具有平凡的日常性。佩拉皇宮替巴爾拉斯敲打訊息的電報操作員，僅僅是複雜行政拼圖裡的其中一塊。填寫表格，核對官方文件，和運輸公司討價還價，張羅船隻引擎的修繕，對習慣打發而不解決事情的土耳其官員窮追猛打，都是搶救與逃亡的關鍵元素。

求生需要計畫，但在計畫前首先要面對文書，大量的文書。對許多猶太人而言，核心問題不在取得進入土耳其和巴勒斯坦的許可證。在德國占領地區之外，說服政府讓民眾離開還牽涉一堆裝腔作勢令人氣結的法律細則——哪怕是配合度極高的政府。「根據赫許曼和我本人收到的電報，戰爭難民委員會似乎認為我們目前遭遇的主要困境是土耳其政府方面配合度不佳，」斯泰恩哈特大使在一九四四年三月回報華府。「這種情況尚未真的發生。截至目前為止，我們的主要困境一直是巴爾幹半島軸心聯盟當局拒絕放行猶太難民離境。」[1]

羅馬尼亞是不斷增加的猶太難民的預定離境點，誠如不幸罹難的大批史楚馬號乘客一樣。部分民眾在羅馬尼亞出生長大，戰爭期間以猶太人的身分住在首都布加勒斯特或其他城市。其他人來自被拘留或遣送至烏克蘭蘇維埃社會主義共和國的外涅斯特里亞（Transnistria），過去羅馬尼亞政府將數十萬猶太人趕到此地的集中營和貧民區。還有部分難民從更北方逃到羅馬尼亞，譬如波蘭或受德國直接統治的其他地區。

儘管羅馬尼亞和納粹結盟，住在該國戰前邊界之內仍得以享有相對安全的生活，儘管柏林對布加勒斯特再三要求，逼迫他們交出當地猶太人，送往德國管理的集中營。羅馬尼亞境內戰事導致許多猶太社群匆匆聚集的原因是，政府要求羅馬尼亞官員批准任何移民請求，核發出境簽證，必要時得以核發護照。當時許多國家都採取這個做法；純粹是用來追蹤進出國界的公民的一種方法。但在迫害與逃亡的歷史背景下，它尤其對猶太人造成了極大阻礙。

即便土耳其不再要求持有效移民證書的猶太人取得過境簽證，羅馬尼亞政府仍堅持要移民在離開前繳交特別出境文件。由於許多猶太人已在一九三八年因反猶法實施遭羅馬尼亞政府開除國籍，羅馬尼亞猶太人想離開這個國家，必須申請恢復國籍或進行國籍認證。布加勒斯特盡責地保管所有相關紀錄，就像現在的移民局官員握有一個人在幾點幾分從哪個機場搭機離境的完整資訊。

猶太申請者離開羅馬尼亞至少需要提出下列文件：

一張近照

一份申請人生日、出生地、身高、髮色、瞳色、鼻型、額型、嘴型、下巴和鬍子的陳述

一份證明文書，確認申請人不是待審法律案件之被告

一份由兩個人見證的公證宣誓書，確認申請人及其雙親的身分，以及生日、居住地及其猶太

---

1 Steinhardt to Secretary of State, Mar. 3, 1944, p. 4, Hirschmann Papers, FDR, Box 1, Folder "Dispatches from U.S. Embassy, Ankara, to War Refugee Board, 2/8/44–6/2/44."

人身分

一份公證宣誓書，確認上述兩位見證人的身分

一份財政部證明文書，說明申請人過去五年沒有逾期未繳的稅金

一份特別表格，由申請人簽名，明確請求離境許可[2]

清單中欺人最甚的是最後一份文件。該表格要求申請人針對一段簡單陳述簽名以示負責，宣誓內容如下：

> 本文件簽署人＿＿＿＿＿住在＿＿＿＿＿，在此宣誓，通過取得護照並離開本國，我了解我將與我的整個家族永久定居國外。[3]

官僚的遣詞用句遮蓋了其中的無理事實：猶太人申請者之所以重獲某種變相的羅馬尼亞國籍，是以承諾他和他的直系親屬不再踏足這個國家為前提。

除了羅馬尼亞這一方提出的諸多限制，土耳其政府也持續設立重重路障。即便由民間組織或外國政府負擔全額經費，安卡拉的官員對使用登記為土耳其籍的船隻進行救援任務非常敏感，擔心和同盟國的立場靠得太近會引來希特勒的怒火。史楚馬號事件後，政府更是加倍謹慎。[4]安卡

拉當局相信，倘若外海再次發生任何災難，土耳其絕對難辭其咎，國際譴責會抵消一切從旁協助救援的努力。就連允許救濟組織以優惠的外國使團匯率兌換土耳其里拉這等小事，都處理得小心翼翼。[5]斯泰恩哈特大使向土耳其要求協助時，最常得到的回應是拖延戰術，或者拿艱澀難懂的外交商討和官方調查當擋箭牌。

不過，等到一九四四年年中，情況已有長足改善。許多外國組織主動伸出援手協助猶太人過境伊斯坦堡——有猶太組織，也有美國組織和紅十字會等國際組織——但卻反過來危及營救難民的行動本身。站在難民的立場，尋求越多救援團體的幫助對自身越有保障——所謂的對沖投注（hedging bets），期待至少有一個組織能夠提供協助——許多代理組織有時為某個案奮力拚搏到最後才發現，另一個組織已經幫案主脫困了。

斯泰恩哈特大使六月寫信給巴爾拉斯，他說這些團體許多都派代表前往土耳其，但只待短短數日，而且對當地環境複雜難題的認識淺薄。甚至有多家救援團體競標同一艘船的例子，導致標

2 Application materials of Marcel Leibovici, Romanian General Directorate of Passports Office Records, 1939–1944, USHMM, Reel 3.

3 Application materials of Linder Maier, Romanian General Directorate of Passports Office Records, 1939–1944, USHMM, Reel 3.

4 Steinhardt to Resnik, June 15, 1944, JOINT, Reel 104.

5 Steinhardt to Resnik, June 8, 1944, JOINT, Reel 104

價高得超乎船主預期。由於眾多團體當中有部分明確參與非法移民——為了從中歐救出更多人，公然藐視土耳其移民法——這類行為嚴重威脅猶太事務局和安排合法過境前往巴勒斯坦的其他團體的運作。[6]早在那年的春天，外交部長努曼．門內曼奇奧盧（Numan Menemencioğlu）向斯泰恩哈特攤牌，土耳其當局對伊斯坦堡內的種種非法行為瞭若指掌，政府一旦決心阻止將是易如反掌的事。[7]因此，巴爾拉斯總是審慎地調和非法移民與光明正大的行動，盡可能為猶太人取得最多的官方過境簽證和巴勒斯坦移民證書。[8]

在一切合法與非法的救援行動中，資訊是最關鍵的生存之道。知道家族成員或朋友所在位置以及如何聯絡他們，而且具備足夠財力取得很容易弄丟或毀損的一切官方文件，可大幅提升成功營救的機率。這就是巴爾拉斯和赫許曼經常從各自下榻的佩拉皇宮和公園飯店，跨越塔克辛廣場前往哈比耶區（Harbiye）的原因。他們的目的地是聖神聖殿主教座堂（Cathedral of the Holy Spirit）。

* * *

哈比耶衍生自「戰爭」的字根，但城裡大概沒有任何祥和或安全的地方了。這裡曾是鄂圖曼軍事訓練學校校址——地名的由來——培育無數素檀皇家陸軍的軍校菁英，凱末爾就是其一。一戰後，英國占領部隊也把總部設在此處。就像多數金角灣北邊的郊區高地，鄂圖曼時代曾住著許多非穆斯林，這裡現在是基督教教堂、墓園、商店和外國人住宅混雜的一區，不安地和軍營與練兵場共存。哈靈頓將軍在協約國占領期間籌設辦公室時，他發現附近有一處蔓草叢生的亞美尼亞墓園。他下令將墓園改造成一處運動場。老舊墓碑被回收利用，拼湊成臨時的露天座位，供場邊英國人歇腳喝飲料，一邊觀賞板球賽。[9]

這一區在文化和地理位置上都和舊城相距甚遠。那個年代重要的土耳其小說家佩亞米・薩法（Peyami Safa）將著名作品取名為《法蒂赫—哈比耶》（*Fatih-Harbiye*，一九三一年），對比金角灣南邊的法蒂赫傳統穆斯林區和北邊社會流動快速的哈比耶區。愈來愈多世俗穆斯林搬到哈比耶的華廈和全新公寓樓房，但該區長期以來都是基督教社群經商、上學和做禮拜的地方。一八四六年，鄂圖曼當局在哈比耶撥出一塊土地給後來伊斯坦堡最重要的天主教堂座。這座教堂是某特定社群的精神支柱，這群人直到今日仍被稱作伊斯坦堡的拉丁人，或者更常聽見的是黎凡特人。

---

6 Steinhardt to Barlas, June 5, 1944, JAP-IDI, Reel 1. 另參見Steinhardt to Pehle, May 18, 1944, and Steinhardt to War Refugee Board, June 1, 1944, Hirschmann Papers, FDR, Box 1, Folder "Dispatches from U.S. Embassy, Ankara, to War Refugee Board, 2/8/44–6/2/44."

7 Steinhardt to Barlas, Apr. 3, 1944, Shaw Collection, USHMM, File 3.

8 Kollek, *For Jerusalem*, 44.

9 Harington, *Tim Harington Looks Back*, 137.

伊斯坦堡的黎凡特人熟悉許多文化，但或許從不曾對任何文化產生歸屬感。堂座的教區居民包含阿拉伯商人、馬爾他銀行家和義大利金融家——通常講法語或義大利語，但也具備多語能力——他們是鄂圖曼人和東地中海天主教徒長期互動交流的產物。他們當中有城裡數一數二富裕的家族，這些人聚居在佩拉區的別墅和公寓樓房。他們是「一個奇怪的社群」，作家哈洛德・尼可森（Harold Nicolson）說，「與世隔絕，具社會地位，通曉多種語言，而且因為一個共同的功能而團結」，他們是連結鄂圖曼生產者和歐洲市場的經濟仲介。[10]回憶錄作者齊亞貝伊的說法比較尖銳，或許反映了穆斯林的普遍看法。他說，黎凡特人是「毫無特性的一群人……只知道賺錢和花錢，而且願意為錢出賣一切」。齊亞貝伊鄙視的社群占城裡人口的微小百分比。[11]一九二七年第一次人口普查時，伊斯坦堡的黎凡特人只有兩萬三千人，其中三分之二持外國國籍，此後該族群人口數穩定衰退。

中東地區的天主教社群總是保持教會早期歷史的色彩。在一〇五四年東西教會大分裂，今天被稱為東正教的教會——希臘正教、俄羅斯正教和羅馬尼亞正教等——決定堅守和特定國家或文化族群連結的教會統治。他們和羅馬教宗擁有普世權威的觀念分道揚鑣。但羅馬教會意識到在東方太強調其普世性，只會更加鞏固其東正教競爭對手的地位；更糟糕的是，促使已發展出各自傳統的忠實會眾彼此分離。伊斯坦堡和大馬士革與貝魯特一樣，因而擁有種類紛繁的教會，包括亞美尼亞天主教、敘利亞天主教、拉丁（也就是羅馬）天主教，反觀西方，所有教會都統稱為天主教。結果導致天主教信仰繁衍出五花八門的東方教會形式，每個教會皆有自己的禮拜儀式、儀式祭衣、等級制度，有些甚至允神父結婚。從這個角度來看，隸屬純羅馬天主教的黎凡特人，大可被視為最東方的西方人或最西方的東方人，取決於你在天主教交流的哪一端。

在這些天主教徒之中，教宗的影響力往往施展不開。這大概就是宗座代表——教宗本人在土耳其的代表——淪落到地理位置相對偏僻的哈比耶區的原因，沒能插旗在佩拉古老的基督教區。聖神聖殿主教座堂絕非伊斯坦堡最引人注目的天主教教堂。其灰泥立面呈現鴿子如聖靈降世和信眾頭頂冒火舌的有趣拼貼畫。庭院滿布紫藤和常春藤。幸好座堂在建築魅力方面的空缺有世俗權力加以填補，因此整個一九四三年初冬，巴爾拉斯費盡心思反覆前往。

儘管巴爾拉斯在佩拉皇宮的電報站和堂座的步行距離不到半小時，宗教禮儀要求他依循適當管道。他寫信給宗座代表的主祕維托雷．里吉（Vittore Righi），表示希望能夠安排會面。他應該早在一月就取得聯繫，但整個過程很可能需要數個星期，期間雙方不斷互相寒暄，同時討論會面條件。

---

10 Nicolson, *Sweet Waters*, 23.

11 Mufty-zada, *Speaking of the Turks*, 146–47. *Mere were fewer than 23,000*: Ives to Secretary of State, Nov. 14, 1928, pp. 7, 10, NARA, RG59, M1353, Reel 57.「黎凡特人」不是土耳其人口普查包含的類別，因此這數字大概來自美國外交官形容當地一般天主教徒的用語。

在一九四三年二月十二日，巴爾拉斯在佩拉皇宮大廳看到一封署名給他的電報。[12]寄件者是耶路撒冷大拉比艾薩克・赫爾佐格（Issac Herzog），通報義大利猶太人正面臨「極度危險」。他敦促巴爾拉斯盡可能迅速和教宗代表聯繫，看看是否能夠採取任何行動。將義大利猶太人帶到伊斯坦堡不在本來的計畫之內；巴爾拉斯光是安排受困東歐、人數相對龐大的猶太人離境已疲於奔命。最好的情況是，有分量的資深教會領袖能夠出面對羅馬教廷官員說情。無論如何，巴爾拉斯如今多了一項說服梵蒂岡代表參與救援的籌碼。

教宗庇護十二世（Pius XII）選擇對二戰採取考慮周到的中立態度，即便猶太社群在歐洲遭大規模屠殺已是不爭的事實。他對共產主義堅定的反抗立場使他無法公開為同盟國背書，此舉實際上形同和蘇聯站在同一陣營。他想要保護羅馬和梵蒂岡城不受希特勒軍隊攻擊的責任感，也迫使他在談論德國種種暴行的議題時格外綁手綁腳，即便梵蒂岡外交官很清楚持續發生在納粹占領波蘭和軸心國占領蘇聯地區的殘酷暴行。然而，庇護十二世的外交首要方針是公平對待兩方陣營。「他解釋談論暴行時，他不能只點名納粹而不一併指責布爾什維克……，」駐聖座梵蒂岡城的美國代辦哈洛德・H・提特曼二世（Harold H. Tittmann Jr.）說。「他表明他『擔心』同盟國被舉發的暴行不是空穴來風，但讓我相信他覺得其中有許多未達宣傳目的的誇大不實之處。」[13]

巴爾拉斯清楚教會的立場，因此選擇以最謹慎的方式接洽教宗代表，儘管他們就住在伊斯坦堡內鄰近的兩區。巴爾拉斯最終在一九四三年的春天從共和國大道（Cumhuriyet Avenue）穿越一道小門，晉見擁有墨森布里亞領銜總主教（Titular Archbishop of Mesembria）和駐土耳其和希臘宗座代表（Apostolic Delegate to Turkey and Greece）等重要頭銜之人。

安傑洛・喬瑟培・龍嘉利閣下（Monsignor Angelo Giuseppe Roncalli）在伊斯坦堡的時間比巴爾拉斯更長。他自一九三四年起在伊斯坦堡擔任宗座代表，此前的神職人員生涯也都一帆風順。但他也謹守對巴爾拉斯極為有利的核心原則：致力於社會運動參與，以及教會對世界的貢獻。

龍嘉利一八八一年（和凱末爾同年）生於貝加莫省（Bergamo），是義大利佃農之子，家中共有十三個小孩。大家庭將至少一個孩子送去當神職人員是很常見的事，但龍嘉利似乎對神學抱有極大熱忱。他完成地方神學院的學業之後，以獎學金學生的身分到羅馬繼續求學，最終成為神學博士候選人。一九〇四年，他被任命為神父。後來他回到貝加莫擔任主教祕書，這是他在正式進入天主教會聖統制的第一個職位。貝加莫是進步社會思想的樞紐，那裡的人認為教會龐大的財富和權力皆應該投入改善個別教區居民的生活，以及將政治制度輕輕推向更公平正義的發展道路。

12 Peter Hoffmann認為第一次會面發生在一九四三年一月二十日，但這是根據巴爾拉斯給宗座代表的資料所作的推論，並非找到會面本身的紀錄。有鑑於二月十二日從耶路撒冷發來的電報，比較可能的情況是，收到電報時，巴爾拉斯還未拜訪主教堂座。但最慢到五月時，巴爾拉斯和龍加利已經開始展開一連串固定會面。Hoffmann, "Roncalli in the Second World War," 83; Barlas to Roncalli, May 22, 1943, JAP-IDI, Reel 1.

13 Tittmann, *Inside the Vatican of Pius XII*, 124.

主教轄區的職務使龍嘉利直接置身在進步學說的重大勢潮。他的組織經驗也幫助他晉升到更高的職位。一九二〇年，他被教宗本篤十五世拔擢為義大利宗座傳信部（Society for the Propagation of the Faith）主席，擔任義大利與海外教會任務的管理者。處理國際事務的經驗使他成為派駐義大利以外的人選，於是在一九二五年，他被任命為總主教與駐保加利亞教宗代表，一九三一年龍嘉利說服教會和保加利亞政府將此職位升級為宗座代表。三年後，他被轉調到伊斯坦堡擔任相同職務。

龍嘉利很快對土耳其和土耳其的人產生好感。在保加利亞十年的任期使他成為周旋東南歐社會與文化的專家，於是他滿腔熱忱地投入新工作。他開始學土語，不過這個看似毫無規則的複雜語言，使他將這門課視為某種形式的苦修與自我懲罰。[14]他真正的挑戰不在文化，而是政治。「我在土耳其的工作不容易，」龍嘉利在日記裡率直地寫道。「政治環境不允許我有太多發揮。」[15]

在教會外交的世界裡，宗座代表是一個微妙的角色。他沒有任何合法外交地位，而且不同於位階更高的教廷大使（**papal nuncio**），[16]宗座代表不能代表梵蒂岡發言。他是駐在伊斯坦堡的主教，土耳其絕大多數羅馬天主教社群的聚居地，但這個位置也使他和安卡拉的外交政策角力——以及政治權力——隔著一段距離。土耳其政府將世俗化的承諾延伸至國際領域；龍嘉利和外交部長門內曼奇奧盧之間的任何交流皆被視為私人對話，而不是某種形式上的外交通訊。[17]一九三九年，當龍嘉利聯絡外交部，傳遞教宗庇護十一世過世及庇護十二世接任的消息，外交部的回應是該事件為純粹宗教事務，與國際關係無涉。[18]和其他神父一樣，龍嘉利經常得把聖職領留在衣櫃裡，因為土耳其政府禁止在公共場合穿戴宗教服裝。龍嘉利對駐在地的其他主教也沒有任何行政權力。他唯一派得上用場的工具是道德勸說，還有和羅馬的直接溝通管道。根據法國大使的說法，龍嘉利豐富的在地經驗、人脈和「圓滑與能幹」緩解了一切阻礙。[19]

巴爾拉斯和龍嘉利第一次見面的談話內容並未留下紀錄，不過他大概是在代表面前重申先前對里吉闡述的事宜：猶太事務局正全力搶救歐洲淪陷區的猶太人；教會或許可強調對發生在歐洲各地暴行的譴責；教會亦可動員人力網幫助猶太人取得離開母國、過境土耳其、落腳巴勒斯坦所需的移民文件。畢竟溝通管道現在是暢通的。一九四三年春夏，巴爾拉斯有時親自拜訪龍嘉利，有時透過里吉轉交文件。六月，巴爾拉斯發送最新通知給耶路撒冷：「今天見過教廷大使（**pappal nuncio**，原文如此）他正竭力提供幫助。」[20]

---

14 John XXIII, *Journal of a Soul*, 233.

15 John XXIII, *Journal of a Soul*, 234–35.

16 譯注：Papal Nuncio指教廷官方大使，與非正式的教廷代表不同。

17 Massigli, *La Turquie devant la guerre*, 98.

18 Righi, *Papa Giovanni XXIII sulle rive del Bosforo*, 194.

19 Massigli, *La Turquie devant la guerre*, 98.

20 Barlas to Herzog, June 12, 1943, JAP-IDI, Reel 1.

巴爾拉斯後來提出了更加明確的請求。他希望龍嘉利不僅要動用資源施壓羅馬方面對迫害猶太人一事採取更強硬立場，同時利用梵蒂岡的網絡協助個別家庭逃離險境。事實上，他們之間存在互助關係。龍嘉利也有在保加利亞任職期間結識的朋友正在逃亡。他曾多次請巴爾拉斯追蹤索菲亞和其他地方的特定人士是否收到移民文件。[21] 十一月，耶路撒冷的大拉比致函龍嘉利，謝謝「你為援救我們不幸的兄弟姊妹持續提供〔巴爾拉斯〕寶貴幫助」。[22]

然而，一場危機即將到來。與軸心國結盟的國家如匈牙利和羅馬利亞已通過極為不公的反猶太法，粉碎猶太人的生意。他們心安理得地謀殺戰爭期間占領地區的猶太人。在希特勒的瓜分東歐計畫中，匈牙利獲得部分捷克斯洛伐克與蘇聯烏克蘭；羅馬尼亞分到更大塊的蘇聯烏克蘭，包括戰略要城敖德薩；保加利亞的獎勵則是部分馬其頓和西色雷斯。三國在占領區掃蕩並驅逐外國猶太人；部分國家參與大規模屠殺猶太平民，理由是反抗占領或協助同盟國。

但這幾個政府卻出乎意料地保護自己國內的猶太人。他們反抗德國的施壓，拒絕用火車將本地猶太人送往納粹運作的境外屠殺中心。住在匈牙利、羅馬尼亞和保加利亞境內的猶太人未受到大屠殺早期階段的殘忍蹂躪。

匈牙利的情況在一九四四年春天出現改變。隨著同盟國獲勝的機率愈來愈明顯，匈牙利政府開始將祕密觸角伸向伊斯坦堡和其他中立國首都。倘若同盟國同意特定條件——譬如避免蘇聯占領匈牙利，放棄在和平協議中進行任何懲罰性國界變更——匈牙利願意從軸心陣營倒戈到同盟陣營。德國情報機構明確掌握這些祕密對話，當德軍在史達林格勒大敗後撤離蘇聯，德國擬定計畫全面入侵匈牙利——藉此焦土戰略懲罰匈牙利退出軸心陣營，在同盟國朝東南歐推進的路線上創造緩衝地。過程中，納粹實現了不配合的匈牙利政府自戰爭之初竭力阻擋的目標：大規模驅逐與屠殺匈牙利境內可觀的猶太人社群，戰前約有七十二萬五千人。一九四四年三月，德意志國防軍跨越邊境，同行單位還包括親衛隊和蓋世太保。同年夏天，猶太人成為攻擊目標，由布達佩斯親衛隊資深指揮官阿道夫．艾希曼（Adolf Eichmann）親自監督的階段行動。猶太人財產遭沒收充公，猶太家族被迫遷往各個貧民窟，接著從五月開始，滿載猶太平民的火車車廂接連運送至奧許維茲—比克瑙（Auschwitz-Birkenau）。許多人才剛抵達集中營就被送往毒氣室。

此時赫許曼已經加入巴爾拉斯的行列，他全心投入地運用手頭資金與人脈取得黑海營救任務的船隻。匈牙利的情勢給他們帶來特殊挑戰。猶太社群之前雖遭迫害但基本上無人身安全之虞。如今納粹斬草除根的行動積極展開。納粹當局也知道同盟國政府非常關注猶太人的命運，布達佩斯官員為了戰爭宣傳和經濟目的試圖利用同盟國的關注。

21 Roncalli to Weltmann, July 31, 1943; Weltmann to Roncalli, July 31, 1943; Barlas to Goldin, Aug. 10, 1943; Barlas to Roncalli, Aug. 10, 1943; Barlas to Roncalli, Aug. 12, 1943; Barlas to Roncalli, Mar. 27, 1944; Barlas to Roncalli, June 6, 1944, JAP-IDI, Reel 1.

22 Herzog to Roncalli, Nov. 22, 1943, JAP-IDI, Reel 1.

經艾希曼同意，一九四四年五月中，兩名密使約爾・布蘭德和安傑亞・捷爾吉（Joel Brand and Andrea György）獲派前往伊斯坦堡和同盟國展開祕密談判。布蘭德是匈牙利的年輕猶太實業家，積極幫助運送猶太人離開其祖國，和巴爾拉斯與其他猶太探員彼此熟識。捷爾吉是改宗天主教的匈牙利猶太人，擁有許多化名。有時是格羅茲（Grosz）、有時是格羅斯（Gross）或葛藍尼爾（Grenier），偶爾被稱作延齡草（Trillium）——美國情報交易員給他的代號：他是ＯＳＳ山茱萸幫網絡的一員，同盟國情報任務的重要線民。[23]

布蘭德和捷爾吉帶來一個荒謬的提議：德國當局同意釋放猶太人交換需要的物資。「戰事邁入第五年，」艾希曼在布達佩斯對布蘭德說。「我們欠缺補給。你想救猶太人，特別是年輕人和正值生育年齡的女人。我是一個德國理想主義者，我尊重你是個猶太理想主義者。匈牙利、波蘭等地有一百二十萬猶太人。我在和你做生意。」艾希曼開的條件具體得令人稱奇。一定數量的猶太人得以離開匈牙利，只要同盟國願意提供德國人兩百萬塊肥皂、兩百噸可可、八百噸咖啡、兩百噸茶和一萬輛卡車。[24]

兩名密使遭同盟國特務拘留，等待在伊斯坦堡和開羅的進一步盤問，帶來的提議則是遭全盤否決。沒有一個同盟國政府能接受償付德國血債的念頭，蘇聯尤其害怕額外的戰爭物力或補給可能鼓舞德軍對東部戰線發動新一輪攻擊。類似贖金過去也曾出現在談判桌上；依舒夫領導階層亟欲探索任何將猶太人救出歐洲的可能性，就算必須和魔鬼做交易。然而，布蘭德任務顯示德國人已走投無路——如今在東部戰線節節敗退，專注於在戰爭結束前竭力消滅猶太人，愈多愈好。

布蘭德任務也說明了救援行動還有機會。脫逃路線依然存在，即便驅逐的腳步愈來愈快。透過和布達佩斯教會人員的溝通管道，龍嘉利得知尚未被遣送的猶太人或許有獲准離境的機會。[25]他們需要到巴勒斯坦的移民證書，伊斯坦堡是取得這類證書的唯一管道。要是性命垂危的猶太人無法到土耳其領取證書，僅存的解決之道就是把證書送到他們手上——送到截至一九四四年仲夏為止已遣送超過四十萬猶太人到勞動營和集中營的納粹占領國。

那正是巴爾拉斯和赫許曼仰賴教廷代表幫忙之處。那個夏天，經過一連串書信往返，猶太事務局和戰爭難民委員會安排移送數個包裹的移民證書給龍嘉利，作為後續經教會網絡將證書送給匈牙利猶太社群之用。巴爾拉斯授權團隊盡可能聯繫匈牙利猶太人。他的同事們踏遍伊斯坦堡，四處尋找可能提供親友人名地址的人。其他人負責從布達佩斯黃頁電話簿依據名字挑出可能的猶太人。[26]

---

23 Friling, "Nazi-Jewish Negotiations," 405. "*We are in the fifth year*": 引用於 Barlas, *Hatsalah*, 114.
24 Steinhardt to War Refugee Board, May 25, 1944, Hirschmann Papers, FDR, Box 1, Folder "Dispatches from U.S. Embassy, Ankara, to War Refugee Board, 2/8/44–6/2/44."
25 Schwartz to War Refugee Board, July 20, 1944, JOINT, Reel 108.
26 Guttstadt, *Turkey, the Jews, and the Holocaust*, 127.

六月五日，龍嘉利寫信給巴爾拉斯：「我很高興通知你，你轉交給我的匈牙利猶太人移民證書已透過可靠的快遞送往布達佩斯。」[27]「多虧這些文件，」巴爾拉斯隔天回覆道，匈牙利難民「有望獲救」。[28]龍嘉利所作所為是繞過羅馬上司的越級舉動。匈牙利遣送行動展開之前，戰爭難民委員會已通知他針對匈牙利猶太人的大規模屠殺計畫。龍嘉利將報告呈報給梵蒂岡——來自兩名成功逃離奧許維茲的斯洛伐克猶太人的一手見證陳述——但未達到顯著成效。[29]後來，駐布達佩斯教廷大使親自把針對匈牙利猶太人的剷除行動告知羅馬。[30]但教宗庇護十二世仍拒絕承認猶太人是希特勒的主要迫害對象，也不譴責納粹打擊猶太人的政策。

龍嘉利踰越一個駐紮在中立國且無實質外交地位的宗教領袖的角色。他肯定也知道自己積極地參與了一個教會過去拒絕背書的計畫：猶太人大規模移民巴勒斯坦。在最終解決方案的歷史脈絡下，救援行動和重新安置的界線——介於移民和猶太復國主義之間——瞬間變得模糊。七月底，赫許曼到比于克阿達（Büyükada）的龍嘉利避暑住宅拜訪。「他幫助了匈牙利的猶太人，我懇求他繼續伸出援手，」赫許曼在日記裡寫道。[31]上千份移民證書已分送到匈牙利，現在他們需要準備船隻將猶太難民渡到黑海彼端。

* * *

在聖靈降臨節主日，龍嘉利踏進聖神聖殿主教座堂的布道壇，準備發表對戰爭最沉痛尖銳的布道。「我們活在一個充滿破壞與憎恨的艱苦時代，」他說，「國家為了利己而以泯滅人性的殘暴手段犧牲個人。」[32]在他布道的同時，猶太人正在前往巴勒斯坦的路上，當中很多持著透過龍嘉利網絡送達的文件。

不過，途經伊斯坦堡的逃難者大多沒機會欣賞其風采。自難民搭火車抵達起，土耳其官員嚴密監控他們從錫爾凱吉車站越過博斯普魯斯海峽轉往海達爾帕夏車站。剛抵達的民眾根本沒時間熟悉四周環境。他們迅速展開下一段接駁行程，反覆經歷搭火車、過檢查哨和等待手續完成的無止盡過程。從海上到陸地的轉運過程也類似。

猶太事務局、戰爭難民委員會和聯合委員會的一小群社運人士，負責組織和供應運輸任務的每一步。在巴爾拉斯和同事們處理文書工作、赫許曼應付政治的同時，當地慈善家布魯德一肩扛起了日常瑣事。布魯德安然度過土耳其的財富稅整治，城裡的同盟國和猶太人特務都對他讚許有

27 Roncalli to Barlas, June 5, 1944, JAP-IDI, Reel 1.
28 Barlas to Roncalli, June 6, 1944, JAP-IDI, Reel 1.
29 Cornwell, *Hitler's Pope*, 324–26.
30 Phayer, *Catholic Church and the Holocaust*, 50.
31 引用於 Hoffmann, "Roncalli in the Second World War," 90.
32 Quoted in Righi, *Papa Giovanni XXIII sulle rive del Bosforo*, 261.

加。他的二手菸和白頭髮經常是猶太難民來伊斯坦堡見到的第一個畫面。

直到赫許曼和巴爾拉斯安排的船隻或火車真正抵達伊斯坦堡之前，所有心力都只存在紙上，不過是幾份抽象的名單、時刻表和電報。一九四四年七月初，卡茲貝克號（*Kazbek*）載著七百五十八名乘客從黑海進入博斯普普斯海峽。這艘船的安全乘客限制只有三百人，赫許曼還記得船隻進港時甲板上萬頭鑽動的景象。[33]乘客名單中有兩百五十六名孩童是從羅馬尼亞占領的蘇聯烏克蘭外涅斯特里亞地區救出。

市政單位准許赫許曼和幾名其他社運人士乘大型汽艇，搖搖晃晃地跟在一旁監督船隻的到港和離港。難民登陸，帶著大包小包的隨身家當，由土耳其警察陪同搭上停在海達爾帕夏車站的二等和三等列車車廂。聯合委員會提供所有運輸所需的糧食與飲用水——通常是上百條麵包，數千個黃瓜和番茄，成箱香菸，儘管這全都是伊斯坦堡本身實施嚴格配給的物品。[34]乘客安靜沉穩地坐進車廂。

突然間，其中一名女難民打破車窗大吼大叫地從碼頭跑走，隨後遭到制伏。[35]其他人告訴赫許曼，自從母親和三個孩子在她面前被殺害後，她一路上都是這個樣子。伊斯坦堡的其他猶太居民群集至車站，試圖和可能知道他們親人下落的任何人取得聯繫。有時候猶太事務局人員得以登車詢問某家族的消息。「如我所料，情況很糟糕，」一名詢問者後來寫給事務局的感謝函說道。[36]

火車終於在日落後駛離車站，赫許曼在返回歐洲岸的涼爽渡船上看著城裡的燈火一一亮起。

他可以看到對岸的薩拉基里奧角和托普卡匹宮的尖塔和圓頂，其內部庭院隱藏在石牆和柏樹林背後。走向皇宮的最深處——素檀的舊寢殿和後宮——首先要通過花俏華麗的柱廊，鄂圖曼人稱之為幸福之門（Gate to Felicity）。在鄂圖曼的外交書信中，伊斯坦堡經常被以另一語言稱作幸福之門（*Dersaadet*）。赫許曼意識到他在伊斯坦堡的工作僅是鏈條的其中一段，一隊無國無家之人經過此地前往他處。世界似乎疲憊不堪，他說。[37]

相較之前，船隻和火車如今愈來愈能夠安全並準時的抵達。但這條路線依然危機重重。那個夏天稍晚，一九四四年八月三日，一組三艘船的船隊——莫林娜號（*Morina*）、布爾布號（*Bülbül*）、梅夫庫雷號（*Mefkûre*）——離開羅馬尼亞康斯坦察港，每艘船都超載前往伊斯坦堡的難民。在海上航行第二天時，船速較快的莫林娜號從布爾布號和梅夫庫雷號的視線範圍消失，接著梅夫庫雷號更因引擎問題大幅落後。

八月五日大約半夜十二點三十分，梅夫庫雷號遭受低空射擊，或許又是蘇聯潛水艇重演兩年

---

33 Hirschmann, *Life Line to a Promised Land*, 87.
34 Barlas to Hirschmann, Aug. 24, 1944, JAP-IDI, Reel 1.
35 Hirschmann, *Life Line to a Promised Land*, 88.
36 Frankfort to Goldin, July 10, 1944, JAP-IDI, Reel 1.
37 Hirschmann, *Life Line to a Promised Land*, 87–89.

多前史楚馬號沉船事件。[38]大口徑子彈射穿船隻的木造船體。槍林彈雨迅速移轉到甲板。土耳其船長和四名船組人員搭船上唯一的救生船逃跑。

數十名乘客跳海。[39]攻擊發生時，其餘在貨艙裡睡覺的乘客跟著起火的船隻葬身海底。船隻在砲火發射後約三十分鐘沉沒。其中有五名乘客緊抓船體碎片倖存，並在四個小時後被海流帶到布爾布號視線範圍內。其餘三百二十名難民遭槍殺或不幸溺死。

剩下的兩艘船在靠近保加利亞邊界的土耳其城市伊內阿達（İğneada）靠岸，乘客改搭火車到伊斯坦堡。倦累不堪但掛著寬慰笑容，他們滿心期待地靠在錫爾凱吉車站的圍欄，喝著用銀托盤送來的蓮花玻璃杯茶。他們不久後便轉往海達爾帕夏車站，繼續前往巴勒斯坦的行程。

＊　＊　＊

梅夫庫雷號沉沒時，同盟國勢力已登陸諾曼第，蘇聯也持續在東線進行二戰規模最大的進攻。紅軍已解放第一批納粹死亡集中營。羅馬尼亞疏散外涅斯特里亞地區，希望能成功抵擋蘇聯的全面進逼，隨後在同年夏天宣布轉換陣營，加入同盟國。經歷左派政變的保加利亞跟著有樣學樣。

土耳其打算對德國宣戰的謠言滿天。博斯普魯斯海峽和馬爾馬拉海空蕩蕩，除了幾艘小船在海潮中浮沉。土耳其官方下令海軍和平民船艦靠岸，以免德軍先發制人。[40]防空演習的次數增加，店家和公寓卸下一般窗簾掛起全黑窗簾。

公園飯店的德國人用餐時不發一語，記者在飯店大廳徘徊不去，報導德國人命運的轉變。[41]客房半價求售，因為成群德國人帶著小孩和行李擠在退房櫃檯，急著在土耳其放棄中立前離開。[42]德國大使馮．巴本從安卡拉前來，然後旋即從錫爾凱吉車站搭車前往柏林，離開前向當地為他加油打氣的德國人、日本人和土耳其人揮帽致意。[43]八月中，土耳其外交部宣布與德國人切斷關係。土耳其在一九四五年二月正式加入同盟國陣營。

參戰後，人們仍繼續借道伊斯坦堡前往巴勒斯坦，但船隊、特別列車和絕望文件追逐的腳步紛紛放慢，因為倖存難民的立即人身危險已大大降低。曾經載運他們的船隻成為戰時歐洲集體出亡史詩的一部分。家族史如今不僅包含長串族譜，一路追溯至波蘭、匈牙利或羅馬尼亞的失落村莊與無人社區。猶太人把充滿異國情調的超載船隻船名也編織到家族史中，它們是倖存者迎向安

---

38 On the matter of Soviet responsibility, see Ofer, *Escaping the Holocaust*, 195–98.
39 "Report on the Sinking of the m/v 'Mefkure,'" Sept. 9, 1944, JAP-IDI, Reel 173.
40 Hirschmann, *Life Line to a Promised Land*, 142.
41 Hirschmann, *Life Line to a Promised Land*, 142.
42 Hirschmann, *Life Line to a Promised Land*, 144.
43 Hirschmann, *Life Line to a Promised Land*, 145.

全的關鍵：蜜爾卡號（Milka）和瑪莉查號（Maritza）；貝拉西塔號（Bellacita）、卡茲貝克號和莫林娜號；布爾布號、薩拉哈提號（Salahattin）和托洛斯號（Toros）；還有遭遇劫難的梅夫庫雷號和史楚馬號。這些船總共載運四千一百二十七名難民，另外還有更多人搭火車或三五成群搭近海船抵達伊斯坦堡。[44]自一九四二至四五年，共有一萬三千一百零一名猶太人取道土耳其前往巴勒斯坦和其他目的地。[45]二戰期間成功踏上巴勒斯坦土地的所有猶太人當中，有四分之一以上曾過境伊斯坦堡。[46]「這群移民的遭遇不能和被占領國家的猶太人悲慘處境相提並論，」巴爾拉斯寫道，「但……這群人得以逃離地獄……就是一個奇蹟。」[47]

巴爾拉斯從佩拉皇宮退房回到巴勒斯坦，成為所有猶太事務局移民部的主管。猶太事務局不久後便主導成立以色列的新政府。赫許曼離開公園飯店，回到紐約，接受布魯明戴爾百貨公司的副總裁頭銜。他在土耳其不過六個月的時間——頻繁進出以鞏固其人脈網，並呈報工作成果——但這段經歷形塑他此後服務大眾的生涯。聯合國成立之後，他成為處理難民事務的重要行政人員之一。

龍嘉利也離開了伊斯坦堡。一九四四年他被轉調到法國擔任教廷大使。勝任這項職務需要圓融和果斷的性格，因為他最棘手的任務之一，是決定戰爭期間與德國占領者合作的法國神父的命運。庇護十二世最終晉升他為樞機主教，但主要是出於讚許其虔誠和豐富經驗，並非承認他在教會階級裡的權力地位。他在海外派駐很長時間，不熟悉羅馬和能夠使他成為樞機主教團領導者的網絡的內部運作方式。因此，當一九五八年教宗過世後，其他樞機主教將他推舉到更高位置，完全出乎眾人意料。不久後他成為若望二十三世（John XXIII）。

在眾多從伊斯坦堡離開的猶太難民當中，至少有三千九百九十四人——將近巴爾拉斯營救的難民的三分之一——完全不曾經歷大屠殺。[48]他們是伊斯坦堡居民，有些是世代定居此地的塞法迪猶太人，有些是先前移民到這裡的東歐移民。財富稅、反猶宣傳和前往巴勒斯坦的安全出路如今促使許多人離開伊斯坦堡，就像一戰後的亞美尼亞人，和協約國占領結束後的希臘人。

一九四四年夏末的某個夜晚，在伊斯坦堡人看著這批新流亡潮離開這座城市的時候，公園飯店樂隊的許多樂手沒來上晚班。第一提琴手費茲．古斯（Fritz Guth）站到臺上獨奏。[49]他將爵士樂譜放到一旁，為餐廳裡為數不多的付費顧客演奏起舒伯特和莫札特。那是他最後一次在伊斯坦堡演出。身為維也納猶太人之子，他成功把自己放進巴爾拉斯的名單，很快就偕同妻小前往巴勒斯坦。

44 "Boats," JAP-IDI, Reel 122.
45 "Summary of Immigrants from 1942 to the End of 1945," JAP-IDI, Reel 122.
46 Ofer, *Escaping the Holocaust*, 318.
47 Chaim Barlas, "Report on Immigration," Dec. 15, 1943, p. 2, JAP-IDI, Reel 1.
48 "Summary of Immigrants."
49 Hirschmann, *Life Line to a Promised Land*, 147. 感謝 Corry Guttstadt 找出提琴手的名字。

後記

兩名女子在伊斯坦堡街頭共乘單車。

自從一九二七年取得佩拉皇宮所有權以來，穆哈耶西的生意便不斷下滑。戰爭緊張氣氛和財富稅把客人都嚇跑了。一九四一年爆炸案後，本來預定整季入住的房客一個也不剩。等到二戰結束，同盟國特務和猶太人道救援者紛紛退房，佩拉皇宮的名聲完全仰仗曾在入住登記本留下簽名的達官顯貴。近期最出名的客人——戈培爾——刻意被從宣傳材料中剔除。

戰爭結束的時候穆哈耶西約五十多快六十歲。他的成年生活見證了土耳其共和國的崛起，以及伊斯坦堡屬於穆斯林文化但熱中凱末爾主義的資產階級的快速擴張。從任何標準來看，他都是異常富裕的。從貝魯特到伊斯坦堡的一長串投資，為他創造豐厚股息。因此他能夠負擔佩拉皇宮連年的虧損。儘管他沒有自己的小孩，他每年夏天都在耶尼柯伊區的水岸別墅享受姪子姪女的陪伴。

一九四〇年代到五〇年代初，他定期造訪飯店監督日常運作。然而，世界瞬息萬變。見過世面、積極進取的土耳其人要的是簡潔線條和現代家具，不是絨毛窗簾和皇家奢華風格。飯店如今被破敗的貧民公寓包圍。前門正對沒有採光的狹窄街道。飯店背面仍有城裡最棒的夕陽景觀，但往下會看到來自黑海和中部安納托利亞的移民社區，公寓窗外晾著衣服。

一九五四年十月某日，六十八歲的穆哈耶西走進二樓的一間客房，點了一瓶威士忌。隔天凌晨，夜班行李員聽見房裡傳來偌大聲響，開門驚見老闆倒在浴室流血不止。[1]這起不幸事故引發的推論甚囂塵上——酒醉不慎從積水大理石地板跌跤，是一說——也有人懷疑是一起謀殺，但釐清案情的線索藏在幾天前他對朋友說的一句中，「我的貓死了，我活不下去了。」後來當他的遺囑拆封時，一項驚人消息公諸於世。[2]他已將飯店轉讓給三個慈善機構，其訴求分別是孩童、長者和結核病。[3]

飯店持續營業，因為三個慈善組織明智地將物業出租給私人公司負責管理，但這個國家正迅速脫胎換骨，伊斯坦堡居民和遊客的品味和期待也跟著轉變。一九五〇年，穆哈耶西過世前幾年，土耳其辦理首次議會民選，公民可透過自由、直接的選舉投票給心目中的候選人。投票結果，阿塔圖爾克創辦的政黨徹底大敗。民眾湧上街頭慶祝，這是民眾普遍渴望改變的大爆發，自一九〇八年革命以來，這個國家始終沒有迎向真正的改變。伊諾努總統下臺，轉戰議會反對勢力龍頭，放棄國家元首的位子。競爭對手民主黨的成員紛紛出任政府要員。

老態龍鍾的共和人民黨宣稱他們擁有歷史的支持背書。阿塔圖爾克將土耳其人拖出帝國的顢頇，在進入現代性的過程中，幫助他們保持清醒，共和人民黨認為凱末爾本人創立的政黨是實踐凱末爾主義理念的最佳選擇，即便凱末爾死後仍是如此。相較之下，新成立的民主黨領導階層認

1 "Perapalas Otelinin Sahibi Odasında Ölü Bulundu," *Milliyet*, Oct. 13, 1954.

2 引用於"Millionaire, Broken Over Dead Cat, Dies," *Baltimore Sun*, Oct. 14, 1954.

3 "Misbah Muhayyeşin Mirası Tesbit Ediliyor," *Milliyet*, Oct. 15, 1954; "Misbah Muhayyeşin Vârisleri Çoğalıyor," *Milliyet*, Oct. 19, 1954.

為，黨的使命依歸是民眾意志，而非國家命運。民主黨的選票大勝說明了一切。雙元對立的權力支路成為土耳其政壇的常態之一，無論實際的執政黨與在野黨是誰。一群人穿起高速奔向現代化的披風；另一群人承諾為先前被打壓的大眾發聲。

民主黨總理阿德南．曼德列斯（Adnan Menderes）廢除老舊的一黨制，不過他接受凱末爾主義作為政治意識型態的基本信條。屬於共和人民黨的財產被沒收充公。阿塔圖爾克掌權期間黨高層取得的土地轉交國家控制。[4]民營化圖利了一批新的土地階級和實業家。外交政策方面，新政府遠離阿塔圖魯克和伊諾努時代奠定的平衡外交。土耳其是聯合國的創立成員之一——二戰最後幾個月加入同盟國的決定為該國爭取到一個席位——然後在一九五二年，曼德列斯政府率領土耳其加入北約組織（NATO），確保他們在自由世界的資格。土耳其軍隊被送到韓國，他們首次真正和西方士兵並肩作戰，不再扮演自克里米亞戰爭起不變的西方敵人角色。上述所有政策都在兩年後的下一次選舉獲得回報，民主黨這回囊括了更多大國民議會的席次。

這是了不起的成就，但經濟不久後變得疲軟不振。債務增加，通膨屢創高峰。共和人民黨把握機會，在曼德列斯首次違抗議會旨意時對他展開窮追猛打。總理勃然大怒。民主黨成員和在他們之前執政的共和人民黨一樣，還不習慣忠誠反對黨（loyal opposition）[5]的概念。批評看起來好像忘恩負義和血口噴人，毫無建設性。曼德列斯變得疑神疑鬼且易怒，他深信無論安卡拉政治圈的觀感為何，人民其實是支持他的。當一場外交危機烏雲密布——又一次和希臘的爭執，這回是為了令人惱火的賽普勒斯問題——他直接向全國提出懇求。他的計畫是召喚民眾遊行，讓人民親口表達對政府堅定的支持。結果導致一場新的集體迫害。

一九五五年早秋，希臘民族激進分子在塞薩洛尼基的土耳其領事館縱火的謠言甚囂塵上。領事館恰巧是阿塔圖爾克幼年時期的家，土耳其政府在兩國關係和睦的時候購買了這棟房子。謠言迅速散播到伊斯坦堡的大街小巷。過去的佩拉大道立刻匯集了大批群眾，此時佩拉大道早已改名為獨立大道。九月六至七日，希臘人、亞美尼亞人、猶太人和其他非穆斯林的店鋪和住家遭暴民洗劫，此舉是為報復凱末爾主義的聖地遭褻瀆。至少十一人死亡，超過五千六百個店鋪、民宅、餐廳、教堂和學校遭破壞。[6]獨立大道和通往佩拉皇宮的其他小巷滿目瘡痍，路邊車輛被掀翻。群眾在檢視破壞成果時，一路踩著滿地碎玻璃前進。

土耳其到今天仍稱之為「九月事件」，它成為壓垮伊斯坦堡眾多少數族裔的最後一根稻草。往後他們愈來愈與世隔絕。亞美尼亞教堂用金屬門把自己封印起來。希臘人會所消失，他們把

4　Zürcher, *Turkey: A Modern History*, 233.

5　譯注：指議會中所有非執政的反對黨群體可能不同意現任閣員的決定，但仍保持對賦予閣員權力的來源忠貞，亦即出於維護國家福祉而反對。

6　Güven, *6–7 Eylül Olayları*, 40, 181. 死亡人數和物業受損的程度仍具爭議。認為數字更高的研究，參見Vryonis, *Mechanism of Catastrophe*, 549.

鑰匙交給土耳其人門房，請他看守神聖噴泉和繳交電費。政府在猶太會堂外蓋守衛室，嚇止蓄意破壞者和恐怖分子，但深色玻璃守衛包廂讓朝拜之地看起來更像外國使館，而不是社區內的老鄰居。曼德列斯——在主導大規模公共工程計畫，將部分伊斯坦堡夷為平地之後——於一九六〇年軍事政變中遭推翻，後來連同兩位部長被處以絞刑。一九七一和八〇年還有兩次政變，原因不盡相同，幕後主使也不是同一批人。遲至一九九七年，土耳其政府仍未脫離遭政變威脅而垮臺的命運。

經過一九五〇年代的政治動亂，商家易主重新開張，來自安納托利亞城鎮與村莊的穆斯林移民趁機搬進廢棄公寓。不過舊社區似乎已失去活力。市政府沒能透徹執行自己提出的宏大都市更新計畫。佩拉區蓋起新大樓，和基地面積相比大得不成比例，可是仍不足以遮掩附近建築剝落的灰泥牆和坍塌的屋頂。觀光客喜歡住在素檀艾哈邁德清真寺旁的B&B旅店，逛地毯商店和拜占庭古董。一九七九年，一名加州靈媒塔瑪拉．蘭德（Tamara Rand）宣稱她看見阿嘉莎．克莉絲蒂在佩拉皇宮飯店的四一一號房藏了天大祕密。故事成為絕佳廣告文案，隨著民眾前來探個究竟，飯店生意一時之間頗有起色，不過事實證明這只是一場騙局。儘管沒有任何發現，可是一把老舊鑰匙和阿嘉莎．克莉絲蒂在這間飯店寫下《東方快車謀殺案》的傳說，仍舊是佩拉皇宮最有賣點的神話之一。

由於佩拉皇宮是伊斯坦堡碩果僅存的古蹟飯店之一，它成為名人吸塵器，無論他們的簽名是否真的出現在入住登記本。其中一名真正的房客是詩人約瑟夫．布羅茨基（Joseph Brodsky），但在他光顧佩拉皇宮的一九八〇年代，多數商務旅客和婚宴派對早就倒戈向希爾頓（Hilton）、瑞士酒店（Swissôtel）和其他連鎖飯店。[7]布羅茨基說，那一區的街道「歪扭、汙穢，卵石地板鋪得糟透了，而且積滿垃圾」。他提到一個噩夢，內容是三隻流浪貓在佩拉皇宮的大理石樓梯基座旁撕咬一隻巨鼠。

隔壁的美國領事館隱身在煤渣磚堆築的圍牆之後。街道另一端的英國領事館擁有和周圍破敗街道格格不入的一片綠地。外人鮮少出沒在佩拉及其周邊地區——山頂區的小高原，希商尼（Şişhane）和塔拉巴西（Tarlabası）的陡坡，還有從以前的佩拉大道下切的加拉達黑峽谷。遊客最好留在伊斯坦堡這處的屋脊地帶，特別是入夜後，位於下坡路段的佩拉皇宮生意一落千丈。

＊　＊　＊

現代歐洲歷史有兩個首要模式，國族書寫和感傷書寫。兩者皆以各自的方式虛構。國族歷史要求我們把數不清的多樣經驗像疊撲克牌那樣堆砌起來，然後僅從中抽取和國族相關的部分——

7 "Flight from Byzantium," in Brodsky, *Less Man One*, 396–97.

人們在時光洪流中揭竿起義、集體錯記某段歷史的難得片段——彷彿那是最值得我們關注的歷史。感傷歷史要求我們在總結每段故事時遁入黑暗，停筆在一個舊世界的失落，留下刪節號暗示昔日光榮。

兩者皆不是思考其他被省略的故事的適當方法：那些極其熟悉的時刻，當家庭社區的重要性勝過國家民族，或者在有限的生命中，一個倖免於難的人用意志力創造全新開始。人們活在當下就像即興創作——誤解自己所處的困境，應該哀悼的時候大笑，應該離開的時候留下，然後收拾家當，殊不知守護家園才是正確選擇。他們鮮少感覺生活正朝某個目的地前進。多數時候，生活更像一艘顛簸出航的船。碼頭滑出視線範圍，樹木房舍輪廓不再，直到家園淪為天水之間的一道灰色線條。

鄂圖曼布爾喬亞變成熱中的土耳其共和國擁護者。穆斯林村民蛻變成住在公寓的伊斯坦堡人。白軍成為巴黎人。希臘人在雅典和塞薩洛尼基展開新生活。這些人的孫子孫女肯定有不少在聽聞某個早已被遺忘的異國大街的商店故事時不耐地翻白眼。亞美尼亞人去了美國，不過也有數萬人留在故土，安靜地當個土耳其公民，有時他們自稱是突厥人的後裔。古老的猶太墓園長出灌木叢，仍住在伊斯坦堡的一小群猶太人蓋了幾個新墓園，墓碑以土耳其文銘刻對死者的紀念，而不再使用他們曾經熟悉的猶太西班牙文。

悲劇往往伴隨意想不到的機會。公園飯店最終因都市更新計畫被拆除。托卡良飯店淪為毫無辨識度可言的一只方盒，注定會被改建得一塌糊塗。莫斯科大圓環餐廳、花園酒吧和藍玉俱樂部都吹熄燈號。從薩隆尼卡穆斯林流亡者的老舊社區——現代土耳其的推手，從辛克美到阿塔圖爾克——被來自東安納托利亞和黑海沿岸城市、充滿理想抱負的新移民潮取代。哈莉黛．埃迪布和可瑞蔓．哈里斯過去為展現現代性脫下面紗，而今伊斯坦堡婦女又將面紗戴上作為伊斯蘭女性主義的宣誓——共和國早期世俗改革者爭取到的選擇自由。俄羅斯人依舊出沒在主要大街，但他們的身分已經不是需要救濟的難民，而是充滿好奇心的觀光客。伊斯坦堡的希臘人、亞美尼亞人、猶太人和黎凡特人族群全都萎縮，不比當年佩拉大道上人們以各自的語言交談的盛況。在基督教的老社區，守門人依舊固定在早上八點和下午五點敲鐘，只不過鐘聲召喚的與其說是信徒，倒不如說是回憶。

不過在伊斯坦堡邁向世界樞紐和光鮮亮麗大城市的曙光時刻，奠定伊斯坦堡爵士與流亡年代基礎的輝煌老店依舊健在。現在的佩拉皇宮飯店是根據舊貌重新翻修後的版本。絢爛奪目的大宴會廳煥然一新，再度掛上鑄鐵電梯，仿大理石紋漆經重新粉刷，管理經營者是一間來自杜拜、資本雄厚的公司。它像一記當頭棒喝提醒每個人——成為移民的本地人和成為本地人的新移民——事實是，我們到底只是房屋的看管者。

＊　＊　＊

大多數日子，伊斯坦堡是刺眼又炫目的燈光之城。即便夕暮時分，低垂陽光射向水面的反光都能令人睜不開眼。博斯普魯斯海峽兩邊的別墅與公寓亮起數百萬盞燈火。電子廣告看板的訊息在各大廣場閃爍著。泛光燈下的中世紀防禦塔超群出眾，帝國時代清真寺的宣禮塔在齋戒月掛起燈泡。這座城市的天際線簡史不難追溯，從拜占庭教堂到鄂圖曼皇居，再到土耳其大企業摩天大樓。從舊城最下方的艾米諾努區（Eminönü）到亞洲岸的卡迪寇伊區，沿著博斯普魯斯往上，經過奶白色大理石的齊拉岡與多爾瑪巴赫切宮，到建有垛口的如梅利堡壘（Rumelihisarı），跨越設置紅綠燈、車潮擁擠的橋梁和快速道路，到反射著黑水的油輪右舷綠色燈泡，伊斯坦堡總是綻放。

即便在蒼白無聲的冬天，疲累的渡船通勤族爬到室外靠近欄杆的座位，欣賞其他船隻船身的斑駁光線，或鸕鶿飛掠海面的黑色箭影。當天空呈紫青色，空氣凜冽，成群海鷗和鴿子仍舊沿海岸線蹦跳。鶺哥和喜鵲在未開花的夾竹桃樹下趾高氣昂地走來走去。落雪覆蓋的南歐紫荊（Judas tree）和常綠柏樹共生在岸邊山丘。在颳強風的早晨，馬爾馬拉海像黯淡的藍寶石，鉛製圓頂和鍍金尖塔在陸地上不發一語，直到清晨薄霧蒸散，一切流露鎮靜的藍光。

過去二十年，伊斯坦堡再度成為世上最偉大的城市之一，除了單純的規模，還有商業和創意階級所展現的活力和野心。如今再也沒有任何城市能夠成為世界之都，但起碼在今天——不同於佩拉皇宮沒落的歲月——我們可以了解某些人為什麼曾經視伊斯坦堡為世界之都。然而，在前進充滿超大型自助商場和勤奮企業家的美好未來競賽中，很容易省略了這個城市最早的現代性和重建實驗——在那個年代，帝國的過時世界主義逐漸凋零，而新移民正湧入城市尋求永久家園或暫時庇護所。當代伊斯坦堡被掩蓋的起源就在那間豪華飯店坐落的一小塊地：最初由穆斯林基金會所有，經亞美尼亞人促成開發，在總部位於比利時的多國公司手上闖出名號，一名希臘生意人收購後又丟失所有權，然後這間生意大不如前的老舊飯店在一名阿拉伯出身的土耳其穆斯林的守護下度過二戰。

在腦海中將這些人融入伊斯坦堡的日常光景並不費力，當一批剛進門的旅客前往櫃檯登記，當時間回到一九四一年春天的那個星期二——也就是閃光穿透木框門和鍍金窗的前一刻，在爆炸轟隆聲將人們推向佩拉大道、佩拉皇宮的玻璃雨棚坍塌之前，在地板迸裂和六個人罹難之前，在爆炸衝擊波讓過去的墓園街滿目瘡痍、陷入火海之前。[8]

兩名猶太人門童穆伊茲（Muiz）和艾弗拉姆（Avram），站在同樣名為康斯坦丁（Constantine）的兩名希臘人司機不遠處。三名英國女性在接待櫃檯——艾利絲女士（Miss Ellis）和阿姆斯壯女士（Miss Armstrong）剛從巴爾幹半島搭火車抵達，而明顯懷有身孕的麥德莫特太太（McDermott）將

---

8 我對爆炸前最後一刻的重建根據："Pera Palace Claimants," NAUK, FO 950/10; De Téhige to Ambassador, Apr. 21, 1941, NAUK, FO 198/106; "Pera Palas Bomb Outrage," Apr. 2, 1941, NAUK, FO 198/106; Vardarsu to British Embassy, Apr. 20, 1941, NAUK, FO 198/106; 以及一份土耳其外交部的受害者與賠償名冊，Nov. 13, 1941, in NAUK, FO 198/107.

在今天失去她未出世的孩子。兩位安米耶探員馬穆特和雷沙特站在行李堆附近，一名穆斯林禮車司機蘇克魯（Şükrü）正在分類隨身旅行包和皮箱。飯店經理卡倫提諾斯先生正看著來自希臘的客房總管科斯塔斯（Costas）監督匆忙登記每個房客資料的土耳其護照官員梅赫馬特（Mehmet）。穆斯林晚班巡邏員蘇萊曼（Süleyman）也在一旁幫忙。

山坡下方，泰西格夫人（Madame de Téhige）擔心房東太太很快就會「把我趕到街上」，幾個禮拜後她寫信給英國領事，表示她的兄弟曾是俄羅斯神聖宗教會議（Holy Synod of Russia）的首席庶務員，如今卻淪為一名「乞丐」。破產、未婚的穆斯林村民塔樂（Talât）恰巧在那天從黑海邊的老家吉雷松（Giresun）抵達伊斯坦堡，踏上碼頭後，他開始四處打聽差事。附近公寓裡有一名穆斯林音樂家、巴爾幹半島移民之後，正在練習低音提琴。就在公寓轉角，莫迪凱（Mordecai）的兒子、鄰居口中的「平安」（Shalom）趁著夜色，在一條和某座滿覆藤蔓的小清真寺同名的街上散步。

誌謝

「人人都在寫土耳其的書，」羅絲・麥考利（Rose Macaulay）《特拉比宗之塔》（*The Towers of Trebizond*）裡的達特阿姨（Aunt Dot）說。我寫的是這本。

端看計算的方式，你可以說我寫這本書花了三年，也可以說它花了我二十七年。一九八七年夏天，我和當時的大學室友、現在的醫學博士Kevin Crumpton一起背包旅行，自從看到伊斯坦堡的第一眼起，我再也無法忘懷這座城市。它是每次造訪都令我感到全然新鮮、驚奇的一個地方，或許是唯一一個這樣的地方。四分之一世紀又多幾年後，我要感謝的人好多，他們帶領我認識這座城市。

因為Hakan Altunay、Tony Greenwood和Kağan Önal的好意，我很幸運能住在伊斯坦堡最引人入勝的三個區域：如梅利堡壘、庫茲昆楚克（Kuzguncuk）和阿爾納武特寇伊（Arnavutköy，按：意譯為阿爾巴尼亞村）。Tony是不可或缺的土耳其美國研究院（American Research Institue in Turkey）的院長，讓我總有藉口回到阿爾納武特寇伊接受他的啟發和美味的魚。Michael Thumann和Susanne Landwehr給我當代政治與社會的智慧洗禮。我從兩名昔日學生的身上獲益良多，他們是熱愛土耳其的Dr. Lerna Yanık和Dr. Nora Fisher Onar。我有好幾位土耳其語老師，最新的這位Zeynep Gür試圖在從屬子句上扭轉我僵硬的腦袋。現在和過去的同僚們Gábor Ágoston、Mustafa Aksakal、Sylvia Önder、Scott Redford、Sabri Sayarı和已故的Faruk Tabak對提攜他們專業領域的後進不遺餘力。

本書部分仰賴通常並不重疊的多元領域的專家學者研究，譬如土耳其、托洛斯基和探戈。我想感謝許多歷史學家和其他研究者，他們的作品可見於注釋和參考書目，特別是Rıfat Bali，他整理出版了好多來自被遺忘年代的一手史料。我受益於與他人的討論對話，謝謝Gökhan Akçura、Ozan Arslan、Savaş Arslan、Murat Belge、Elif Batuman、Andrew Finkel、Caroline Finkel、Corry Guttstadt、Hope Harrison、Brian Johnson、Tuna Aksoy Köprülü、Steve Lagerfeld、Ansel Mullins、Cullen Nutt、Yigal Schleifer、Douglas Smith、Gerald Steinacher、Ronald Grigor Suny、Leon Taranto、Frances Trix、Thomas de Waal、Sufian Zhemukhov和我親愛的夥伴Margaret Paxson，謝謝妳總是引導我通向真理——在我眼裡，妳是最美麗的（*bay mir bist du sheyn*，按：意第緒語）。Amy Tal、Anatol 、Sasha Lieven、Leslie Vinjamuri和Oliver Wright在倫敦研究期間的招待謝謝Matthew、Luke、Phoebe、Misha、Katya、Alex、Henry、Olivia和Scrubby偶爾借用的空間。

我特別感激伊斯坦堡亞匹銀行檔案館（Yapı Kredi archive）的Abdullah Gül和Ayhan Uçar，他們幫我取得翻閱薩拉哈提．紀茲的攝影集的權限。Fra Lorenzo Piretto神父教導我關於拉丁族群的知識，帶我參觀美妙的聖伯多祿聖保祿教堂（Church of St. Peter and St. Paul）。Fıstık Ahmet Tanrıverdi和我分享童年記憶中的托洛斯基貼身護衛，然後幫助我找到托洛斯基在大島住過的兩間房子。Harold Hagopian在他位於曼哈頓的小提琴店裡，再造一九二〇和三〇年代的伊斯坦堡音樂場景。我不幸錯過和可瑞蔓．哈里斯．愛希說話的機會，她在我動手寫這本書之前幾個月過世，但她的女兒和孫女Ece Sarpyener與Ayşe Torfilli大方與我分享她的往事。Meral Muhayeş帶我和Margaret搭船踏上神奇的博斯普魯斯之旅，告訴我們有關叔公（或伯公）密斯巴．穆哈耶西的家族故事。佩拉皇宮朱美拉酒店（Pera Palace Jumeirah）的總經理Pınar Kartal Timer和行銷部的Suzan Toma在飯店重建和它的近期歷史方面給予我啟發。

Fırat Kaya傳授他對伊斯坦堡建築和都市景觀的深厚知識給我，我們的城市漫步——有時我們會帶一本一九三四年的旅遊書——大概會是我這輩子最接近時光機的體驗。Ekin Özbakkaloğlu鉅細靡遺地翻閱超過二十年的土耳其報紙，找到不少珍貴史料。Fatima Abushanab回顧參考文獻，灌輸我有關女性和伊斯蘭的知識。Ronen Plechnin幫忙解讀一份珍貴的希伯來文史料，M. Fatih Çalışır則是解讀了一份鄂圖曼土耳其文的史料。這是Chris Robinson第五次幫我的書畫地圖。

來自參考文獻列名機構的檔案員和圖書館員協助我使用他們的館藏。特別感謝鄧巴頓橡園影像集和田野檔案（Dumbarton Oaks Image Collections and Fieldwork Archives）的Shalimar White和Rona Razon，幫我認識托馬斯．惠特摩的人生和事業。我何其幸運住在世上兩座珍貴寶庫的步行範圍內：國會圖書館（Library of Congress）與美國大屠殺紀念博物館（US Holocaust Memorial Museum）。美國大屠殺紀念博物館的Ronald Coleman、Rebecca Erbelding、Krista Hegburg和Vincent Slatt給予我一流的指引。

Mustafa Aksakal、Julia Phillips Cohen、Rebecca Erbelding、Ryan Gingeras、Corry Guttstadt、Andrea Orzoff、Mogens Pelt、Michael Reynolds和Shalimar White分別細讀了本書全部和部分的手稿。我非常感謝他們的批評指正，不過書中任何疏失都是我的責任。

一九九八年，我接受傅爾布萊特資深獎助學人計畫（Fulbright senior fellowship）研究土耳其和羅馬尼亞所激發的一些想法最後演變成這本書。來自威爾遜中心（Wilson Center）的獎助金使我能利用整個二〇一二至一三學年度鑽研土耳其的過去與現在。威爾遜中心的圖書館工作人員——Janet Spikes、Michelle Kamalich和Dagne Gizaw——展現的心力和友善回應足為眾人楷模。喬治城大學（Georgetown University）的埃德蒙．A．沃爾什外事學院（Edmund A. Walsh School of Foreign Service）和政府系（Department of Government）的研究基金再三資助我到土耳其的旅費。感謝Carol Lancaster院長、James Reardon-Anderson高級副院長、教員主席David Edelstein和Jeffrey Anderson，和系主任George Shambaugh和Micheal Bailey的領導。

這是我和林平考特・瑪希・麥奎爾金（Lippincott Massie McQuilkin）文學經紀公司的William Lippincott簽約以來的第二本著作。若沒有他的熱忱和建議，我可能會寫出不知所云的作品。我再次榮幸地和W・W・諾頓（W. W. Norton）出版社的Alane Salierno Mason合作，他是我夢寐以求的編輯，教導我要時常把讀者放在心上。Anna Mageras、Eleen Cheung、Nancy Palmquist和Kathleen Brandes是我的重要夥伴們，陪我走過本書從列印稿蛻變而生的旅程。

我將題獻頁留給了Cătălin Partenie。二十多年前，一次偶然機遇讓我從牛津布告欄認識了他，從此展開研究另一半歐洲的生涯。

年表

西元前七世紀　傳說來自愛琴海的希臘人定居現代伊斯坦堡地區，並以領袖拜占斯（Byzas）之名將該殖民地稱作「拜占庭」

西元三三〇年　羅馬皇帝君士坦丁大帝將帝國首都遷徙至拜占庭，隨後重新命名為「新羅馬」

五三七年　聖智教堂（即聖索菲亞）在查士丁尼一世統治期間落成

一二〇四年　威尼斯人及其盟友在第四次十字軍東征劫掠君士坦丁堡，削弱拜占庭帝國勢力

一二六一年　拜占庭收復君士坦丁堡

一四五三年　鄂圖曼人在征服者梅赫馬德二世的率領下征服君士坦丁堡

一五二〇—一五六六年　蘇萊曼大帝統治：鄂圖曼帝國勢力臻於頂峰

一八三九—一八七六年　坦志麥特改革時期：鄂圖曼人開始進行各方面的現代化維新
一八五三—一八五六年　克里米亞戰爭
一八七〇年　佩拉大火
一八七六—一九〇九年　阿布杜哈米德二世統治
一八八三年　東方快車首航
一八九二年　佩拉皇宮飯店創立
一九〇八年　青年土耳其革命
一九〇九年　阿布杜哈米德二世逃亡
一九〇九—一九一八年　素檀梅赫馬德五世統治
一九一四年十月　鄂圖曼加入第一次世界大戰的同盟國方
一九一四年十二月—一九一五年一月　薩勒卡默什戰役（Battle of Sarikamish）：俄羅斯皇家軍隊在東安納托利亞大敗鄂圖曼軍隊
一九一五年四月—一九一六年一月　加里波利行動：鄂圖曼人將英國、澳大利亞和紐西蘭組成的聯軍從伊斯坦堡西南方半島擊退

一九一五年四月二十四—二十五日	亞美尼亞族群領袖遭驅逐出伊斯坦堡，當中多人後來遭殺害
一九一八—一九二二年	素檀梅赫馬德六世統治
一九一八年十月	摩德羅斯停戰協定終結鄂圖曼帝國和協約國勢力的戰爭行為
一九一八年十一月	康邊停戰協定終結德國和協約國勢力的戰爭行為；協約國海軍分遣隊航向博斯普魯斯海峽，進駐伊斯坦堡
一九一九年五月	希臘民族部隊占領士麥拿（伊茲米爾）；凱末爾抵達黑海薩姆松港；抵抗協約國的民族主義運動萌芽，土耳其獨立戰爭展開
一九二〇年三月	協約國正式宣布對伊斯坦堡行軍事占領
一九二〇年八月	簽訂《色佛爾條約》
一九二〇年十一月	白軍船隊載著軍人和平民抵達伊斯坦堡
一九二一年一—九月	伊諾努戰役與薩卡里亞戰役：土耳其國民軍對上希臘民族部隊的轉捩點
一九二二年九月	希臘民族軍隊撤退，士麥拿平民逃跑

一九二二年十月	穆當亞協議為土耳其民族主義者掌權鋪路
一九二二年十一月	素檀制廢止；穆罕默德六世逃跑
一九二二－一九二四年	阿布杜勒—邁吉德哈里發統治（但沒有素檀頭銜）
一九二三年七月	最後的協約國軍隊離開伊斯坦堡；安卡拉成為土耳其首都；土耳其共和國宣布成立（十月二十九日），凱末爾為第一任總統
一九二四年	哈里發制廢止
一九二五年	土耳其毯帽遭禁；東安納托利亞的庫德人發動「謝赫薩伊德叛亂」（Sheikh Said rebellion）；公共秩序維護法允許關閉報社和禁止成立反對團體
一九二六年	採用新民法，廢除宗教法；公共場所飲酒的禁令被解除
一九二七年十月	凱末爾的〈告青年同胞書〉長篇演說，奠定了獨立戰爭與土耳其民族主義者得勝的歷史敘事
一九二八年	伊斯蘭遭廢除國教地位；土耳其人採用拉丁字母；塔克辛廣場共和國紀念碑揭幕

一九二九年 托洛斯基抵達土耳其
一九三〇年 女性得以在市級選舉中投票
一九三一年 惠特摩開始復原聖索菲亞大教堂
一九三二年 可瑞蔓摘下環球小姐選拔后冠
一九三三年 托洛斯基離開伊斯坦堡
一九三四年 法律要求土耳其公民採用家族姓氏；女性獲得完整選舉權；凱末爾成為「土耳其國父」；東色雷斯地區針對猶太人的集體迫害
一九三七—一九三八年 對東安納托利亞的庫德人採取軍事行動
一九三八年十一月十日 阿塔圖爾克過世；伊諾努接任總統職務
一九三九年九月一日 第二次世界大戰爆發
一九四一年三月十一日 手提箱炸彈在佩拉皇宮飯店爆炸
一九四一年六月二十二日 德國入侵蘇聯
一九四二年二月 史楚馬號沉沒

一九四四年六月六日　同盟國登陸諾曼第
一九四四年八月　土耳其斷絕德國外交
一九四五年二月　土耳其對德國宣戰，成為同盟國的一員
一九四五年五月八日　二戰的歐戰部分結束
一九五〇年　土耳其第一次舉辦議會直接選舉
一九五五年九月六—七日　「九月事件」；暴民在伊斯坦堡攻擊希臘人和其他少數族裔擁有的民宅與店面

注釋縮寫說明

CERYE	Committee for the Education of Russian Youth in Exile Records, Bakhmeteff Archive, Rare Book and Manuscript Library, Columbia University
DBIA	*Dünden Bugüne İstanbul Ansiklopedisi*
DO-ICFA	Dumbarton Oaks Image Collections and Fieldwork Archives
FDR	Franklin Delano Roosevelt Presidential Library
GUL	Georgetown University Library, Special Collections Research Center
HIA	Hoover Institution Archives
IWM	Imperial War Museum Archives
JAP-IDI	Jewish Agency for Palestine Records, Immigration Department Office in Istanbul, USHMM
JOINT	Selected Records from the American Jewish Joint Distribution Committee, 1937–1966, USHMM

LC	Library of Congress
LTEP	Leon Trotsky Exile Papers, Houghton Library, Harvard University
NARA	National Archives and Records Administration
NAUK	National Archives of the United Kingdom
USHMM	United States Holocaust Memorial Museum Archives
WRB	Papers of the War Refugee Board, USHMM

注意：檔案徵引中p./pp.指的是某份印刷檔案或手稿的頁碼，f./ff.指的是特定檔案內提供的頁碼。出自WRB的徵引指的是USHMM的Rebecca Erbelding整理的電子檔。

詞彙表

Alevis（阿列維派）：信仰結合什葉教派和蘇非傳統的穆斯林族群

***aliyah bet*（阿里亞貝）**：進入巴勒斯坦託管地的非法猶太移民

bey（貝伊）：紳士；貴族男人

caique（卡伊克船）：航行於博斯普魯斯海峽和金角灣的狹長型划槳船

caliph（哈里發）：伊斯蘭最高宗教領袖；鄂圖曼帝國素檀代代繼承此頭銜直到哈里發制在一九二四年被廢止

***çarşaf*（察夏芙）**：伊斯蘭女性罩袍，通常為黑色且覆蓋全身

***cherkeska*（切爾可薩）**：高加索地區男性穿的長版軍衣，胸前有小彈藥夾

Circassians（索卡西亞人）：歷史上住在今日俄羅斯西北高加索地區切爾克西亞（Circassia）一帶的文化族群

dervish（苦修僧）：蘇非主義者

Emniyet（安米耶）：土耳其祕密警察

***esnaf*（埃斯納夫）**：商人或工匠的同業公會

***ezan*（艾臧）**：伊斯蘭喚拜詞

***gazi*（加齊）**：伊斯蘭戰事裡的征服者或英雄

***hamal*（哈馬爾）**：人力搬運工

han（漢恩）：廉價招待所或提供膳宿的民宅，通常服務往來做生意的商人

hanım（哈仁姆）：淑女；貴族女人

harem（後宮）：王室；素檀或其他鄂圖曼貴族的妻妾

haremlik：傳統住宅中專屬家族成員的私密空間

imam（伊瑪目）：伊斯蘭宗教領袖

***inkılâp*（印卡帕）**：革命

janissaries（耶尼切里軍團）：鄂圖曼帝國一八二〇年代前的菁英步兵團

lâiklik：世俗主義；國家控制宗教機構

***Karagöz*（卡拉格茲）**：傳統娛樂表演，布幕從背後打光的半透明影戲

Kemalism（凱末爾主義）：凱末爾提出的現代性與世俗主義政治思想

Ladino：塞法迪猶太人的語言，以西班牙語為基礎，並以希伯來或拉丁文字書寫

***mahalle*（馬哈雷）**：社區

meyhane：典型提供葡萄酒、拉克酒和小吃的餐廳

***millet*（米利特）**：鄂圖曼帝國的法律身分，依據所屬宗教社群分類（例如穆斯林、正教基督徒、

亞美尼亞使徒教徒、猶太教徒）

***millet* system**（**米利特系統**）：鄂圖曼帝國內以個別米利特為單位的宗教自治制度

muezzin：負責宣唱伊斯蘭喚拜詞的喚禮員

muhacirs：穆斯林難民，尤指來自巴爾幹半島和高加索地區者

OGPU：史達林的祕密警察，KGB的前身

OSS：美國戰略情報局，CIA前身

oud（**烏德琴**）：類似西方魯特琴的樂器

pasha（**帕夏**）：將軍或高級官員

patriarch（**牧首**）：正教教會的最高領袖

raki（**拉克酒**）：茴香風味烈酒

rebetiko（**雷貝提科**）：原居士麥拿和伊斯坦堡的希臘人的都市民謠音樂

selâmlık：傳統住宅中用來談生意或接待賓客的公共空間；也指素檀的星期五聚禮遊行

Sephardim（塞法迪猶太人）：十五世紀從伊比利半島移民到鄂圖曼帝國的猶太人

***şeyhülislam*（謝赫伊斯蘭）**：伊斯蘭最高神職人員

sharia（沙里亞）：伊斯蘭法

sheikh（謝赫）：伊斯蘭宗教領袖或聖人，主要用在蘇非主義者

Shi'a（什葉派）：認為先知穆罕默德繼承者為女婿阿里的穆斯林族群

SOE：特種作戰行動組，英國情報單位

Sufi（蘇非）：泛指伊斯蘭幾個神祕主義團體

sultan（素檀）：鄂圖曼帝國統治者

Sunni（遜尼派）：認為先知穆罕默德繼承者為岳父阿布・伯克爾起歷任哈里發的穆斯林族群

sürgün：強制重遷

Tanzimat（坦志麥特）：鄂圖曼帝國進行中央集權化、改革和現代化的時期，介於一八三九至一八七六年間。

***tekke*（特克耶）**：蘇非聚會所

tulumbacı：徒步消防隊員

türbe：陵墓，尤指伊斯蘭智者和聖人的墓

Unionists（聯合黨人）：聯合與進步委員會的成員，一九〇八年革命的推手，亦稱作青年土耳其黨人

wagon-lit：火車臥鋪車廂

yalı：臨博斯普魯斯水岸的房子，通常是精巧的榫接木屋

***yishuv*（依舒夫）**：巴勒斯坦託管地的猶太社群

Young Turks（青年土耳其黨人）：見Unionists（聯合黨人）

參考文獻

檔案與特別收藏

BakhmeteR Archive, Rare Book and Manuscript Library, Columbia Univer- sity, New York

Adam P. and Feofaniia V. Benningsen Papers Mitrofan Ivanovich Boiarintsev Papers

Committee for the Education of Russian Youth in Exile Records Aleksandr Pavlovich Kutepov Papers

Georgii Aleksandrovich Orlov Papers

Russkii Obshche-Voinskii Soiuz (Russian Universal Military Union) Papers

Dumbarton Oaks Research Library and Collection, Image Collections and Fieldwork Archives, Washington, DC

Byzantine Institute and Dumbarton Oaks Fieldwork Records and Papers

ftomas Whittemore Papers

Robert L. Van Nice Records and Fieldwork Papers

Georgetown University Library, Special Collections Research Center, Wash- ington, DC

Cornelius Van H. Engert Papers

Hoover Institution Archives, Palo Alto, California Dmitri Shalikashvili Papers

Houghton Library, Harvard University, Cambridge, Massacussetts Leon Trotsky Exile Papers

Imperial War Museum Archives, London

Wing Commander D. L. Allen Papers Charles Bambury Photograph Collection Major T. B. Bardo Papers

C. J. Brunell Photograph Collection

G. Calverley Papers

Lieutenant M. M. Carus Wilson Papers Letters of Brigadier General W. B. Emery Major General W. A. F. L. Fox-Pitt Papers Lieutenant C. H. Garner Papers

J. A. Graham Photograph Collection

Greco-Turkish War Intelligence Reports, 1922–1923 Major A. McPherson Papers

Air Marshal S. C. StraRord Papers

F. W. Turpin Papers

C. Vinicombe Papers

Commander O. F. M. Wethered Papers Istanbul Research Institute, Istanbul

Photograph and Map Collection Library of Congress, Washington, DC

Mark Lambert Bristol Papers, Manuscript Reading Room

Frank and Frances Carpenter Collection, Prints and Photographs Division

National Archives and Records Administration, College Park, Maryland State Department Records

Office of Strategic Services Archives National Archives of the United Kingdom, Kew

Cabinet Office Records Foreign Office Records

Special Operations Executive Records War Office Records

Franklin Delano Roosevelt Presidential Library, Hyde Park, New York Oscar Cox Papers

Ira Hirschmann Papers

United States Holocaust Memorial Museum Archives and Library, Washing- ton, DC

Abraham and Simone Slowes Collection

Jewish Agency for Palestine Records, Immigration Department, Office in Istanbul

Papers of the War Refugee Board

Romanian General Directorate of Passports Office Records, 1939–1944

Selected Records from the American Jewish Joint Distribution Committee, 1937–1966

Selected Records from the Ghetto Fighters' House, 1920–1950 Selected Records from Romanian Diplomatic Missions, 1920–1950 Stanford Shaw Collection

Ellen T. Meth Collection, Wang Family Papers Wiener Library ftematic Press Cuttings

Yapı Kredi Bank, Istanbul Selahattin Giz Collection

報紙與期刊雜誌

Baltimore Sun Boston Globe

Le Courrier de Turquie (Istanbul)

Cumhuriyet (Istanbul)

L'Entente (Istanbul)

Journal de la Chambre de commerce et d'industrie de Constantinople (Istanbul)

Le Journal d'Orient (Istanbul) *Le Moniteur oriental* (Istanbul) *Milliyet* (Istanbul)

New York Times

Orient News (Istanbul)

Stamboul (Istanbul)

Tarih ve Toplum (Istanbul) *Toplumsal Tarih* (Istanbul) *Times* (London)

Türkische Post (Istanbul)

Vecherniaia pressa (Istanbul)

書籍、文章與其他資料來源

Abravanel, Jacques. *Mémoires posthumes et inachevées de Jacques Abravanel, juif portugais, salonicien de naissance, stambouliote d'adoption*. Istanbul: Isis, 1999.

Adil, Fikret. *Asmalımescit 74: Bohem Hayatı*. Istanbul: İletişim, 1988.

——. *Gardenbar Geceleri*. Istanbul: İletişim, 1990.

Agabekov, Georges [Georgy]. *OGPU: Me Russian Secret Terror*. New York: Brentano's, 1931.

Ahmad, Feroz. *Me Making of Modern Turkey*. London: Routledge, 1993.

Ahrweiler, Hélène. *Byzance et la mer: La marine de guerre, la politique, et les institutions maritimes de Byzance aux VIIe–XVe siècles*. Paris: Presses uni- versitaires de France, 1966.

Ahrweiler, Hélène, and Angeliki E. Laiou, eds. *Studies on the Internal Diaspora of the Byzantine Empire*. Washington, DC: Dumbarton Oaks Research Library and Collection, 1998.

Akçam, Taner. *From Empire to Republic: Turkish Nationalism and the Arme- nian Genocide*. New York: Zed Books, 2004.

——. *A Shameful Act: Me Armenian Genocide and the Question of Turkish Responsibility*. New York: Metropolitan Books, 2006.

——. *Me Young Turks' Crimes Against Humanity: Me Armenian Genocide and Ethnic Cleansing in the Ottoman Empire*. Princeton, NJ: Princeton University Press, 2012.

Akçam, Taner, and Ümit Kurt. *Kanunların Ruhu: Emval-i Metruke Kanun- larında Soykırımın* İzini *Sürmek*. Istanbul: İletişim, 2012.

Akçura, Gökhan. *Gramofon Çağı*. Istanbul: OM, 2002.

——. İstanbul Twist. Istanbul: Everest, 2006.

Akgüngör, Sedef, Ceyhan Aldemir, Yeşim Kuştepeli, Yaprak Gülcan, and Vahap Tecim. "fte ERect of Railway Expansion on Population in Tur- key, 1856–2000." *Journal of Interdisciplinary History* 42, no. 1 (Summer 2011): 135–57.

Akhmedov, Ismail. *In and Out of Stalin's GRU*. Frederick, MD: University Publications of America, 1984.

Aksakal, Mustafa. *Me Ottoman Road to War in 1914: Me Ottoman Empire and the First World War*. Cambridge: Cambridge University Press, 2008.

Alexandris, Alexis. *Me Greek Minority of Istanbul and Greek-Turkish Relations, 1918–1974*. Athens: Center for Asia Minor Studies, 1983.

Alexandrov, Vladimir. *Me Black Russian*. New York: Atlantic Monthly Press, 2013.

Allen, Henry Elisha. *Me Turkish Transformation*. Chicago: University of Chi- cago Press, 1935.

Andrew, Christopher, and Vasili Mitrokhin. *Me Sword and the Shield: Me Mitrokhin Archive and the Secret History of the KGB*. New York: Basic Books, 1999.

Andreyev, Catherine, and Ivan Savický. *Russia Abroad: Prague and the Russian Diaspora, 1918–1938*. New Haven, CT: Yale University Press, 2004.

Arslan, Savaş. *Cinema in Turkey: A New Critical History*. Oxford: Oxford Uni- versity Press, 2011.

Atabaki, Touraj, and Gavin D. Brockett, eds. *Ottoman and Republican Turkish Labour History*. Cambridge: Cambridge University Press and Internation- aal Instituut voor Sociale Geschiedenis, 2009.

Aurenche, Henri. *La mort de Stamboul*. Paris: J. Peyronnet, 1930. Avriel, Ehud. *Open the Gates!* London:

Weidenfeld and Nicolson, 1975.

Azak, Umut. "Secularism in Turkey as a Nationalist Search for Vernacular Islam." *Revue des mondes musulmans et de la Méditerranée* 124 (Nov. 2008): 161–79. Balakian, Grigoris. *Armenian Golgotha: A Memoir of the Armenian Genocide, 1915–1918*. New York: Alfred A. Knopf, 2009.

Balard, Michel. *La Romanie génoise (XIIe–début du XVe siècle)*. 2 vols. Rome: Ecole Française de Rome, 1978.

Bali, Rıfat N. *1934 Trakya Olayları*. Istanbul: Libra, 2008.

——. *American Diplomats in Turkey: Oral History Transcripts (1928–1997)*. Istanbul: Libra, 2011.

——. *Bir Türkleştirme Serüveni (1923–1945): Cumhuriyet Yıllarında Tür- kiye Yahudileri*. Istanbul: İletişim, 1999.

——. *Me First Ten Years of the Turkish Republic Mru the Reports of American Diplomats*. Istanbul: Isis, 2009.

——. *Me Jews and Prostitution in Constantinople, 1854–1922*. Istanbul: Isis, 2008.

——. *Portraits from a Bygone Istanbul: Georg Mayer and Simon Brod*. Istan- bul: Libra, 2010.

——. *Les relations entre turcs et juifs dans la Turquie moderne*. Istanbul: Isis, 2001.

——. *Me Turkish Cinema in the Early Republican Years*. Istanbul: Isis, 2007.

——. *Me "Varlık Vergisi" Aflair: A Study of Its Legacy*. Istanbul: Isis, 2005.

Balkanstaaten und Konstantinopel (Meyers Reisebücher). Leipzig: Bibliogra- phisches Institut, 1914.

Bankier, David, ed. *Secret Intelligence and the Holocaust*. New York and Jerusa- lem: Enigma Books and Yad Vashem, 2006.

Barlas, Chaim. *Hatsalah bi-yeme sho'ah*. Lohame ha-geta'ot: Bet Lohame ha-geta'ot, ha-Kibuts ha-Me'uhad, 1975.

Barsley, Michael. *Orient Express: Me Story of the World's Most Fabulous Train*.

London: Macdonald, 1966.

Beevore, J. G. *SOE: Recollections and Reflections, 1940–1945*. London: Bodley Head, 1981.

Behrend, George. *Grand European Expresses: Me Story of the Wagons-Lits*. Lon- don: George Allen and Unwin, Ltd., 1962.

——. *Me History of the Wagons-Lits, 1875–1955*. London: Modern Trans- port Publishing, 1959.

Benezra, Nissim M. *Une enfance juive* à *Istanbul (1911–1929)*. Istanbul: Isis, 1996.

Beyoğlu in the 30's Mrough the Lens of Selahattin Giz. Istanbul: Çağdaş Yayıncılık/Galeri Alfa, 1991.

Bibesco, Princess G. V. [Marthe]. *Me Eight Paradises*. New York: E. P. Dutton, 1923.

Blasing, Mutlu Konuk. *Nâzım Hikmet: Me Life and Times of Turkey's World Poet*. New York: Persea Books, 2013.

Bloxham, Donald. *Me Great Game of Genocide: Imperialism, Nationalism, and the Destruction of the Ottoman Armenians*. Oxford: Oxford University Press, 2005.

Boyar, Ebru, and Kate Fleet. *A Social History of Ottoman Istanbul*. Cambridge: Cambridge University Press, 2010.

Braham, Randolph L. *Me Politics of Genocide: Me Holocaust in Hungary*. 2 vols. New York: Columbia University Press, 1981.

Braude, Benjamin, and Bernard Lewis, eds. *Christians and Jews in the Otto- man Empire*. 2 vols. New York: Holmes and Meier, 1982.

Bridges, Sir Tom. *Alarms and Excursions: Reminiscences of a Soldier*. London: Longmans Green, 1938.

Brigg, E. W., and A. A. Hessenstein. *Constantinople Cameos*. Istanbul: Near East Advertising Co., 1921.

Brockett, Gavin D. "Collective Action and the Turkish Revolution: Towards a Framework for the Social History of the Atatürk Era." *Middle Eastern Studies* 34, no. 4 (Oct. 1998): 44–66.

——. *How Happy to Call Oneself a Turk: Provincial Newspapers and the Negotiation of a Muslim National Identity*. Austin: University of Texas Press, 2011.

——. *Towards a Social History of Modern Turkey: Essays in Meory and Prac- tice*. Istanbul: Libra, 2011.

Brodsky, Joseph. *Less Man One*. New York: Farrar, Straus and Giroux, 1986. Brook-Shepherd, Gordon. *Me Storm Petrels: Me Flight of the First Soviet Defectors*. New York: Harcourt Brace Jovanovich, 1978.

Bumgardner, Eugenia S. *Undaunted Exiles*. Staunton, VA: fte McClure Com- pany, 1925.

Busbecq, Ogier Ghiselin de. *Me Turkish Letters of Ogier Ghiselin de Busbecq, Imperial Ambassador at Constantinople, 1554–1562*. Edward Seymour Forster, trans. Oxford: Clarendon Press, 1968.

Cagaptay, Soner. *Islam, Secularism, and Nationalism in Modern Turkey: Who Is a Turk?* London: Routledge, 2006.

Çelik, Zeynep. *Me Remaking of Istanbul: Portrait of an Ottoman City in the Nineteenth Century*. Seattle: University of Washington Press, 1986.

Çetin, Fethiye. *My Grandmother: A Memoir*. London: Verso, 2008. Christie, Agatha. *An Autobiography*. New York: Dodd, Mead, 1977.

——. *Come, Tell Me How You Live*. New York: Dodd, Mead, 1946.

——. *Murder on the Orient Express*. New York: Berkley Books, 2004 [1934].

Churchill, Winston. *Great Contemporaries*. London: ftornton Butterworth, 1937.

Clark, Bruce. *Twice a Stranger: Me Mass Expulsions that Forged Modern Greece and Turkey*. Cambridge, MA: Harvard University Press, 2006.

Conquest, Robert. "Max Eitingon: Another View." *New York Times Book Review*, July 3, 1988.

Constantinople. Washington, DC: Bureau of Navigation, Navy Department, 1920.

Cookridge, E. H. *Orient Express: Me Life and Times of the World's Most Famous Train*. New York: Random House, 1978.

Cornwell, John. *Hitler's Pope: Me Secret History of Pius XII*. New York: Viking, 1999.

Criss, Nur Bilge. *Istanbul Under Allied Occupation, 1918–1923*. Leiden: Brill, 1999.

Dağdalen, İrfan, ed. *Charles Edouard Goad'ın* İstanbul *Sigorta Haritaları*. Istan- bul: İstanbul Büyükşehir Belediyesi, Kütüphane ve Müzeler Müdürlüğü, 2007.

Dalal, Radha Jagat. "At the Crossroads of Modernity, Space, and Identity: Istanbul and the Orient Express

Train." Ph.D. dissertation. University of Minnesota, 2011.

Dallin, David J. *Soviet Espionage*. New Haven: Yale University Press, 1955. De Amicis, Edmondo. *Constantinople*. Stephen Parkin, trans. Richmond, UK: Oneworld Classics, 2010.

De Paris à Constantinople (Les Guides Bleus). Paris: Hachette, 1920.

Deal, Roger A. *Crimes of Honor, Drunken Brawls, and Murder: Violence in Istanbul under Abdülhamid II*. Istanbul: Libra, 2010.

Deleon, Jak. *Pera Palas*. Istanbul: Istanbul Otelcilik ve Turizm Ticaret, n.d.

——. *Me White Russians in Istanbul*. Istanbul: Remzi Kitabevi, 1995. Deringil, Selim. *Turkish Foreign Policy During the Second World War*. Cam-bridge: Cambridge University Press, 1989.

Deutscher, Isaac. *Me Prophet Outcast. Trotsky: 1929–1940*. London: Oxford University Press, 1963.

Dos Passos, John. *Travel Books and Other Writings, 1916–1941*. New York: Library of America, 2003.

Doumanis, Nicholas. *Before the Nation: Muslim-Christian Coexistence and Its Destruction in Late Ottoman Anatolia*. Oxford: Oxford University Press, 2013.

Downes, Donald C. *Me Scarlet Mread: Adventures in Wartime Espionage*. Lon- don: Derek Verschoyle, 1953.

Draper, fteodore H. "fte Mystery of Max Eitingon." *New York Review of Books*, Apr. 14, 1988.

Duben, Alan, and Cem Behar. *Istanbul Households: Marriage, Family, and Fer- tility, 1880–1940*. Cambridge: Cambridge University Press, 1991.

Duke, Vernon. *Passport to Paris*. Boston: Little, Brown, 1955.

Dünden Bugüne İstanbul Ansiklopedisi. 8 vols. Istanbul: Türkiye Ekonomik ve Toplumsal Tarih Vakfı, 1994.

Dunn, Robert. *World Alive: A Personal Story*. New York: Crown, 1956. Dwight, H. G. *Constantinople: Settings and Traits*. New York: Harper and Brothers, 1926.

Eastman, Max. *Great Companions*. New York: Farrar, Straus and Cudahy, 1959.

——. *Heroes I Have Known*. New York: Simon and Schuster, 1942.

Edib, Halidé Adivar [Halide Edip Adıvar]. *Conflict of East and West in Turkey*. Lahore, Pakistan: Shaikh Muhammad Ashraf, 1963 [1935].

——. *Memoirs of Halidé Edib*. Piscataway, NJ: Gorgias Press, 2004 [1926].

——. "Turkey and Her Allies." *Foreign Aflairs* 18, no. 3 (Apr. 1940): 442–49.

——. *Turkey Faces West*. New Haven, CT: Yale University Press, 1930.

——. *Me Turkish Ordeal*. New York: fte Century Co., 1928.

Edmonds, James E. *Me Occupation of Constantinople, 1918–1923*. Uckfield, UK: Naval and Military Press, Ltd., 2010.

Edwards, George Wharton. *Constantinople, Istamboul*. Philadelphia: Penn Publishing Company, 1930.

Eissenstat, Howard Lee. "fte Limits of Imagination: Debating the Nation and Constructing the State in Early Turkish Nationalism." Ph.D. disserta- tion. University of California, Los Angeles, 2007.

Ekmekçioğlu, Lerna. "Improvising Turkishness: Being Armenian in Post- Ottoman Istanbul (1918–1933)." Ph.D. dissertation. New York Univer- sity, 2010.

Ekrem, Selma. *Unveiled: Me Autobiography of a Turkish Girl*. New York: Ives Washburn, 1930.

Eldem, Edhem. "Istanbul, 1903–1918: A Quantitative Analysis of a Bour- geoisie." *Boğaziçi Journal* 11, nos. 1–2 (1997): 53–98.

Eldem, Edhem, Daniel GoRman, and Bruce Masters. *Me Ottoman City between East and West: Aleppo, Izmir, and Istanbul*. Cambridge: Cam- bridge University Press, 1999.

Ellison, Grace. *An Englishwoman in a Turkish Harem*. London: Methuen, 1915.

Emiroğlu, Kudret. *Gündelik Hayatımızın Tarihi*. Ankara: Dost, 2001.

Encounters at the Bosphorus: Turkey during World War II. Krzyżowa, Poland: "Krzyżowa" Foundation for Mutual Understanding in Europe, 2008.

Evliya Çelebi. *Narrative of Travels in Europe, Asia, and Africa, in the Seven- teenth Century*. Joseph von Hammer, trans. 2 vols. London: Oriental Translation Fund of Great Britain and Ireland, 1834.

——. *An Ottoman Traveller: Selections from the Book of Travels of Evliya* Çelebi. Robert DankoR and Sooyong Kim, trans. London: Eland Publish-ing, 2010.

Farson, Negley. *Me Way of a Transgressor*. London: Victor Gollancz, 1935. Findley, Carter Vaughn. *Turkey, Islam, Nationalism, and Modernity: A History*. New Haven, CT: Yale University Press, 2010.

Finefrock, Michael M. "Ataturk, Lloyd George and the Megali Idea: Cause and Consequence of the Greek Plan to Seize Constantinople from the Allies, June–August 1922." *Journal of Modern History* 52, no. 1 (Mar. 1980): D1047–D1066.

Fink, Anna. *Colorful Adventures in the Orient*. Austin: n.p., 1930.

Finkel, Caroline. *Osman's Dream: Me Story of the Ottoman Empire, 1300– 1923*. New York: Basic Books, 2005.

Fortna, Benjamin C., Stefanos Katsikis, Dimitris Kamouzis, and Paraskevas Konortas, eds. *State-Nationalisms in the Ottoman Empire, Greece, and Turkey: Orthodox and Muslims, 1830–1945*. London: Routledge, 2013.

Fortuny, Kim. *American Writers in Istanbul: Melville, Twain, Hemingway, Dos Passos, Bowles, Algren, Baldwin, Settle*. Syracuse, NY: Syracuse University Press, 2009.

Frantz, Douglas, and Catherine Collins, *Death on the Black Sea: Me Untold Story of the Struma and World War II's Holocaust at Sea*. New York: Ecco, 2003.

Freely, John. *Istanbul: Me Imperial City*. London: Penguin, 1996.

Friling, Tuvia. *Arrows in the Dark: David Ben-Gurion, the Yishuv Leadership, and Rescue Attempts during the Holocaust*. 2 vols. Madison: University of Wisconsin Press, 2005.

——. "Nazi-Jewish Negotiations in Istanbul in Mid-1944." *Holocaust and Genocide Studies* 13, no. 3 (Winter 1999): 405–36.

Fromkin, David. *A Peace to End All Peace: Me Fall of the Ottoman Empire and the Creation of the Modern Middle East*. 2nd ed. New York: Henry Holt, 2009.

Gatrell, Peter. *A Whole Empire Walking: Refugees in Russia During World War I*. Bloomington: Indiana University Press, 1999.

Gervasi, Frank. "Devil Man." *Collier's*, June 8, 1940: 17, 49.

Gibbon, Edward. *Me Decline and Fall of the Roman Empire*. 6 vols. London: Dent, 1962.

Gilles, Pierre. *Me Antiquities of Constantinople*. John Bell, trans. Ronald G. Musto, ed. 2nd ed. New York: Italica Press, 1988.

Gingeras, Ryan. "Last Rites for a 'Pure Bandit': Clandestine Service, Histo- riography, and the Origins of the Turkish 'Deep State.'" *Past and Present* 206, no. 1 (2010): 151–74.

——. *Sorrowful Shores: Violence, Ethnicity, and the End of the Ottoman Empire, 1912–1923*. Oxford: Oxford University Press, 2009.

Göçek, Fatma Müge. *Me Transformation of Turkey: Redeßning State and Society from the Ottoman Empire to the Modern Era*. London: I. B. Tauris, 2011.

Goebbels, Joseph. *Die Tagebücher von Joseph Goebbels*. In *Nationalsozialismus, Holocaust, Widerstand und Exil, 1933–1945*. De Gruyter Online database.

Göksu, Saime, and Edward Timms. *Romantic Communist: Me Life and Work of Nazım Hikmet*. New York: St. Martin's, 1999.

Göktürk, Deniz, Leven Soysal, and İpek Türeli, eds. *Orienting Istanbul: Cultural Capital of Europe?* London: Routledge, 2010.

Goodrich-Freer, Adela. *Mings Seen in Constantinople*. London: Seeley, Service, and Co., 1926.

Greene, Graham. *Orient Express* [*Stamboul Train*]. London: Penguin, 2004 [1932].

——. *Travels with My Aunt*. New York: Bantam, 1971.

Greenfield, Robert. *Me Last Sultan: Me Life and Times of Ahmet Ertegun*. New York: Simon and Schuster, 2011.

Greer, Carl Richard. *Me Glories of Greece*. Philadelphia: Penn Publishing Company, 1936.

Gritchenko, Alexis. *Deux ans à Constantinople*. Paris: Edition Quatre Vents, 1930.

Gül, Murat. *Me Emergence of Modern Istanbul: Transformation and Modernisa- tion of a City*. London: Tauris Academic Studies, 2009.

Gülersoy, Çelik. *Tepebaşı: Bir Meydan Savaşı*. Istanbul: İstanbul Büyükşehir Belediye Başkanlığı Kültür İşleri Daire Başkanlığı Yayınları, 1993.

Guttstadt, Corry. *Turkey, the Jews, and the Holocaust*. Cambridge: Cambridge University Press, 2013.

Güven, Dilek. *6–7 Eylül Olayları: Cumhuriyet Dönemi Azınlık Politikaları ve Stratejileri Bağlamında*. Istanbul: Tarih Vakfı, 2005.

Güvenç-Salgırlı, Sanem. "Eugenics as a Science of the Social: A Case from 1930s Istanbul." Ph.D. dissertation. Binghamton University, State Uni- versity of New York, 2009.

Handbook for Travellers in Constantinople, Brûsa, and the Troad. London: John Murray, 1893.

A Handbook for Travellers in Turkey. 3rd rev. ed. London: John Murray, 1854. Hanioğlu, M. Şükrü. *Atatürk: An Intellectual Biography*. Princeton, NJ: Prince-ton University Press, 2011.

Harington, General Sir Charles. *Tim Harington Looks Back*. London: John Murray, 1940.

Hayal Et Yapılar/Ghost Buildings. 2nd ed. Istanbul: PATTU, 2011. Hemingway, Ernest. *Dateline: Toronto: Me Complete Toronto Star Dispatches, 1920 –1924*. William White, ed. New York: Charles Scribner's Sons, 1985.

Heper, Metin, and Sabri Sayarı, eds. *Me Routledge Handbook of Modern Tur-key*. London: Routledge, 2012.

Herbert, Aubrey. *Ben Kendim: A Record of Eastern Travel*. 2nd ed. New York: G. P. Putnam's Sons, 1925.

Hikmet, Nâzım. *Human Landscapes from My Country*. Randy Blasing and Mutlu Konuk, trans. New York: Persea Books, 2002.

——. *Poems of Nâzim Hikmet*. Randy Blasing and Mutlu Konuk, trans. New York: Persea Books, 2002.

Hildebrand, Arthur Sturges. *Blue Water*. New York: Harcourt, Brace and Company, 1923.

Hirschmann, Ira A. *Caution to the Winds*. New York: David McKay, 1962.

——. *Life Line to a Promised Land*. New York: Vanguard Press, 1946.

——. "Palestine as a Refuge from Fascism." *Survey Graphic* (May 1945): 195–98, 265.

Hirschon, Renée. *Heirs of the Greek Catastrophe: Me Social Life of Asia Minor Refugees in Piraeus*. Oxford: Clarendon Press, 1989.

——, ed. *Crossing the Aegean: An Appraisal of the 1923 Compulsory Popu- lation Exchange Between Greece and Turkey*. New York: Berghahn Books, 2003.

Hirst, Samuel J. "Anti-Westernism on the European Periphery: fte Mean- ing of Soviet-Turkish Convergence in the 1930s." *Slavic Review* 72, no. 1 (Spring 2013): 32–53.

Histoire de la République Turque. Istanbul: Devlet Basımevi, 1935.

HoRmann, Peter. "Roncalli in the Second World War: Peace Initiatives, the Greek Famine and the Persecution of the Jews." *Journal of Ecclesiastical History* 40, no. 1 (Jan. 1989): 74–99.

Holquist, Peter. "'Information Is the Alpha and Omega of Our Work': Bol- shevik Surveillance in Its Pan-European Context." *Journal of Modern His- tory* 69 (Sept. 1997): 415–50.

Hovannisian, Richard G., and Simon Payaslian, eds. *Armenian Constantino- ple*. Costa Mesa, CA: Mazda Publishers, 2010.

Howard, Harry N. *Me Partition of Turkey: A Diplomatic History, 1913–1923*. New York: Howard Fertig, 1966.

İmparatorluk Başkentinden Cumhuriyet'in Modern Kentine: Henri *Prost'un* İstanbul *Planlaması (1936–1951)/ From the Imperial Capital to the Repub- lican Modern City: Henri Prost's Planning of Istanbul (1936–1951)*. Istan- bul: İstanbul Araştırmaları Enstitüsü, 2010.

İnalcık, Halil, with Donald Quataert, eds. *An Economic and Social History of the Ottoman Empire*. 2 vols. Cambridge: Cambridge University Press, 1997.

İnan, Süleyman. "fte First 'History of the Turkish Revolution' Lectures and Courses in Turkish Universities (1934–42)." *Middle Eastern Studies* 43, no. 4 (2007): 593–609.

Ioanid, Radu. *Me Holocaust in Romania*. Chicago: Ivan R. Dee, 2000.

Işın, Ekrem. *Everyday Life in Istanbul: Social Historical Essays on People, Cul- ture and Spatial Relations*. Istanbul: Yapı Kredi Yayınları 2001.

İstanbul Telefon Türk Anonim Şirketi. *Telefon Rehberi*. Istanbul: Matbaacılık ve Neşriyat T.A.Ş., 1934.

İstanbul Ticaret Odası. *Adres Kitabı, 1955*. 2 vols. Istanbul: I.T.S.O., 1955. İstanbul Ticaret ve Sanayi Odası. *Adres Kitabı, 1938*. Istanbul: I.T.S.O., 1938.

——. *Adres Kitabı, 1941*. Istanbul: I.T.S.O., 1941.

İstanbul Belediyesi. İstanbul şehri rehberi. Istanbul: Matbaacılık ve Neşriyat Türk Anonim Şirketi, 1934.

Jacques Pervititch Sigorta Haritalarında İstanbul/Istanbul in the Insurance Maps of Jacques Pervititch. Istanbul: Axa Oyak, 2000.

JeRreys, Elizabeth, with John Haldon and Robin Cormack, eds. *Me Oxford Handbook of Byzantine Studies*. Oxford: Oxford University Press, 2008.

John XXIII, Pope. *Journal of a Soul*. New York: Image Books, 1980.

Johnson, Clarence Richard, ed. *Constantinople To-Day, or Me Pathβnder Sur- vey of Constantinople*. New York: Macmillan, 1922.

Kasaba, Reşat. *A Moveable Empire: Ottoman Nomads, Migrants, and Refugees*. Seattle: University of Washington Press, 2009.

——, ed. *Me Cambridge History of Turkey, Vol. 4: Turkey in the Modern World*. Cambridge: Cambridge University Press, 2008.

Kazansky, Konstantin. *Cabaret russe*. Paris: Olivier Orban, 1978.

Kedourie, Sylvia, ed. *Turkey Before and After Atatürk*. London: Frank Cass, 1999. Kemal, Orhan. *In Jail with Nâzım Hikmet*. Bengisu Rona, trans. Istanbul: Everest Publications, 2012.

Kenez, Peter. *Civil War in South Russia, 1919–1920*. Berkeley: University of California Press, 1977.

Kerslake, Celia, Kerem Öktem, and Philip Robins, eds. *Turkey's Engagement with Modernity: Conflict and Change in the Twentieth Century*. Bas- ingstoke, UK: Palgrave Macmillan, 2010.

Kévorkian, Raymond. *Me Armenian Genocide: A Complete History*. London: I. B. Tauris, 2011.

Keyder, Çağlar, ed. *Istanbul: Between the Global and the Local*. Lanham, MD: Rowman and Littlefield, 1999.

Kinross, Lord [Patrick Balfour, baron Kinross]. *Europa Minor: Journeys in Coastal Turkey*. London: John Murray, 1956.

Klein, Holger A., ed. *Restoring Byzantium: Me Kariye Camii in Istanbul and the Byzantine Institute Restoration*. New York: Miriam and Ira D. Wallach Art Gallery, Columbia University, 2004.

Klein, Holger A., Robert G. Ousterhout, and Brigitte Pitarakis, eds. *Kariye Camii, Yeniden/Me Kariye Camii Reconsidered*. Istanbul: İstanbul Araştır- maları Enstitüsü, 2011.

Knatchbull-Hugessen, Hughe. *Diplomat in Peace and War*. London: John Murray, 1949.

Koçu, Reşad Ekrem. İstanbul Ansiklopedisi. 11 vols. Istanbul: Koçu Yayınları, et al., 1946–1974.

Kollek, Teddy, with Amos Kollek. *For Jerusalem*. New York: Random House, 1978.

Komandorova, N. I. *Russkii Stambul*. Moscow: Veche, 2009.

Konstantinopol'-Gallipoli. Moscow: Rossiiskii gosudarstvennyi gumanitarnyi universitet, 2003.

Kuban, Doğan. *Istanbul, An Urban History: Byzantium, Constantinopolis, Istanbul*. Rev. ed. Istanbul: Türkiye İş Bankası Kültür Yayınları, 2010.

Kuruyazıcı, Hasan, ed. *Batılılaşan* İstanbul'un *Ermeni Mimarları/Armenian Architects of Istanbul in the Era of Westernization*. 2nd ed. Istanbul: Inter- national Hrant Dink Foundation Publications, 2011.

Laiou, Angeliki E., ed. *Me Economic History of Byzantium: From the Seventh through the Fifteenth Century*. 3 vols. Washington, DC: Dumbarton Oaks, 2002.

Le Corbusier. *Journey to the East*. Cambridge, MA: MIT Press, 2007 [1966]. Levy, Avigdor, ed. *Jews, Turks, Ottomans: A Shared History, Fifteenth Mrough the Twentieth Century*. Syracuse, NY: Syracuse University Press, 2002.

Lewis, Bernard. *Me Emergence of Modern Turkey*. 3rd ed. New York: Oxford University Press, 2002.

——. *Istanbul and the Civilization of the Ottoman Empire*. Norman: Univer- sity of Oklahoma Press, 1963.

Libal, Kathryn. "Staging Turkish Women's Emancipation: Istanbul, 1935." *Journal of Middle East Women's Studies* 4, no. 1 (Winter 2008): 31–52.

Lockhart, R. H. Bruce. *Comes the Reckoning*. London: Putnam, 1947.

Macartney, C. A. *National States and National Minorities*. Oxford: Oxford University Press, 1934.

——. *Refugees: Me Work of the League*. London: League of Nations Union, 1931.

Macmillan, Margaret. *Paris 1919: Six Months Mat Changed the World*. New York: Random House, 2002.

Mallowan, Max. *Mallowan's Memoirs*. New York: Dodd, Mead, 1977.

Mamboury, Ernest. *Constantinople: Tourists' Guide*. Constantinople: Rizzo and Son, 1926.

Mango, Andrew. *Atatürk*. New York: Overlook, 1999.

Mango, Cyril. *Byzantium: Me Empire of New Rome*. New York: Charles Scrib- ner's Sons, 1980.

——. *Materials for the Study of the Mosaics of St. Sophia at Istanbul*. Wash- ington, DC: Dumbarton Oaks Research Library and Collection, 1962.

Mango, Cyril, and Gilbert Dagron, eds. *Constantinople and Its Hinterland*. Brookfield, VT: Aldershot, 1995.

Mannix, Daniel P., III. *Me Old Navy*. Daniel P. Mannix IV, ed. New York: Macmillan, 1983.

Mansel, Philip. *Constantinople: City of the World's Desire, 1453–1924*. Lon- don: John Murray, 2006.

Mardor, Munya M. [Meir Mardor]. *Strictly Illegal*. London: Robert Hale, 1964.

Massigli, René. *La Turquie devant la guerre*. Paris: Plon, 1964.

Mazower, Mark. *Hitler's Empire: How the Nazis Ruled Europe*. New York: Pen- guin, 2008.

——. *Salonica, City of Ghosts: Christians, Muslims, and Jews, 1430–1950*. New York: Vintage, 2006.

Milliken, William M. "Early Christian and Byzantine Art in America." *Jour- nal of Aesthetics and Art Criticism* 5, no. 4 (June 1947): 256–68.

Mills, Amy. *Streets of Memory: Landscape, Tolerance, and National Identity in Istanbul*. Athens: University of Georgia Press, 2010.

Mintzuri, Hagop. İstanbul Anıları, 1897–1940. Istanbul: Tarih Vakfı Yurt Yayınları, 1993.

Morgan, Janet. *Agatha Christie: A Biography*. London: Collins, 1984. Moysich, L. C. *Operation Cicero*. London: Allan Wingate-Baker, 1969. Mufty-zada, K. Ziya. *Speaking of the Turks*. New York: Duffield and Co., 1922.

Musbah Haidar, Princess. *Arabesque*. London: Hutchinson and Co., 1945.

al-Muwaylihi, Ibrahim. *Spies, Scandals, and Sultans: Istanbul in the Twilight of the Ottoman Empire*. Roger Allen, trans. Lanham, MD: Rowman and Littlefield, 2008.

Nabokov, Vladimir. *Speak, Memory*. Rev. ed. New York: G. P. Putnam's Sons, 1966.

Nansen, Fridtjof. *Armenia and the Near East*. New York: Da Capo Press, 1976 [1928].

Neave, Dorina L. *Twenty-Six Years on the Bosphorus*. London: Grayson and Grayson, 1933.

Nelson, Robert S. *Hagia Sophia, 1850–1950: Holy Wisdom Modern Monu- ment*. Chicago: University of Chicago Press, 2004.

Newman, Bernard. *Turkish Crossroads*. New York: Philosophical Library, 1952. Neyzi, Leyla, İstanbul'da *Hatırlamak ve Unutmak*. Istanbul: Tarih Vakfı Yurt Yayınları, 1999.

Nicol, Graham. *Uncle George: Field-Marshal Lord Milne of Salonika and Rubi- slaw*. London: Reedminster Publications, 1976.

Nicolson, Harold. *Sweet Waters: An Istanbul Adventure*. London: Eland, 2008 [1921].

Norwich, John Julius. *A Short History of Byzantium*. New York: Knopf, 1997. Ofer, Dalia. *Escaping the Holocaust: Illegal Immigration to the Land of Israel*.

New York: Oxford University Press, 1990.

Ökte, Faik. *Me Tragedy of the Turkish Capital Tax*. London: Croom Helm, 1987.

Olson, Robert W. "fte Remains of Talat: A Dialectic between Republic and Empire." *Die Welt des Islams* (new series) 26, no. 1/4 (1986): 46–56.

Orga, Ateş, ed. *Istanbul: A Collection of the Poetry of Place*. London: Eland, 2007.

Orga, Irfan. *Phoenix Ascendant: Me Rise of Modern Turkey*. London: Robert Hale, 1958.

——. *Portrait of a Turkish Family*. London: Eland, 2002 [1950].

Osman Bey [Vladimir Andrejevich]. *Les femmes en Turquie*. 2nd ed. Paris: C. Lévy, 1878.

Ostrorog, Léon. *Me Angora Reform*. London: University of London Press, 1927.

——. *Me Turkish Problem: Mings Seen and a Few Deductions*. London: Chatto and Windus, 1919.

Pallis, A. A. "fte Population of Turkey in 1935." *Geographical Journal* 91, no. 5 (May 1938): 439–45.

Pamuk, Orhan. *Istanbul: Memories and the City*. New York: Knopf, 2004. Patenaude, Bertrand M. *Trotsky: Downfall of a Revolutionary*. New York: HarperCollins, 2009.

Pears, Edwin. *Forty Years in Constantinople*. New York: D. Appleton and Co., 1916.

——. *Me Life of Abdul Hamid*. London: Constable, 1917.

Peirce, Leslie P. *Me Imperial Harem: Women and Sovereignty in the Ottoman Empire*. Oxford: Oxford University Press, 1993.

Pelt, Mogens. *Tobacco, Arms, and Politics: Greece and Germany from World Cri- sis to World War, 1929–1941*.

Copenhagen: Museum Tusculanum Press, 1998.

Phayer, Michael. *Me Catholic Church and the Holocaust, 1930–1965*. Bloom- ington: Indiana University Press, 2000.

——. *Pius XII, the Holocaust, and the Cold War*. Bloomington: Indiana Uni- versity Press, 2008.

Pirî Reis. *Kitab-ı bahriye*. Robert Bragner, trans. 4 vols. Istanbul: Historical Research Foundation, 1988.

Pope, Nicole, and Hugh Pope. *Turkey Unveiled: A History of Modern Turkey*.

Rev. ed. New York: Overlook Press, 2011.

Poynter, Mary A. *When Turkey Was Turkey*. London: George Routledge and Sons, Ltd., 1921.

Price, G. Ward. *Extra-Special Correspondent*. London: George G. Harrap, 1957.

——. *Me Story of the Salonica Army*. New York: Edward J. Clode, 1918.

——. *Year of Reckoning*. London: Cassell, 1939.

Procopius of Caesarea. *Procopius*. H. B. Dewing, trans. 7 vols. Cambridge, MA: Harvard University Press, 1954–1961.

RaeR, Marc. *Russia Abroad: A Cultural History of the Russian Emigration, 1919–1939*. Oxford: Oxford University Press, 1990.

Rakı Ansiklopedisi: 500 Yıldır Süren Muhabbetin Mirası. Istanbul: Overteam Yayınları, 2010.

Reisman, Arnold. *Turkey's Modernization: Refugees from Nazism and Atatürk's Vision*. Washington, DC: New Academia Publishing, 2006.

Rendel, George. *Me Sword and the Olive: Recollections of Diplomacy and the Foreign Service, 1913–1954*. London: John Murray, 1957.

Report of the Rescue Committee of the Jewish Agency for Palestine. Jerusalem: Executive of the Jewish Agency for Palestine, 1946.

Reynolds, Michael A. *Shattering Empires: Me Clash and Collapse of the Otto- man and Russian Empires, 1908–1918*. Cambridge: Cambridge University Press, 2011.

Righi, Vittore Ugo. *Papa Giovanni XXIII sulle rive del Bosforo*. Padua: Edizioni Messaggero, 1971.

Robinson, Paul. *Me White Russian Army in Exile, 1920–1941*. Oxford: Clar- endon Press, 2002.

Rogan, Eugene, ed. *Outside In: On the Margins of the Modern Middle East*.

London: I. B. Tauris, 2002.

Rosenthal, Gérard. *Avocat de Trotsky*. Paris: Éditions Robert LaRont, 1975. Rozen, Minna. *A History of the Jewish Community in Istanbul: Me Formative Years, 1453–1566*. Leiden: Brill, 2010.

——, ed. *Me Last Ottoman Century and Beyond: Me Jews in Turkey and the Balkans, 1808–1945*. 2 vols. Tel Aviv: Tel Aviv University, 2002.

Rubin, Barry. *Istanbul Intrigues*. New York: Pharos Books, 1991.

Runciman, Steven. *Me Fall of Constantinople, 1453*. Cambridge: Cambridge University Press, 1965.

——. *A Traveller's Alphabet: Partial Memoirs*. London: ftames and Hud- son, 1991.

Russell, ftomas. *Egyptian Service, 1902–1946*. London: John Murray, 1949. Schwartz, Stephen, Vitaly Rapoport,

Walter Laqueur, and fteodore H. Draper. "'fte Mystery of Max Eitingon': An Exchange." *New York Review of Books*, June 16, 1988.

Sciaky, Leon. *Farewell to Salonica*. Philadelphia: Paul Dry Books, 2003. Scipio, Lynn A. *My Mirty Years in Turkey*. Rindge, NH: Richard R. Smith, 1955.

Scognamillo, Giovanni. *Bir Levantenin Beyoğlu Anıları*. Istanbul: Metis Yayın- ları, 1990.

Second Section of the General StaR on the Western Front. *Greek Atrocities in Asia Minor, First Part*. Istanbul: Husn-i-Tabiat, 1922.

"Seßrden Seßle": Yapı Kredi Selahattin Giz Koleksiyonu. Istanbul: Yapı Kredi Yayınları, 2004.

Serge, Victor, and Natalia Sedova Trotsky. *Me Life and Death of Leon Trotsky*. London: Wildwood House, 1973.

Service, Robert. *Trotsky: A Biography*. Cambridge, MA.: Harvard University Press, 2009.

Sharapov, E. P. *Naum Eitingon: Karaiushchii mech Stalina*. St. Petersburg: Neva, 2003.

Shaul, Eli. *From Balat to Bat Yam: Memoirs of a Turkish Jew*. Istanbul: Libra Kitap, 2012.

Shaw, Stanford J. *Me Jews of the Ottoman Empire and the Turkish Republic*. New York: New York University Press, 1991.

——. "fte Population of Istanbul in the Nineteenth Century." *Interna- tional Journal of Middle East Studies* 10, no. 2 (May 1979): 265–77.

——. *Turkey and the Holocaust*. New York: New York University Press, 1993.

Sherrill, Charles H. *A Year's Embassy to Mustafa Kemal*. New York: Charles Scribner's Sons, 1934.

Shissler, Ada Holland. "Beauty Is Nothing to Be Ashamed Of: Beauty Contests as Tools of Women's Liberation in Early Republican Turkey." *Comparative Studies of South Asia, Africa, and the Middle East* 24, no. 1 (2004): 107–22.

——. "'If You Ask Me': Sabiha Sertel's Advice Column, Gender Equity, and Social Engineering in the Early Turkish Republic." *Journal of Middle East Women's Studies* 3, no. 2 (Spring 2007): 1–30.

Shorter, Frederic C. "fte Population of Turkey after the War of Indepen- dence." *International Journal of Middle East Studies* 17, no. 4 (Nov. 1985): 417–41.

Smith, Douglas. *Former People: Me Final Days of the Russian Aristocracy*. New York: Farrar, Straus and Giroux, 2012.

Snyder, Timothy. *Bloodlands: Europe Between Hitler and Stalin*. New York: Basic Books, 2010.

Sperco, Willy. *Istanbul indiscret: Ce que les guides ne disent pas*. Istanbul: Tür- kiye Turing ve Otomobil Kurumu, 1970.

——. *Istanbul: Paysage littéraire*. Paris: La Nef de Paris, 1955.

——. *L'Orient qui s'éteint*. Paris: Editions Baudiniere, 1935.

——. *Turcs d'hier et d'aujourd'hui*. Paris: Nouvelles éditions latines, 1961. Sphrantzes, George. *Me Fall of the Byzantine Empire*. Marios Philippides, trans. Amherst: University of Massachusetts Press, 1980.

Stone, Norman, and Michael Glenny. *Me Other Russia*. London: Faber and Faber, 1990.

Sudoplatov, Pavel, and Anatoli Sudoplatov. *Special Tasks: Me Memoirs of an Unwanted Witness—A Soviet Spymaster*. New York: Little, Brown, 1994.

Suny, Ronald Grigor, Fatma Müge Göçek, and Norman M. Naimark, eds. *A Question of Genocide: Armenians and Turks at the End of the Ottoman Empire*. Oxford: Oxford University Press, 2011.

Tanpınar, Ahmed Hamdi. *Me Time Regulation Institute*. Maureen Freely and Alexander Dawe, trans. New York: Penguin, 2013.

——. *A Mind at Peace*. Erdağ Göknar, trans. New York: Archipelago Books, 2008.

Tekdemir, Hande. "Collective Melancholy: Istanbul at the Crossroads of His- tory, Space, and Memory." Ph.D. dissertation. University of Southern California, 2008.

Teteriatnikov, Natalia B. *Mosaics of Hagia Sophia, Istanbul*. Washington, DC: Dumbarton Oaks, 1998.

Thompson, Laura. *Agatha Christie: An English Mystery*. London: Headline Review, 2007.

Tischler, Ulrike, ed. *From "Milieu de mémoire" to "Lieu de mémoire": Me Cul- tural Memory of Istanbul in the 20th Century*. Munich: Marin Meiden- bauer, 2006.

Tittmann, Harold H., Jr. *Inside the Vatican of Pius XII: Me Memoir of an American Diplomat during World War II*. New York: Doubleday, 2004.

Toledano, Ehud R. *Me Ottoman Slave Trade and Its Suppression, 1840–1890.*

Princeton, NJ: Princeton University Press, 1982.

Tolstoy, Vera. "fte Compensations of Poverty." *Atlantic Monthly* (Mar. 1922): 307–10.

Tomlin, E. W. F. *Life in Modern Turkey*. London: ftomas Nelson, 1946. Toprak, Zafer. "La population d'Istanbul dans les premières années de la République." *Travaux et recherches en Turquie* 2 (1982): 63–70.

Topuzlu, Cemil. *80 yıllık hâtıralarım*. Istanbul: Güven Basım ve Yayınevi, 1951.

Toynbee, Arnold J. *Me Western Question in Greece and Turkey*. 2nd ed. New York: Howard Fertig, 1970 [1923].

Treadgold, Warren. *A History of Byzantine State and Society*. Stanford, CA: Stanford University Press, 1997.

Trotsky, Leon. *Leon Trotsky Speaks*. New York: Pathfinder Press, 1972.

——. *My Life*. New York: Charles Scribner's Sons, 1930.

TuganoR, Moussa Bey. *From Tsar to Cheka: Me Story of a Circassian Under Tsar, Padishah and Cheka*. London: Sampson Low, Marston and Co., 1936.

Türkiye İstatistik Yıllığı: 1950. Ankara: T. C. Başbakanlık İstatistik Genel Müdürlüğü, n.d.

Ülgen, Fatma. "'Sabiha Gökçen's 80-Year-Old Secret': Kemalist Nation For- mation and the Ottoman Armenians." Ph.D. dissertation. University of California, San Diego, 2010.

Üngör, Uğur Ümit. *Me Making of Modern Turkey: Nation and State in Eastern Anatolia, 1913–1950*. Oxford: Oxford University Press, 2011.

Urgan, Mîna. *Bir Dinozorun Anıları*. Istanbul: Yapı Kredi Yayıncılık, 1998. Van Heijenoort, Jean. *With Trotsky in Exile: From Prinkipo to Coyoacán*. Cam-bridge, MA: Harvard University Press, 1978.

Volkogonov, Dmitri. *Trotsky: Me Eternal Revolutionary*. New York: Free Press, 1996.

Von Papen, Franz. *Memoirs*. New York: E. P. Dutton and Co., 1953.

Vryonis, Speros, Jr. *Me Mechanism of Catastrophe: Me Turkish Pogrom of September 6–7, 1955, and the Destruction of the Greek Community of Istanbul*. New York: Greekworks.com, 2005.

Webster, Donald Everett. *Me Turkey of Atatürk*. Philadelphia: American Acad- emy of Political and Social Science, 1939.

Weisband, Edward. *Turkish Foreign Policy, 1943–1945: Small State Diplomacy and Great Power Politics*. Princeton, NJ: Princeton University Press, 1973. White, Charles. *Mree Years in Constantinople; or, Domestic Manners of the Turks in 1844*. 3 vols. London: Henry Colburn, 1845.

White, T. W. *Guests of the Unspeakable*. London: John Hamilton, 1928. Whittemore, ftomas. "fte Rebirth of Religion in Russia." *National Geo-graphic* (Nov. 1918): 379–401.

Wilmers, Mary-Kay. *Me Eitingons: A Twentieth-Century Story*. London: Faber and Faber, 2009.

Woodall, G. Carole. "'Awakening a Horrible Monster': Negotiating the Jazz Public in 1920s Istanbul." *Comparative Studies of South Asia, Africa, and the Middle East* 30, no. 3 (2010): 574–82.

——. "Sensing the City: Sound, Movement, and the Night in 1920s Istan- bul." Ph.D. dissertation. New York University, 2008.

Woods, Henry F. *Spunyarn: From the Strands of a Sailor's Life Afloat and Ashore*. 2 vols. London: Hutchinson and Co., 1924.

Woolf, Leonard S. *Me Future of Constantinople*. London: George Allen and Unwin, Ltd., 1917.

Wrangel, Peter Nikolaevich. *Me Memoirs of General Wrangel*. London: Duf- field and Co., 1930.

Wyers, Mark David. *"Wicked" Istanbul: Me Regulation of Prostitution in the Early Turkish Republic*. Istanbul: Libra, 2012.

Yalman, Ahmed Emin. *Turkey in My Time*. Norman: University of Oklahoma Press, 1956.

——. *Turkey in the World War*. New Haven, CT: Yale University Press, 1930.

Yıldırım, Onur. *Diplomacy and Displacement: Reconsidering the Turco-Greek Exchange of Populations, 1922–1934*. London: Routledge, 2006.

Zürcher, Erik J. *Political Opposition in the Early Turkish Republic: Me Progres- sive Republican Party, 1924–1925*. Leiden: E. J. Brill, 1991.

——. *Turkey: A Modern History*. New rev. ed. London: I. B. Tauris, 1998.

——. *Me Unionist Factor: Me Role of the Committee of Union and Progress in the Turkish National Movement, 1905–1926*. Leiden: E. J. Brill, 1984.

——. *Me Young Turk Legacy and Nation Building: From the Ottoman Empire to Atatürk's Turkey*. London: I. B. Tauris, 2010.

唱片

本書使用年代最早的唱片素材是小提琴家暨音響工程師哈洛德・G・海格皮安（Harold G. Hagopian）的專輯作品〈伊斯蘭堡，一九二五〉（Istanbul 1925, Traditional Crossroads, 1994），他取得一九二〇年代哥倫比亞唱片的原始金屬母帶，再現過去罕有人記得曾經存在的聲音世界。他的「傳統跨界唱片」（Traditional Crossroads）繼而發行多張其他時代的唱片，包括令人難忘的〈伊斯坦堡女聲〉（Women of Istanbul, 1998）——帶我初識羅莎・埃斯凱納齊的歌聲——還有兩張烏迪・赫蘭特的早期作品。比較近期的素材來自伊恩・納哥斯基（Ian Nagoski）將一戰後在美國的「鄂圖曼海外離散社群」音樂世界編目製成專輯〈哪個陌生之地〉（To What Strange Place, Tompkins Square, 2011）

重發老唱片在土耳其是個正迅速成長的生意，卡蘭音樂（Kalan Müzik）是其中的主要推手，該公司已重新出品大量希臘、亞美尼亞和其他伊斯坦堡少數文化群體的音樂，以及被遺忘的土耳其探戈和美聲音樂藝術。我第一次聽到塞妍的聲音是從卡蘭音樂出品的〈塞妍哈仁姆：探戈〉（Seyyan Hanım: Tangolar, 1996），同樣由卡蘭出品的〈美聲音樂：一九〇五至一九四五〉（Kantolar: 1905–1945, 1998）則是伊斯坦堡表演舞台輕音樂的入門專輯。

國家圖書館出版品預行編目資料

午夜的佩拉皇宮：近代伊斯坦堡的誕生／查爾斯・金（Charles King）著；葉品岑譯. -- 初版. -- 臺北市：麥田出版：家庭傳媒城邦分公司發行, 2017.01
面；　公分. --（歷史選書；63）
譯自：Midnight at the Pera Palace: The Birth of Modern Istanbul
ISBN 978-986-344-420-6（平裝）
1. 歷史　2. 土耳其伊斯坦堡
735.1711　　105023869

歷史選書 63

午夜的佩拉皇宮

近代伊斯坦堡的誕生

Midnight at the Pera Palace: The Birth of Modern Istanbul

作　　者／查爾斯・金（Charles King）
譯　　者／葉品岑
審　　訂／陳立樵
校　　對／吳美滿
主　　編／林怡君

國 際 版 權／吳玲緯　蔡傳宜
行　　銷／艾青荷　蘇莞婷　黃家瑜
業　　務／李再星　陳玫潾　陳美燕　枏幸君
編 輯 總 監／劉麗真
總 經 理／陳逸瑛
發 行 人／涂玉雲
出　　版／麥田出版
10483臺北市民生東路二段141號5樓
電話：(886)2-2500-7696　傳真：(886)2-2500-1967
發　　行／英屬蓋曼群島商家庭傳媒股份有限公司城邦分公司
10483臺北市民生東路二段141號11樓
客服服務專線：(886) 2-2500-7718、2500-7719
24小時傳真服務：(886) 2-2500-1990、2500-1991
服務時間：週一至週五09:30-12:00・13:30-17:00
郵撥帳號：19863813　戶名：書虫股份有限公司
讀者服務信箱E-mail：service@readingclub.com.tw
麥 田 網 址／ http://ryefield.com.tw
香港發行所／城邦（香港）出版集團有限公司
香港灣仔駱克道193號東超商業中心1樓
電話：(852)2508-6231　傳真：(852)2578-9337
E-mail：hkcite@biznetvigator.com
馬新發行所／城邦（馬新）出版集團【Cite(M) Sdn. Bhd. (458372U)】
41, Jalan Radin Anum, Bandar Baru Sri Petaling, 57000 Kuala Lumpur, Malaysia.
電話：(603)9057-8822　傳真：(603)9057-6622
電郵：cite@cite.com.my

封 面 設 計／三人制創
印　　刷／前進彩藝有限公司

■2017年（民106）1月3日　初版一刷　　Printed in Taiwan.

定價：550元

ISBN 978-986-344-420-6